U0362131

南开大学农业保险研究中心·农业保险系列教材

养 殖 业 保 险

赵元凤　主　编

张旭光　副主编

南开大学出版社

天　津

图书在版编目(CIP)数据

养殖业保险 / 赵元凤主编. —天津：南开大学出
版社，2020.9

南开大学农业保险研究中心·农业保险系列教材

ISBN 978-7-310-05940-9

Ⅰ.①养… Ⅱ.①赵… Ⅲ.①养殖业－农业保险－中
国－高等学校－教材 Ⅳ.①F842.66

中国版本图书馆 CIP 数据核字(2020)第 127448 号

养殖业保险
YANGZHIYE BAOXIAN

南开大学出版社出版发行

出版人：陈　敬

地址：天津市南开区卫津路 94 号　　邮政编码：300071

营销部电话：(022)23508339　营销部传真：(022)23508542

http://www.nkup.com.cn

昌黎县佳印印刷有限责任公司印刷　全国各地新华书店经销

2020 年 9 月第 1 版　　2020 年 9 月第 1 次印刷

260×185 毫米　16 开本　20.5 印张　1 插页　407 千字

定价：46.00 元

如遇图书印装质量问题,请与本社营销部联系调换,电话：(022)23507125

编委会名单

主　任：虞国柱

委　员：（排名不分先后）

牛国芬　石　践　卢一鸣　冯文丽

朱　航　江生忠　江炳忠　李连芬

李勇权　邱　杨　沈光斌　张　峭

张仁江　张海军　陈元良　周县华

单　鹏　赵　明　段应元　施　辉

姜　华　郭　红

总　序

　　经南开大学农业保险研究中心（以下简称南开农研中心）将近两年的精心策划、筹备、招标、研讨和各位专家学者的艰苦写作，我国农业保险界第一套专业丛书陆续问世了。这是一件值得农业保险界和保险界高兴和庆贺的事。

　　中国的农业保险，要从 20 世纪 40 年代商业性试验算起，到现在已有 70 多年的历史了，但是真正的制度化农业保险启动、试验和发展，只不过 12 年时间。在这 12 年时间里，我们农业保险学界和业界，在中国农业现代化发展和乡村振兴的背景下，借鉴和吸收不同国家发展农业保险的实践和经验，努力设计出一套有我们自己特色的制度模式和经营方式，开发出自己的丰富多彩的产品体系，在这个领域创造出中国的经验和中国速度。这可能是我们的农业保险界前辈和国际农业保险界做梦也没有想到的。

　　实践总是理论和政策的先导，理论和政策又进一步指导着实践。这些年里，农业保险的实践不断给农业保险研究提出新课题，推动着农业保险理论的不断探索。同时，我们的实践经验也在一点一滴积累和总结。这套教材，就是政、产、学、研在这几十年里实践和研究成果的结晶，这些成果必定会为农险制度和政策的完善、业务经营和管理的改进提供指导和规范。

　　几十年来，特别是近 12 年来，我国农业保险的发展走过了一条循序渐进之路。从该业务性质层面，开始是单一的商业化农业保险的试验，后来才走上政策性农业保险和商业性农业保险并行试验和全面实施的阶段。当然，目前的农业保险，政策性业务已经占到农业保险业务 95% 以上的份额。就农业保险的内容层面，也从最初的种植业和养殖业保险，扩大到涉农财产保险的广阔领域。就农业保险产品类别和作业方式层面，我们从最初的以承保少数风险责任的生产成本损失的保障，扩大到承保大多数风险责任的产量和收入的保障。承保方式也从传统的一家一户的承保理赔方式，扩展到以区域天气指数和区域产量的承保和理赔方式。从农业保险制度构建的层面，我们从商业性保险领域分离出来，建立了专门的农业保险制度。这个发展和建设过程虽然不短，但相比其他国家，特别是其他发展中国家，速度是最快的，而且从 2008 年以来我们的农业保险市场规模已经稳居亚洲第一、全球第二了。

　　随着农险业务和制度的发展变化，我们遇到越来越多法律的、政策的以及上述所有业务拓展领域的理论和实际问题。在商业性农业保险试验屡战屡败的背景下，最早提出来的是"农业保险有什么特殊性质"的问题。随着理论上的认识深化和逐步统一，制度和法律建设问题就提出来了。2007 年政府采纳了农业保险界的意见，开始对农业保险给予保险费补贴。随着这类有财政补贴的政策性农业保险的试验和扩大，业务经营和扩展的问题也逐渐提上议事日程。《农业保险条例》出台之后，随着全国普遍实施政策性农业保险和广大小农户的参保遭遇承保理赔的困境，天气指数保险、区域产量保险等经营方式和产品形态便受到广泛关注和开发。当国家对大宗农产品定价机制改革的政策推出时，作为配套政策的农业收入保险和其他与价格风险相关的保险产品的研究也变得迫切起来。这些年，特别是在这十几年里，制度创新、经营模式创新、组织创新、产品创新等我们需要面对和探讨的课题，就一个一个被提出来了，我们的农险研究在逐步形成的政、产、学、研体制下，广泛地开展起来，参与研究的专家、学者、研究生和广大从业者越来越多，各类成果也就呈几何级数式增长的势头。我们有关农业保险法律和政策就是在这样的基础上产生并不断完善，推动着我国农业保险的制度建设、业务规模和服务质量的快速推进和发展。

本套丛书既是适应业界业务发展的需要，也是适应学校教学的需要，在保险监管部门的充分肯定和大力支持下，集行业之力，由众多学者、业界专家和研究生们共同努力，一边调研一边讨论，共同撰写出来的。从该创意的提出，题目征集，选题招标，提纲拟定和交流，初稿的讨论，直到审议、修改和定稿，虽然历时不短，但功夫不负有心人，现在丛书终于陆续出版，与读者见面了。我想，所有参加研讨和写作的专家、学者和研究生们，都从这个过程中经受了调研和写作的艰苦，也享受到了获得成果的喜悦。我们相信，这些作品会为我们的农险实践提供帮助和支持。

这套丛书是我国第一套农业保险专业图书，也是我所知道的世界上第一套全方位讨论农业保险的图书，虽然不敢说具有多么高的理论水平和实践价值，但这是一个很好的开头，是我们这些农业保险的热心人对我国农业保险的推进，对世界农业保险发展做出的一点贡献。当然，我们的实践经验不足，理论概括能力也有限，无论观点、论证和叙述都会有很多不足之处甚至谬误，需要今后进一步修正、提高和完善。我们欢迎业界和学界广大同仁和朋友在阅读这些作品后多加批评和指正。

南开农研中心要感谢这套丛书的所有参与者、支持者和关注者，特别是各位主编及其团队，感谢大家对农业保险"基建工程"的钟爱并付出的巨大热情和辛劳，感谢诸多外审专家不辞劳烦悉心审稿。也要感谢南开农研中心所有理事单位对这套丛书的鼎力支持和帮助。南开农研中心也会在总结组织编写这套丛书经验的基础上，继续推出其他系列的农业保险图书，更好地为所有理事单位服务，更好地为整个农业保险界服务，为推动我国农业保险事业的蓬勃发展做出更多的贡献。

南开大学出版社的各位编辑们为第一批图书能赶在 7 月之前出版，加紧审稿，精心设计，付出诸多心血，在此表达我们的深深谢意。

庹国柱

2019 年 5 月于南开大学

前　言

为了更好地促进我国养殖业保险的发展，为养殖业保险提供一个全面的、系统的实施指导，受南开大学农业保险研究中心委托，由内蒙古农业大学农业保险研究中心组织编写了本书，内蒙古农业大学赵元凤教授担任本书主编。本书涵盖了奶牛、肉牛、猪、羊、家禽等主要养殖品种，在全面分析我国养殖业发展特点及国内外养殖业保险发展成就的基础上，基于不同畜种的养殖特征、面临的主要风险，系统阐述了畜种保险的保险标的识别、保险责任范围界定、保险费率确定、承保理赔规范等内容。本书作为我国第一本全面、系统地论述养殖业保险的专业书籍，对于读者准确识别养殖业保险特征，促进养殖业保险产品创新，推动我国养殖业保险的健康发展具有重要的指导作用。

本书由赵元凤教授担任主编，主要负责核定书稿结构、组织书稿撰写、审阅修订通稿等工作；张旭光博士担任本书副主编，协助完成协调、统稿工作。各章节执笔人如下：第一章柴智慧、郭新雅，第二章张旭光、任越，第三章刘春梅、张旭光，第四章张旭光、徐慧、张晓宇和弓宇飞，第五章徐玮，第六章李傲，第七章弓宇飞、侯国庆，第八章林子卉、侯国庆，第九章张晓宇、侯国庆。在此一并感谢中国人保财险公司内蒙古分公司、安华农业保险公司内蒙古分公司等在资料、人员方面给予的支持和帮助，感谢庹国柱教授、张峭教授、冯文丽教授对本书结构、章节内容安排提供的宝贵意见。本书亦为国家自然基金项目（项目编号：71563037、71863028）的阶段性研究成果。书中不足之处恳请读者批评指正。

目　录

第一章 导 论

【本章学习目标】

1. 了解养殖业的概念、特点和作用，掌握其基本构成要素。
2. 熟悉养殖业面临的风险。
3. 了解养殖业保险的概念、特点、类型和作用。
4. 熟悉养殖业保险承保条件及承保的一般规定。
5. 了解国际养殖业保险的发展概况。
6. 了解我国养殖业保险的产生和发展。

第一节 养殖业概述

一、养殖业的概念

养殖业是指利用动物和水生生物的生物学特性，通过人工驯养、繁殖、培育等方式生产出特定产品的行业。

养殖业的养殖对象包括畜禽、水产动物和特种经济动物三大类。具体而言，主要包括：饲养猪、牛、羊、马、驴、骡、鸡、鸭、鹅等的畜禽养殖业；饲养鱼、虾、贝类、海带等水生物的水产养殖业；饲养鹿、麝、狐、貂、犬、猫、鸵鸟、蚕、蜂等的特种动物养殖业。

二、养殖业的特点

养殖业的基本生产特点是利用某种动物或生物的生理机能和生物特性，通过人工驯养、繁殖、培育，生产出人们需要的产品。具体特点如下。

（1）养殖业的养殖对象是有生命的动物。养殖业的生产对象是有生命的动物性产品，它们在生产过程中具有移位和游动的特点。此外，有生命的动物具有统一的生理学特点：自身繁殖、生长发育、新陈代谢、遗传变异、对外界刺激产生反应、进化。

其中，自身繁殖和生长发育是养殖业的生产目标，新陈代谢是养殖过程中的能量消耗，遗传变异和应激反应是受外界影响和内部控制的不确定因素，因此养殖业需要利用有效手段刺激自身繁殖和生长发育；控制外界环境变化，以避免负向的遗传变异和应激反应，只有根据其特殊的生理学特点组织生产，才能促进养殖业合理、可持续发展。

（2）养殖业生产的转化性。养殖业将植物能转化为动物能。植物的生产主要是依靠吸收土壤中的水分、养分及空气中的二氧化碳，并通过太阳能进行光合作用，而养殖业则是以上述农产品为饲料，利用动物本身的生长发育机能，将植物性产品转化为肉、蛋、奶等动物性产品的产业，并将一部分不能利用的物质作为肥料返还给土地。此外，饲料在养殖业生产成本中占有很大的比重，故养殖业生产管理的主要任务之一是提高饲料（或饵料）的转化率。

（3）养殖业生产的周期性。养殖业生产周期一般较长，在整个生产周期中要投入大量的劳动力和资本，只有在生产周期结束时才能获得收入，实现资本的回收。从生产时间分析，如奶牛泌乳有高产期、低产期和干乳期。生猪养殖也比较典型，从仔猪到育肥猪出栏的生产周期一般为 6 个月左右，母猪增栏到育肥猪出栏的周期大致为 1 年，生猪的生产周期为 1～1.5 年，具体如图 1-1 所示。

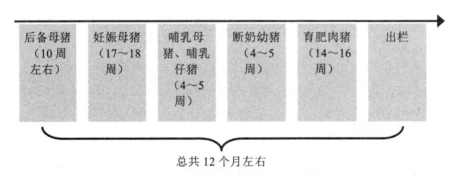

图 1-1　生猪的生产周期

（4）养殖业生产的双重性。养殖业作为消费资料要满足社会对生活消费品的需求，作为生产资料又要保证生产者自身的再生产需要，因而养殖业生产具有明显的双重性。养殖业生产的双重性主要表现在四个方面：①养殖业生产既是碳源，又具有碳汇功能；②养殖业生产在增加畜产品产量的同时，也可能损害畜产品的品质；③外源性技术在养殖业生产中的广泛应用会造成环境污染和食品安全风险，而内源性技术会促进养殖业的可持续发展；④养殖业副产品的利用方式不同可能带来截然不同的两种效果，资源化、能源化利用会产生价值，而有害化利用不仅会造成浪费，还会产生污染。

（5）养殖业生产的可移动性。畜禽可以进行密集饲养、异地育肥。利用这个特点，可以克服环境等因素的不利影响，创造适合于养殖业生产的良好的外部环境，以保证养殖业生产的顺利进行。以生猪产业为例，我国生猪养殖分布比较广泛，但相对集中在南部地区。2016 年前十大主产省分别为四川、河南、湖南、山东、云南、湖北、广西、广东、河北、江苏。然而，根据国家《全国生猪生产发展规划（2016—2020 年）》，在"十三五"期间，四川、河南、河北、山东、广西、海南和重庆规划为生猪养殖重点发展区，以满足北、上、广、深等沿海城市生猪需求；为保护水资源和环境资源，长江中下游和南方水网区的两湖、长三角、珠三角一带规划为约束发展区；东北地区、内蒙古和西南地区的云南、贵州地区地域辽阔，粮食资源充足，适合养殖业规模化发展，增长潜力大；山西、陕西等西北地区地域宽广，可实行规模化发展，但是受水资源缺乏、民族饮食习惯不同、养殖基础薄弱等因素限制，规划为养殖适度发展区。因此，业界认为在环保重压下我国养猪战线出现北移趋势；农业农村部 2018 年的畜牧业工作要点也指出，我国生猪养殖业将实施"北移西进"战略。

三、养殖业的类型

按照不同的划分标准，养殖业有不同的分类。

（一）按保险标的及业务管理需要分类

养殖业种类繁多，根据保险业承保标的类型的不同，将养殖业划分为五大类别：大牲畜、中小牲畜、家禽、水产生物和特种经济动物。

1. 大牲畜

大牲畜亦可称为"大家畜"，指躯体高大、驯化较早、性情温顺的食草兽类，如牛、马、驴、骡、骆驼等，其通常须饲养 2～3 年以上才能发育成熟。大牲畜是养殖业生产的主要对象，也是人类的重要财富及创造财富的重要帮手。它既可为人类提供大量蛋白质副食品，又可为农业生产提供畜力，还可为轻工业提供原材料。

2. 中小牲畜

中小牲畜指躯体较小、性情温顺的杂食兽及食草兽类，包括猪、羊、犬、兔、猫等。中小家畜也是养殖业的主要对象，既可生产大量肉、奶食品，也可为轻工业提供原材料。

3. 家禽

家禽指人工饲养和繁殖的，可为人类提供肉、蛋、羽绒等产品或有特殊用途的鸟类。人类饲养的家禽主要是两翼退化、已无飞行能力的鸡、鸭、鹅等驯化鸟类；可飞行的家禽较少，如鸽子、鹌鹑、鹦鹉等。

4. 水产生物

水产生物是指利用各种水域或滩涂进行人工养殖的水产动植物，主要包括鱼、虾、蟹、贝、藻等。

5. 特种经济动物

从狭义上讲，特种经济动物是指具有特定经济用途和经济价值，能为人类提供特殊的产品，以满足人们不同需要的驯化程度不同的人工规模化饲养的动物。从广义上讲，是指那些已驯化成功、尚未在生产中广泛应用，尚未被国家认定为家畜、家禽、家虫和正在驯化中的、有待驯化的野生动物。目前，全世界人工养殖的特种经济动物有 100 余种，其中药用动物 30～40 种，肉用动物 40 余种，毛皮动物 20 余种，还有用作工艺品和用作观赏的动物 70 余种；我国人工养殖特种经济动物达 70 种以上。种类繁多的特种经济动物，可粗略地按其生物学特性和经济用途分为六大类。

（1）草食类经济动物：这类特种经济动物以草食为主，如梅花鹿、马鹿、羚羊、香獐、牦牛、骆驼、小尾羊、野兔等。

（2）杂食类经济动物：此类动物中目前具有一定养殖规模的包括肉犬、香猪、小型猪、野猪、果子狸、麝鼠、竹鼠、蛇、蛤蚧、猫、牛蛙、林蛙、美国青蛙等。

（3）特禽类经济动物：在各地发展较快的特禽类经济动物包括乌骨鸡、贵妇鸡、珍珠鸡、七彩山鸡、火鸡、金鸡、宫廷黄鸡、绿壳蛋鸡、鹌鹑、孔雀、绿头鸭、野鸭、野鹅、肉鸽、鸵鸟、观赏鸟、斗鸡等。

（4）毛皮经济动物：在我国有一定养殖规模和经验的毛皮经济动物包括狐、貂、海狸、毛兔、獭兔、黄鼬等。

（5）水产经济动物：包括银鱼、鲍鱼、鳝鱼、泥鳅、珍珠蚌、鳖、龟、七彩鱼、金鱼、热带鱼、海豹、鳄、田螺、蟹、虾、海马等。

（6）昆虫等类经济动物：近年来，随着保健药用和生产发展的需要，昆虫等类经济动物的养殖有了较大发展，包括蝎、蚁、蜘蛛、蝇蛆、蜈蚣、蚯蚓、蚂蟥、黄粉虫、蜜蜂、蚕、蜗牛、蝴蝶、白蜡虫等。

（二）按照养殖动物的用途分类

依据动物用途进行分类，目前尚缺乏统一的标准，通常可以分为如下几类：

（1）肉用动物养殖，如猪、牛、羊、鸡等。

（2）乳用动物养殖，如奶牛等。

（3）饲料（饵料）动物养殖，如蚯蚓等。

（4）工业原料动物养殖，如羊为工业提供羊毛、羊绒等原料，猪、鸡、鸭、鱼等为肉骨粉产业提供原料。

（5）药用动物养殖，如麝、鹿等。

（6）役用动物养殖，如耕牛、马、骡、驴、骆驼等。

（7）种用动物养殖，如种猪、种牛、种马等。

（8）观赏动物养殖（包括宠物、比赛用动物等），如宠物狗、赛马等。

（9）实验用动物养殖，如实验用的小白鼠、小白兔等。

（10）保护和改造环境性动物养殖，如温室中为了保持自然授粉而专门养殖的蜜蜂等。

在按照用途进行分类时，同一种动物可归类为不同的用途，使得同一种动物的经济价值存在很大差别。例如，同种类的牛，种牛的价值要远远高于普通肉牛的价值；

普通使用马和比赛用马的经济价值差别很大。

（三）按照养殖方式和养殖场所分类

按照养殖方式和养殖场所不同，可以将养殖业划分为陆地养殖和水产养殖两类。

1. 陆地养殖

陆地养殖包括放牧、舍饲、半舍饲三类。虽然在不同国家和地区，饲养方式不尽相同，但从放牧到舍饲转变是人类社会多数地区饲养方式的趋势，反映了养殖业从粗放经营到集约经营的转变。

（1）放牧。放牧是指人工管护下的草食动物在草原上采食牧草并将其转化成畜产品的一种饲养方式，这是最经济、最适应家畜生理学和生物学特性的一种草原利用方式。在牧草生长季节放牧，可以获得营养全面而丰富的新鲜牧草，同时家畜也可得到充分的日光和运动，有利于家畜健康和提高生产力。

（2）舍饲。舍饲是指在圈内或房舍内饲养牲畜。种植业的发展为养殖业提供了越来越多的饲料基地，使得舍饲逐渐成为养殖业的主要饲养方式。舍饲的发展不仅使畜牧业从牧区向农区扩展，同时也有助于人为控制牲畜，有利于采用新技术。例如，现代化的舍饲模式——工厂化饲养可全面控制环境，使牲畜成为整个畜产品工厂机器系统的一个有机组成部分，从而显著地提高养殖业的生产率。

（3）半舍饲。半舍饲是指舍饲同放牧相结合的一种牲畜饲养方式。该饲养方式既适合农区，也适合于半农半牧区，结合当地实际情况，饲养的规模也可灵活调整。在我国，按照养殖地区气候的不同，可分为北方式寒冷地区半舍饲方式和南方式温暖地区舍饲方式，前者一年中有一半左右的时间在草山、草坡和草场上放牧，让牲畜采食鲜草，在寒冷季节则进行舍饲；后者则是全年半舍饲，白天在路边、田边、河滩或山坡放牧或栓系放牧，晚上根据白天放牧的情况补饲干草、精料或农副产品。

本教材所研究养殖业指舍饲或半舍饲养殖业。

2. 水产养殖

水产养殖指人为控制下繁殖、培育和收获水生动植物的生产活动，一般包括在人工饲养管理下从苗种养成水产品的全过程。广义上也可包括水产资源增殖。水产养殖按照养殖方式的精细程度又可分为粗养、精养和高密度精养等方式。

（1）粗养：指在中、小型天然水域中投放苗种，完全靠天然饵料（如浮游生物、有机碎屑和漂流物等）养成水产品，如湖泊水库养鱼和浅海养贝等。

（2）精养：指在较小水体中用投饵、施肥方法养成水产品，如池塘养鱼、网箱养鱼和围栏养殖等。

（3）高密度精养：指采用流水、控温、增氧和投喂优质饵料等方法，在小水体中进行高密度养殖，从而获得高产，如流水高密度养鱼、虾等。

（四）按照养殖规模分类

按照饲养规模，可将养殖业划分为散养和规模饲养两类。

（1）散养。散养是指放养条件下人工补充精饲料，其是以家庭成员为主要经营者，饲养规模较小的饲养方式。

（2）规模饲养。规模饲养是指以公司或者合作社等为主要经营者，且饲养规模较散养大，走集约化、科学化、规范化、现代化养畜之路的养殖模式。按照规模大小可分为小规模、中规模和大规模三种，其分类标准如表 1-1 所示。根据统计数据，2016年我国生猪养殖业中年出栏 500 头以上的规模养殖比重为 45%，奶牛养殖规模化率已达 53%。

表 1-1　牲畜饲养业品种规模分类标准

品种	单位	分类数量标准（Q）			
		散养	小规模	中规模	大规模
生猪	头	Q≤30	30＜Q≤100	100＜Q≤1000	Q＞1000
肉鸡	只	Q≤300	300＜Q≤1000	1000＜Q≤10 000	Q＞10 000
蛋鸡	只	Q≤300	300＜Q≤1000	1000＜Q≤10 000	Q＞10 000
奶牛	头	Q≤10	10＜Q≤50	50＜Q≤500	Q＞500
肉牛	头	Q≤50			Q＞50
肉羊	只	Q≤100			Q＞100

资料来源：《全国农产品成本收益资料汇编》。

注：（1）各品种分类数量标准均按饲养规模确定，饲养规模的含义详见指标解释。（2）肉牛和肉羊只分散养和规模饲养两类。

四、养殖业的作用

养殖业是支撑我国现代农业发展的支柱产业，在保障国家食物安全、转变农业发展方式、促进农牧民增收、提升国民营养与健康水平等方面做出了巨大贡献。据国家统计局数据显示，2017 年我国养殖业总产值为 40 938 亿元，约占农林牧渔业总产值的37.4%，其中，畜牧业产值占 26.9%，水产业产值占 10.6%。总体而言，养殖业在我国国民经济和社会发展中的作用主要体现在以下方面。

1. 提供肉、奶、蛋类等动物性食品

根据《中华人民共和国 2017 年国民经济和社会发展统计公报》，我国全年猪牛羊禽肉产量为 8431 万吨，比上年增长 0.8%。其中，猪肉产量 5340 万吨，增长 0.8%；牛肉产量 726 万吨，增长 1.3%；羊肉产量 468 万吨，增长 1.8%；禽肉产量 1897 万吨，增长 0.5%。2017 年，我国禽蛋产量 3070 万吨，下降 0.8%；牛奶产量 3545 万吨，下降 1.6%；水产品产量 6938 万吨，增长 0.5%。其中，养殖水产品产量 5281 万吨，捕捞水产品产量 1656 万吨。

2. 为纺织、油脂、食品、制药等工业提供羊毛、山羊绒、皮、鬃、兽骨、肠衣等原料

据国家统计局数据显示，2017 年我国养殖业中羊毛、羊绒产量为 46 万吨，比 2016 年减少 1.3%。其中，山羊粗毛产量 3.29 万吨，绵羊毛产量 40.94 万吨，山羊绒产量 1.79 万吨。

3. 通过畜产品出口取得外汇

如表 1-2 所示，2017 年，我国出口活猪 157 万头，价值 45 015 万美元；出口活家禽 230 万只，价值 223 万美元；出口牛肉 0.092 万吨，价值 790 万美元；出口猪肉 5.13 万吨，价值约 2.59 亿美元；出口冻鸡 12.88 万吨，价值 2.41 亿美元；出口水海产品 421 万吨，价值约 204.1 亿美元。

表 1-2　2017 年我国畜产品出口情况　　　单位：万头，万只，万吨，万美元

品名	数量	金额	品名	数量	金额
活猪	157	45 015	猪肉	5.13	25 857
活家禽	230	223	冻鸡	12.88	24 135
牛肉	0.092	790	水海产品	421	2 040 740

资料来源：《2018 年中国统计年鉴》。

4. 促进畜牧业投入品工业和畜产品加工业的发展

从产业链的角度讲，畜牧养殖业位于全产业链的中间环节，其上游是农作物种植、饲料生产、农药农资等行业，下游是屠宰、食品加工等行业，而后进入流通行业。其中，饲料生产行业主要通过将玉米等能量原料与豆粕等蛋白原料再加上适量饲料添加剂混合，制成畜牧养殖业需要的主要原料——配合饲料；畜牧养殖行业主要通过养殖物种的祖代、父母代、商品代，产出大量高品质的活类，为屠宰及食品加工行业提供主要原料；屠宰及食品加工行业主要进行商品代畜禽的屠宰、分割、初加工及深加工，制成食品进入流通市场，最终供应消费者。

5. 为农作物生产提供有机肥料

据估算，全国每年产生畜禽粪污 38 亿吨，综合利用率不到 60%，也就是说最少有 15.2 亿吨粪污浪费。当下，畜禽粪污的处理问题已经成为畜禽养殖企业的痛点，特别是现在国家环保政策严格，畜禽养殖行业也在探索新的环保发展之路。目前，在畜禽养殖行业，对畜禽粪污进行资源化利用，实现畜禽粪污到有机肥料的转化，已经成为行业发展趋势。如图 1-2 所示，具体路径为：以畜禽养殖场粪干湿分离后产生的固体为原料；畜禽粪干湿分离后产生的固体由车辆运输到有机肥加工区；进行有机肥加工

时，将畜禽粪干湿分离后产生的固体好氧堆肥发酵，在发酵过程中加入添加剂，利用络合、螯合和吸附作用，使肥料中有机物质达到45%以上；好氧发酵后的原料再经过粉碎、干燥、冷却、筛分、计量包装等程序加工成有机肥；有机肥直接施用农田等种植区。

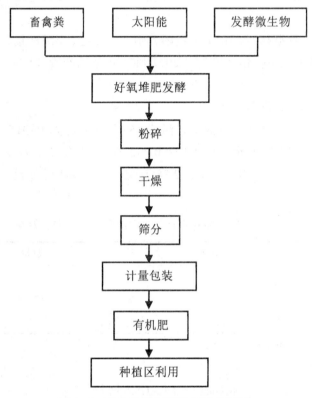

图1-2 畜禽粪污向有机肥料的转化

6. 增加农牧民收入

一方面，发展养殖业可以显著增加农牧民收入。根据《中国养殖业可持续发展战略研究综合报告》，2010年养殖业对农民人均农业总收入的贡献率约为50%，牧区、半牧区、渔区农牧民人均养殖收入占人均纯收入的比例分别为60%、40%和80%。另一方面，养殖业具有门槛低、效益高等特点，常用于农村牧区扶贫，且脱贫增收效果显著。例如，近年来内蒙古自治区在推进精准扶贫时，多个盟市实行企业带动型的扶贫政策，由农牧业公司为贫困户提供优良的小牲畜，如仔猪、羔羊、牛犊等，农牧户无须缴纳任何费用即可养殖，待牲畜长大或者产仔后，除去原来的重量，净增加的就是农牧户自己的收益。

【拓展阅读】

内蒙古创新肉牛产业生产方式 为牧民和企业建立利益联结机制

据中国乡村之声《三农中国》报道，肉牛产业是内蒙古经济的支柱之一，也是农牧民重要的收入来源。近两年，由于市场需求不佳，屠宰和加工企业整体疲软，内蒙古肉牛产业也遭受一定影响，养殖户利益损失。

为了帮助农牧民持续增收，内蒙古通辽市政府为农牧民和当地龙头企业之间架起了一座桥梁，让农牧民与大企业之间直接对话，建立利益联结机制。说白了，就是让农牧民、加工企业、合作经济组织之间形成合理的利益分配格局。

在科尔沁区丰田镇辽阳村，村民吴某正在自家的玉米地里忙活着。2016年年初，吴某通过村里的合作社与通辽某开发有限公司签订了青贮作物收购协议，看着长势良好的青贮作物，她的心里有说不出的高兴。

吴某说："43亩（按1亩=666.67平方米计算，全书同）地，种的都是青贮，籽肥不用自己花钱，到秋收的时候来车统一给收。青贮1亩地要产6吨的话，按400块钱1吨算，2400块钱，增收1000块钱，就觉得挺好的了。"

实实在在的效益让村民看到了增收的希望，对青贮作物的态度也发生了根本的改变。目前，全村202户都与通辽市某开发有限公司签订了种植青贮作物的协议。

当地党支部书记孙某："玉米去年种得就不行了，2016年老百姓就犯愁种啥。联系这个项目以后，通过和老百姓宣传，老百姓特别认可。种这个每亩地增收300~700元，老百姓还节省人工、节省人力，不用操一点心，地全部由合作社统一处理。就是说在这一亩地上，他不用出任何劳力了，在节省开支的情况下，真正做到了增产增收。"

通辽市某开发有限公司从2002年至今一直从事育肥牛生产，随着企业规模的不断扩大，养殖场青贮饲料短缺的问题一直难以解决。通过采取"订单合同"的模式与村民利益联结，不仅解决了公司的燃眉之急，为养殖基地提供了大量稳定的青贮饲料来源，也能够让村民增收致富，形成了双赢的良好局面。

通辽市某开发有限公司董事长助理杨某说："现在我们已经和周边的丰田、莫力庙，以及余粮铺、哲南签订了大量的青贮合同，以保证牛的过冬饲料的需求。我觉得对当地种植户也是个很好的消息。青贮这块给农民一亩地能增收400块钱左右，对当地种植户来说也是个福音。"

当地村民张某一家五口人以养牛为主要收入来源，2015年，张某想扩大养殖规模，但苦于资金短缺，愿望一直不能实现，在他一筹莫展的时候，当地合作社帮助他与内蒙古某食品有限公司签订了"六合一"养殖合同，并贷款50万元，解决了他的燃眉之急。

张某说："公司推出的'六合一'模式能帮我们贷款，利息平均也就是5厘8(0.58%)左右，这就合适了。像我们拿这些钱买基础母牛或买西门塔尔小牤子，自己育肥，我们都受益，以后牛还是要再增的。公司有牧草，给牧户提供牧草、提供饲料、提供养殖方式，我们肯定是要多养的，因为养得越多赚得越多，老百姓也受益嘛。"

和张某一样，与上述公司签订"六合一"养殖合同的养牛户共有100家。为提高贷款资金使用和回收的安全度，有效地解决农牧民"无项目、缺技术、担保难、贷款难"等问题，该公司在与农牧民合作上推行"六合一"模式，为农牧民增加收入5亿元，实现了社会效益和经济效益双赢。

内蒙古某食品有限公司负责人曹某说："这个'六合一'模式对广大农牧民来说好处很多，第一是贷款，农牧民有了发展的资金；第二政府要贴一部分利息，我们公司也拿出一部分利息贴给牧民，有了发展资金，利息减少了；第三我们订单收购，按市场价，不让牧民吃亏；第四是保险，为农牧民大量的牛羊上保险，解决了兜底；第五是技术，有专家就养牛的技术、饲料的配方、疾病的防疫、良种的培育等，给牧民进行指导，都是免费的，为养殖业的发展提供科学的依据。"

近年来，通辽市 170 家重点龙头企业，80%的企业与基地农户有着不同程度的利益联结关系，45%的企业与基地农户建立了紧密型利益联结机制。股份合作型、订单合同型、"六合一"、价格保护型等七项联结模式的推广，促进了龙头企业带动 25 万户农牧户共同发展。未来，通辽市还将继续探索企业与农户的利益联结机制，为农民增收提供更多可能。

资料来源：央广网，2016-07-06。

五、养殖业的基本要素

养殖业的起源距今已有一万多年的历史。一般说来，任何一种被养殖的生物品种都是从野生种群经过人工驯化而演变成的。动物养殖需要一定的条件。随着现代养殖科学技术的发展，这些条件也在不断发生变化，但养殖业生产的最基本条件，即四个基本要素一直都是作为必要条件而存在的，这四个基本要素包括：养殖者、养殖品种、饲料（或饵料）、养殖场所与设备。

（一）养殖者

养殖者是指养殖业的从业人员，相当于生产力三要素中的劳动者要素，既包括从事养殖业的体力劳动者，也包括从事养殖业的技术人员，还包括养殖企业的所有者和管理者。养殖者是养殖业生产中的关键要素，养殖业的发展与养殖者的知识、经验、能力，特别是专业素质密切相关。

（二）养殖品种

养殖品种是指一个养殖品种内具有共同来源和特有一致性状的一群牲畜，即具有相同品质的牲畜，其遗传性稳定，且有较高的经济价值，是养殖业的主要养殖对象。

养殖品种的品质直接关系到养殖业的产量、质量和经济效益，选择养殖品种，即养殖对象，是养殖业需要解决的首要问题。一般而言，评价养殖品种的质量优劣需要考虑三个因素。

1. 商品价值

由于养殖对象的用途不同，衡量商品价值的标准也不同。例如，从食用的角度来说，主要是看其营养价值的高低。在同类群的动物中，如果蛋白质含量高，各种营养成分齐全、丰富，味道鲜美、口感好，可食用部分比例大，则该动物的商品价值就高。当然，还要从市场的需求和养殖品种的供给来考察，供求关系决定其市场价格。

2. 生产性能

在饲料、环境等条件相同的情况下，饲养不同的品种，其产量也是不同的，这是因为不同品种的动物具有不同的生产性能。决定动物生产性能高低的因素包括生长速度、食性和饲料转化率。在饲养、管理条件和养殖时间相同的情况下，生长速度越快，生成物越多的个体或品种，其生产性能越好。一般情况下，食物链越短，食物种类越广泛且饲料转化率越高的动物，其生产性能越高；因为食物链短、食性广，其饲料资源丰富，用于饲料的费用低，因而其经济效益较高。

3. 对环境条件的适应能力

养殖品种对环境条件适应能力的强弱，主要表现在对温度、光照、pH 值、溶氧、食物、敌害与病害等的适应能力。养殖品种的适应能力越强，则养殖的局限性越小，养殖过程中所需的设备和采用的养殖措施就越简单，养殖品种的成活率（养成率）就越高，因而养殖的成本也就越低。一般来说，驯化期长的动物适应环境条件的能力较强；反之，驯化期短的动物适应力一般较弱，因此，后者的饲养风险大于前者。

此外，在养殖工作中，要建立养殖种类的种群，进行良种选育工作。由于种群的培养投入成本很大，因此，动物种的价值高于普通的养殖动物。

（三）饲料（或饵料）

《中华人民共和国国家标准饲料工业通用术语》将饲料定义为：能提供饲养动物所需养分、保证健康、促进生长和生产，且在合理使用下不发生有害作用的可食物质。养殖动物的饲料包括天然饲料和人工饲料，它是动物养殖的物质基础。饲料的数量和质量决定着饲养动物产量的高低。对饲料（或饵料）的选择、调配、加工及投喂技术等，往往影响动物养殖的成本和收益。在高产养殖中，饲料费通常占全部养殖成本的50%以上。

动物对营养物质的需求包括蛋白质、脂肪、糖类、维生素、水和无机盐等。动物种类不同，其食性和对上述营养成分的需求也不同，这是养殖工作中选择和调配饲料的基本依据。

常用饲料的种类较多。按照传统分类方法，根据饲料的物理化学性状，可以将饲料划分为粗饲料、青绿多汁饲料、精饲料和添加剂；根据饲料来源，可以将饲料划分为植物性饲料、动物性饲料、微生物饲料、矿物质饲料和人工合成饲料。按照国际饲料分类方法，可以各种饲料干物质中的主要营养成分为基础，将饲料分为八大类：粗饲料、青绿饲料、青贮饲料、能量饲料、蛋白质饲料、矿物质饲料、维生素饲料和饲料添加剂。

（四）养殖场所与设备

养殖场所是养殖动物赖以栖息和生存的场所，是动物养殖的决定性条件。一般而言，有固定地点圈养动物的养殖场所需要具备以下条件。

1. 场址选择

养殖场所的选择十分关键。场址要根据不同动物对环境条件的要求进行选择，无论是水生的还是陆生的种类，养殖场所的环境条件必须符合动物生长发育和繁殖的基本要求，饲料来源要既充足又便利。此外，对不同动物来说，养殖场所的选择要有所区别。例如，同样是陆生动物的蜗牛和钳蝎，前者喜居阴暗潮湿的环境，而后者则需要向阳干燥的环境。

在养殖场场址选择的过程中，应特别注意养殖场所的安全性（如地势是否在洪水警戒线以上、防火条件如何等），以规避自然风险。此外，还要注意在养殖过程中动物是否会影响周围的环境，给居民的生活带来不良影响。许多经济动物的鸣叫声、排出的粪尿及释放的气味，容易污染环境，影响附近居民的工作与生活，造成矛盾，可能产生不必要的损失。因此，一些特殊动物的养殖场应选在远离居民区的地方。

2. 设备

养殖场的设备主要是指为养殖服务的养殖设备和辅助性设备，一般计入养殖场固定资产，并计入成本。

（1）养殖设备：按照所养殖动物的种类及其生长发育、繁殖的特点而定。例如，动物房（饲养间）、养殖床、饲养笼、饲养箱、饲养池、网箱等。

（2）辅助设备：包括水、电供应设备，饲料仓库，饲料培育和处理间，调温调湿和换气、充气设备等。

3. 养殖场的抗灾防疫和消毒除害

在养殖场的选择、建设或者利用原有旧场改建养殖场的过程中，往往存在着场地和设备不能完全适合养殖动物生长发育和繁殖的情况。因此，要对所选择的场地、原有设备和器材进行改造，增加养殖场的抗灾性，使其能防雨、防风、防洪、防火。例如，在河蟹成蟹前，就要对池塘等进行改造，目的是改善养殖动物生活的环境，以利于其健康成长，防止动物在养殖过程中逃跑；在养殖动物放养前，必须对场地、繁殖间、笼舍、池塘水域等进行清理和消毒，杀灭敌害和病原微生物，以利于饲养动物的健康成长。

第二节　养殖业风险概述

一、养殖业风险的概念

风险的一般含义为某种事件发生的不确定性，由于保险针对和弥补的是损失，所以从保险的角度讲，风险是某种损失发生的不确定性；具有不确定性的损失称为风险损失。因此，在研究养殖业保险时，可以给养殖业风险做如下定义：所谓养殖业风险，是指养殖者在养殖业生产经营过程中，各类风险损失发生的不确定性。这种不确定性表现在三个方面：一是风险是否发生的不确定性；二是风险何时发生的不确定性；三是风险损失程度大小的不确定性。

二、养殖业风险的类型

现代养殖业是资本和知识密集型产业，包括生产、加工、销售等一系列环节。按照成因或者来源，可以将养殖业风险划分为自然风险、疫病风险、市场风险、技术风险、经营管理风险、社会风险等。

（一）自然风险

自然风险是指在牲畜养殖过程中，由于自然现象、物理现象或其他物质风险因素所形成的风险，如干旱、暴雨、洪水、风灾、冰雹、冻灾、雷击等自然灾害，地震、泥石流、山体滑坡等意外事故。养殖业在生产经营过程中与周围的自然环境存在密切联系，环境会影响养殖牲畜的生活习惯和适应性能。自然风险的成因不可控，但其有一定的规律和周期，发生后的影响范围较广。例如，2018年7月19日至7月24日，内蒙古自治区巴彦淖尔市出现大范围降水天气，部分地区出现暴雨甚至大暴雨，造成牛羊猪牲畜死亡9978头（只），经济损失达1122.06万元；水产养殖毁损面积达1800公顷，造成经济损失9.5万元。

（二）疫病风险

当前，我国养殖业虽已跃居世界前列，但疫病风险的影响仍不能忽视。一方面是动物疫病的困扰。我国使用的疫苗和治疗性化药数量之大、品种之多，可谓在世界范围内首屈一指，但我国动物疫病种类很多，动物病死率高，生产性能畸形发展。例如，养猪业中"红皮病""高热病"、呼吸道复合体病、顽固腹泻病、繁殖障碍、口足水疱症、免疫抑制病等层出不穷；养禽业中呼吸综合征、肠毒症、各种流行性感冒等屡见不鲜。在养殖业中，疫病高峰期空栏、清圈、清场等现象成片发生，而且新病种、新症状、耐药性还在不断出现。另一方面是人畜共患病的威胁。在食物链中，食品动物处于"被人吃"的地位；在社会关系中，大多数动物处于"被人养"的状态，与人密切接触，因此，畜禽的健康与人类息息相关。动物有 200 多种传染病，半数以上可以感染人，动物和人可以互为传播媒介，如猪链咪菌、狂犬病、禽流感、猪流感、非典型肺炎、蜱虫病、动物结核、多种寄生虫病等都可以传染给人，这类事件常被报道，且实际生活中可能发生得更多。最后，疫情决定行情。疫病造成的产业损害不仅仅是死亡损失，更重要的是心理恐慌。以 H7N9 为例，2013 年 3 月 31 日国家卫生计生委首次公布人感染 H7N9 病例后，消费者谈"禽"色变，至 5 月 1 日白条鸡价格下降19.4%，肉鸡鸡苗价格下降 48.9%，一些主产区产品销量减少一半，企业库存大量积压。

（三）市场风险

市场风险，又称为经济风险，一般是指在养殖业生产和畜产品销售过程中，由于市场供求失衡、畜产品价格波动、经济贸易条件等因素和资本市场态势发生变化等方面的影响，或者由于经营管理不善、信息不对称、市场前景预测偏差等导致养殖户经济上遭受损失的风险。其中，价格波动是影响养殖业生产经营的重要因素，这种影响既可能是养殖业生产经营所需的生产资料价格上涨，也有可能是畜产品价格下跌，还有可能是养殖业所需生产资料价格上涨高于畜产品价格上涨。以"猪周期"为例，具体是指"价高伤民，价贱伤农"的周期性猪肉价格变化怪圈，其循环轨迹是"肉价上涨—母猪存栏量大增—生猪供应增加—肉价下跌—大量淘汰母猪—生猪供应减少—肉价上涨"，具体如图 1-3 和表 1-3 所示。

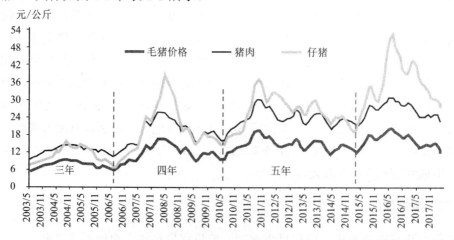

图1-3 猪价格周期

资料来源：http://www.sohu.com/a/236877678_693802。

表 1-3 2003 年 5 月至 2017 年 11 月的猪价格波动周期

周期时间	最低价 （元/公斤）	低价月	最高价 （元/公斤）	高价月	到价格 高点历时 （月）	谷底至 谷峰波动
2003 年 5 月至 2006 年 5 月	5.59	2003 年 5 月	9.59	2004 年 9 月	16	71.56%
2006 年 6 月至 2010 年 4 月	5.96	2006 年 5 月	16.86	2008 年 4 月	23	182.89%
2010 年 5 月至 2015 年 3 月	9.53	2010 年 4 月	19.68	2011 年 9 月	17	106.51%
2015 年 4 月至 2017 年 11 月	12.27	2015 年 3 月	20.45	2016 年 5 月	14	66.67%

资料来源：http://www.sohu.com/a/236877678_693802。

（四）技术风险

技术风险对养殖业的影响可以从两个方面进行理解。

1. 技术不足的风险

一方面，部分养殖行业的自动化、组织化、产业化不足，如水产养殖业，由于传统养殖模式比例较大，又以个体经营为主，使得养殖的生产投资规模较小，造成资源和劳动力浪费问题；在企业的工厂化养殖中，设施条件不够完善，缺少相关的自动化设备，养殖机械化、自动化程度明显不足，造成企业成本增加。另一方面，部分养殖行业在现代育种理论和技术、养殖工程与新生产体系、健康养殖与生物安全技术、畜禽粪污资源化利用技术上存在不足。

2. 技术应用偏差的风险

就常规技术而言，牲畜养殖的病害防治技术可有效解决病虫害问题，但是防治过程中因过度用药又使得种苗产生抗药性，为后期的防治工作带来困难；为种苗接种疫苗可增强其免疫力，但是疫苗的安全性问题一直令人头疼。就高新技术而言，养殖企业通常会使用转基因技术获得优良苗种，但是国际上对其安全性还没有达成共识，且可能会造成基因污染。

（五）经营管理风险

经营管理风险是指由于养殖场内部管理混乱、内控制度不健全、财务状况恶化、资产沉淀等造成重大损失的可能性。例如，养殖场内部管理混乱、内控制度不健全会导致防疫措施不能落实，暴发疫病，进而造成牲畜死亡；饲养管理不到位会导致饲料浪费、牲畜生长缓慢及死亡率上升等；原材料、兽药及低质易耗品采购价格不合理、库存超额、使用浪费等会造成养殖场生产成本增加；养殖场的应收款较多、资产结构不合理、资产负债率过高，会导致养殖场资金周转困难，财务状况恶化。

（六）社会风险

社会风险，又称为行为风险，指由于个人或团体的社会行为造成的风险。养殖业的社会风险主要表现在以下方面：一是伪劣饲料、抗生素等生产资料造成的损失；二是养殖者的行为（包括过失行为、不当行为及故意行为）造成的损失；三是政策风险，即因政府法律、法规、政策、规划、管理体制、税收、利率等因素的变化造成损失的可能性；四是政局变化、政权更迭、动乱等政治因素引起或造成的各种损失。其中，政策风险是影响养殖业生产和经营的重要因素。政策风险主要来源于与养殖业生产和经营相关的政策转换及政策改变两个部分。例如，国家规定"禁养区"，同时要对一部分养殖场户征收"环保税"，导致不少散养户退出养殖业，中小养殖企业也开始缩减规模。

三、养殖业风险管理

养殖场户在发展养殖业时，需要特别注重风险防范，应把加强风险管理当作发展养殖业的"头等大事"。

（一）树立正确的风险意识

养殖场户要树立正确的风险意识，增强风险管理的水平。从目前养殖业发展的情况来看，还有相当一部分的养殖场户并没有意识到风险管理的重要性，很多由于风险管理不善而导致的损失也没有得到客观的分析和总结，这对于养殖专业场户来说十分危险。因此，养殖场户必须要强化自身的风险意识，在养殖和经营过程中注重风险的防范，同时通过有效的管理措施增强自身对于风险的抵御能力，使更多的从业者也能够意识到风险管理的重要性，只有将风险管理渗透到养殖的各个环节中，才能显著提高风险管理的效率。

（二）做好风险预测与分析

通过对风险进行有效的预测与分析，可以为管理者提供更多的依据，可以有效地提高风险管理的效率。养殖业风险本身具有一定的隐蔽性和复杂性，因此在风险的识别与控制方面，必须要做好充分的准备工作，加强关于风险信息的收集与整理，形成科学的风险识别系统，从而对风险进行有效的识别与预测。同时，管理者要加强对风险管理知识的学习，风险的预测与管理不能仅仅依靠管理者的经验，还要依靠系统的理论知识和风险管理技能。因此，管理者必须要具备风险管理能力，才能有效提高风险管理的效率。

（三）建立科学的风险管理体系

构建科学的风险管理体系是开展风险预测与管理工作的基础。因此，养殖部门需要设立相应的领导部门，构建科学的风险管理组织架构并建立专门的风险管理部门，制订详细的风险管理制度，确保每项工作都能有章可循，为养殖业风险管理工作的顺利开展提供基本的制度保障。

（四）加快风险管理工具的创新

积极探索适合区域特色的风险管理工具，借鉴发达国家的已有风险证券化技术与产品经验，如气象指数保险、巨灾债券和巨灾股票的发行，以及灾害期货、期权产品等，借助社会力量来分摊和转移灾害风险损失。通过借助现代较为成熟的气象卫星技术、通信网络技术，将灾害风险与损失进行标准化、信息化处理，在精算技术的支撑下，开发出标准化产品，然后通过与资本市场的连接，使灾害风险这种损失型的产品变为具有投资价值的金融产品，通过强大的资本市场，在一个更为广泛的空间进行分散。例如，风险管理的金融工具包括保险、风险基金、政府财政救济、巨灾风险管理工具、补贴信贷等；非金融工具包括高新技术、风险信息管理系统、中介组织等。

（五）发挥政府的支持作用

各级政府在地方养殖产业发展中发挥着重要的作用，必须要给予养殖场户一定的政策引导和扶持，使其在生产和经营过程中有效地规避风险。在传统的养殖产业中，分散的养殖场户各自为政，在风险信息的收集与管理方面十分零散。相比之下，政府拥有更多集中的风险信息和资源，可以作为政策引导，为养殖场户提供更多集中的信息沟通与风险机制，从而提高养殖场户的风险管理水平。

第三节 养殖业保险概述

一、养殖业保险的概念

养殖业保险是以有生命的陆生动物或水生生物为保险标的，保险人在被保险人支付约定的保险费后，就保险标的因遭受保险责任范围内的风险所造成的损失，对被保险人进行经济补偿的一种保险业务。养殖业保险是一种对养殖业风险进行科学分散的经济手段。

二、养殖业保险的特点

与其他种类保险相比，养殖业保险具有以下五个显著特点。

（一）不同投保主体技术水平、管理水平差异大，需求多样化

我国养殖业主体类型多样，既包括以家庭经营为主的小规模养殖户，也包括规模经营的工厂化、现代化养殖场及养殖企业，两者之间的风险差距较大，因而其对养殖业保险的需求也呈现多样化的特点。由于不同养殖者的养殖结果、管理水平差别较大，故保险人在承保业务时应对不同的养殖者采取不同的承保条件和保险费率。

（二）保险标的具有生命力，且易流动、管理难度较大

养殖业保险的标的是能跑会飞、有生命力的各种牲畜及家禽等动物，极易流动、跑失、患病。因此，要求养护人员具有责任心、加强管理，并创造较好的养殖条件；否则，将会减少收益，增加保险赔付，造成不必要的损失。

（三）存栏数量核实、标的信息采集等保险业务经营难度大

由于溯源耳标难佩戴、承保数量难核实、标的信息难判断、养殖场点多且范围广等原因，养殖业保险业务经营难度较大，具体表现为：一是在规模养殖场，由于场区封闭管理，保险公司人员不便进入生产区核实标的数量，导致标的数量核实不准确；二是由于养殖业保险标的具有生命活动、生长繁殖的特殊属性，非专业人士很难判断保险标的的生长、繁殖活动周期等；三是统计存栏量往往有时间节点，用何种方式统计补栏牲畜目前尚无统一的方法和标准。因此，不但保险标的识别难会给养殖业保险宣传展业、保费收取带来挑战，而且防灾防疫、定损理赔等也存在一定困难，导致业务经营难度增大。

（四）防病防疫工作事关保险经营结果

养殖业生产的主要风险之一是疫病造成的畜禽死亡，一般约占全部风险的 70%以上，这是其他保险所不具备的风险。因此，防病防疫工作直接关系到保险标的的死亡率和保险赔付率的高低，进而影响养殖业保险经营的成败。因此，只有对保险畜禽进行经常性的防病防疫检查，尽早注射疫苗防疫，并在病发后及时治疗，才能有效控制疫病及死亡率，从而确保保险经营的稳定性和持续性。

（五）道德风险大且难以控制

畜禽是有生命的动物，其使用价值和经济价值与标的生命密切相关，且呈抛物线形变化。也就是说，这两种价值从标的幼龄开始，随着养殖成本的投入而逐渐递增，

直到最大极限后，又随畜龄增加而逐渐下降。畜禽一旦失去了生命，即使体表完整无损，也已失去 60%～80% 的价值，伤残者更会严重贬值。这一特性决定了畜禽对生存环境要求很严格，并依赖于人工的养护与管理。一些被保险人利用保险标的分散的特点，以及保险人对于保险标的识别和管理困难或管理中的漏洞，偷梁换柱，更换保险标的，或将畜群选择性投保，病畜带病投保，养殖鱼虾发生疫情之后才投保，甚至以无中生有制造假赔案的方式骗保。因此，对保险人而言，畜禽保险不但道德风险极大，而且防不胜防，较难控制。

（六）查勘定损的时效性强

畜禽死亡的原因很多，一旦死亡，尸体极易腐烂，尤其是在夏天。为了查明死因，确定责任归属，保险公司人员必须及时赶赴现场查看取证，否则，以后就更加难以查明原因。因此，在养殖业保险中查勘定损的时效性较强。

三、养殖业保险的类型

根据分类标准的不同，养殖业保险可以划分为不同的类型。

（一）按照保险标的和业务管理需要分类

按照保险标的的种类和业务管理需要的不同，可以将养殖业保险分为五类：大牲畜保险、小牲畜保险、家禽保险、水产养殖保险和特种养殖保险。

1. 大牲畜保险

大牲畜保险是指以人工饲养的大牲畜或相关产品价值为保险标的的经济损失保险。大牲畜用途广泛，有乳用、种用、役用和比赛观赏用等多种用途。由于用途不同、品种不同，大牲畜的价值会有很大差别，故大牲畜保险的保险责任和保险费率也有较大差别。

2. 小牲畜保险

小牲畜保险是指以人工饲养的小牲畜或相关产品价值为保险标的的经济损失保险。小牲畜主要包括猪、羊、兔等中小畜类，其生长周期短、生长速度快、商品率高，畜体价值随着生长育肥而不断增长。小牲畜的价值体现在出栏时的肉体重量上，不能预先约定。例如，在小牲畜死亡保险中，只能按头计收保险费，发生保险责任风险死亡时，按照标的死亡时的体重和保险单价进行赔付。

3. 家禽保险

家禽保险是指以商品性养殖的禽类动物或相关产品价值为保险标的的一种经济损失保险。家禽保险主要包括养鸡保险、养鸭保险、养鹅保险等。由于家禽具有品种多、生长速度快、商品率高、用途广泛等特点，所以家禽保险采用的技术方法也多种多样。家禽在生长过程中受疾病的威胁最大，故家禽保险的经营风险以疾病为主，并应根据家禽群养性较强、自然死亡淘汰率较高的特点，制订一定的免赔比率（或免赔只数），以保证家禽保险的科学经营。

4. 水产养殖保险

水产养殖保险是指以商品性养殖的水产品为保险对象的一种损失保险。水产养殖保险包括以下两个内容。

（1）水产品养殖收获价值的损失保险。水产品养殖的商品性强，只有当养殖对象达到一定的重量时，其价值才最高。如果在饲养中出现流失、死亡等情况，其预期价值就不能实现。水产品养殖收获价值损失保险能为这些灾害的发生提供经济补偿，但由于水产品的价值具有阶段性，每一生长发育阶段都可以实现一定的阶段价值。此外，养殖产品的损失，除了受不可抗拒的风险因素影响之外，还与养殖人员的行为有直接的关系，而且养殖产品本身也具有易灭失性。因此，水产养殖收获价值的损失保险，往往采用成数保险方式，以减少人为管理因素和道德风险的影响。

（2）水产养殖成本的损失保险。水产养殖保险一般以精养水产品为主要对象，这种养殖方法获得的价值较高，但在池塘建设、投苗、投料、疾病防治、饲养管理等方面需要投入的成本和费用也较多，而且在遇到风险损失后，对继续再生产影响较大。因此，水产养殖成本损失保险可保障在出现保险经营风险后，及时恢复再生产能力。水产养殖成本损失保险一般采用养殖周期阶段定额方式进行。

此外，水产养殖保险也可以根据水产品养殖的环境分类，分为海水养殖保险和淡水养殖保险。利用海水进行滩涂养殖的保险标的，属于海水养殖保险的范畴；利用江、河、湖、泊或池塘、水库养殖的保险标的，属于淡水养殖保险的范畴。

5. 特种养殖保险

特种养殖保险是指以特种养殖动物为保险标的的一种损失保险。我国特种养殖保险试办时间不长，曾先后开展养鹿保险、水貂保险、养貉保险、养蚕保险、养蜂保险等，承保、理赔技术尚不完善。近几年，有个别具备条件的公司试办养鸵鸟保险、养蟹保险、养牛蛙保险、养肉鸽保险等险种，但业务量很少，尚没有形成规模。

（二）按照承保的风险不同分类

按照承保的风险，可以将养殖业保险划分为死亡保险、收入保险和价格保险。

1. 死亡保险

养殖业死亡保险包括传统牲畜死亡保险和创新型牲畜死亡指数保险。

（1）传统牲畜死亡保险：指保险公司为养殖业生产者在畜禽养殖过程中因自然灾害、意外事故、疫病等风险造成的畜禽死亡损失而提供保障的保险产品。目前我国开办的养殖业保险产品多是此类保险，品种以大牲畜为主。

（2）牲畜死亡指数保险：指当一个区域一定时期内牲畜的平均死亡率达到约定的触发点时由保险人负责赔付的保险产品。该产品具有如下优势：解决传统农业保险面临的道德风险和逆向选择等信息不对称问题，降低交易成本。然而，牲畜死亡指数保险也面临基差风险（指基于指数计算的赔付和实际发生的损失之间不完全匹配）、数据缺失、指数确定较为困难等诸多挑战。现阶段，牲畜死亡指数保险主要在亚洲的蒙古国、非洲的肯尼亚和埃塞俄比亚等发展中国家进行试点。

【拓展阅读】

蒙古国：基于指数的牲畜保险项目

蒙古国是世界第二大内陆国家，农村经济以牲畜为主，农业贡献大约20%的GDP，畜牧业产值占农业产值的比例超过80%。根据2008年统计数据显示，蒙古国有大约4400万头牲畜，包括山羊、绵羊、牦牛、马和骆驼。牲畜为蒙古国居民提供了将近一半的食物、收入和财富。对于生计完全或部分依赖于牲畜的牧民来说，牲畜的高死亡率对他们的生计有非常不利的影响。由于蒙古国气候严寒，动物缺乏遮蔽场所，气象对牲畜的影响是非常普遍的。牧场通常的风险管理措施包括修建冬天遮蔽设施、存储饲料作物和改善冬天牧场的管理，这些措施有助于牧民更好地应对适度的气象事件。但是，在面对极端天气事件时，如突然来临的冬季风暴、气温极低、大风和暴雪，牲畜的高死亡率是不可避免的。因此，牧场和牲畜管理必须由金融机制来补充，使得在灾害后能够给牧民提供流动性。

基于以上背景，2005年，在世界银行的支持下，蒙古国开始试验基于成年动物死亡率的指数保险项目（Index-Based Livestock Insurance Project，IBLIP），当在某地区成年动物死亡率超过一个特定门槛时，保险给予赔付。

1. 保险期间：给定年份的1~5月。

2. 销售时间：前一年的春季。

3. 牲畜死亡率确定：每年6月初，蒙古国国家统计局对牲畜死亡率进行年中的统计，并与前年末的统计进行比较，以确定成年动物的牲畜死亡率。在宗教信仰和相互监督的保证下，牧民提供的数据准确性较高，且死亡率数据有40年以上的连续记录，保证了IBLIP的指数接近真实死亡率，也使得IBLIP实施的基差风险小。

4. 分层保障体系：IBLIP根据损失概率及程度将风险分为三层，并相应采取不同的管理策略。概率高但程度小的风险一般不影响牧户的生存及生产，由牧户通过储蓄或借贷等方式自行承担；概率低但程度大的风险，通过商业保险转移给私营保险市场；概率极低但程度极高的巨灾风险，由政府通过社会保险承担。

（1）基本保险产品（BIP）：是一种由私营保险公司销售并提供服务的商业性保险，牧民支付全额保费。当牲畜平均死亡率达到约定的触发点（首年为7%）时，被保险人将获得相应赔付。根据对历史数据的分析，当牲畜平均死亡率达到约定的退出点（25%或30%）时，BIP的赔付金额达到最大。

（2）灾害反应产品（DRP）：是一种由政府出资并提供的一种社会安全网产品。只有当牲畜平均死亡率超过BIP的退出点时，政府才进行相应赔付。购买BIP的牧民将免费获得同种牲畜的DRP；没有购买最低数量BIP的牧民，必须支付少量的管理费才能获得 DRP。

此外，蒙古国政府承担 IBLIP 的经营成本，并对 IBLIP 的再保险提供保费补贴。IBLIP 为保险公司设计了一个牲畜保险赔偿池（LIIP），牧民保费存入 LIIP，直到结算期才能取出；同时，通过签订覆盖超过 LIIP 财务能力的无限停损再保险协议，补偿受到完全的保护。参与 LIIP 的保险公司基于牧民保费的份额共享收益和损失，每一个保险公司支付再保险成本，费用与其在 LIIP 中的业务账面值一致。LIIP 的主要优势包括：①风险与其他保险业务完全分离；②保护了需要支付损失的补偿，消除了支付的所有违约风险；③允许保险公司集中它们在不同地区的牲畜保险资产组合；④促进销售基本保险产品保险公司的合作。

自 2005 年蒙古国试验实施 IBLIP 以来，该保险的参与率逐步扩大，到 2014 年已覆盖蒙古国全部省份，参保规模已达 1.5 万户牧民。

资料来源：

[1] 武翔宇，兰庆高. 牲畜保险创新的国际经验及启示[J]. 改革与战略，2012，28（05）：213-215。

[2] 张小东. 发展中国家指数保险服务小规模农户的经验与启示[J]. 农业经济，2017（12）：72-74。

2. 收入保险

收入保险是一种有效降低产量风险、价格风险以及产量和价格复合风险的农业保险产品。收入保险包括两个要素：产量部分通常是基于当地有代表性的历史产量，多由近 5 至 10 年连续产量的平均值计算得到；价格部分通常是依赖于成熟的价格发现机制，如期货市场来确定。养殖业收入保险通常是以被保险人的养殖场的收入作为承保和理赔的基础，当养殖场发生保险责任范围内的风险导致其实际收入低于保险保障收入时，由保险人负责赔偿二者之间的差额部分。目前，养殖业收入保险在国内的实践还比较少，在国外，尤其是美国已开展多年。例如，美国的牲畜养殖收入保险（Livestock Gross Margin，LGM）旨在为畜产品售价下跌或饲料价格上涨导致养殖场经营利润损失而提供风险保障，目前只覆盖生猪、肉牛和奶牛。

3. 价格保险

价格保险是指以养殖场生产的畜产品的市场价格变动为风险责任，当养殖场生产的畜产品上市时市场价格低于保险合同事先约定的保障价格，则由保险人赔偿市场价格与保障价格差价损失的保险。价格保险有两种操作方式：一种是单纯保险的方式，由保险公司承担价格风险责任；保险公司事先设定保险保障价格，在被保险人发生保险合同约定的价格风险损失，被保险标的的市场价格低于保险保障价格时，由保险公司负责赔偿价格差额。另一种是"保险+期货"的方式，保险公司接受被保险人就某种畜产品投保，当畜产品上市或出栏时，若市场价格低于保险保障价格，则根据合同约定进行差额补偿；保险公司接受被保险人的投保后转手将这笔业务在期货市场上购买看跌期权合约，如果到了交割期，现货价格低于期货价格，保险人就得到的期货差价补偿向被保险人理赔。

目前，我国在养殖业中开展的价格指数保险包括生猪价格指数保险、鸡蛋价格指数保险、牛奶价格指数保险、螃蟹价格指数保险。在国外，美国有畜牧价格保险（Livestock Risk Protection，LRP），覆盖生猪、肉牛和羔羊；加拿大西部地区（如不列颠哥伦比亚省、阿尔伯塔省、萨斯喀彻温省和曼尼托巴省）有畜牧价格指数保险，保险产品包括肉牛和生猪。

（三）按照是否有政府补贴分类

按照是否有政府补贴，养殖业保险可以划分为两类：商业性保险和财政补贴性保险。

1. 商业性保险

商业性保险是指市场上被保险人根据自己的意愿和收入情况，自由购买的保险产品；被保险人根据合同约定，向保险公司支付保险费，保险公司根据合同约定可能发生的风险事故就其发生所造成的损失承担赔偿责任。目前很多新型养殖业保险的试点是以商业性模式开始，成熟之后逐步走向财政补贴性模式。

2. 财政补贴性保险

财政补贴性保险是以保险公司市场化经营为依托，中央和地方政府通过保费补贴、税收优惠等政策扶持，对养殖业遭受的各类风险损失提供保障的保险。

商业性保险和财政补贴性保险存在根本区别。

（1）引导主体不同。财政补贴性保险一般采取政府引导，保险公司市场化运营的模式；商业性保险采取保险公司或被保险人自行发起的商业化运营模式。财政补贴性保险产品部分由政府买单，商业性保险产品则完全由被保险人自己买单。

（2）盈利能力。财政补贴性保险经营的项目或出售的保险产品的保险责任范围较宽泛且保险标的的损失概率较大，从而赔付率较高，营利难度大；商业性保险经营的项目或出售的保险产品的保险责任范围较窄且保险标的的损失概率较小，故赔付率较低，正常情况下营利能力较强。同时，财政补贴性保险的盈利需纳入大灾准备金中，而商业性保险的盈利可作为公司的利润进行分配。

（3）外部性。财政补贴性保险具有明显的正外部性，可以增加社会福利；商业性保险的外部性不明显。

（4）强制程度。财政补贴性保险通常需要事实上的或者有条件的强制；商业性保险一般是自愿投保，不具有任何强制性。

（四）按照保险责任分类

按照保险责任，可以将养殖业保险划分为单一责任保险和混合责任保险。

1. 单一责任保险

单一责任保险是指仅承保一项风险造成的损失的养殖业保险。例如，仅承保疫病责任的疫病保险，或仅承保洪水责任的虾类养殖保险。

2. 混合责任保险

混合责任保险是指承保两项或两项以上风险造成的损失的养殖业保险。例如，既承保疫病，也承保洪水责任的虾类养殖保险。

（五）按照保险标的的品种分类

按照保险标的的品种，可以将养殖业保险划分为单一标的保险和混合标的保险。

1. 单一标的保险

单一标的保险是指只承保被保险人的一种标的物的风险损失的养殖业保险。例如，只承担奶牛死亡的奶牛保险。

2. 混合标的保险

混合标的保险是指承保被保险人的多种标的物的风险损失的养殖业保险。例如，养猪保险的"一揽子"保险，不仅承担家猪死亡风险，也承担猪舍、饲料设备风险。

四、养殖业保险的作用

养殖业保险是我国农业保险的重要组成部分，在减轻农牧民因灾损失、保障畜产品供给稳定、促进养殖业可持续发展等方面具有重要作用。

（一）养殖业保险是减轻农牧民因灾损失的重要措施

利用保险手段建立疫病、自然灾害和市场风险的防范和分散机制，是提高养殖场户抵御风险能力的有效举措，也是促进病死动物无害化处理的重要抓手，对于保障养殖业安全、食品安全和生态环境安全，促进农牧民增收具有十分重要的现实意义。近年来发生的高致病性猪蓝耳病、禽流感、小反刍兽疫等重大疫病，给养殖业造成重大冲击，部分养殖企业甚至倒闭破产；在广大草原牧区，白灾、黑灾等自然灾害屡屡对农牧民自身安全和养殖业生产稳定造成严重影响；在东南沿海地区，几乎每年都有台风等自然灾害侵袭，广大养殖场户损失惨重，有的甚至因灾致贫返贫。目前，我国养殖业生产抵御风险的能力还很弱，单靠政府的灾害救助补偿无法从根本上解决问题。2016 年，全国养殖业政策性保险支付赔款 69.4 亿元，受益农牧民达 476 万户，户均获得赔款约 1458 元。养殖业保险理赔能够增强农牧民恢复再生产的能力，为其免除了后顾之忧，保障了广大养殖场户的切身利益，为农牧民增收致富撑起了"保护伞"。

（二）养殖业保险是保障畜产品供给稳定的重要途径

在现代养殖业中，几乎所有畜产品不仅面临养殖阶段的"天灾"，而且面临阴晴不定的市场带来的"人祸"。无论是"天灾"还是"人祸",最终都会体现在价格上。农牧民不但要看天吃饭,还要看市场吃饭。畜产品价格的形成受到生产周期、生产成本、生产结构、消费者心理等众多因素的影响。以往,农牧民应对价格波动的方法只有调整生产,但是这一轮生产过剩往往引发下一轮的生产不足,由此带来畜产品市场价格的周期性震荡。养殖业保险尤其是养殖业收入或价格保险的试点,则可以稳定农牧民的生产计划,减少畜产品供给的波动。此外,将保险和养殖业具体工作相结合,建立病死畜禽无害化处理与保险勘查理赔相挂钩的联动机制,如浙江"龙游"模式、河南"济源"模式,通过将病死畜禽无害化处理作为保险理赔的前置条件,将保险查勘与病死畜禽定点清收、转运相结合,简化保险理赔流程,运用经济杠杆引导养殖户主动将病死畜禽集中无害化处理,不仅为养殖户减少了损失,而且能够彻底截断病死畜禽非法流入市场的通道,以保障畜产品供应的安全。

(三)养殖业保险是促进现代养殖业发展的重要抓手

当前,我国养殖业发展正处于从传统向现代化加快转型的关键时期。一方面,养殖业保险与金融信贷相结合,不仅可保障经营者合理的收益预期,而且可扩展信贷抵押物范围,促进信贷对养殖业的支持,缓解养殖场户的贷款难问题。另一方面,通过保险的风险转移机制和经济损失分担机制,可以支持大型龙头企业发展合同养殖、订单生产等,形成"产、加、销"一体化经营格局,有利于维护养殖产业化链条的相对稳定,提高龙头企业的市场竞争能力。例如,四川资阳探索形成"六方合作+保险"机制,建立"六方合作"风险保障金,建立了养殖场户、饲料企业、加工企业、金融机构、保险公司、行业协会的合作共同体,实现了保险与产业化的有机衔接,促进了产业链各环节利益的一体化。

(四)养殖业保险是政府支持养殖业发展的有效手段

养殖业既是基础产业又是弱势产业,故其发展需要政府支持。近年来,党中央、国务院制定出台一系列扶持措施,不断加大政策资金投入,对增强养殖业综合生产能力提供强大政策支撑。例如,为加强生猪生产调控,稳定猪肉市场价格水平,专门出台实施《缓解生猪市场价格周期性波动调控预案》。发达国家的实践表明,保险业可以和养殖业发展有机融合,互促互利;因此,强化养殖业保险等调控手段,有利于发挥市场在资源配置中的决定性作用,对保持养殖业生产和价格稳定具有重要意义。2007年以来,我国陆续实施能繁母猪、育肥猪和奶牛等保险,探索建立养殖业生产风险转移机制,将政府对养殖业灾害的事后救助转变为事前防范与灾后保险补偿相结合,充分运用市场手段分散养殖风险。10余年的养殖业保险实践,不仅有助于增强养殖场户的市场意识、风险意识和信用意识,而且有助于厘清政府与市场之间的关系,减少政府对市场的直接干预。总的来说,养殖业保险现已成为政府支持养殖业发展的一种市场化有效手段。

五、养殖业保险的承保条件

养殖业保险的承保条件，是保险人进行业务核保的标尺及承担保险责任的前提条件，也是可保风险与可保利益原则等在养殖业保险中的具体运用，其对提高保险业务质量、确保经营稳定，具有重要意义。养殖业保险的承保条件具体包括以下几个方面。

（一）投保的畜禽具有正常的投保资格

正常的投保资格是指投保者应对保险标的具有规定的可保利益。凡投保标的的所有者、共有者、代管者或者负责饲养和使用者，皆具有投保有关险种的权利。坚持投保资格的审核，应审查当地相关防疫部门的接种记录，做到标的归属明确，身份信息、数量信息及所在地清楚，以利于防灾、理赔和管理。此外，投保标的应具有一定的规模，以便于业务管理。

（二）被保险人具有良好的信誉

保险合同是最大诚信合同，被保险人的信誉状况对保险经营至关重要。尤其是养殖业风险的发生，很大程度上与被保险人有关。不诚实或不道德的投保者，往往给保险人增添了难以预料的经营风险，甚至成为经营隐患。因此，必须坚持承保前的信誉审核。保单设计的某些款项应由畜主如实填写，如畜龄、毛色、用途、检疫防疫情况、投保者的经营行为、经济状况等，以便核实其诚信度，决定是否承保。

（三）投保的畜禽健康、畜龄符合条件

投保的畜禽必须经兽医或有关专业人员检验，凡健康者均可全部投保，否则应及时救治，直到健康为止。为了防止带病投保，确保业务质量，应规定适当的免责观察期、检疫期及适应期。免责观察期，是指在签单后一定时期内（如大牲畜为 20 天），若投保的畜禽发生疫病死亡事故，则免除保险人的赔偿责任，并退还 80% 的保费；对于生长发育正常者，则从观察期满的次日正式起保。检疫期是为了防止传染病蔓延而规定的检查疫情的时期。适应期是从外地引进的畜禽品种对当地环境条件的适应期限。检疫期和适应期可同时进行，通过系统观察，凡生长正常者均可承保。

此外，由于畜龄大小与畜禽死亡风险的高低及自身价值大小关系密切，所以投保标的也有畜龄限制。符合规定畜龄者，方可投保，以免出现副作用。以牲畜保险为例，各地承保时对畜龄的规定包括：①种用畜的畜龄为 3～9 周岁；②乳用畜的畜龄为 2～9 周岁；③肉用畜的畜龄根据生产周期确定；④役用畜的畜龄为 2～13 周岁。由于畜别及其用途不同，在承保中可依具体情况对上述畜龄稍做调整。畜龄的鉴别有一定技巧，如可根据牲畜牙齿的生长及磨损程度确认畜龄。保险业务员应掌握利用这些技巧，也可以聘请兽医或经验丰富者鉴定，以防承保超龄牲畜。

（四）畜禽的养殖条件较好

畜禽生产对养殖条件要求较高，因为养殖条件直接影响到畜禽的健康状况及发育繁殖，也关系到保险赔付率的高低及经营是否稳定，所以，投保者的养殖场地及设施应符合安全、卫生、防疫的要求，具体如下。

（1）养殖场所地势较高，设施坚固耐用。

（2）养殖设施防风、防雨、防潮及御寒能力强。

（3）养殖场所应向阳、通风，清洁卫生。

（4）饲料充足，水源干净，饲养正常。

（5）应有一定的防灾、防病及防疫设施。

凡符合上述条件者，可考虑承保，反之则应拒保。

六、养殖业保险承保的一般规定

为了确保养殖业保险经营的稳定性，防止道德风险或者逆向选择，保险人在承保前还应遵守下述一般规定。

（一）保前应认真验标，合理估价

1. 坚持保前验标

坚持保前验标，可有效防止承保不合格的个体，提高业务质量。验标工作量大、技术性强，可配备专业人员或聘请专家进行。实际验标中，"视看法"是广为采用的简易验标模式，即根据各类病症及灾害事故损伤的规律，通过察颜观体、检查粪尿等，寻找异常，排除病、老畜禽。该模式的观察项目包括以下八项。

（1）看外貌：包括精神、营养、姿势、步态等，观察是否正常。

（2）看皮毛：包括肤色、光泽、湿度、异样等。

（3）看眼黏膜：如苍白、发黄、潮红、发绀等。

（4）看鼻腔：包括颜色、肿胀、溃疡、流液等。

（5）看口腔：包括颜色、肿胀、溃疡、流涎等。

（6）看吞食饮水：包括方法、吞咽、反刍、呕吐等。

（7）看腹围：如有无鼓胀、鼓气、腹水、干缩等。

（8）看排出粪尿：包括形状、颜色、次数等。

2. 公平合理估价

公平合理地估价，是有效防止高额承保、避免道德风险的重要手段。估价时，应邀请有关专业人员组成专家小组来进行。做到既不高估，也不低估，实事求是，公正合理，以方便业务经营。

（二）了解周围环境，查清标的用途

畜禽养殖对周围环境有一定的依赖性，标的的不同用途也会影响其风险程度及健康状况。因此，承保前了解周围环境及标的的用途，也是控制风险、优化业务的重要途径。调查的内容包括以下几个方面。

（1）养殖场所的地势高低，四周有无其他风险或潜在隐患。

（2）本地区近期是否发生疫病，流行状况如何。

（3）本地区及养殖场所附近的污染状况。

（4）投保标的是否患有或曾经患有某种疾病。

（5）标的用途如何，有无过度使役的情况等。

凡有不正常现象者，应慎重承保、加费承保或拒保。

（三）承保面要宽，承保密度要大

为了分散承保风险，确保经营稳定，承保时还应注意投保的广度和深度，即实行大面积、高密度、集中承保，杜绝分散承保及漏保。一般来说，承保面应在一个乡镇以上，保率应在80%以上。凡符合承保条件的，都应投保。对零星饲养、部分投保或选择性投保的，一般不予承保。

（四）保险期限的选择

养殖业保险的保险期限，一般与动物养殖的生产周期相一致。由于养殖对象的种类繁多，其生活习性、生长规律等各有特点，所以，养殖业保险的责任期限不可能按自然或其他时间区间确定一个统一的保险期限，而需要根据不同保险标的的养殖周期或风险特点来确定，保险责任期限因不同的保险标的应有长短的差异。即使同一保险标的，又因地域的气候差异等，也应有先后和长短的区别。此外，由于保险责任不同，养殖业保险期限也会有较大差别。例如，生猪饲养死亡保险和生猪屠宰保险，由于保险责任不同，保险期限就有很大差别，前者为几个月，后者只有几天。

（五）要有承保成数及免赔额的规定

成数承保及免赔额的规定，是控制风险、有效预防道德风险的又一重要手段。成数承保是指根据保险标的价值的一定比例确定保险金额的一种方法。在养殖业保险中，通常按照保险标的价值的5～7成，即50%～70%确定保险金额。

免赔额是指在每次保险赔案中规定的，保险人不承担赔偿责任的金额。由于养殖标的时常发生少量的死亡，这是一种正常的自然现象，这种死亡损失金额较小，被保险人有能力承担。所以，为了减少赔付工作量，调动被保险人的养护责任心及防灾防疫积极性，而对这部分经常发生的小额损失予以免赔。在养殖业保险中，通常采取绝对免赔额的方式，即在每笔赔案中，都要扣除规定的免赔数额。

（六）准确确定保险金额需

保险金额是指在一个保险合同下，保险公司承担赔偿或给付保险金责任的最高限额，既是被保险人对保险标的的实际投保金额，又是保险公司收取保险费用的计算基础。一般而言，保险金额的大小与投保标的价值的估价紧密相关。当保险金额等于标的价值时，该保险为足额保险；当保险金额低于标的价值时，该保险为不足额保险。为防止道德风险及逆向选择，承保主体一般会选择不足额保险。在养殖业保险中，因保障目标不同，保险金额也会随之改变。目前，我国的养殖业保险主要是为畜禽死亡提供风险保障，保险金额取决于投保时畜禽的生理和经济价值，不仅需要考虑畜禽的品种、畜龄等生理特点，同时需要考虑饲料、畜禽的价格等市场环境因素。在具体实践中，保险金额通常是由保险公司和被保险人参照不同畜禽的生理及经济价值确定，并在保险合同中载明。

第四节 国外养殖业保险发展概况

本节首先对世界养殖业保险的整体概况予以介绍，而后介绍代表性国家或地区的养殖业保险开展情况。

一、世界养殖业保险发展概况

世界银行于 2008 年对 65 个国家（占世界上所有开展农业保险国家的 62%）的农业保险进行问卷调查，包括 21 个高收入国家，18 个中高收入国家，20 个中低收入国家和 6 个低收入国家。绝大多数（总数的 82%）被调查国家同时提供种植业保险和养殖业保险，有 10 个国家仅提供种植业保险，有两个国家（蒙古国和孟加拉国）仅提供养殖业保险，具体如表 1-5 所示。

表 1-5 世界农业保险供给概况　　　　单位：%

发展程度	仅种植业	仅养殖业	种养两业	地区	仅种植业	仅养殖业	种养两业
高收入国家	5	0	95	非洲	13	0	88
				亚洲	8	17	75
				欧洲	5	0	95
中高收入国家	17	0	83	拉美和加勒比海地区	35	0	65
中低收入国家	30	5	65	北美洲	0	0	100
低收入国家	0	17	83	大洋洲	0	0	100
全部国家	15	3	82	全部国家	15	3	82

资料来源：Mahul O, C J Stutley. Government Support to Agricultural Insurance: Challenges and Options for Developing Countries. World Bank, Washington D.C., 2010.

（一）养殖业保险的市场状况

根据世界银行的调查，2007年，全球养殖业保险保费收入约为15.71亿美元，占全球农业保险保费收入的10.40%。就发展程度而言，高收入国家的养殖业保险市场最大，保费为119230万美元，中高收入国家为4010万美元，中低收入国家为33410万美元，低收入国家为480万美元。从地区来看，亚洲拥有全球最大的养殖业保险市场，保费为104710万美元；其次是欧洲，保费为43480万美元；大洋洲、拉美和加勒比海地区、非洲、北美洲的养殖业保险保费分别为5490万美元、2630万美元、500万美元和320万美元。

各个国家的市场状况具体如表1-6所示。在养殖业保险有政府补贴保费的国家中，2003—2007年，日本保费收入为174760万美元，政府补贴比例约为48%，赔款支出为114670万美元，简单赔付率为66%；在无政府补贴保费的国家中，2003—2007年，匈牙利保费收入为11100万美元，赔款支出为9030万美元，简单赔付率为71%。

表1-6　部分国家的养殖业保险市场状况　　　　　　　单位：百万美元，%

国家	时期	保费收入	赔款支出	赔付率	平均保费补贴比例	农户缴纳保费
有保费补贴的国家						
伊朗	2003-07	200.4	1251.1	624	91	19.0
意大利	2006-07	2.0	0.5	26	49	1.0
日本	2003-05	1747.6	1146.7	66	48	903.5
韩国	2003-07	148.1	104.0	70	47	78.5
墨西哥	2003-07	151.0	105.3	70	30	105.0
尼泊尔	2003-06	0.7	0.1	18	50	0.4
波兰	2003-07	0.5	0.3	60	1	0.5
西班牙	2003-07	1066.8	941.1	88	80	213.4
美国	2003-07	21.6	14.5	67	6	20.2
无保费补贴的国家						
阿根廷	2003-07	0.1	0.04	35		0.1
保加利亚	2003-05	5.8	4.4	75		5.8
哥伦比亚	2007	0.1	0.1	12		0.1
哥斯达黎加	2003-07	0.1	0.06	45		0.1
捷克	2003-05	51.7	25.8	50		51.7
厄瓜多尔	2003-07	1.4	0.9	62		1.4
洪都拉斯	2003-07	0.1	0.1	67		0.1
匈牙利	2003-07	111.0	90.3	71		111.0
蒙古国	2006-07	0.2	0.2	115		0.2
巴拿马	2003-07	1.7	0.7	40		1.7
菲律宾	2003-07	0.3	0.2	57		0.3
罗马尼亚	2006-07	<0.1	<0.1	27		<0.1
苏丹	2003-07	1.4	0.4	31		1.4
瑞典	2003-07	41.9	20.0	48		41.9
乌拉圭	2003-07	12.1	1.7	14		12.1

资料来源：Mahul O, C J Stutley. Government Support to Agricultural Insurance: Challenges and Options for Developing Countries. World Bank, Washington D.C., 2010.

（二）养殖业保险的产品类型

养殖业保险产品包括传统的动物意外事故和死亡保险，也包括传染病保险和死亡指数保险产品。传统的个体牲畜的基本保险产品承保列明的意外风险责任和死亡责任，责任范围包含火灾、洪水、雷击、触电等正常风险，通常将疾病特别是传染病视为除外责任。保费基于允许投保的畜龄范围内的正常死亡率确定，再加上风险和管理成本等附加保费，一般比较昂贵。因为牲畜死亡率显著受到管理者的影响，这种产品总是面临高风险农户的逆选择。

畜群保险是将个体动物死亡保险拓展到一大群牲畜上。这一产品包含了免赔额，即一定额度之下的损失由保单持有人承担。

一些国家，特别是德国，提供牲畜传染病保险。政府命令的屠杀和隔离通常属于除外责任。牲畜传染病保险面临重大和罕见的巨灾索赔风险，因此高度依赖于再保险提供风险转移；因为很难去建立牲畜传染病传播模型，并且该险种面临很大的财务风险，这种保险很难发展并得到国际再保险市场的支持。

蒙古国已经运用指数保险承保牲畜的死亡风险，因为牲畜的死亡率与可以指数化的极端天气参数（即低温）有很高的相关性。在加拿大、西班牙及美国，卫星图像及标准化植被指数保险被运用于很多草场和牧场。

如表 1-7 所示，2/3 的被调查国家提供牲畜意外事故和死亡保险，38%承保传染病责任。牲畜相互保险在欧洲已经有 300 年的历史，因此欧洲国家的养殖业死亡保险及传染病保险覆盖率是最高的。尽管牲畜传染病保险在被调查国家中覆盖率很高，但是这一市场受到几家专业国际再保险机构的严格控制，并且在各国的承保也受到限制。德国是世界上最大的牲畜传染病保险市场之一。

55%的中低收入国家及 67%的低收入国家提供牲畜养殖业保险，但该类产品的市场规模很小。半数低收入国家还提供其他牲畜保险产品，包括牲畜小额信贷或者信用保证保险。当还贷款之前牲畜死亡时，这种产品的赔付保证了牧民可以还贷款。

1/3 的国家提供渔业保险，包括海洋和淡水鱼类、甲壳类和贝类保险，最大的渔业保险市场在东南亚国家、智利、加拿大及挪威。

表 1-7 不同地区的养殖业保险产品占比　　　　单位：%

发展程度/地区	国家数量（个）	传统补偿型保险			指数保险	
		意外事故和死亡保险	疾病保险	渔业保险	死亡指数	其他指数
发展程度						
高收入国家	22	77	55	45	0	14
中高收入国家	17	76	24	29	0	0
中低收入国家	20	55	30	20	5	0
低收入国家	6	67	50	17	0	50

续表

发展程度/地区	国家数量（个）	传统补偿型保险			指数保险	
		意外事故和死亡保险	疾病保险	渔业保险	死亡指数	其他指数
地区						
非洲	8	88	50	13	0	13
亚洲	12	58	42	42	8	17
欧洲	22	82	50	45	0	14
拉美和加勒比海地区	19	53	21	16	0	0
北美洲	2	100	0	0	0	0
大洋洲	2	50	50	50	0	0
全部国家	65	69	38	31	2	9

资料来源：Mahul O, C J Stutley. Government Support to Agricultural Insurance: Challenges and Options for Developing Countries. World Bank, Washington D.C., 2010.

（三）养殖业保险产品销售渠道

如表 1-8 所示，根据世界银行的调查，在高收入或中高收入国家发达的保险市场，养殖业保险传统上通过保险代理人或经纪人进行销售；62%的国家的养殖业保险由保险公司销售代理负责销售，在欧洲这一比例为 90%；在亚洲，保险公司代理人和合作社是两个主要的销售渠道；在拉丁美洲和加勒比海地区，通过保险公司销售养殖业保险的比重要大于种植业保险；在非洲，50%的养殖业保险通过保险公司的销售代理人进行销售，银行和合作社在销售产品中也扮演了重要角色。

表 1-8   不同地区的养殖业保险产品销售渠道   单位：%

发展程度/地区	国家数量（个）	保险人的代理人	保险经纪人	银行/小额贷款机构	合作社/生产者联盟
发展程度					
高收入国家	20	65	15	0	20
中高收入国家	13	54	23	8	15
中低收入国家	14	79	0	7	14
低收入国家	6	33	17	17	33
地区					
非洲	8	50	13	13	25
亚洲	9	44	11	0	44
欧洲	20	90	5	0	5
拉美和加勒比海地区	12	55	18	9	18
北美洲	2	50	0	0	50
大洋洲	2	0	100	0	0
全部国家	53	62	13	6	19

资料来源：Mahul O, C J Stutley. Government Support to Agricultural Insurance: Challenges and Options for Developing Countries. World Bank, Washington D.C., 2010.

注：因四舍五入，表中数据汇总可能不为 100%。

（四）养殖业保险的政府支持

如表 1-9 所示，各国政府对养殖业保险的支持项目包括法律支持、保险费用补贴、经营管理费用补贴、再保险补贴、其他项目补贴（如损失评估补贴、研发和培训补贴、保险推广与教育费用补贴等）。根据世界银行的调查，有 35% 的国家为牲畜保险提供保费补贴，主要集中在高收入国家（占比为 71%）和亚洲地区（占比为 70%），平均补贴比例均为 53%，如表 1-10 所示；补贴规模位居前七位的国家分别是日本、西班牙、中国、伊朗、韩国、墨西哥和美国，如图 1-4 所示。德国、法国、澳大利亚等国家的养殖业保险市场虽比较大，但政府并无保费补贴支持。

表 1-9　政府对养殖业保险的各支持项目比例　　　　　　　　　单位：%

发展程度/地区	国家数量（个）	保险法律	保费补贴	经营管理费用补贴	损失评估补贴	再保险补贴	其他（研发、培训）
发展程度							
高收入国家	19	53	42	26	16	32	42
中高收入国家	15	33	27	7	0	20	20
中低收入国家	14	14	29	0	7	36	43
低收入国家	6	17	50	0	0	0	33
地区							
非洲	7	14	29	0	0	0	43
亚洲	11	36	64	18	18	73	36
欧洲	19	58	37	11	5	21	32
拉美和加勒比海地区	13	0	15	0	0	8	23
北美洲	2	100	50	100	50	50	100
大洋洲	2	0	0	0	0	0	50
全部国家	54	33	35	11	7	26	37

资料来源：Mahul O, C J Stutley. Government Support to Agricultural Insurance: Challenges and Options for Developing Countries. World Bank, Washington D.C., 2010.

表 1-10　政府对养殖业保险的保费补贴概况　　　　　　单位：个，百万美元，%

发展程度/地区	无保费补贴国家		有保费补贴国家				全部国家	保费收入
	国家数量	保费收入	国家数量	保费收入	保费补贴	补贴比例		
发展程度								
高收入国家	10	149.3	9	1043.1	556.1	53	19	1192.3
中高收入国家	10	2.1	5	38.0	14.6	38	15	40.1
中低收入国家	12	1.1	2	333.0	215.4	65	14	334.1
低收入国家	3	0.0	3	4.8	0.1	2	6	4.8

续表

发展程度/地区	无保费补贴国家		有保费补贴国家			全部国家	保费收入
	国家数量	保费收入	国家数量	保费收入	保费补贴	补贴比例	
地区								
非洲	4	0.4	3	4.6	—	—	7	5.0
亚洲	5	0.2	6	1046.9	551.8	53	11	1047.1
欧洲	12	96.4	7	338.4	225.7	67	19	434.8
拉美和加勒比海地区	10	0.5	3	25.8	8.5	33	13	26.3
北美洲	1	0.0	1	3.2	0.2	5	2	3.2
大洋洲	2	54.9	0	0.0	0.0	0	2	54.9
全部国家	34	152.4	20	1418.9	786.2	55	54	1571.4

资料来源：Mahul O, C J Stutley. Government Support to Agricultural Insurance: Challenges and Options for Developing Countries. World Bank, Washington D.C., 2010.

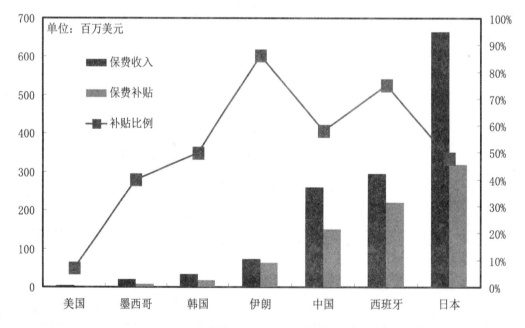

图1-4　2007年全球养殖业保险保费补贴位居前七位的国家

资料来源：Mahul O, C J Stutley. Government Support to Agricultural Insurance: Challenges and Options for Developing Countries. World Bank, Washington D.C., 2010.

二、代表性国家或地区的养殖业保险发展概况

从国际经验看，欧洲国家养殖业保险的发展历史最久，组织形式和承保技术均较成熟；北美地区的养殖业保险以对冲市场风险的保险机制为主；亚洲的蒙古国和北非

的肯尼亚、埃塞俄比亚等国家则广泛应用指数型养殖业保险产品。

（一）欧洲

欧洲的养殖业保险以德国、英国、瑞典较为典型。瑞典在 20 世纪 40 年代末，已承保全部马匹的 93.2%和家牛的 49.3%。从组织形式看，包括较小规模的合作保险会社、较大规模的合作保险组织、公众的或国家的保险机构、联合股份保险公司，其中相互与合作保险会社承担了各国牲畜保险的主要部分，这些会社多由政府支持。保险责任涵盖死亡风险、疾病、生殖能力丧失引起的贬值风险、运输展示和出售风险、屠宰风险、阉割风险、传染病风险（国家不予补偿的传染病）等，但对大规模疫病造成的损失若已获得国家补偿，保险公司将不再赔偿。保险金额最高为牲畜价值的 90%，最低的如法国，为 50%。

此外，欧洲是全球水产养殖保险业务最发达的地区，市场相对成熟。保险经纪人、损失评估人、农业技术专家等主体为市场提供了良好的技术支撑和业务推广条件。以水产养殖保险相对成熟的挪威市场为例。挪威盛产三文鱼，年产量约为 120 万吨，而三文鱼的出口也成为挪威第二大支柱产业。在挪威，水产养殖活动需要申请许可证以及划定区域，同时允许的单位养殖密度和数量也是有一定限制的，监管机构通过逐月采样检查来对养殖场和鱼类健康状况进行监督；经营水产保险业务的保险公司主要有四家，其竞争优势主要在于对风险的深度理解和对承保的严格控制。与渔业农场建立长期深度的合作是水产保险公司经营方式的一大特点。近三年，由于海虱问题，三文鱼保险损失严重，保费和免赔额均有调整，同时当地也在积极采取措施来防治海虱。

（二）北美地区

北美地区牲畜投保死亡或意外事故险的较少，因为美国和加拿大的养殖业生产高度集约化、规模化、专业化，养殖场自保能力很强，且在牲畜繁殖和喂养方面技术先进，自然灾害造成较大损失时，政府会提供特别援助和贷款。

在 21 世纪以前，美国农业保险计划中几乎没有为牲畜养殖户提供任何形式的风险保障。2000 年，美国国会批准《农业风险保护法》（Agricultural Risk Production Act，ARPA），正式将动物纳入农业保险的保障范围。随后，美国农业部风险管理局（RMA）决定为牲畜养殖户提供价格风险保障，并于 2002 年由美国联邦农业保险公司（FCIC）推出两款养殖业保险产品——牲畜养殖收入保险（Livestock Gross Margin，LGM）和牲畜价格保险（Livestock Risk Protection，LRP），前者是针对畜产品售价下跌或饲料价格上涨导致养殖场收益（养殖收入－饲料成本）损失所设计的一种保险产品；后者是针对畜产品市场价格低于保险保障价格导致养殖场收入损失而提供的一种纯价格风险保障保险。LGM 的保险标的是生猪、奶牛和肉牛，现已覆盖美国本土 48 个州；LRP 的保险标的是生猪、肉牛和羔羊，现已覆盖美国 37 个州。

【拓展阅读】

美国：奶牛养殖收入保险（LGM-Dairy）

奶牛养殖收入保险是针对原奶售价下跌或饲料价格上涨导致养殖场经营利润损失设计的一款保险产品。美国农业部风险管理局（RMA）于 2008 年 8 月在 31 个州试行，到 2010 年已覆盖本土 48 个州。RMA 规定，奶牛养殖收入保险开办遵循自主自愿原则，奶牛养殖场可在每月最后一个周五营业日芝加哥商品交易所（CWE）期货市场闭市后购买，也就是美国中部时间周五下午 4 点开始，周六晚上 8 点结束，且一个月只能购买一次，一年参与 12 次；保险期限为 11 个月，但合同生效后第 1 个月内的牛奶生产毛利除外不保；最长保险责任期限为 10 个月，即保险期限的后 10 个月，奶牛养殖场也可以选择部分月份投保而其他月份不投保。

奶牛养殖场在投保养殖收入保险时必须申报四类信息：①每月预期牛奶销售量，由养殖场申报并经保险公司和风险管理局审查确定，但在每个保险期限内养殖场投保的牛奶总重量最高不超过 240000 美担（1 美担≈45.36kg）。②每月预期牛奶销售量的投保比例，其值介于 0 和 1 之间，也就是说，养殖场每月投保的牛奶销售量上限是每月预期牛奶销售量，但在每个保险期限内养殖场投保的牛奶总重量最高不超过 240 000 美担。③生产每月预期牛奶销售量所使用的饲料当量，按照一定的转换率可将其转换成预期玉米当量和预期豆粕当量；实际上，奶业毛利保险中有关牛奶与玉米、豆粕当量的转换目前并没有一套固定方法，奶牛养殖场也可以使用自己的转换率来确定饲料当量，唯一的限制就是这种转换要基于行业"公认的方法"，且转换率必须在 RMA 规定的最大值与最小值之间；养殖场也可以使用 RMA 规定的默认值。④预期毛利免赔率，0～2 美元/美担，递增标准为 0.1 美元，且在保险期限内保持不变。

奶牛养殖收入保险的理赔条件为：当且仅当投保户的保障总毛利高于实际总毛利，才能获得保险公司的差额赔偿。保障总毛利是保险责任期限内的预期总毛利扣除总免赔额后的毛利；实际总毛利是保险责任期限内的各月实际毛利之和。

奶牛养殖收入保险与期货市场的联系非常紧密，其相当于一个组合期权，是牛奶看跌期权和饲料看涨期权的组合；同时，政府财政为 LGM-Dairy 提供保费补贴，补贴比例与养殖场选择的免赔率相挂钩，为 18%～50%，免赔越大则补贴比例越高。

资料来源：柴智慧，王俊. 中美畜牧业保险制度与实践概况比较及思考[J]. 中国畜牧杂志，2016，52（06）：8-14。

在美国 17 家农业保险经营公司中，有 1 家专门经营养殖业保险，有 9 家公司既经营农作物保险又经营养殖业保险。美国养殖业保险中的牲畜养殖收入保险（LGM）和牲畜价格保险（LRP）自 2005 年正式实施以来，发展相对缓慢。如图 1-5 所示，2005—2017 年，LGM 和 LRP 均是在波动起伏中缓慢发展，主要原因是受限于美国政府对养殖业保险有限的财政支持。其中，LGM 的保费收入由 2005 年的 285 万美元增加至 2017 年的 826 万美元，增长 1.9 倍；LRP 的保费收入由 2005 年的 222 万美元增加至 2017 年的 979 万美元，增长 3.4 倍。

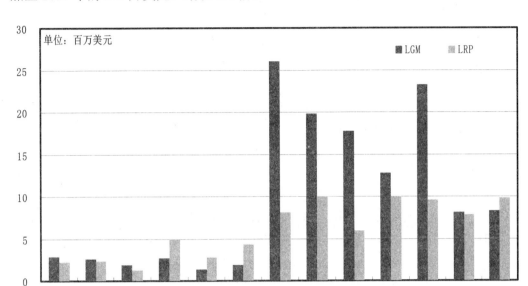

图 1-5　2005—2017 年美国养殖业保险中 LGM 和 LRP 保费收入

资料来源：美国农业部风险管理局网站。

总体来看，如表 1-11 所示，2009—2017 年美国养殖业保险市场具有快速扩大后逐步萎缩的特点，累计提供风险保障接近 68.75 亿美元，保费收入约 1.88 亿美元，政府财政补贴 0.58 亿美元，占比 31%，累计赔款约 1.46 亿美元，简单赔付率为 78.03%。就牲畜毛利保险（LGM）来说，其主要产品是奶业毛利保险（占比高达 90% 以上），其保费收入由 2009 年的 28.72 万美元增加至 2017 年的 653.27 万美元，累计保费收入10970 万美元，其中政府财政补贴 4846 万美元，占比约为 44.18%；赔款支出由 2009年的 71.80 万美元增加至 2017 年的 476.90 万美元，累计赔款 3898 万美元，简单赔付率为 35.53%。

表 1-11　2009—2017 年美国养殖业保险发展概况　　　　单位：百万美元，%

年份	风险保障	保费收入	补贴保费	补贴比例	赔款支出	赔付率
2009	107.86	4.16	0.37	8.83	8.43	202.88
2010	185.78	6.23	0.56	9.05	2.11	33.85
2011	1066.79	34.13	11.79	34.55	4.28	12.55
2012	1149.80	29.83	10.17	34.08	38.36	128.59
2013	939.07	23.70	8.72	36.80	22.69	95.73
2014	1041.20	22.80	6.61	28.99	10.51	46.09
2015	1293.34	32.82	11.42	34.79	29.24	89.09
2016	532.36	15.99	4.17	26.07	20.62	128.91
2017	558.25	18.05	4.39	24.30	10.23	56.71
合计	6874.45	187.71	58.19	31.00	146.48	78.03

资料来源：美国农业部农业风险管理局网站。

（三）蒙古国

2005 年，蒙古国试运营基于成年动物死亡率的指数保险产品，当某地区动物死亡率超过特定门槛时，保险给予赔付。特定门槛指某地区牲畜平均死亡率而非养殖户实际牲畜死亡率，数值为损失超过 80% 历史牲畜损失。牲畜风险保险分为三个层次，即自我保险、市场保险和社会保险，牧民承担不会影响收入的小规模损失，保险公司承担大额损失，巨灾损失则由政府承担。

（四）肯尼亚等非洲国家

肯尼亚养殖业保险项目（Kenya Livestock Insurance Programme，KLIP）是由世界银行在瑞士再保险公司技术援助下推出的一种保障肯尼亚农户减轻旱灾损失的创新型保险项目。KLIP 全部由政府资助，瑞士再保险采用卫星技术监测牲畜可用的植被面积，根据所限定的植被指数阈值进行保险赔付，该保险资金可以立即赔付到农户的手机上，具有很强的及时性。目前，该项目已经成为肯尼亚国家干旱应对战略的一部分。KLIP 试点工作于 2015 年 10 月在瓦吉尔（Wajir）和图尔卡纳（Turkana）两县率先启动，共保障 5000 户牧民的牲畜。从 2016 年起，KLIP 已推广到肯尼亚全国范围。

【拓展阅读】

肯尼亚：基于植被指数的牲畜保险项目

肯尼亚北部干旱半干旱地区农户的生存主要依赖于牲畜养殖，牲畜养殖收入约占其平均收入的 2/3，牲畜死亡是这些牧民家庭面临的最严重的经济风险。大多数牲畜死亡与严重的干旱有关，且严重干旱的发生使很多牧民家庭陷入贫困。牧民传统的风险管理方式是改善畜牧管理方式和牧民间非正规的互助，但这些方法无法应对系统性风险，因此，必须找到一种能防止家庭掉入贫困陷阱的方法。

为保障当地牧民的财产安全、促进牧民增收、防止牧民因旱灾致贫，近年来在世界银行和国际牲畜研究所（International Livestock Research Institute，ILRI）的帮助下，肯尼亚牲畜指数保险产品（IBLI）完成设计并于 2010 年年初开始销售。

（1）指数选择。在牲畜指数保险产品的设计过程中，由于肯尼亚存在牲畜死亡率数据缺乏、潜在参保对象贫困程度严重，且牧民缺少通信和交通工具等问题，IBLI 项目团队考虑到植被指数与牲畜死亡率的高度相关性，利用卫星遥感技术获取数据，构建标准化差分植被指数（the Normalized Difference Vegetation Index，NDVI），其是反映一定范围内被观察植被光合生理活性的指标。由于被保险牧民的牲畜完全依赖观测植被的供养，NDVI 有效地反映了观察地区牲畜消费饲料的状况，因而可以精确地替代牲畜死亡率指标。

（2）契约参数。2010 年，肯尼亚开始在马萨比特进行牲畜保险试点，保险契约规定了五个关键参数。

①契约覆盖的地理区域。根据明显的农业生态和牧区生产系统差异，以及风险的不同，将马萨比特划分为上马萨比特和下马萨比特。

②保险费率。上马萨比特为 5.5%，下马萨比特为 3.25%。

③触发值。即支付的临界值，设为 15%，牧民须首先承担 15% 的牲畜损失，IBLI 覆盖超过 15% 的预测死亡率损失。

④指数突破触发值后，支付给每个牲畜单位的价值。保险覆盖标准的牲畜类型为骆驼、牛、绵羊和山羊，为了获得保险牲畜的价值，四种牲畜类型将被转化成标准牲畜单位，即热带家畜单位（TLU），具体的转换标准为 1TLU=1 头牛，1TLU=0.7 头骆驼，1TLU=10 只山羊，1TLU=10 只绵羊；利用马萨比特牲畜平均价格，得出 1TLU=1.2 万肯尼亚先令。

⑤覆盖持续的时间长度。肯尼亚的北方气候周期为短降雨期（10~12 月）、短枯水期（1~2 月）、长降雨期（3~5 月）、长旱季（6~9 月）。根据气象周期，IBLI 的保险期间从当年的 3 月到次年的 2 月，购买时间为当年的 1 月和 2 月；因为如果允许其他时间购买，潜在客户会获得天气的相关信息，从而导致逆向选择问题。每年的契约有两个可能的支付期，即 9 月末（长旱季）和 2 月末（短旱季）。例如，下马萨比特某住户购买了 10 份热带牲畜单位保险，即保险价值为 12 万（10×1.2 万）先令，下马萨比特保险费率为 3.25%，即支付保险费 3900 先令。假设 9 月末时，根据 NDVI 数据预测的死亡率为 13%，则无法获得任何补偿；次年 2 月末时，NDVI 预测的死亡率为 25%，则能获得补偿 1.2 万先令［（25%-15%）×12 万］。

自 2010 年该项目在肯尼亚顺利开展后，截至 2015 年，该项目已覆盖肯尼亚三个地区，参保农牧户逐年增加。已有学者研究表明，参与 IBLI 项目使农牧户的牲畜死亡率降低 25%~40%；农牧户卖出牲畜的比例减少，买进牲畜扩大生产的比例增加，且依靠自身能力满足生活的农牧户比例也逐渐增加。

资料来源：

[1] 武翔宇，兰庆高. 牲畜保险创新的国际经验及启示[J]. 改革与战略，2012，28（05）：213-215。

[2] 张小东. 发展中国家指数保险服务小规模农户的经验与启示[J]. 农业经济，2017（12）：72-74。

第五节 中国养殖业保险的产生和发展

中国的养殖业保险发展至今已有 90 多年的历史。本节将从四个阶段概述我国养殖业保险的产生和发展，分别是：20 世纪三四十年代养殖业保险的小范围试办；20 世纪 50 年代养殖业保险的兴起和停办；1982—2006 年养殖业保险的恢复与试验；2007

年以来政策性养殖业保险的发展。

一、20 世纪三四十年代养殖业保险的小范围试办

中华人民共和国成立前，养殖业保险由于缺少持续发展的经济基础和政策保护，其业务经营具有承保范围窄、数量小、承保的保险标的少且赔付率高的特点，故这一时期的养殖业保险业务多是昙花一现，以失败告终。

（一）农村保险合作组织的试验

1. 早期农村保险合作组织——乌江耕牛保险协会

20 世纪 30 年代初，为保障农业试验区发放农业贷款的安全，上海银行与金陵大学农学院、农业试验所在安徽省和县乌江镇，配合农业贷款推行耕牛互助合作保险。保险组织形式是由农民组成的耕牛保险协会，以互助合作的方式自保。1934—1935 年仅有 5 个村成立协会，入会 61 户，入保耕牛 63 头，保额 3267 元（法币）。保费收取也比较特殊，入保时先收一部分保费，牛死亡率超过 2%时再加收。由于农民保费负担过高，入保耕牛较少，保险基金不足，缺乏赔偿能力，不久就停办了。

2. 农村保险合作社一度兴起

当时的国民政府实业部（经济部）成立农本局后，曾建立了以办理农村牛、猪保险为主的保险合作社。没有成立保险合作社的地区通过各县农本局成立的家畜保险经理处和区乡的家畜保险社具体办理。1938 年，广西、江西成立了家畜保险社或耕牛保险合作社，随后四川、贵州、云南等省也陆续成立了保险合作社，试办耕牛保险和猪崽保险。农户在缴纳少量的基金后即成为其社员，所保耕牛、仔猪由乡评估委员会评定保险金额，保险费率一般为每年 5%；合作社还向县社或县保险经理处进行再保险；如遇牲畜死亡，按承保评定值的 90%赔付；若当年收不抵支，则由县社（经理处）予以垫借，下一年归还。当时的中国农民银行在有些省还办了耕牛保险转抵押贷款，额度为保额的 80%。据江西临川鹏江试验区和南城耕牛社的统计，1941 年保有耕牛 500多头。由于社会动乱和经济力量薄弱，到 1944 年 3 月，中国农业特种保险股份有限公司成立时，这些合作社保险组织都已相继解散。

（二）中国农业保险股份有限公司的成立

1944 年 3 月，国民政府在重庆成立中国农业特种保险股份有限公司（1947 年更名为中国农业保险股份有限公司）。该公司由中国农民银行创办，由中国农民银行信托部代理中央信托局保险业务后改组成立，当时的农林部、粮食部也有参股。其在组织机构、人员和业务上均与当地农民银行挂钩，业务来源除农民银行系统的贷款、押汇物资保险外，还有农本局的花纱布、中粮公司的粮食、中茶公司的茶叶等物资库存和运输业务。该公司开办宗旨本应以经营农村保险为主，但由于农村经济凋敝等原因，只

小面积地试办了一些牲畜保险，最多时才保有耕牛 2000 余头，生猪 3000 余头。

（三）地方商业保险机构曾尝试办理农业保险

地方保险机构，主要是指以地方政府和财政金融部门投资开办的保险公司。1945 年，重庆泰安保险公司（民族资本企业）在四川内江、自流井（现自贡市）、富顺试办役牛商业保险，主要承保对象是役牛和一部分耕牛。保险金额按市场价格八成承保，承保了 2000 余头。由于抗日战争胜利后该公司业务经营重心东移，经营此项业务有些亏损，加上农业部命令办理农险须向该部申请核准才可续办，继任经理认为既麻烦又赔钱，所以到期后就不再续办。

二、20 世纪 50 年代养殖业保险的兴起和停办

20 世纪 50 年代，中国养殖业保险的试办工作历时 8 年，虽然无论从宏观管理的角度还是从微观经营的角度，从理论上还是从实践上来看，50 年代的养殖业保险都是非常幼稚的，但对当时恢复发展农业生产的贡献是明显的，社会效益也是非常显著的。更重要的是，其为后人建立中国农业保险制度提供了宝贵的经验积累和思考空间。

（一）养殖业保险的兴起与试办（1950—1952 年）

中华人民共和国成立之初，为了"保障农业生产安全，促进农业生产发展"，成立不久的中国人民保险公司（以下简称人保公司）于 1950 年在北京郊区、山东商河、重庆北碚试办牲畜保险，共承保牲畜 1384 头（图 1-6）。截至 1950 年底，全国已有 30 多个地区试办牲畜保险，主要集中在山东、四川、北京等省市，承保牲畜 40000 余头。截至 1951 年底，全国已有 600 多个保险公司分支机构办理牲畜保险业务，承保牲畜近 600 万头，包括牛、马、骡、驴，还有种畜和奶牛。到 1952 年，我国牲畜保险有了更快的发展，承保数量达到 1400 万头，其中有 40 万头牲畜在死亡后得到保险赔偿。

也许是由于高涨的革命热情驱使，也许是由于人保公司创业阶段奋发的工作干劲偏差，当时的养殖业保险出现了一些问题，如发展过急过快，出现强迫命令、简单粗暴的过激表现。有的地方甚至采用连续开会，站岗把门，强迫学习保险条例，不保不准走的恶劣做法；有的地区生硬地把保险任务交给乡、村干部包办代替，结果形成乡、村干部强迫动员，层层摊派，造成了不良影响。因此，1951 年 11 月，人保公司在北京专门召开农业保险工作会议，对强迫命令现象进行了批评和纠正，并制定了改正措施，以确保自愿投保原则的实行。

【拓展阅读】

据 1951 年 9 月《人民保险》刊载，当年内蒙古绥远分公司试办牲畜保险时，只有村干部投保了几头牲口。保险公司人员对投保的牲畜进行防疫注射时，讲解了一些饲养及爱护牲畜的方法，在群众中初步产生好印象。农民任三娃的毛驴突然得了尿结病，

兽医诊视后开了一个便方，需用薄荷一两、倭瓜籽一把煎服。当时村里没有薄荷叶，保险员工冒着风雪严寒，徒步到15公里以外的归绥市购得后，连夜赶回来救治。灌药后不多时，驴即得救，群众很受感动。大家踊跃投保，一夜之间承保345头牲口。后来又经群众同意成立了保险委员会和防疫小组，督导群众进行爱护牲畜工作。在牛蹄疫流行期，还订立防疫公约，约定不准病畜到井上饮水，病畜要进行隔离等。

　　资料来源：高星. 从老保单看20世纪50年代中国人保农业保险的发展路径（上）. 腥闻在上，2015。

图1-6　原中国人民保险公司的牲畜保险单据

（二）养殖业保险的收缩与停办（1953年）

　　1953年3月，中国人民保险公司第三次全国保险会议在北京举行，会议在总结农村保险业务时指出，1950年开始试办的牲畜保险有盲目冒进的倾向，由于工作不深入，简单粗暴，对牲畜不注意验标，不严格掌握评价，许多承保的牲畜只是依靠村干部开一个单子，报一个数字，以致手续混乱，账目不清，欠费大、赔款多，有的错赔、乱赔，有的该赔不赔。据1952年不完全统计，牲畜保险的赔款，约占保费收入的50%，加上牲畜防疫补助和其他各种开支，以及收不回来的欠费，至少在80%以上。强迫命令的结果是，保险公司没赚钱，农民还认为是负担。

　　会议决定停办牲畜保险业务。1952年承保的业务到期为止，1953年新保业务全部退保，个别农民坚决不愿退保的，可以保到期满为止。关于退费的计算，规定不论1952年或1953年承保的业务，均自退保日起按月计算退还保费，不满1个月按1个月计算。关于欠费的处理，规定未到期业务欠费未缴的，一律作为自动退保，不再催收；已满期业务欠费未缴的，亦不再催收，以上欠费均作为呆账处理。

　　到1953年底，全国各地基本上完成牲畜保险停办工作。停办时，全国实际有效的保险牲畜为1480万头，内有1953年承保的300万头，除陆续到期以外，退保牲畜约有500余万头，退还农民保费400多亿元（图1-7）。

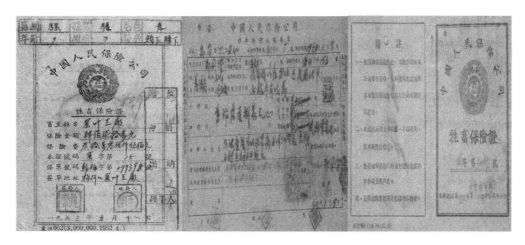

图 1-7 原中国人民保险公司 1953 年在东北地区的牲畜保险单据

（三）养殖业保险在停办和整顿中继续探索（1954 年）

从农民对停办及退保的反应看，大部分是没有意见的。他们当中有的是在强迫命令的情况下投保，有的是感到缴保费有困难，有的是认为保险没有必要；也有一部分农民因为牲畜比较老弱，缴保险费也没有很大困难的，或者是对保险好处有一些认识和获得过赔款的，都不愿意停办，更不愿意退保。

在牲畜保险停办以后，东北大部分地区由于农村经济和互助合作运动发展较快，加之马匹多、价值高，马尸体不如牛尸体值钱等原因，对保险有一定要求，各地农民要求继续开办农业保险的意见逐级反映到中共中央东北局。经报请中财委批准后，1953年 9 月，东北地区在一些重点县乡重新开办牲畜保险。当时提出的方针是"收缩、整顿、巩固、提高、坚决贯彻自愿原则，兼顾经济核算，促进牲畜健康，为农业生产而服务。"

1954 年，东北地区辽宁、吉林、黑龙江 3 省的 90 个县市承保牲畜 119816 头，保费收入 87 亿元，死亡牲畜 1570 头，赔款 60 亿元。东北地区以外的其他一些地区，有些地方政府和部分农民对停办农业保险有意见，也提出继续办理牲畜保险的要求，也有一些地区的农业合作社或互助组在停办后自己组织了"小保险"。

东北三省继续试办牲畜保险的实践表明，在互助合作运动迅速发展的新形势下，入社的土地和牲畜还是"私有公用"，参与分红；许多社员对牲畜入社以后集体使用和集体饲养有顾虑，社队干部也担心牲畜万一死亡会影响合作社的巩固和发展，因此对保险有一定需求；保险对象集中，便于管理，但不利条件是农村经济比较薄弱，人员居住分散，一部分农民有浓厚的小私有者习惯，保不保与己无关，或者投保了，又不注意爱护牲畜。因此，人保公司为了提高牲畜保险质量，按照"原则统一，因地制宜"思路，在验标、评价、理赔等具体工作方面比以前细致，在加强宣传、解释的基础上，贯彻落实自愿投保原则。

总体而言，伴随着养殖业的发展，耕畜的健康条件和饲养条件逐渐得到改善，农村中的防疫工作与奖励优良品种工作也日益受到重视。因此，东北地区重新开办牲畜保险业务，为后来全国范围内重启农村保险业务积累了经验。

（四）养殖业保险的复办（1955 年）

1954 年 11 月，第四次全国保险工作会议在北京召开。会议指出：之前过分强调农业保险的收缩和停办，不够慎重和妥当，操之过急，在积极改进和提高方面考虑的不够。会议转发了重要文件《农村保险工作四年总结》。文件的"今后意见"部分指出，"农业是社会生产中的基本生产部门之一，在整个国民经济中占有很重要的地位，为保证整个国民经济有计划按比例发展，除国家应有足够的后备力量以应对农业上的重大灾害外，还需要按照社会主义经济制度，成立专门的保险基金，用来补偿集体或个体的农业经济单位因意外灾害所遭受的损失。因此，农村保险是发展农业保险的重要环节之一，也是公家保险的主要业务。"

人保公司第四次全国保险工作会议确定了 1955 年保险工作的要求：停办部分国有企业强制保险业务，重点恢复农业保险业务，稳步推展城市保险业务。一些地区根据总公司提出的"积极准备，稳步发展"精神，首先恢复办理了牲畜自愿保险业务。截至 1955 年底，全国共有 13 个地区开办大牲畜保险业务，共承保牲畜 481420 头，保费收入 253.08 万元，赔付牲畜 8876 头，赔款 89.09 万元，简单赔付率为 35.2%。其中，东北地区的牲畜保险业务约占全国业务的 98%以上。

（五）农业保险法定保险法案的提出和否定（1956—1957 年）

1956 年前后，全国出现了农业合作化高潮，许多地方的农业生产合作社对农业保险的呼声很高，许多地区的农业生产合作社要求办理保险，沿海渔业生产合作社也要求开办渔业保险。人保总公司根据当时的情况，研究了苏联推行农村保险业务的经验，认为采取法定保险有简化保险手续、降低费率的好处，于是在 1956 年 2 月召开的第五次全国保险工作会议上提出，适应农业合作化社会改革和农业生产发展的需要，把业务重点转向农村，并提出了在农村逐步实行法定保险的方案。1956 年 4 月，由人保总公司召开农村保险调查研究会议，省分公司及重点支公司共同参加，计划于 1957 年先在部分地区试行农作物和牲畜的法定保险。

在第五次全国保险工作会议后，财政部领导向毛泽东主席汇报保险工作，提到了法定农业保险的问题，毛主席指示："愿保就保，不愿保就不保"。周恩来总理在一旁也说道："过去办得急躁了，冒进了，现在又要办，切记过去的经验教训，要谨慎。"法定保险的方案被否定。

1956 年 5 月，财政部上报国务院有关法定农业保险的文件中指出：法定保险的好处是普遍投保，保险费收入大，局部地区受灾，可以在全国范围分摊灾害损失，这样可以从低厘定保险费率，减轻群众负担，而且由于普遍投保，可以简化保险手续，节约人力和保险费用；但我国目前和苏联不同，不具备法定保险条件，只能推行自愿保险形式，即愿保就保、不愿保就不保的原则；建议在第二个五年计划期间再考虑试办法定保险。原本要推广苏联法定农村保险业务的计划因此被搁置了，依旧维持自愿保险。

1956 年 6 月，人保公司召开 21 个省市分公司经理临时会议，传达了毛主席、周总理的批示，要求大家统一认识，坚决贯彻执行；会议还对 1956 年的任务数字做了调整，牲畜保险由原定计划承保 960 万头改为 700 万头，也可考虑不超过 500 万头，生猪保险改为部分地区试办，不计入任务。

由于指导方针不断调整，1956—1957 年的农业保险业务在整顿、调整中开展。两年间，有 26 个省（市、自治区）恢复办理牲畜保险。到 1957 年第三季度止，承保牲畜有效头数约为 400 万头；养猪保险在 37 个县进行了试办，承保生猪 22000 头。

（六）养殖业保险的停办（1958 年）

1958 年，在"大跃进"席卷全国的形势下，保险工作也被卷进"大跃进"的狂热之中。

1958 年 1 月，人保公司召开第六次全国保险工作会议，决定农村保险要积极办理牲畜保险，扩大办理养猪保险，重点试办农作物保险。

1958 年 2 月，为了控制生猪疫病流行，促使湖南生猪生产的发展，湖南省委批准实施"平时包防疫，病时包治疗，死时包赔偿"的"三包"保险办法，改善了原有的保险责任；全省共承保生猪 612 万头，死亡 16.3 万头，赔偿 112 万元，死亡率为 2.5%。

湖南养猪"三包"保险是农村保险的一个飞跃，在全国迅速引起反响，各地纷纷仿效办理。1958 年 9 月，人保公司在长沙召开养猪"三包"保险现场会议（见图 1-8）。部分地区的保险机构纷纷建立和加强兽医组织，充实医疗器械，培训防疫人员，甚至自己开办兽药厂，土法制药，使保险业务迅速发展。1958 年 1—9 月，全国共承保生猪 2460 万头。

由于养猪"三包"保险经验推广，也出现了耕牛"三包"保险形式，新型牲畜保险具体的保险手续是委托农业生产合作社代办，保险公司指派专人在固定地区负责管理和指导。由于农业生产合作社对社内牲畜的情况比较熟悉，在办理保险手续收取保费以及处理赔款等方面都比较及时，而保险人员工作点固定以后，可以更好地开展工作和与保户联系，提高了工作效率，节省了业务费用开支。1958 年，全国承保牲畜 1600 万头，较 1957 年增加了 3 倍。

随着社会主义改造基本完成，国家实现了对产权形式的垄断。当时包括政府在内的社会各界都认为，保险是资金在全民所有制企业之间的无谓转移，取代了财政的职能，只会增加国家的管理成本。与此同时，农村合作化进程完成，农村私人产权转变为国家控制的垄断产权安排，人民公社已经承担起防范风险、分担损失、保障农业生产的职能，农村保险已无存在的必要。因此，无论是在农村还是在城市，保险都已失去了存在和发展的基础。1958 年 10 月，西安全国财贸工作会议提出："人民公社化以后，保险工作的作用已经消失，除国外业务继续办理外，国内业务应立即停办。"1958年12月，在武汉召开的全国财政工作会议正式做出决定：立即停办国内保险业务。至此，不仅是农业保险，国内所有的保险业务完全被停止了，这一次停办一直持续到1981年，我国农业保险进入了长达24年的空白期。

图 1-8　原中国人民保险公司牲畜"三包"保险单据

三、1982—2006 年养殖业保险的恢复与试验

（一）养殖业保险的恢复、试办和平稳发展（1982—1993 年）

党的十一届三中全会以后，改革政策为农业经济的发展创造良好条件。为了稳定农业生产，党中央、国务院及时做出发展农业保险以为农业提供风险补偿的决定。1980年，我国保险业恢复了国内业务。1982年，国务院在批转中国人民银行《关于国内保险业务恢复情况和今后发展意见的通知》中指出："从各地实际情况出发，积极创造条件，抓紧做好准备，逐步试办农村财产保险、牲畜保险等业务。"至此，我国的农业保险在经历24年停办的空白期之后，在改革开放的大幕下揭开新的篇章，中国农村保障体系又逐渐由国家救济转向农业保险。同年，人保公司全面恢复试办农业保险，在全国范围内进行了大规模的农业保险试验。

人保公司根据当时的实际情况，采取"积极试办、稳步发展"的方针，以"组织补偿、稳定经济、发展生产"为经营目的，贯彻"收支平衡、以丰补歉、略有结余、以备大灾之年"的经营原则，在养殖业保险领域逐步将承保范围从原有的大牲畜和猪扩展到羊、兔、鸡等禽畜以及虾、扇贝等水产养殖方面，丰富了养殖业保险的种类。这一时期，人保公司承保大牲畜260万头，约占我国大牲畜年末存栏量的2%，承保水产养殖2.6万公顷，约占我国水产养殖面积的14%。

（二）养殖业保险的下滑和萎缩（1994—2003 年）

1994 年，国有保险企业的股份制改革使得养殖业保险由政策性保险转向商业性保险，国家取消了对于养殖业保险的扶持。持续的亏损使得 1993—2003 年间只剩中国人保和中华联合财保两家保险公司经营养殖业保险，养殖业保险险种大大减少。

（三）养殖业保险的复苏发展（2004—2006 年）

这一阶段虽然只有短短的 3 年时间，但却是我国农业保险从纯商业性转化为政策性保险的准备和过渡阶段。由于缺少专门针对养殖业保险的统计资料，故本部分以农业保险为例概述这一时期的特点。

1. 政府开始重视农业保险

2003 年，党的十六届三中全会通过《中共中央关于完善社会主义市场经济体制若干问题的决定》，明确提出"探索建立政策性农业保险制度"，这是我国政府文件中首次提出政策性农业保险的概念。2003 年底，保监会提出发展农业保险的五种模式。2004—2006 年的中央一号文件均提出要逐步推进政策性农业保险试点工作。

2. 逐渐形成农业保险经营网络

从 2003 年起，我国开始引进外资保险公司，设立专业性农业保险公司，丰富了农业保险经营体系。到 2006 年，我国已形成以中国人保、中华联合财保两家全国性保险公司，黑龙江阳光、吉林安华和上海安信等专业性农业保险公司为主，其他保险公司积极参与的农业保险经营网络，农业保险在农业生产中发挥着越来越大的作用。

3. 经营主体寻求地方政府和农业龙头企业的保费补贴

这一时期，虽然农业保险需要补贴已经初步达成共识，但限于当时国内对于农业保险研究的局限，政府和实务部门在较长时间里对这个问题了解还不多，到底由谁来进行补贴、怎样补贴，并不明确。2004 年中央一号文件提出："加快建立政策性农业保险制度，选择部分产品和部分地区率先试点，有条件的地方可对参加种养业保险的农户给予一定的保费补贴。"2006 年的一号文件也提出："通过龙头企业资助农户参加农业保险。"可见，中央政府当时希望通过地方政府和龙头企业给予农业保险补贴，尚未认识到或者考虑由中央政府作为补贴的主要承担者，这与当时的农业保险实践活动也是相吻合的。这一时期成立的几家专业性农业保险公司，如安信农险、安华农险和阳光农险，都是寻求由地方政府和与农业有关的龙头企业给予农业保险保费补贴。例如，安华农险初期争取到吉林省政府的财政支持，同时其养鸡保险业务还得到肉鸡加工企业的支持，由企业给予 1/3 保险费的补贴。

4. 农业保险扭转持续下跌的局面

这一阶段，由于国家重视、政府推动和地方政府及龙头企业的保费补贴，农业保险保费收入在 2004 年时达到 3.77 亿元，首次改变了自 1993 年以来逐年萎缩的局面。2005 年，农业保险保费收入增加到 7.29 亿元，同比增长 93.4%。2006 年，农业保险保费收入为 8.46 亿元，同比增长 16%。这个时期的农业保险实践表明，得到政府和企业补贴的农业保险，就能蓬勃发展起来；相反，如果仅靠保险公司单打独斗，农业保险经营的窘境很难改变。

四、2007 年以来政策性养殖业保险的发展

农业保险在 20 世纪 90 年代的萎缩使得党和政府认识到：多数农业保险产品既有私人物品的特点，又有公共物品的特点，是介于两者之间的"准公共物品"；社会供给的不足使得农业保险作为一种政策性保险，需要政府的财政支持。2007 年，中央财政将农业保险保费补贴作为财政预算科目列入预算，这是我国政策性农业保险试验的正式起点，开启了中国政策性农业保险之旅，成为中国农业保险发展史上的新起点。就养殖业保险而言，2007—2017 年的发展具有如下特点。

（一）保险产品本质上属于低成本的死亡保险

现阶段，我国养殖业保险产品主要是为生产风险提供保险保障。在保险责任方面，多为重大病害、自然灾害和意外事故等原因造成的投保个体直接死亡。在保障水平方面，主要是保障牲畜生产成本，一般参照投保牲畜的生理价值（包括购买价格和饲养成本）确定。以奶牛保险为例，多数省区根据奶牛品种、畜龄、胎次、产奶量和市场价值的不同，确定多个档次的保障水平，具体如表 1-12 所示。

表 1-12　部分省份奶牛保险的保障水平

地区	依据	保障水平
北京	奶牛畜龄及胎次	两个档次：6～18 个月或第六胎次至第七胎次为 8000 元/头 19 个月至第五胎次为 10 000 元/头
内蒙古	奶牛生理价值	三个档次：10 000 元/头、8000 元/头和 6000 元/头
黑龙江	奶牛畜龄	本地奶牛：18 月龄至 2 周岁为 4000 元/头，3～6 周岁为 6500 元/头，7～8 周岁为 5000 元/头 进口奶牛：18 月龄至 2 周岁为 5500 元/头，3～6 周岁为 8000 元/头，7～8 周岁为 6500 元/头

资料来源：北京、内蒙古、黑龙江等省、市、自治区的农业保险实施方案。

（二）保险品种日益丰富

2007 年，中央政策性养殖业保险险种仅包括能繁母猪；2008 年，补贴品种增加奶牛和育肥猪；2009 年，中国渔业互保协会进行了政策性海水养殖保险试点；2010 年，中央财政进一步加大对养殖业保险的支持，分别在甘肃、西藏等地开展牦牛、藏系羊等险种的试点。当前各省区财政也根据自身财力状况、养殖业生产实际对一系列各具特色的养殖业保险险种给予保费补贴支持。其中，东部沿海省区多为家畜、家禽、水

产及特种养殖保险，中西部地区多为家畜保险。

此外，一些新型养殖业保险产品也在逐步试点，具体包括：①各类价格指数或天气指数保险。例如，生猪、牛奶、鸡蛋等价格指数保险，水产养殖业的天气指数保险，具体如表1-13所示。②保险与银行、现代金融衍生工具相融合。例如，通过保险公司与银行合作，为养殖业经营主体提供增信服务，帮助其获得外部融资；又如"保险+期货"合作模式。

表1-13　我国养殖业主要天气指数保险试点产品

试点产品	测量指数	开展公司	试点地区	试点时间
风力指数型水产养殖保险	风力	人保财险	辽宁、山东、河北	2013年
蜂业气象指数保险	降水、光照	人保财险	北京	2014年
草原牧区羊群天气指数保险	积雪	人保财险	内蒙古	2015年
池塘养殖综合气象指数保险	降雨、风速、温度	太平洋财险	江苏	2016年
梭子蟹气象指数保险	低温、降雨	人保财险	浙江	2016年
河蟹养殖大气指数保险	温度	国元保险	安徽	2017年

资料来源：北京、内蒙古、黑龙江等省市的农业保险实施方案。

（三）覆盖地区日趋扩大

在实施区域上，我国养殖业保险已从2007年的6个试点省区（包括吉林、内蒙古、新疆、江苏、四川、湖南）扩大到全国范围。

（四）保费收入在波动中增加

2007年，我国养殖业保险保费收入为20.73亿元。如图1-9所示，2008年我国养殖业保险保费收入为36.99亿元，同比增长78.43%；2017年我国养殖业保险保费收入为132.15亿元，比2007年增加5.37倍。就养殖业保险各险种而言，大牲畜保险的保费收入从2008年的5.81亿元增加到33.29亿元，增长4.73倍；小牲畜保险的保费收入从2008年的30.05亿元增加到86.84亿元，增长1.89倍；家禽保险的保费收入从2008年的0.49亿元增加到6.81亿元，增长12.90倍；水产养殖保险的保费收入从2008年的0.55亿元增加到4.26亿元，增长6.75倍；特种养殖保险的保费收入从2008年的0.09亿元增加到0.96亿元，增长9.67倍。由此可见，目前我国养殖业保险市场是以大小牲畜保险为主。其中，大牲畜保险约占25.29%，小牲畜保险约占65.72%，二者共计在90%以上。

（五）财政补贴逐步提高

在补贴金额方面，2008年我国各级财政补贴养殖业保险保费26.15亿元，2016年上升至80.41亿元，增长2.07倍；其中，2008年来自中央财政的保费补贴为12.27亿元，2016 年上升至 41.56 亿元，增长 2.39 倍。养殖业保险保费补贴占保费收入的比例从 2008 年的 70.69% 上升至 2016 年的 76.76%。在补贴比例方面，如表 1-14 所示，就奶牛保险来说，各级财政的最低保费补贴比例已从 2008—2010 年的 60% 提高到 2013—2017 年的 70%（东部地区）和 80%（中西部地区）；又如育肥猪保险，已从试点初期中央、地方各 10% 的补贴比例上升到 2013—2017 年的 70%（东部地区）、80%（中西部地区）。

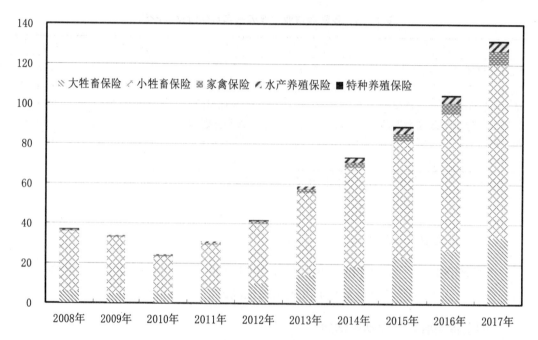

图 1-9 2008—2017 年我国养殖业保险保费收入（单位：亿元）

资料来源：中国保险信息技术管理有限责任公司。

（六）保障作用有效发挥

在风险保障方面，我国养殖业保险正由传统的"保成本"向"保价格""保收益"转变，保障程度越来越高，保险责任也在养殖业产业链前后有新的延伸，从过去生产领域的自然灾害、意外事故等风险逐步向流通领域的市场风险拓展。2008—2017 年，我国养殖业保险累计提供风险保障 1.86 万亿元，由 2008 年的 831 亿元增加至 2017 年的 8515 亿元，增长 9.25 倍。在保险赔款方面，如图 1-10 所示，2007—2017 年，我国养殖业保险累计提供赔款支出 462.32 亿元，由 2007 年的 4.62 亿元增加至 2017 年的 95.71 亿元，增长 19.72 倍；简单赔付率由 2007 年的 22.29% 上升至 2017 年的 72.43%；累计受益农牧户为 4000 多万户次。

表 1-14 2008—2017 年我国养殖业保险中央财政补贴品种的补贴概况 单位：%

品种/年份		财政补贴比例		覆盖区域
		中央	地方	
能繁母猪	2008—2011	50	30	中部地区、西部地区
		80	—	新疆生产建设兵团、中央直属垦区
	2012—2017	40	30	东部地区
		50	30	中部地区、西部地区
		80	—	新疆生产建设兵团、中央直属垦区
奶牛	2008—2010	30	30	中部地区、西部地区
		60	—	新疆生产建设兵团、中央直属垦区
	2011	50	30	中部地区、西部地区
		60	—	新疆生产建设兵团、中央直属垦区
		80	—	中国农业发展集团总公司
	2012	40	30	东部地区
		50	30	中部地区、西部地区
		60	—	新疆生产建设兵团、中央直属垦区
		80	—	中国农业发展集团总公司
	2013—2017	40	30	东部地区
		50	30	中部地区、西部地区
		80	—	新疆生产建设兵团、中央直属垦区、中国农业发展集团总公司
育肥猪	2012	10	10	东部地区、中部地区、西部地区
	2013—2017	40	30	东部地区
		50	30	中部地区、西部地区
		80	—	新疆生产建设兵团、中央直属垦区
牦牛和藏系羊	2010—2012	40	25（省级）	四川、青海、云南、甘肃省和西藏自治区
	2013—2017	40	25（省级）	全国
		65	—	中国农业发展集团总公司

资料来源：根据财政部财金〔2008〕27 号、财金〔2009〕25 号、财金〔2010〕49 号、财金〔2011〕73 号、财金〔2012〕2 号、财金〔2013〕73 号、财金〔2016〕123 号等文件整理。

注："地方"一列中，地方财政补贴比例后注明"省级"的，表示该地方财政补贴比例为省级财政补贴的最低比例；未注明"省级"的，表示该地方财政补贴比例由各省份自己确定或者由省级财政承担，或者省、市、县财政共同承担；"地方财政"列中的"—"表示只享受中央财政的保费补贴，地方财政不予配套补贴。

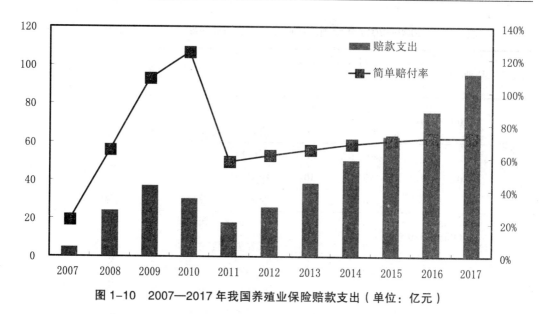

图1-10　2007—2017年我国养殖业保险赔款支出（单位：亿元）

资料来源：中国保险信息技术管理有限责任公司。

本章小结

本章主要介绍了养殖业的概念、特点、类型、作用及其基本构成要素；养殖业风险的内涵、类型及其管理；养殖业保险的概念、特点、类型、作用、承保条件及规定；国内外养殖业保险发展概况。

案例

养殖业保险促进食品安全

河南省济源市和浙江省龙游县是两大牲畜养殖地区，龙游县全县能繁母猪存栏量为13.33万头，生猪存栏量为71.65万头，年出栏量达174万头。近年来，两地承保公司利用养殖业保险经济杠杆引导农户主动将病死猪集中无害化处理，解决了病死牲畜乱丢弃或流入市场现象。两地的主要做法如下。

（1）建立三方联合机制。畜牧局、承保公司和无害化处理中心三方共同制订了养殖业管理、保险和无害化处理无缝对接流程。①将无害化处理作为保险理赔的前置条件，并以此作为奖补的标准。只有将病死猪交由畜牧部门指定场所无害化处理后，养殖户方可获得保险赔款和奖补。②将保险查勘与定点清收转运工作统一结合。接到养殖户报案后，畜牧部门、保险理赔人员随无害化处理中心病死动物专用收集车现场查验，养殖户、畜牧部门、承保公司和无害化处理中心四方签字确认后立即转运，对病死牲畜的运输也有奖补。③无害化处理厂处理病死牲畜，并对无害化处理厂给予一定的补助。④简化保险理赔流程。畜牧部门和承保公司在无害化处理中心配备专人，共同建立日收集和处理工作台账，实现无害化处理和保险数据共享，主要共享入保防疫信息、死亡报案信息和现场查勘信息。农户只需在家中填制一张查勘报告即可结案，无须再提供无害化处理证明。

（2）创新保险产品。浙江省龙游县为方便病死猪无害化处理，创新传统的保险产品，针对10公斤以下小猪死亡率较高而散户最容易乱抛的现象，龙游县保险机构修改了传统保险条款，将保险对象从原来只保大户扩大到保全部养殖户，取消了每次事故一定比例免赔的规定，并将10公斤以下小猪纳入保险范围。2014年，该项保险承保工作正式启动，实现全县343个规模养殖场、1592户养殖散户全部参保。

病死猪无害化处理工作通过与保险机制密切结合，以经济利益引导和鼓励养殖场户主动报告、上交和无害化处理病死猪，两地均较好地解决了无害化处理不到位、环境和食品安全受到影响、地下病死牲畜收购产业链难以杜绝等问题，无害化处理率基本达到100%。上述做法在通过保险手段补偿养殖户损失的同时，也利用保险截断了病死牲畜非法流入市场的通道。

资料来源：

[1] https://mp.weixin.qq.com/s/_P7tZPsRidO6KvWv8uBgng.

[2] https://mp.weixin.qq.com/s/zl6innoRe_gGzuGqTGn11Q.

思考：

（1）上述案例中通过养殖业保险促进食品安全的联动机制是什么？

（2）养殖业保险可以在畜产品安全中扮演什么角色？

（3）上述做法中，对病死牲畜的养殖者、运输者和处理者的奖补做法是否正确？原因是什么？

关键词

养殖业；养殖业风险；养殖业保险

思考题

1. 简述养殖业的定义及特点。

2. 养殖业的基本构成要素有哪些？

3. 简述养殖业风险的定义及其类型。

4. 简述养殖业保险的定义及其特点。

5. 养殖业保险有哪些类型？

6. 养殖业保险有哪些作用？

7. 简述养殖业保险的承保条件。

8. 阐述国内外养殖业保险的最新发展概况。

主要参考文献

[1] Mahul O, C J Stutley. Government Support to Agricultural Insurance: Challenges and Options for Developing Countries. World Bank, Washington D.C., 2010.

[2] 柴智慧，王俊. 中美畜牧业保险制度与实践概况比较及思考[J]. 中国畜牧杂志，2016，52（06）：8-14.

[3] 丁少群. 农业保险学[M]. 北京：中国金融出版社，2015.

[4] 蒋丽君. 农业保险：理论研究与实践探索[M]. 北京：中国商业出版社，2007.

[5] 唐金成. 现代农业保险[M]. 北京：中国人民大学出版社，2007.

[6] 李丹，庹国柱，龙文军. 农业风险与农业保险[M]. 北京：高等教育出版社，2017.

[7] 庹国柱. 尽早出台政策性农业保险法[J]. 银行家，2007（09）：112-114.

[8] 庹国柱，李军. 农业保险[M]. 北京：中国人民大学出版社，2005.

[9] 庹国柱，王国军. 中国农业保险与农村社会保障制度研究[M]. 北京：首都经贸大学出版社，2002.

[10] 武翔宇，兰庆高. 牲畜保险创新的国际经验及启示[J]. 改革与战略，2012，28（05）：213-215.

[11] 徐星，张彤. 从我国养殖业保险的历史看其发展——基于中航安盟保险公司成都分公司的调研[J]. 金融理论与教学，2016（06）：94-96.

[12] 张小东. 发展中国家指数保险服务小规模农户的经验与启示[J]. 农业经济，2017（12）：72-74.

[13] 中国养殖业可持续发展战略研究综合报告课题组. 中国养殖业可持续发展战略研究综合报告[J]. 中国家禽，2012，34（11）：5-7.

[14] 中华人民共和国国家统计局. 中华人民共和国 2017 年国民经济和社会发展统计公报[R]. 2018.

第二章　奶牛保险

【本章学习目标】
1. 了解奶牛养殖的基本特点及面临的主要风险。
2. 掌握奶牛保险的概念、类型和主要特点。
3. 熟悉奶牛保险经营实务及相关注意事项。
4. 了解国内不同地区奶牛保险经营实践及区别。

第一节　奶牛养殖概述

一、奶牛养殖的基本特点

奶牛养殖作为养殖业的重要组成部分，主要是以牛奶作为主要产品的一种养殖生产行为。奶牛是指乳用品种的牛，包括荷斯坦牛、娟姗牛、更赛牛等品种。我国的奶牛品种主要以黑白花奶牛为主，是经用荷斯坦牛与中国黄牛杂交，并经过高度选育繁殖后的优良品种，又被称为中国荷斯坦奶牛。

（一）奶牛的生理特点

（1）采食特点。奶牛在采食时，通常不加以选择，往往不进行仔细咀嚼即迅速吞下，待休息反刍时再进行咀嚼。因此，在饲喂奶牛时要格外注意，尤其是块根类饲料不宜过大，往往需要粉碎或切片处理后饲喂，以避免奶牛出现食道阻塞等疾病。并且，在奶牛活动区域要注意及时清理铁丝、铁钉等尖锐金属异物，否则容易造成奶牛误食，引发创伤性心包炎或创伤性网胃炎等疾病。此外，品种、生产性能、畜龄、体格大小和生理等特点不同的奶牛对营养及饲料的需求会有所差异，因此，对不同阶段的奶牛，往往需要分群饲养，分类给予合理而全面的饲料和牧草。

（2）反刍特点。奶牛属牛科，是一种反刍动物。通常情况下，奶牛采食结束30～60分钟后开始进行反刍，一昼夜反刍9～12次，每次反刍持续40～50分钟。正常反刍是保障奶牛各项功能健康的重要环节，反刍时间缩短、次数减少或停止等都易导致奶牛患病。因此，在奶牛养殖过程中，需要为奶牛提供安静而舒适的环境，进食后给予其充分的休息时间以保证正常反刍。奶牛具有耐寒而不耐热的特点，在内蒙古等寒冷地区，奶牛养殖场一般应配备牛舍，通常为了保证牛舍的安全卫生，养殖人员需要对牛舍适时进行通风换气，保持牛舍一定的温度与湿度，同时需要及时清理与更换牛床，以保持牛床的清洁、干燥和柔软。

（3）饮水特点。奶牛是饮水量极大的动物，一天的饮水量一般是产奶量的3～4倍。以一头日产奶量为20公斤的奶牛为例，一天的饮水量为60～80公斤，尤其在炎热的夏天，奶牛的饮水量会更大。因此，充足而清洁的饮水供给，是保障奶牛健康生长发育、稳定生产的重要环节。在具体养殖过程中，一般需要提供或建设供水设施，如水槽、水箱等，以保障奶牛能够自由饮水，水温以10～25℃为宜，同时为保持饮水清洁，需要定期刷洗水槽或清理其他供水设备。

（4）清洁特点。这是奶牛养殖过程最重要的一个特点，这一特点贯穿奶牛养殖的各个环节，奶牛养殖的清洁特点主要体现在三个方面：一是需要保持奶牛活动区域的清洁卫生，如定期清扫、冲洗、消毒牛舍、牛圈，及时清理奶牛活动场内的粪便、污水等。二是需要保持奶牛饲料与饮用水的清洁。如前所述，奶牛养殖过程离不开新鲜的饲料和清洁的饮用水，因此需要保持奶牛饲料与饮用水的清洁，如及时清理霉烂腐败变质的草料，及时冲洗、消毒饲料槽、水槽等。三是需要保持奶牛身体的清洁卫生。奶牛养殖过程需要保持牛体的清洁，应经常刷拭牛体，保持其皮肤清洁，增强皮肤的抵抗力；保持奶牛乳房的清洁，注意消除损伤乳房的隐患；定期清洁奶牛肢蹄，保持牛蹄清洁，防止奶牛肢蹄病的发生。

（二）饲养管理特点

1. 饲养环境及场所特点

（1）饲养环境特点

养殖环境指作用于动物机体的一切外部因素。奶牛养殖环境也就是与奶牛生活、生产有关的一切外部条件，主要包括温度、光照、声音、土壤、地形、空间、空气、水、微生物等。

奶牛生活于一定的环境条件中，外界环境条件必然对奶牛健康和生产性能产生影响。外界环境对奶牛的影响体现在两个方面，即有利的环境条件可促进奶牛的健康，提高生产性能；有害的环境条件会损害奶牛的身体健康，降低生产性能。

①环境温度

奶牛、舍内和温度要求如表2-1所示。

②环境湿度

牛舍内空气的湿度为55%～85%时对奶牛的影响不大，但高于90%则危害甚大，因此，奶牛舍内湿度不宜超过85%。

表 2-1　奶牛牛舍内适宜温度和最高、最低温度　　　　单位：℃

牛别	最适宜温度	最低温度	最高温度
成母牛舍	9～17	2～6	25～27
犊牛舍	6～8	4	25～27
产房	15	10～12	25～27
哺乳犊牛舍	12～15	3～6	25～27

资料来源：刘衍芬，吕丹娜. 奶牛养殖实用技术[M]. 北京：化学工业出版社，2018.

③空气质量

空气质量的实质是有毒有害气体的浓度与含量。

牛舍中的有害气体主要来自牛的呼吸、排泄和生产中有机物的分解。有害气体主要为氨、二氧化碳、一氧化碳和硫化氢等。

牛舍中氨的浓度应低于 $50g/m^3$，一氧化碳的浓度应低于 $0.8g/m^3$，硫化氢气体浓度最大允许量不应超过 $10g/m^3$。

（2）饲养场地特点

①养殖场所

奶牛场应修建在地势干燥、背风向阳、空气流通、土质结实、地下水位低（2m 以下）、地势平坦的地方。要求交通方便，水源充足，水质良好；有供电通信条件。奶牛场周围应无工矿企业，无畜禽养殖场，与主要交通干道的距离在 300m 以上，土壤、水源、空气无污染，安静无噪声。

②空间面积

牛舍面积：产房 10m²/头，成年牛 8m²/头，青年牛 6m²/头，育成牛 5m²/头，犊牛 2～3m²/头。

运动场面积：产房 25～30m²/头，成年牛 20～25m²/头，青年牛 15～20m²/头，育成牛 10～15m²/头，犊牛 8～10m²/头。运动场地面应以三合土为宜，切不可用水泥地面。靠近牛舍的一侧高，其余三面低，坡度为 1.5%～2.5%。

凉棚面积：运动场内应有凉棚，高 3～3.5m，每头牛面积为 3～5m²，视牛的大小而定。

③牛床尺寸

牛床长度：产房 1.8～2.0m，成年牛 1.65～1.85m，青母牛 1.5～1.6m，育成牛 1.3～1.4m，犊牛 1.0～1.3m。牛床应前高后低，坡度为 1%～1.5%。水泥地面应做防滑处理。

牛床宽度：产房 1.2～1.3m，成母牛 1.1～1.2m，青年牛 1.0～1.1m，育成牛 0.9～1.0m，犊牛 0.7～0.8m。

（3）奶牛饲养应注意的环境问题

养殖奶牛除了要创造有利于奶牛生产、生活的环境外，还要注意保护周围的环境，避免养殖奶牛的过程给周围的环境造成污染。实际上，奶牛养殖的环境控制措施在很大程度上也是环境保护的措施，环境保护为环境控制创造了必要条件，可进一步促进奶牛生产。

在奶牛养殖中应注意以下事项：

①在选择奶牛养殖地点时，应考虑对环境的影响。奶牛养殖地点应远离饮用水源，距村庄和居民区的距离至少为 500 米，并处于下风向。

②根据实际情况与条件，采用切实可行的、科学有效的方法，及时处理奶牛的粪尿排泄物和生产中产生的废弃物，做无害化处理，然后合理利用。避免由粪尿产生的臭味、有毒有害物质、微生物等污染空气、水源、土壤，对人类或其他动植物构成危害。

③在生产中应及时清理场内废弃杂物，避免奶牛误食铁钉、铁丝、塑料布（薄膜）等异物。尽量减少废弃物的产生，做到清洁生产。

④科学配制日粮，尽量减少和避免粪便中残存的氮、磷、铜、锌等物质对土壤可能造成的危害。

⑤搞好环境卫生，尽量减少和避免牛场产生的异味、蚊蝇等对周围环境的污染。

⑥在生产中尽量降低机械、牛只、人员所产生的噪声、粉尘等对周围环境的污染。

⑦采取积极的疫病防治措施，避免人畜共患病对生产人员和周围居民可能构成的威胁。

2. 防疫特点

奶牛养殖容易受到疫病风险的侵袭，依据国家防疫政策规定，养殖者每年须对牛群进行疫苗接种与疫病防疫，包括定期对牛群进行口蹄疫、结核病、布氏杆菌病等传染病的检疫（表 2-2）。

表 2-2　奶牛保险常见疫病及防治

疫病名称	症　状	防治措施
口蹄疫	体温升高到 40～41℃，口腔黏膜、舌部、蹄部及乳房皮肤出现水泡和烂斑，食欲下降，产奶量下降，走路跛行或卧地不起	①平时要坚持做好口蹄疫疫苗接种工作；②发现疫情应及时上报，隔离病畜，封锁疫区，对病、死畜及同群畜就地捕杀、销毁；③对疫点周围和疫点内未感染的奶牛，紧急接种口蹄疫疫苗或高免血清；④对被污染的牛舍、工具、粪便、通道等进行彻底消毒；⑤最后一头病牛处理 14 天后，无新病发生，再经彻底消毒，经主管部门检验合格后，解除封锁
结核病	①肺结核：长期咳嗽，逐渐消瘦，呼吸困难，淋巴结肿大；②肠结核：前胃弛缓，持续下痢，粪稀带血或脓汁，消瘦；③乳房结核：乳房淋巴结肿大，乳房内有大小不一的坚硬结节，产奶量下降，奶汁变稀，呈灰色，严重时乳腺萎缩，泌乳停止	①每年春秋两季用结核菌素进行检疫，对阳性者进行隔离治疗或淘汰；②患有结核病的人员不得饲养牛及其他家畜；③对被污染的场地、用具进行彻底消毒，对重症奶牛应做宰杀处理

疫病名称	症　状	防治措施
布氏杆菌病	怀孕母牛表现为流产，一般在怀孕 5～7 个月产出死胎或弱胎，并出现胎衣不下、子宫内膜炎等症状，屡配不孕。患病公牛发生睾丸肿大，有热、痛感，有的鞘腔积液	①定期检疫，每年做两次凝集反应试验，阳性牛隔离治疗或淘汰；②每年进行布氏杆菌疫苗的定期预防注射；③严格消毒被污染的牛舍、用具等，粪、尿要进行生物发酵；④病死牛的尸体、流产的胎儿、胎衣等做焚烧或深埋处理；⑤有关人员要做好个人防护，防止感染
炭疽	①最急性：病牛突然死亡；口鼻等天然孔流出焦油样血液；②急性：体温达 41～42℃，从兴奋不安、消化紊乱、口鼻出血，转为呼吸困难、步态不稳、腹泻带血、泌乳停止等，病程 1～2 天死亡；③亚急性：舌及口腔黏膜存在质硬的结节，颈部、胸部、外阴部水肿为炭疽痈，肛门浮肿，排粪困难、带血	①每年冬、春季进行炭疽芽孢疫苗一次预防注射；②发现疫情做好封锁、隔离、消毒工作；③病、死牛不得剖杀，应火烧或消毒后深埋；粪便、垫草、用具等焚烧或消毒处理，同群健畜进行高免血清预防注射

资料来源：刘衍芬，吕丹娜. 奶牛养殖实用技术[M]. 北京：化学工业出版社，2018。

（1）口蹄疫：由口蹄疫病毒引起的人畜共患的一种传播速度极快、急性、热性、高度接触性传染病，主要侵害牛、羊、猪等偶蹄动物，传染性强，发病率高，在春、秋、冬季多发。

（2）结核病：由结核杆菌引起的人畜（禽）共患的一种慢性传染病，主要通过呼吸道和消化道感染，特征是在一些组织器官中形成结核结节，继而结节中心干酪样坏死或钙化。

（3）布氏杆菌病：由布氏杆菌引起的一种人畜共患传染病，主要侵害生殖系统，以母牛发生流产和不孕、公牛发生睾丸炎和不育为特点。

（4）炭疽：由炭疽芽孢杆菌引起的一种急性、热性、败血性传染病，其特征是皮下和浆膜组织出血，浆液浸润，凝血功能不全，脾大，呈急性和最急性症状。

（三）我国奶牛养殖发展现状

奶业是健康中国、强壮民族不可或缺的产业，是食品安全的代表性产业，是农业现代化的标志性产业和一二三产业协调发展的战略性产业。近年来，经过不断的改革与发展、整顿振兴，我国奶业平稳转型升级，规模化和标准化养殖快速推进，生产效率大幅度提升，奶牛存栏量及牛奶产量稳中有升，整体素质明显提高。未来随着奶牛标准化养殖补贴、奶牛政策性保险等国家扶持政策的继续实施，我国奶业发展潜力巨大，前景广阔，是目前的朝阳产业。

1. 我国奶牛存栏情况

从 2007—2016 年全国奶牛存栏数量变动情况来看（见图 2-1），我国奶牛存栏量总体上稳中有升。截止到 2016 年，我国奶牛存栏量为 1425.3 万头，比 2007 年 1218.9 万头的存栏量净增加 206.4 万头，增长速度为 16.9%。2007—2012 年间，我国奶牛存栏量呈持续增长态势，其中 2010 年同比增长率达到最高，为 12.7%。与 2012 年的平稳增长势头相比，2013 年我国奶牛存栏量同比减少 9 万头。2014 年情况出现好转，我国奶牛存栏量迅速增加，2015 年达到近 10 年来的最大存栏量，为 1507.2 万头，但 2016 年我国奶牛存栏量又出现明显下滑，较 2015 年同比下降 5.4%。

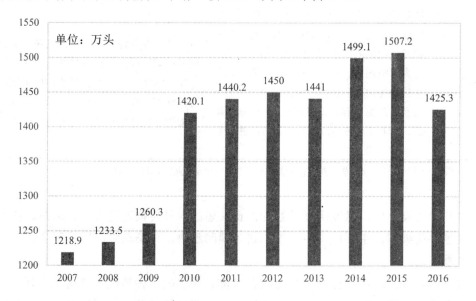

图 2-1　2007—2016 年我国奶牛存栏情况

资料来源：中国畜牧兽医年鉴。

2. 我国牛奶产量发展情况

从 2007—2016 年我国牛奶产量统计数据来看（见图 2-2），近年来我国牛奶产量变动趋势与我国奶牛存栏量变动情况大体相符。2007—2012 年，我国牛奶产量从 3525.2 万吨增加到 3743.6 万吨，增幅约为 6.2%，总体上呈逐年增长趋势。其中，2009 年出现近 10 年牛奶产量第一次下跌，较 2008 年减少 37 万吨。2013 年受奶牛存栏量下降的影响，牛奶产量跌至 3531.4 万吨，与 2012 年相比跌幅达约 5.7%。2014 年我国牛奶产量迅速回升，为 3724.6 万吨，同比增长近 5.5%，并于 2015 年达到近年来牛奶产量最高值 3754.7 万吨。到 2016 年我国牛奶产量又出现大幅下跌，较 2015 年减少 152.4 万吨，同比下降近 4.1%。

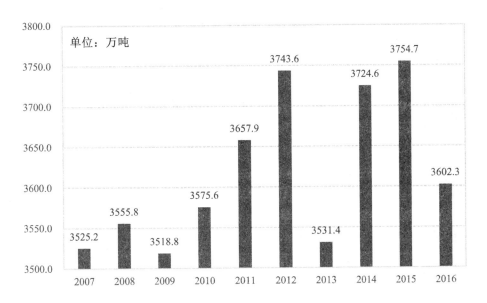

图 2-2　2007—2016 年我国牛奶产量变化情况

资料来源：国家统计局相关统计数据。

3. 我国奶牛养殖区域分布情况

从 2016 年全国各省市奶牛年末存栏量统计数据可知（见表 2-3），存栏量排名前六的省区依次为新疆、内蒙古、河北、黑龙江、山东和河南，六省的奶牛年末存栏量总计 997.5 万头，约占全国奶牛存栏量总数的 70%。其中，新疆以 209.5 万头居首位，占全国奶牛存栏量总数的 14.7%；内蒙古和黑龙江两省的奶牛年末存栏量为 379.1 万头，约占全国奶牛存栏量总数的 26.6%；河北、山东和河南三省的奶牛年末存栏量为 408.9 万头，约占全国奶牛存栏量总数的 28.7%。综合区域布局和奶牛存栏量来看，我国奶牛养殖具有明显的区域分布特征，奶牛养殖主要集中在三大区域，分别为西部奶业产区、东北奶业产区和中原奶业产区。

表 2-3　2016 年全国各省市奶牛年末存栏头数统计表

地区	存栏量（万头）	地区	存栏量（万头）
全国	1425.3	河南	99.0
北京	11.3	湖北	6.8
天津	14.9	湖南	14.3
河北	180.6	广东	5.4
山西	40.7	广西	5.0
内蒙古	202.3	海南	0.1
辽宁	34.8	重庆	1.7
吉林	25.0	四川	17.6
黑龙江	176.8	贵州	5.7

地区	存栏量（万头）	地区	存栏量（万头）
上海	5.1	云南	17.7
江苏	19.9	西藏	37.2
浙江	3.9	陕西	43.7
安徽	13.2	甘肃	29.7
福建	5.0	青海	25.8
江西	6.9	宁夏	36.5
山东	129.3	新疆	209.5

资料来源：国家统计局相关统计数据。

4. 我国奶牛养殖规模发展情况

从 2007—2016 年我国奶牛规模养殖比重变化情况来看（见图 2-3），100 头以上奶牛存栏比重呈逐年快速增长趋势。截至 2016 年，我国 100 头以上奶牛存栏比重达到 53%，同比提高 4.7 个百分点，比 2007 年提高 37.2 个百分点，奶牛规模化养殖比重不断提升。

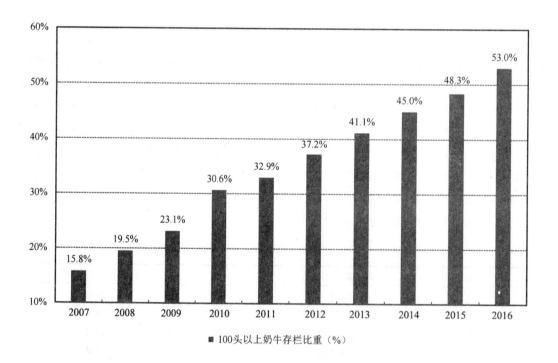

图 2-3　2007—2016 年我国奶牛规模化养殖变化情况

资料来源：中国畜牧兽医年鉴。

5. 我国奶牛养殖业发展展望

近年来，中央政府和地方政府出台了一系列奶业扶持政策和措施，包括奶牛良种补贴、奶牛标准化养殖补贴、奶牛生产性能测定补贴、振兴奶业苜蓿发展行动、生鲜乳收购站机械设备购置补贴、奶牛政策保险等，社会宏观大环境非常有利于我国奶牛养殖业的发展。但不可否认，我国奶业发展仍面临着许多挑战，如进口冲击、乳品质量安全压力、环保约束等。

（1）乳制品进口压力大。近几年乳制品进口数量增长迅速，据统计，2017 年我国共计进口各类乳制品 247.05 万吨，同比增加 13.5%，其中进口液态奶 70.17 万吨，同比增加 7.1%；进口奶粉 71.81 万吨，同比增加 18.9%。乳制品的大量进口减少了对国内生鲜乳的需求，大大压低了奶价，对国内奶牛养殖造成了一定冲击。此外，《中澳自由贸易协定》的签订，以及欧盟取消牛奶配额制都加剧了进口的压力。

（2）保障乳品质量安全压力大。奶业的产业链长、环节多是影响乳品质量与安全的最主要因素。从饲料的生产到奶牛的育种和喂养，再到挤奶、收奶运到乳品加工厂，这才完成了原奶的生产过程，此后还有乳制品的加工、仓储、运输及销售各个环节，点多面广，每一环节都存在质量安全风险，监管任务繁重。质量安全事件要做到"零发生"比较困难，但群众对质量安全问题零容忍，保证"舌尖上"的安全责任重大。

（3）环保约束压力大。奶牛养殖是一个高排污的产业，平均一头奶牛一天排粪尿 50 千克左右。以一个万头牧场为例，每天排放的废物量近 500 吨，每年的排泄物相当可观，如果粪污处理不当，就会产生大量污染。2014 年 1 月，国务院《畜禽规模养殖污染防治条例》实施，"水十条"等对环保提出了更高的要求，奶牛场粪污处理的压力越来越大。

2018 年，国务院办公厅印发《关于加快推进奶业振兴和保障乳品质量安全的意见》，明确提出到 2020 年，奶业综合生产能力大幅提升，100 头以上规模养殖比重超过 65%，奶源自给率保持在 70% 以上。到 2025 年，奶源基地、产品加工、乳品质量和产业竞争力整体水平进入世界先进行列。为实现上述目标，在复杂多变的行业发展形势下，必须以科技为支撑，向着"高产、高效、优质、生态、循环"的方向发展。奶牛养殖者应该提高认识，关注国内外先进的养殖技术，在育种、饲养、管理等方面有所提高，降低成本，提高国内乳品竞争力。

二、奶牛养殖面临的主要风险

奶牛养殖是自然再生产与经济再生产相互交织的连续过程，具有周期长、投资大的生产特点，属于资金密集型和技术密集型行业，一方面受自然环境条件下的生物生长发育规律的制约，另一方面又依赖于资金、人力、技术等生产要素的投入。因此，在奶牛养殖过程中，自然条件、气候环境、市场因素、政策环境、生产者行为等因素都可能对奶业生产带来不确定性的影响。

（一）生产风险

1. 自然风险

自然风险是指由于自然界不可抗力的不规则变化给养殖者的奶牛养殖行为带来损失的风险。奶牛养殖是一种生物生产过程，对自然环境的依赖较强，尽管随着现代养殖技术及生产水平的提高，可以人工改善环境，但依然摆脱不了自然灾害的困扰。奶牛养殖的自然风险主要表现为三类。

一是农业气象灾害风险，即由于气候条件的不规则变化引发的自然灾害，如暴雨、风灾、雷击、冰雹、冻灾等造成的危害。

二是农业地质灾害风险，即由于自然变异或人为因素的影响，地质表层或地质体发生明显变化时对奶牛养殖造成的危害。地质灾害对奶牛养殖的危害既有对奶牛及养殖设施的机械性剧烈破坏，也有对奶牛生理造成的缓慢损害，以机械性剧烈破坏为主，包括地震、泥石流、山体滑坡、地面塌陷等。

三是农业环境灾害风险，即由于生态恶化、环境破坏等对奶牛养殖造成的危害，如地下水污染、水资源匮乏、大气污染、全球性气温升高等。

自然灾害的发生是不可抗拒的，养殖户只能通过各种措施设法进行分散、补救和恢复。其中，参加保险是养殖户分散、降低自然灾害风险损失的重要措施。

2. 疫病风险

不论是动物还是植物，在其生长和发育过程中，都有患病的可能。而在奶牛养殖过程中，奶牛疾病风险的防控尤为重要，奶牛一旦患病，就会影响其生产或繁殖性能，进而可能会引起奶牛的淘汰、死亡，甚至大范围扑杀，给养殖者带来巨大的经济损失。奶牛养殖的疾病风险主要有两类。

一是传染性疾病风险，如口蹄疫、结核病、水泡性口炎、炭疽、布氏杆菌病、病毒性腹泻、传染性鼻气管炎、巴氏杆菌病等烈性传染病。奶牛一旦感染传染性疾病，便很难肃清，从而会严重影响奶牛的正常生产，造成养殖者的经济损失，并且其中一些疾病为人畜共患病，如结核病和布氏杆菌病，这些疾病的发生不仅会造成巨大的经济损失，还会威胁到人类的生命健康。

二是常见疾病风险。在奶牛养殖过程中，除了上述传染性疾病，子宫内膜炎、蹄病、**繁殖障碍**等常发疾病也会影响奶牛的正常生产或繁育，造成养殖者的经济损失。

与自然风险不同，对于奶牛疫病风险，可以通过人为手段进行控制或避免，如通过加强奶牛饲养管理和疫病防控投入等，降低奶牛各种疾病的发病率，减少经济损失，同时也可以利用保险手段分散奶牛死亡的风险。

（二）市场风险

奶牛养殖过程中的市场风险主要是指在奶业生产和销售过程中，由于饲料、兽药及设备等生产资料价格上涨和牛奶价格下降，或者牛奶销售价格与生产资料价格不能同步增长造成奶牛养殖者经济损失的风险。奶牛养殖过程中的市场风险主要表现在两方面。

一是饲料价格上涨的风险。目前，我国生鲜牛奶的生产成本主要由饲料成本主导，饲料成本的上涨会直接增加养殖者的牛奶生产成本，导致其经济效益下降。一般而言，玉米、豆粕、青储玉米秸秆和苜蓿草是奶牛的优质饲料。近几年由于国内大豆、苜蓿等种植面积较少，豆粕、苜蓿草等国内供给数量严重不足，导致国内奶牛养殖对国际饲料市场的依赖度不断提高，而近两年国际奶牛饲料价格不断上涨，进一步加大了国内奶牛的养殖成本。

二是牛奶价格的不稳定波动风险。随着我国对外开放程度的日益加深，中国乳业已从区域市场竞争发展到全球市场的竞争，中新自由贸易协定的签订、中澳自由贸易协定谈判等一系列举措，标志着中国乳业已进入全球市场的竞争行列。2008—2017 年，我国奶粉进口量已从 10.1 万吨增加到 101.4 万吨，增长近 10 倍；乳制品进口量从 35 万吨增加到 254.5 万吨，增长约 6.3 倍[①]，全球性奶源的供给及价格变化，直接影响了国内乳品企业的生产经营，如国内部分乳品企业以进口奶粉为原料生产还原液态奶，减少了国内生鲜乳的使用，并通过提高牛奶收购标准、拒收、限购等做法，将奶业市场风险转嫁给奶牛养殖者，加大了奶牛养殖者的市场风险损失，严重损害了养殖者的经济利益。

对于上述奶牛养殖的市场风险，可以通过启动政府奶业生产及价格监测机制、推进奶牛养殖技术的研发、降低国内生鲜牛奶生产成本、提高养殖者的组织化程度、开发奶牛价格指数或收入保险产品等方式保护奶牛养殖者的利益，稳定奶业生产。

除上述自然风险、疫病风险和市场风险的影响外，在奶牛养殖过程中，意外突发事件、人为恶意破坏、养殖或防疫技术落后导致的技术风险及国家政策变化带来的制度风险等，都可能会影响养殖者的奶业生产行为，进而给养殖者造成严重经济损失。

第二节　奶牛保险概述

一、奶牛保险的概念

奶牛保险属于养殖业保险中的大牲畜保险，是指保险人根据保险合同，对被保险人在奶牛养殖中因保险标的遭受约定的经济损失，承担赔偿保险金责任的保险活动。开展奶牛保险，可以帮助养殖户分散和降低奶牛养殖风险，对于稳定、扩大奶牛养殖，

---

① 智研咨询发布的《2018—2024 年中国奶粉市场专项调研及投资前景分析报告》。

完善防灾救灾机制，推动奶业发展，具有重要的现实意义。

二、奶牛保险的类型及特点

按保险责任范围的不同，奶牛保险可分为针对生产风险的奶牛死亡或伤残保险、针对市场风险的牛奶价格或养殖收入保险及其他牛舍或饲养设备保险等。

（一）针对生产风险的奶牛保险

针对生产风险的奶牛保险，是指以成年健康奶牛为保险标的，在被保险人支付一定的保险费后，保险人按照合同约定对饲养期间发生的奶牛死亡或伤残损失给予经济补偿的一种保险。该类型的奶牛保险具有以下特点。

1. 保险标的的生物性

针对生产风险的奶牛保险的保险标的为具有生命特征的奶牛，受奶牛生物学特性的制约，奶牛保险具有区别于其他财产保险非生命保险标的的一些特征：①在保险标的可保性的确定方面。通常，按奶牛保险合同规定，保险经办机构在进行奶牛保险承保时，需要对保险标的（投保奶牛）的畜龄、健康状况、免疫情况等进行界定，判断投保奶牛是否符合奶牛保险的承保条件，但由于奶牛具有生命活动的特征，且能够直接参与自然再生产，并且现实中受疾病诊断、标的健康状况及生命周期鉴定等条件的限制，保险工作人员在承保时，很难准确判断投保奶牛是否真正符合承保条件；②在理赔标的的确定方面。由奶牛的生理特点可知，奶牛毛色多为黑白花片状，外表较为相似，并且由于当前养殖及管理条件的限制，目前大部分养殖户所饲养的奶牛尚无法100%达到佩戴国家规定的识别标识。因此，在现实承保与理赔过程中，保险公司对保险标的的鉴别难度较大，存在承保标的难以确定，理赔奶牛与承保奶牛不能完全匹配的问题。

2. 奶牛疾病及死亡原因鉴定的技术性

目前，国内大部分地区实施的奶牛保险的保险责任范围是保险合同约定的"重大病害、自然灾害、意外事故和政府强制捕杀"导致的奶牛直接死亡，并且"重大病害"中明确规定了奶牛死亡的疾病种类，如布鲁菌病、口蹄疫、败血症、牛结核病、炭疽、牛焦虫病等，而如果奶牛的死亡原因不符合保险合同约定的疾病种类或其他责任范围要求，被保险人就不能获得保险赔偿。因此，相对于其他财产保险，奶牛保险的保险责任范围鉴定及理赔过程，需要更强的奶牛疾病及死亡原因鉴定技术，保险查勘定损人员中，不仅需要有具备专业保险知识的保险公司经办人员，还需要有了解或掌握奶牛养殖及防疫等方面专业知识的畜牧兽医人员。总之，奶牛保险的保险责任范围鉴定及理赔具有一定的技术性。

3. 保险公司经营的高风险性

保险公司经营的高风险性主要体现在两方面：一是较高的经营成本风险。当前，在我国奶牛养殖业中，奶牛规模养殖和散养两种养殖模式并存。散养或小区模式的养殖户数量仍然较多，且其地域分布往往较为分散，而保险公司为了及时、高效地宣传展业、核损、理赔等，通常需要建立较多的保险分支机构，并需要投入大量人力、物力等，这极大地增加了保险公司业务开展的组织成本、交易成本及监管成本；同时，由上述奶牛保险标的生物性及保险责任范围鉴定的技术性可知，奶牛保险承保、理赔等业务的开展均需要较强的专业技术、设备及人才作为支撑，因此，保险公司需要承担较高的技术使用及研发投入，从而进一步增大了保险公司业务开展的经营成本。二是较高的巨灾赔付风险。保险公司理想的可保风险是大量分散、不相关且无巨灾损失发生的风险，但是在奶牛养殖过程中，传染性疾病等风险却高度相关，发生大范围灾害的概率较高，并且奶牛保险的赔偿金额往往较大，因此，一旦发生传染性疾病，保险公司短时间内可能会出现巨额损失，导致保险公司面临较高的巨灾赔付风险。

（二）针对市场风险的奶牛保险

针对市场风险的奶牛保险，是指以牛奶的价格或养殖收入为承保与理赔基础，在被保险人支付一定的保险费后，保险人按照合同约定对一段时间内被保险人因遭受市场发展不确定风险产生的损失，承担经济补偿责任的一种保险。

牛奶价格保险是以牛奶"保障价格"作为承保与理赔的基础，保险期内，当投保牛奶的实际价格低于"保障价格"时，被保险人按照合同约定获得相应的保险赔偿。牛奶价格保险的最大特点是可以有效防范价格降低给被保险人带来的经济损失。

【拓展阅读】

山东泰安签出国内首单牛奶价格指数保险，八成保费政府出

2015 年 6 月，山东省泰安市泰山区推出我国首个牛奶价格指数保险。

牛奶价格指数保险，是农业保险体系从自然风险保障向市场风险保障的创新性拓展，是行业通过保险这一手段管理市场风险的积极探索和全新尝试。此次启动的牛奶价格指数保险试点工作是保险公司与泰山区畜牧兽医局、财政局、物价局等部门和单位创新的特色险种，在全国范围内尚属首次。按照责任划分，该区畜牧兽医部门负责做好牛奶价格保险的宣传发动工作；财政部门负责保险保费补贴资金的筹集、拨付、清算和资金使用的监督检查；物价部门负责牛奶价格的统计发布工作；保险公司负责牛奶价格保险的承保和理赔工作。为做好保险试点工作，泰山区对参保户缴纳的保险费进行补贴，参保户承担 20%，政府承担 80%。依据参保户与奶企签订的牛奶收购合同和收购单，以及上一年度牛奶产量的历史记录确定投保重量，根据投保重量缴纳 20% 的保险费，保险公司出具保险单，保险开始生效。保险公司凭保险单向区财政申请拨付剩余 80% 的保险费。在保险期间内，当保险牛奶的实际年平均收购价格低于目标价格时，视为保险事故发生，保险公司按照差价部分进行赔偿。

资料来源：齐鲁晚报，2015-06-03.

奶牛养殖收入保险是以一段时间内养殖场的养殖收入作为承保与理赔基础，当被保险人奶牛养殖的实际收入低于"预期保障收入"时，保险人按照合同约定赔付被保险人二者之间差额的一种保险。

【拓展阅读】

美国奶牛收入保险实施原理

2007 年，美国开始实施保障养殖者奶牛养殖收入的奶牛收入保险计划（LGM-Dairy）。

美国奶牛收入保险的风险管理原理类似于金融行业中应用组合期权策略进行风险防范。实质上，奶牛养殖者购买奶牛收入保险的过程，相当于同时购买牛奶看跌期权与饲料投入产品看涨期权的过程，如图 2-4 所示。

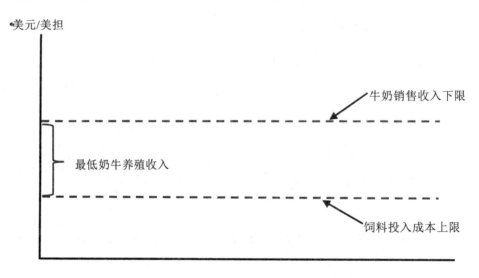

图 2-4　美国奶牛收入保险风险管理实施原理

在期权交易市场中，当养殖者购买Ⅲ类牛奶看跌期权以保障每月的牛奶销售收入时，相当于设置了一个牛奶销售价格的下限保障，这一下限值等于Ⅲ类牛奶看跌期权价值减去购买成本（如期权费及相关佣金）；接下来，养殖者将根据上述牛奶产量估算出玉米（或玉米等价物）和豆粕（或豆粕等价物）的饲料用量，并且分别购买对应用量的玉米和豆粕看涨期权，此过程相当于设置了一个饲料投入成本的上限保障，这一上限值等于期权价值加上购买费用和其他与期权购买相关的费用（如佣金）。如上图所示，当牛奶市场价格下跌至牛奶销售下限以下或饲料成本价格上涨至饲料投入成本上限以上时，养殖者可以通过使用牛奶和饲料（玉米和豆粕）组合期权策略有效规避由此产生的养殖收入损失，对养殖者的最低养殖收入进行保障。此外，如果牛奶最终公布的市场价格高于期权执行价格减去期权购买费用后的金额，养殖者会放弃执行期权。虽然此时的期权合约没有使养殖者获得直接收益，但是养殖者在现实市场交易中获得了更高的牛奶销售收入。同样，当饲料价格低于期权执行价格时，养殖者也不会执行玉米或豆粕的看涨期权，因为在现实养殖过程中，可能面临较低的饲料价格或饲料成本开销，养殖者放弃饲料看涨期权能获得更大的养殖收入。

资料来源：张旭光. 奶牛保险的减损效果及对养殖户行为的影响——基于内蒙古奶牛养殖户的实证分析[D]. 呼和浩特：内蒙古农业大学，2016：143。

（三）其他奶牛保险类型

除上述针对生产风险和市场风险的奶牛保险以外，还有牛舍及饲养设备保险、盗窃险等奶牛保险产品，其大多为附加险，即投保人只有投保了前两种主险后，方可投保该类保险。

第三节　奶牛保险标的与保险责任

一、奶牛保险标的

保险标的亦称为"保险对象""保险项目""保险保障的对象"。它是依据保险合同双方当事人要求确定的。奶牛保险（这里主要指针对生产风险的奶牛保险）一般是以健康有生命的奶牛作为保险标的。

（一）奶牛保险承保条件的确定

保险承保是保险人对愿意购买保险的单位或个人（即投保人）所提出的投保申请进行审核，做出是否同意接受和如何接受的决定的过程。奶牛保险承保过程中，保险公司会对养殖户、养殖小区或养殖场的保险标的（奶牛）进行可保性的检查与确定，确认符合承保条件后，方可进行承保。

奶牛保险核保时重点考虑反映奶牛健康程度或影响奶牛死亡率的因素，包括保险标的（奶牛）的品种、饲养时间、畜龄、养殖场地、设施及管理水平、健康状况、免疫情况、标识等因素。在投保人条件确定方面，通常是指从事奶牛养殖的农牧民或农业生产经营组织。按是否存在最低投保规模限制，奶牛保险的投保方式可以分为两类：一类为投保人获得独立保单的情况，此类投保没有最低投保规模限制，集体和个人饲养的奶牛，凡饲养管理正常，无疾病、无伤残、具有正常产奶能力均可直接参加保险；另一类是投保人获得集体统一保单的情况，此类投保设有最低投保规模限制。如果养殖者的奶牛饲养规模大于合同约定的最低投保规模，可自行投保，获得独立保单；如果养殖者的奶牛饲养规模小于合同约定的最低投保规模，可以通过村委会、奶站、养殖小区或养殖场的形式集中参加奶牛保险，获得集体统一保单。

以内蒙古自治区奶牛保险为例，奶牛保险承保条件及相关要求如表2-4所示。

表2-4　内蒙古奶牛保险承保条件的确定及特点

保险标的	承保条件
品　种	专门用于产奶的牛
饲养时间	在当地饲养1年及以上
畜　龄	≥1周岁，≤7周岁
养殖场地	位于非传染病疫区，且在当地洪水水位线以上的非行洪、非蓄洪区
设施及管理	符合卫生防疫规范，饲养管理正常，饲养圈舍卫生，能够保证饲养质量
健康状况	经畜牧兽医部门检验无伤残，无保险责任范围内的疾病，营养良好
免疫情况	按地县级畜牧防疫部门审定的免疫程序接种并有记录
标　识	具有能识别身份的统一标识
投保规模	50头以上可自行投保，不足50头需以村或奶站等集体形式投保
投保范围	符合条件的奶牛须全部投保，不得选择性投保

资料来源：内蒙古自治区2017年农业保险保费补贴实施方案。

（二）奶牛保险标的的识别

保险标的的识别是指依据一定标准和条件，在具体保险合同的多个构成要素中，将其中作为保险标的的特定对象辨别出来，并作为对保险合同进行定性判断的依据。保险标的的识别是一种手段，其最终目的是要通过明确保险标的来解决其他相关的法律和实践问题。对于大多数保险合同而言，并不需要对保险标的进行专门识别，通常根据投保对象就能够确定保险标的，需要进行识别的主要为因果关系较为复杂、确定保险标的有一定难度的少数保险合同。

奶牛保险的保险标的为有生命的奶牛，并且由奶牛的生理特点可知，奶牛毛色多为黑白花片状，外表较为相似，确定奶牛保险标的有一定难度。同时，奶牛保险标的的模糊不清又会引发其他一系列问题，如无法顺利承保、合理定损与理赔等，因此，奶牛保险属于需要对保险标的进行专门识别的保险产品。

结合奶牛生理特点，准确识别奶牛保险标的离不开一系列的奶牛个体识别技术与方法。在不同个体识别技术的支撑下，目前，奶牛保险标的识别方法主要可以分为两类（见表2-5）。

1. 影像识别法

此类方法主要是通过对投保奶牛进行拍照或录像，通过收集投保奶牛的相关影像进行标的识别。通常情况下，在投保奶牛的影像获取过程中，需要获得奶牛的正面图像，以记录奶牛的面部轮廓；同时，还需要获得奶牛的左右侧身图像，以记录奶牛左右身花纹分布情况。此类识别方法以影像为判断基准，简单直观，易操作，成本低；

但是，现场比对存在不确定性，准确性会受到质疑。

2. 标签识别法

此种方法主要是利用奶牛佩戴或置入的标签进行保险标的识别。目前，用于奶牛个体识别的标签形式主要包括普通标签，如塑料耳标；电子标签，包括耳钉式、植入式和药丸式等。不同形式的标签有各自不同的特点和适用范围。

塑料耳标是普通标签中的典型代表，主要指以刻有牛号或编码的普通塑料卡片来标识奶牛的标签，这种标签通常直接挂在奶牛的耳朵上，制作成本较低，但易脱落、易伪造，不能自动识别，管理烦琐。

电子标签主要是利用无线通信、射频识别（RFID）、传感器等信息化技术，给每头奶牛都配有一个标签，即实现一畜一标，通过读写器非接触性地将奶牛标签中的基本资料读出，从而实现奶牛的个体识别。这种标签存储信息量大、不易脱落、识别准确度较高，但制作成本偏高，并且需要投入其他辅助设备。目前，较为成熟的电子标签有以下几种。

（1）耳钉式电子标签。此种标签数据存储量大，失标率小，无污染，环境适应能力强，在雨水、油污恶劣环境下仍然可以正常使用，读写器与电子标签相距数米都能实现数据读取。

（2）植入式电子标签。此种标签主要是利用一个特殊工具将电子标签植入动物皮下，使动物的躯体与电子标签之间建立一种固定的联系，并且这种联系需要通过手术才能被撤销。

（3）药丸式电子标签。此种标签是将一个电子标签放在一个耐酸的、圆柱形陶瓷容器内，然后通过动物的食道将容器置入反刍动物的胃中，该电子标签正常情况下会终身停留在动物的胃里。

表 2-5 奶牛保险标的识别方法及优缺点

识别方法	形式	优点与缺点
影像识别法	照片、录像	优点：以影像为基准，易操作，成本低
		缺点：现场比对存在不确定性，准确度低
标签识别法	普通标签	优点：制作成本较低
		缺点：易脱落、易伪造、不能自动识别、管理烦琐
	电子标签	优点：存储信息量大、不易脱落、识别准确度较高
		缺点：制作成本偏高，并且需要辅以其他设备

资料来源：作者整理。

（三）国内不同地区主要实践及区别

目前，由于国内不同省市奶牛饲养环境及条件的不同，在奶牛保险承保条件的设置上也存在着明显的差异（表 2-6）。例如，在最低投保规模限制上，北京市和内蒙古自治区做出明确要求，其中，北京市要求"奶牛存栏量在 100 头（含）以上"才可投保；内蒙古自治区则要求"农业生产经营组织、单个养殖农户养殖头数在 50 头（含）以上，可自行投保，单个养殖农户养殖头数不足 50 头的，应当由农业生产经营组织、村民委员会等单位组织农民投保"。而在具体投保数量方面，各省市均设置了"将所有符合投保条件的奶牛全部投保"的相关要求。

在奶牛饲养时间上，内蒙古自治区、山东省、四川省、江苏省及浙江省均要求饲养品种在当地饲养 1 年（含）以上，而北京市和黑龙江省则没有具体要求。

在奶牛的饲养场地、饲养管理及奶牛健康状况等方面各地做出了较为明确的要求。例如，奶牛养殖场地及设施符合动物防疫要求，饲养管理规范，有正常产奶能力，按免疫程序预防免疫，有免疫记录，且有畜牧兽医管理部门出具的健康检疫证明，并且饲养场位于非传染病疫区和当地洪水位线以上的非泄洪区内，牛舍布局及圈舍环境应符合畜牧兽医部门的要求等。

表 2-6　国内不同省市奶牛保险承保条件与保险标的要求

地　区	承保条件与保险标的要求
北京市	①符合本市产业发展规划和布局；②奶牛养殖场地及设施符合动物防疫要求，饲养管理规范，有正常产奶能力，按免疫程序预防免疫，有免疫记录，且有畜牧兽医管理部门出具的健康检疫证明；③奶牛存栏量在 100 头（含）以上；④饲养的奶牛均须佩戴耳号标识。投保本保险时，投保人必须将所有符合以上投保条件的奶牛全部投保，不得选择性投保。并且，投保的奶牛须按照耳标号投保，投保数量以当地畜牧兽医管理部门开具的数量证明为准
黑龙江省	①饲养场位于非传染病疫区和当地洪水水位线以上的非泄洪区内，牛舍布局及圈舍环境应符合畜牧兽医部门的要求；②投保的奶牛应经当地畜牧兽医部门验明无伤残，奶牛养殖场地及设施符合动物防疫要求，饲养管理规范，有正常产奶性能，按免疫程序预防免疫，有免疫记录，有畜牧兽医管理部门出具的健康检疫证明；③投保奶牛畜龄为 18 月龄至 8 周岁；④奶牛必须具有能识别的统一标识；⑤投保人应将符合条件的奶牛全部投保，不得选择性投保
内蒙古自治区	见表 2-4
山东省	投保奶牛品种在当地饲养时间、防疫管理情况及是否能够选择性投保等规定与内蒙古自治区相同；投保时奶牛畜龄为 1.5～6 周岁，投保奶牛必须佩戴政府统一的耳号标识，无最低投保规模限制
四川省	投保的奶牛品种在当地饲养时间、奶牛畜龄、防疫管理情况及是否能够选择性投保等规定与内蒙古自治区相同，无最低投保规模限制
江苏省	投保的奶牛品种在当地饲养时间、防疫管理情况及是否能够选择性投保等规定与内蒙古自治区相同；投保时奶牛畜龄要求在 1 周岁（含）以上 7 周岁（不含）以下，无最低投保规模限制
浙江省	投保的奶牛品种在当地饲养时间、防疫管理情况及是否能够选择性投保等规定与内蒙古自治区相同；而投保时奶牛畜龄在 1 周岁（含）以上 6 周岁（不含）以下，无最低投保规模限制

资料来源：根据各省、市、自治区财政补贴性农业保险相关文件和网络公开资料整理。

在奶牛的畜龄方面，只有北京市未做要求，其他省（市、自治区）则根据当地的饲养实际情况做出了不同的投保奶牛畜龄要求。例如，黑龙江省要求投保奶牛畜龄为18月龄至8周岁，山东省则要求为1.5~6周岁，内蒙古和四川省的奶牛投保畜龄为1周岁以上（不含）7周岁（含）以下，而江苏省则为1周岁（含）以上7周岁（不含）以下。

在投保奶牛标识方面，只有北京市与山东省对其做了具体的要求，即需要佩戴耳标，而其他省只是强调要有统一的标识，没有做具体的要求。

二、奶牛保险责任范围

奶牛保险（这里主要指针对生产风险的奶牛保险）责任范围通常为重大病害、自然灾害和意外事故导致的投保个体直接死亡。

（一）奶牛保险责任范围的确定

奶牛保险中，当投保奶牛在保险期间内，发生保险责任范围内的死亡时，保险人按照保险合同约定负责赔偿。保险责任范围主要包括以下四大类。

（1）自然灾害（暴雨、风灾、地震、洪水、雷击、冰雹、冻灾、台风）。

（2）意外事故（火灾、泥石流、爆炸、建筑物倒塌、空中运行物体坠落、山体滑坡）。

（3）重大病害（布鲁菌病、口蹄疫、牛结核病、炭疽、牛焦虫病、伪狂犬病、副结核病、牛出血性败血症、牛传染性鼻气管炎、日本血吸虫病、疫病）。

（4）政府实施的强制扑杀。

奶牛保险的标的为有生命的奶牛，奶牛保险的风险主要是自然风险、意外事故与重大病害，保险责任范围是合同内约定的奶牛死亡，因此，奶牛保险具有不同于一般财产保险的保险责任范围确定特点。

（1）由于奶牛保险标的具有生命活动的特征，且能够直接参与自然再生产，在此期间，奶牛可能受到多种自然灾害或疾病的侵袭，每种灾害都可能造成一定的经济损失。因此，在各种灾害的综合作用下，查勘理赔人员也很难准确断定奶牛死亡的真正原因。

（2）由于农业风险具有广泛的伴生性，一种灾害事故的发生常常引起另一种或多种灾害事故发生，很难区分各种风险事故的损失程度，特别是对于单一风险保险，很难确定损失是否属于保险责任范围。

【拓展阅读】

自然灾害与意外事故释义

（一）火灾：指在时间或空间上失去控制的燃烧所造成的灾害。它必须具备三个条件：①有燃烧现象，即有热、有光、有火焰。②偶然、意外发生的燃烧。③燃烧失去控制并有蔓延扩大的趋势。

（二）爆炸：包括物理性爆炸和化学性爆炸。

物理性爆炸指由于液体、固体变为蒸汽或其他膨胀，压力急剧增加并超过容器所能承受的极限压力而发生的爆炸。

化学性爆炸指物体在瞬间分解或燃烧时放出大量的热和气体，并以很大的压力向四周扩散的现象。

（三）雷电：指积雨云中、云间或云地之间产生的放电现象，其破坏形式分为直接雷击和感应雷击两种。

（四）暴雨：指每小时降雨量达 16 mm 以上，或连续 12 小时降雨量达 30 mm 以上，或连续 24 小时降雨量达 50 mm 以上的降雨。

（五）洪水：指山洪暴发、江河泛滥、潮水上岸及倒灌。

（六）风灾：包括暴风、龙卷风、台风等风力 6 级以上，风速在 12 m/s 以上的自然风。

（七）冰雹：指从强烈对流的积雨云中降落到地面的直径大于 5 mm、核心坚硬的冰块或冰球。

（八）山体滑坡：山体上不稳的岩土体在重力作用下突然整体向下滑动的现象。

（九）泥石流：由于雨水、冰雪融化等水源激发的、含有大量泥沙石块的特殊洪流。

（十）地震：地壳发生的震动。

（十一）空中运行物体坠落：指空中飞行器、人造卫星、陨石坠落，吊车、行车在运行时发生的物体坠落，人工开凿或爆炸而致石方、石块、土方飞射、塌下，建筑物倒塌、倒落、倾倒，以及其他空中运行物体坠落。

资料来源：内蒙古自治区农业保险保费补贴实施方案。

（二）国内不同地区主要实践及区别

在奶牛保险责任范围确定方面，国内不同地区均有较为严格的要求与规定，下文列示了我国部分地区奶牛保险责任范围的相关要求，具体如表 2-7 所示。

目前，国内大部分省、市、自治区奶牛保险的保险责任范围为主要疾病和疫病、意外事故、自然灾害、政府扑杀等导致的奶牛死亡。但各地区由于奶牛养殖实际情况的不同，在疾病、自然灾害、意外事故范围的确定上略有差异，并且，部分地区（如北京市与山东省）也做了一些较为大胆的创新，详细情况如下所述。

江苏省、浙江省和四川省的奶牛保险责任范围为典型的上述四类；内蒙古自治区的奶牛保险责任范围在上述四类的基础上增加"在分娩过程中，因胎儿不能顺利娩出，造成子宫破裂或穿孔大出血""产后 72 小时以内因患产后瘫痪或产后败血症，经积极治疗但仍无效"和"经相关专家确诊为创伤性网胃炎或创伤性心包炎"。

　　黑龙江省的奶牛保险责任范围目前仅涉及"因自然灾害、意外事故和重大病害所导致的投保奶牛死亡和政府强制扑杀",但"意外事故"部分,在上述所列事项基础上,增加了"野兽伤害和互斗"导致的奶牛死亡;"重大病害"部分也基本涵盖了引发奶牛死亡的各种疾病,如"食道梗塞、肠胃炎、支气管肺炎、难产、创伤性心包炎"等。

　　与国内其他地区略有不同,北京市和山东省在奶牛保险责任和赔付处理方面的创新较强。例如,北京市将投保奶牛"因胎产等疾病所致奶牛伤残、经畜牧部门鉴定失去产奶能力"等情况,也列入保险公司的理赔范围,将"奶牛死亡"保险转变为一种"奶牛死亡+伤残"的保险,扩大了政策性奶牛保险的风险保障范畴。

　　而山东省在对"保险责任范围内事故造成奶牛死亡"进行赔付的同时,进一步拓宽奶牛保险的服务领域,于 2015 年 6 月在泰安市泰山区推出我国首个牛奶价格指数保险,"以保证养殖户一定牛奶销售利润为基本立足点",将奶牛养殖的市场风险纳入奶牛保险的风险保障范畴,这一举措是拓宽我国政策性农业保险服务体系,利用农业保险手段进行市场风险防范与管理的大胆探索与创新。

表2-7　国内不同省、市、自治区奶牛保险的保险责任范围

地　区	保险责任范围
江苏省、浙江省、四川省	①自然灾害(暴雨、雷击、洪水、风灾、地震、冻灾、冰雹);②意外事故(火灾、泥石流、爆炸、空中运行物体坠落、山体滑坡、建筑物倒塌);③重大病害(布鲁菌病、口蹄疫、牛结核病、炭疽、牛焦虫病、伪狂犬病、副结核病、牛出血性败血症、牛传染性鼻气管炎、日本血吸虫病、疫病);④政府实施的强制扑杀
内蒙古自治区	①自然灾害;②意外事故;③重大病害;④政府实施的强制扑杀;⑤在分娩过程中,因胎儿不能顺利娩出,造成子宫破裂或穿孔大出血;⑥产后 72 小时以内因患产后瘫痪或产后败血症,经积极治疗但仍无效;⑦经相关专家确诊为创伤性网胃炎或创伤性心包炎
北京市	①自然灾害;②意外事故,在上述基础上增加触电、溺水、野生动物侵害;③难产 48 小时内死亡、胎产造成子宫受伤所致伤残失去繁殖能力、产后瘫痪;④病毒性传染病、细菌性传染病、寄生虫性传染病和代谢性疾病造成死亡;⑤政府实施的强制扑杀
山东省	①自然灾害;②意外事故,增加野兽伤害;③重大病害,增加创伤性网胃腹膜炎和创伤性心包炎;④在分娩过程中,因胎儿不能顺利娩出,造成子宫破裂或穿孔大出血;⑤产后 72 小时以内因患产后瘫痪或产后败血症,经积极治疗但仍无效的;⑥显性乳腺炎 泰安市:牛奶价格指数保险(主要依据前三年政府部门所公布的奶企收购价格平均值,在严格测算的基础上,通过多方协商确定,计算出每公斤原料奶的目标价格)
黑龙江省	①自然灾害;②意外事故,增加野兽伤害和互斗;③重大病害,增加瘤胃积食、食道梗塞、瓣胃阻塞、创伤性网胃腹膜炎、创伤性心包炎、胃肠炎、难产、支气管肺炎、产后败血症、生产瘫痪;④政府实施的强制扑杀

资料来源:根据各省、市、自治区财政补贴性农业保险相关文件和网络公开资料整理。

三、奶牛保险的责任免除

奶牛保险责任免除与保险责任相对，又称为"除外责任"，是指保险人依法或依据合同约定，不承担保险金赔偿或给付责任的风险范围或种类。对于保险人来说，除了正面规定其应承担的责任外，还应明确规定不应承担的责任，其目的就是要使保险人承担的责任范围更为明确，防止合同纠纷。

（一）奶牛保险责任免除的确定

奶牛保险的责任免除是指保险人依法或依据合同约定，不承担奶牛保险金赔偿或给付责任的风险范围或种类。一般而言，奶牛保险的责任免除主要针对政治风险、行为风险中的道德风险和管理风险引致的损失，通常包括以下几方面。

（1）投保人及其家庭成员、被保险人及其家庭成员、投保人或被保险人雇用人员的故意行为或重大过失行为、管理不善，他人的恶意破坏行为。

（2）保险奶牛在疾病观察期内患有保险责任范围内的疾病导致死亡的。

（3）年老体弱、无繁殖能力、产奶量低等原因导致的更新淘汰。

（4）政府扑杀行为以外的行政行为或司法行为。

需要指出的是，我国奶牛保险合同中都会明确规定有关保险人责任免除的条款，保险人在订立合同时应向投保人明确说明，未明确说明即保险人未履行说明义务的，该条款不产生效力。

【拓展阅读】

保险人未履行说明义务的后果

老王购买了奶牛保险，保险条款中设置了责任免除条款："投保人及其家庭成员、被保险人及其家庭成员、投保人或被保险人雇用人员的故意行为、管理不善"，保险人在投保前应将这一责任免除条款明确告知老王。否则，即使发生了因雇用人员管理不善引发的损失事件，保险公司也应当承担赔偿责任。

（二）国内不同地区主要实践及区别

在奶牛保险责任免除方面，不同地区均有严格而详细的要求与规定，下文列示了我国部分地区奶牛保险责任免除的相关要求，具体如表2-8所示。

表 2-8　国内不同省、市、自治区奶牛保险责任免除要求

地　区	责任免除要求
北京市	①被保险人及其饲养管理人员管理不善或故意行为造成死亡的；② 未按北京市强制免疫程序及时接种疫苗，或发病后不及时治疗，或发生疫情后不向防疫部门报告，或发生保险责任范围内事故后不采取保护与施救措施造成的损失；③新购入或新增加的奶牛未办理加保手续的；④摔跌、互斗、被盗、跑失、中毒、他人投毒及正常的淘汰、屠宰造成的损失；⑤在观察期内发生保险责任范围内事故的；⑥其他不属于保险责任范围内的损失
黑龙江省	①投保人或被保险人及其家庭成员、饲养人员的故意或重大过失行为、他人的恶意破坏行为；②在观察期内患重大疾病及正常淘汰宰杀；③政府行政行为或执法行为（政府实施强制扑杀除外）；④保险奶牛被盗、摔跌、走失、饥饿、中暑或中毒；⑤核辐射、核爆炸、核污染及其他放射性污染；⑥本保险单载明的饲养地址外发生的事故；⑦战争、军事行动、敌对行为、武装冲突、罢工、骚乱和暴动
内蒙古自治区	①投保人及其家庭成员、被保险人及其家庭成员、投保人或被保险人雇用人员的故意行为、重大过失行为；②保险奶牛在疾病观察期内患有保险责任范围内的疾病导致死亡的；③保险奶牛因病死亡不能确认无害化处理的；④其他不属于保险责任范围内的原因
山东省	①投保人及其家庭成员、被保险人及其家庭成员、投保人或被保险人雇用人员的故意行为；②冻饿、中暑、走失、被盗；③战争、军事行动、恐怖行动、敌对行为、武装冲突、罢工、骚乱或暴动；④在观察期内患保险责任中所列疾病；⑤年老体弱、无繁殖能力、产奶量低以及应更新淘汰的；⑥患伤病不及时医治、不认真饲养管理，以致加重病情造成死亡的；⑦保险奶牛没有佩戴政府规定的耳标进行标识；⑧由于政府为防止疫情扩散而要求对未患病的保险奶牛进行捕杀、掩埋、焚烧，以及其他行政行为和司法行为
四川省	①投保人及其家庭成员、被保险人及其家庭成员、投保人或被保险人雇用人员的故意行为、管理不善；②行政行为或司法行为（除政府实施强制扑杀的行政行为）；③保险奶牛在疾病观察期内患有保险责任范围内的疾病导致的死亡；④战争、军事行动；⑤发生保险责任范围内损失，投保人、被保险人自行处理保险标的；⑥发生重大病害或疫病后不采取有效防治措施，致使损失扩大的；⑦失去生育能力或丧失生育能力宰杀的
江苏省	①投保人及其家庭成员、被保险人及其家庭成员、投保人或被保险人雇用人员的故意行为、管理不善；②保险奶牛在疾病观察期内患有保险责任范围内的疾病；③政府扑杀行为以外的行政行为或司法行为；④保险奶牛未按免疫程序接种；⑤保险奶牛因病死亡且不能确认无害化处理的，保险人也不负责赔偿；⑥其他不属于本保险合同责任范围内的损失、费用，保险人也不负责赔偿。
浙江省	①投保人及其家庭成员、被保险人及其家庭成员、投保人或被保险人雇用人员的故意或重大过失行为、管理不善；他人的恶意破坏行为；②行政行为或司法行为；③保险奶牛在疾病观察期内患有保险责任范围内的疾病；④其他不属于本保险责任范围内的损失、费用，保险人也不负责赔偿

资料来源：根据各省、市、自治区财政补贴性农业保险相关文件和网络公开资料整理。

如上表所示，我国大部分地区的奶牛保险条款，在保险责任免除方面基本包含上述四个方面，但不同地区由于各自奶牛养殖的实际情况略有差异。例如，北京市并未将"政府扑杀行为以外的行政行为或司法行为"列入保险免责范围，但是增加了"未强制免疫程序及时接种疫苗的""新购入或新增加的奶牛未办理加保手续的""摔跌、互斗、被盗、跑失、中毒、他人投毒造成损失的"等责任免除情况；黑龙江省在上述四个方面的基础上，增加了"保险奶牛被盗、摔跌、走失、饥饿、中暑或中毒""核辐射、核爆炸、核污染及其他放射性污染""饲养地址外发生的事故""战争、军事行动、敌对行为、武装冲突、罢工、骚乱和暴动"等情况；四川省增加了"发生保险责任范围内损失后，投保人、被保险人自行处理保险标的"的规定。同时，伴随着各地对保险奶牛无害化处理的重视，越来越多的地区在责任免除设置上明确强调"保险奶牛因病死亡不能确认无害化处理的，保险人不负责赔偿"，如内蒙古自治区、江苏省等。此外，山东省在奶牛保险责任免除设置上与其他地区不同，将"政府捕杀"纳入除外责任。

第四节 奶牛保险的保险期限与保险金额

一、奶牛保险期限

（一）奶牛保险期限的确定

奶牛保险的保险期限通常为 1 年，从约定起保之日 0 时至终止之日 24 时，期满另办续保手续。奶牛保险期限一方面是计算保险费的依据之一，另一方面又是保险人和被保险人双方履行权利和义务的责任期限，是奶牛保险合同的主要内容之一。

在奶牛保险中，以健康有生命的奶牛作为保险标的，但由于疾病诊断、标的健康状况及生命周期等鉴定技术的限制，保险人在承保时也很难准确判断投保奶牛是否真正符合承保条件。因此，为了避免投保人将事先患有疾病或具有死亡隐患的奶牛投保，奶牛保险从保险期间开始之日起设置一段时间为保险奶牛的疾病观察期。投保奶牛在疾病观察期内因保险责任范围内的疾病导致死亡的，保险人不负责赔偿。保险期间届满续保的奶牛，不再设定疾病观察期。

一般来说，医疗保险、重大疾病保险等健康保险中都设置一个观察期。从观察期的时限来看，不同类型保险的观察期是不同的，在普通住院类医疗保险中，观察期一般为 60 天或 90 天；在重大疾病保险中，观察期一般为 90 天、180 天或 1 年。奶牛保险以成年奶牛为保险标的，考虑到奶牛的生理特点，一般以 20 天作为保险奶牛的疾病观察期。

奶牛保险观察期条款就是将宽限期以条款的形式予以规定。需要指出的是，奶牛保险观察期一般只是针对疾病事件而言，因意外事故所致的经济损失则不受宽限期条款的约束，一旦合同生效，保险公司即承担保险责任。

（二）国内不同地区主要实践及区别

目前，我国大部分地区实施的奶牛保险在保险期限设置方面比较一致，保险期限均为 1 年，以保险单载明的保险起讫时间为准。与此同时，各省市在保险期限内均设置了观察期，并且明确规定"在观察期内若发生保险事故，保险人不负责赔偿""保险期满检疫合格的续保奶牛，可以免除观察期"。

但在奶牛保险观察期天数的设置方面，国内不同地区略有不同。例如，内蒙古自治区、四川省、江苏省和浙江省奶牛保险的观察期为保险期间开始之日起 20 日内；北京市奶牛保险的观察期为保险起期顺延 7 天；黑龙江省奶牛保险观察期的天数为保险期间开始之日起 15 日内；黑龙江省奶牛保险的观察期天数为保险单生效日起 5 日内。国内不同省、市、自治区有关奶牛保险期限的设置与要求如表 2-9 所示。

表 2-9　国内不同省、市、自治区奶牛保险期限设置要求

地　区	保险期限要求
北京市	① 保险期限为 1 年，以保险单载明的保险起讫时间为准；② 保险期限内设立观察期，观察期为保险单载明的保险起期顺延 7 天，在观察期内发生保险事故，保险人不负责赔偿，但可退还相应保险费；③ 保险期满检疫合格的续保奶牛，可以免除观察期
黑龙江省	① 保险期限为 1 年，以保险单载明的起讫时间为准；② 从保险期间开始之日起 15 日为保险奶牛的疾病观察期。保险奶牛在疾病观察期内因保险责任范围内的疾病导致死亡的，保险人不负责赔偿；③ 保险期间届满续保的奶牛，免除观察期
内蒙古自治区	① 保险期间为 1 年，具体起止日期以保险单载明为准；② 设 20 天疾病观察期，自保险期起始之日 0 时起至第 20 日 24 时止为保险奶牛的疾病观察期。保险责任开始时间从第 21 日 0 时起至保单载明的终止日 24 时止；③ 保险期届满续保的奶牛，不再设定疾病观察期
山东省	① 保险期限为 1 年，具体保险期间由投保人与保险人协商确定，以保险单载明的起讫时间为准。期满续保另办手续；② 从保险单生效起 5 日为疾病观察期。保险奶牛在疾病观察期内因疾病死亡，保险人不负赔偿责任，退还保险费；③ 检查合格的奶牛，续保时可免除观察期
四川省	① 保险期限为 1 年，以保险单载明的起讫时间为准；② 自本保险责任期间开始之日起 20 日为保险奶牛的疾病观察期；③ 保险期间届满续保的奶牛，免除观察期
江苏省	① 保险期限为 1 年，以保险单载明的起讫时间为准；② 自保险期间开始之日起 20 日（含）为保险奶牛的疾病观察期；③ 保险期间届满续保的奶牛，免除观察期
浙江省	① 保险期间为 1 年，以保险单载明的起讫时间为准；② 自本保险期间开始之日起 20 日为保险奶牛的疾病观察期；③ 保险期间届满续保的奶牛，免除观察期

资料来源：根据各省市财政补贴性农业保险相关文件和网络公开资料整理。

二、奶牛保险金额与保费

（一）奶牛保险金额的确定

奶牛保险金额是指奶牛保险合同下保险公司承担赔偿或给付保险金责任的最高限额，即投保人对保险标的（奶牛）的实际投保金额，同时又是保险公司收取保险费的计算基础。

在奶牛保险中，对投保奶牛保险价值的估价和确定是影响保险金额大小的直接因素。保险价值是保险标的在某一特定时点的经济价值。由于奶牛保险以健康有生命的奶牛作为保险标的，因此，投保奶牛的保险价值主要是由投保时奶牛的经济价值决定。现实中，奶牛的经济价值更多的是由奶牛的市场销售价格反映。奶牛的品种、畜龄等生理特点，饲料与牛奶的价格等市场环境因素，都会影响奶牛的市场销售价格。当前，以防范奶牛疾病及自然灾害风险为主的奶牛保险，其保险金额的确定更多的是考虑奶牛的生理价值，由投保人与保险公司参照投保奶牛的品种、畜龄协商确定，并在保险合同中载明。

在狭义财产保险合同中，保险价值的确定有两种方式：定值保险和不定值保险。采用不同的保险价值确定方式，保险人的承保理赔办法也有所不同。

定值保险指投保时约定保险标的的价值，并且根据此约定价值确定保险金额，如珠宝、字画等市场价值难以确定的保险标的，习惯上采用定值保险的承保方式。由于定值保险不需要在事故发生后确定保险标的的价值，只需要确定保险标的的损失率，因此，理赔操作比较简单。也就是说，在定值保险中，保险金额等于保险价值，不存在超额保险、不足额保险的情形。发生保险事故后的赔款计算公式可表述为：

$$赔款＝保险金额×保险标的损失程度（损失率）$$

不定值保险指投保时只确定保险金额，未约定保险标的的保险价值，保险标的发生事故时再确定其在事故发生时的保险价值。采用不定值保险，保险金额的确定是在投保环节，保险价值的确定是在保险事故发生环节。由于保险金额和保险价值确定的时间点不一样，保险金额和保险价值的关系就存在三种可能：一是保险金额＝保险价值，这是足额保险。二是保险金额<保险价值，这是不足额保险。《保险法》第55条第4款规定，保险金额低于保险价值的，除合同另有约定外，保险人按照保险金额与保险价值的比例承担赔偿保险金的责任，即赔款＝损失额×（保险金额÷保险价值）。三是保险金额>保险价值，这是超额保险。新《保险法》第55条第3款规定，保险金额不得超过保险价值。超过保险价值的，超过部分无效，保险人应当退还相应的保险费。

为了避免投保人产生严重的道德风险问题，奶牛保险保险价值的确定一般采用不定值保险的不足额保险方式，保险金额通常按最高不得超过其投保时市场价格的60%～80%进行设置。

（二）奶牛保险费的确定与费率厘定

奶牛保险费又称为奶牛保费，是投保人为取得奶牛保险保障，按奶牛保险合同约定向保险人支付的费用。保险人承保奶牛保险业务，用奶牛保险金额乘以奶牛保险费率可得到奶牛保险业务的保险费，即：

$$保险费=保险金额×保险费率$$

通常情况下，保险费由纯保费和附加保费构成。纯保费是保险人赔付给被保险人或受益人的保险金，它是保险费的最低界限；附加保费是由保险人所支配的费用，由营业费用、相关税费和营业利润构成。

1. 影响奶牛保险保险费的因素

（1）保险金额

保险金额与保险费成正比，在保险费率和保险期限一定的条件下，保险金额越大，则保险费越大；反之，则越小。

（2）保险费率

保险费率与保险费成正比，在保险金额和保险期限一定的条件下，保险费率越大，则保险费越大；反之，则越小。

（3）保险期限

保险期限与保险费成正比，在保险费率和保险金额一定的条件下，保险期限越大，则保险费越大；反之，则越小。

2. 奶牛保险费率的厘定与特点

保险费率是保险费与保险金额的比率。保险费率又称为保险价格，是被保险人为取得保险保障而由投保人向保险人所支付的价金，通常以每百元或每千元的保险金额的保险费来表示。保险费率一般由纯费率和附加费率两部分构成。纯费率又称为净费率，是纯保费与保险金额的比率。纯费率用于保险事故发生后进行赔偿给付保险金，其计算的依据因险种不同而有所区别：财产保险纯费率的计算依据是损失概率，即根据保额损失率或保险财产的平均损失率来计算，保额损失率是一定时期内赔偿金额与保险金额的比率。在奶牛保险中，由于其保险责任范围为疫病、自然灾害等导致的奶牛死亡，因此奶牛保险保险费率计算的依据为奶牛的平均死亡率。

一般财产保险中，保险人在厘定费率时要贯彻权利与义务相等的原则，其具体内容如下。

（1）充分性原则，指所收取的保险费足以支付保险金的赔付及合理的营业费用、税收和公司的预期利润。充分性原则的核心是保证保险人有足够的偿付能力。

（2）公平性原则，一方面保费收入必须与预期的支付相对称；另一方面，被保险人所负担的保费应与其所获得的保险权利相一致，保费的大小应与保险的种类、保险期限、保险金额等相符，风险性质相同的保险标的应承担相同的保险费率，风险性质不同的保险标的则应承担有差别的保险费率。

（3）合理性原则，指保险费率应尽可能合理，不可因保险费率过高而使保险人获得超额利润。

（4）稳定灵活原则，指保险费率应当在一定时期内保持稳定，以保证保险公司的信誉；同时，也要随着风险的变化、保险责任的变化和市场需求等因素的变化而调整，具有一定的灵活性。

（5）促进防损原则，指保险费率的制定应有利于被保险人加强防灾防损。对于防灾工作做得好的被保险人，降低其费率；对于无损或损失少的被保险人，实行优惠费率；而对于防灾工作不达标的被保险人，实行高费率或续保加费。

农业保险是财产保险中特殊的一类。由于农业风险的特殊性，农业保险经营存在特殊的技术障碍。奶牛保险作为农业保险重要组成部分，其保险费率的厘定有其独特的技术选择，存在着奶牛保险费率难以精确厘定的问题。具体表现如下：

（1）以大数法则为理论基础厘定保险费率受到挑战。由于奶牛养殖中的自然、疫病等风险单位大、关联性强，保险公司承保的保险奶牛很难满足大数法则所要求的数量和质量，定价的理论基础难以实现。

（2）有关生产经营、风险损失等数据资料的收集受到挑战。受不同养殖管理条件的限制，有关奶牛生产的原始记录和统计数据很不完整，缺乏长时间的、准确可靠的奶牛生产经营及风险损失数据资料的支持。

（3）农业灾害损失年际间差异很大，导致风险附加费率极高而且难以测定。

（4）奶牛保险业务经营中存在严重的逆选择和道德风险问题，大大增加了农业风险的不确定性。

（三）国内不同地区主要实践及区别

目前，我国不同地区奶牛保险的保险金额大多只覆盖投保奶牛的饲养成本和购买价格，遵循"低保障、广覆盖"的原则确定保障水平。但由于各地区具体情况的不同，在保险金额和费率的设计上也存在着明显的差异，如表 2-10 所示。

表 2-10 国内不同省、市、自治区奶牛保险的保险金额与保险费率

地　区	年龄、胎次及品种	保险金额（元/头）	费率（%）
北京市	6～18 个月、第六胎次至第七胎次	8000	5
	19 个月至第五胎次	10000	
黑龙江省	进口奶牛：18 个月至 8 周岁	8000～10000	投保奶牛 50 头（含）以上为 6，50 头以下为 7.5
	普通奶牛：18 个月至 8 周岁	6000～8000	
内蒙古自治区	不区分	6000、8000 和 10000	5
山东省	不区分	5000	6
四川省	不区分	6000	—
江苏省	不区分	6000 和 8000	6

地　区	年龄、胎次及品种	保险金额（元/头）	费率（%）
浙江省	1岁（含）至2.5岁（不含）	2000～5000	
	2.5岁（含）至5岁（不含）	4000～6000	6
	5岁（含）至6岁（不含）	3000～5000	

资料来源：根据各省、市、自治区财政补贴性农业保险相关文件和网络公开资料整理。

北京市按投保奶牛的年龄和胎次不同，将奶牛保险的保险金额分为8000元/头和10 000元/头两种，保险费率统一为5%。浙江省与北京市相似，按投保奶牛年龄的不同，分为三种不同的保险金额，费率为6%。内蒙古自治区根据品种、产奶量和市场价值，将保险金额分为三种，依次为8000元/头、10000元/头、60000元/头，费率为5%。黑龙江省在考虑投保奶牛畜龄的同时，也对奶牛的品种做了进一步的划分，按投保奶牛是否为进口品种，将奶牛保险的保险金额分为两种，其中进口奶牛（需提供进口相关手续）的保额为8000～10000元/头，普通奶牛的保额为6000～8000元/头，具体保额由参保养殖户和保险经办机构根据奶牛来源及畜龄协商确定。2015年，黑龙江省为了提高规模化养殖场的参保积极性，在奶牛保险费率的确定上与其他省市也略有不同：按投保奶牛的数量，将保险费率划分为两种，其中投保奶牛数量在50头及以上的保险费率为6%，少于50头的保险费率为7.5%。江苏省和山东省在保险金额的确定上，并没有按投保奶牛的年龄、胎次及品种明确规定、划分保险金额。其中，江苏省奶牛保险的保险金额为6000元/头和8000元/头，山东省为5000元/头，费率均为6%。

第五节　奶牛保险的查勘定损与理赔

一、查勘定损

投保人将符合承保条件的奶牛成功投保后，保险期限内，如果发生保险责任事故，被保险人向保险人请求保险赔偿。保险人在接到被保险人的保险赔偿请求后，会根据保险责任事故的现场查勘情况，进行保险责任事故的损失界定，并依据损失情况和保险合同约定的赔付金额进行保险赔付。

（一）奶牛保险查勘技术及特点

1. 奶牛保险现场查勘操作与技术

农产品的鲜活性特点使得农业保险的受损现场容易灭失，对农业保险查勘时机和索赔时效产生约束。如果奶牛保险被保险人在出险后不及时报案，或者保险人没有及时到达现场，则会失去查勘定损的机会，这也是农业保险更容易引发道德风险的重要原因。因此，农业保险实际经营中对查勘、立案时效更为重视。

通常情况下，保险人在接到投保人的报案电话后，需要在第一时间安排人员进行现场查勘。各家保险公司的查勘理赔人员组成结构略有差异，但一般由保险公司工作人员和当地的畜牧防疫员或畜牧局专家组成。查勘理赔人员在接到查勘通知后，按要求需要做好自身防疫保护工作，包括佩戴口罩、手套、鞋套等防护用品，同时还要带齐数码相机等必备查勘工具赶赴现场进行查勘。到达现场后，查勘理赔人员要现场查阅被保险人的身份证、保险卡和保险标的专用耳标或防疫耳标佩戴等情况，对死亡保险奶牛的数量及现场全貌等进行详细拍照或录像，了解饲养情况及诊断情况，协助参保养殖户填写相关单证，收集理赔必要材料。

查勘理赔人员到达事故现场进行查勘的同时，要对死亡奶牛的损失数量、死亡原因等情况进行核定，并经保险合同双方当事人签字确认。实际查勘定损过程中，各保险公司采用的奶牛保险定损方式基本一致，常见的手段是聘请当地兽医防疫人员或畜牧局专家协助定损，鉴定死亡原因并出具相关证明。对于保险标的，主要是通过查看比对奶牛身上的花纹、奶牛编号和耳标号等方法来进行鉴定。此外，还有通过查看死亡记录或进行病理化验等方式鉴定奶牛死亡原因的情况。

2. 奶牛保险查勘定损注意事项

（1）奶牛保险的查勘会涉及畜牧养殖、疫病诊断等专业性较强的内容，查勘定损工作小组中，需要有专门的畜牧兽医人员。现实经营中，查勘定损人员准确断定奶牛死亡的真正原因较为困难，因此，奶牛保险查勘定损工作的开展一般需要保险公司的理赔人员与畜牧兽医人员共同合作完成。

（2）保险奶牛死亡原因的准确判断可能需要进一步剖检、化验诊断等技术手段。奶牛保险标的（保险奶牛）具有生命活动的特征，灾害事故发生后，在外观诊断等方式无法准确判断保险奶牛死亡原因的情况下，可能还需要依靠剖检、化验诊断等技术手段，以最终确诊导致保险奶牛死亡的疾病种类。

（3）奶牛所患疫病中的布鲁菌病、结核病等为人畜共患疾病，查勘工作人员在进行现场查勘时，需要做好自身防护工作，包括佩戴口罩、手套、鞋套等防护用品，并进行必要的消毒等。

（二）国内不同地区主要实践及区别

奶牛保险中，查勘定损相关规定更多的是对保险人一方所做的要求。目前，我国大部分地区实施的奶牛保险，在查勘定损方面都明确强调"保险人收到被保险人的赔偿保险金的请求后，应当及时做出是否属于保险责任的核定，情形复杂的，应当在30日内做出核定"；除此之外，部分地区（如北京市、内蒙古自治区）还强调"尽快赴现场查勘定损""现场查勘照片须显示当天日期和死亡奶牛耳号标识""会同被保险人核定保险奶牛的受损情况""通知被保险人提供所需理赔资料"等。

在奶牛保险查勘定损操作方面，不同地区均有较为严格的要求与规定，下文列示了我国部分省、市、自治区奶牛保险查勘定损相关要求，如表 2-11 所示。

表 2-11　国内不同省、市、自治区奶牛保险查勘定损要求

地　区	查勘定损要求
北京市	①保险人应及时受理被保险人的事故报案，尽快赴现场查勘定损，现场查勘照片须显示当天日期和死亡奶牛耳号标识，并向被保险人出具现场查勘报告，同时应一次性通知被保险人提供所需理赔资料；②保险人收到被保险人的索赔申请后，应当及时做出核定；③情形复杂的，应当在 30 日内做出核定
黑龙江省、四川省	①保险人收到被保险人的赔偿保险金的请求后，应当及时做出是否属于保险责任的核定；②情形复杂的，应当在 30 日内做出核定，但保险合同另有约定的除外
内蒙古自治区	①保险人接到发生保险事故的通知后，应当及时进行现场查勘，会同被保险人核定保险奶牛的受损情况。②保险人应当在查勘时向被保险人明确告知应提供的索赔资料或发放索赔资料清单。③保险人收到被保险人赔偿保险金的请求后，应当及时做出是否属于保险责任的核定；④情形复杂的，应当在 30 日内做出核定
山东省、江苏省、浙江省	保险人收到被保险人的赔偿保险金的请求后，应当及时做出是否属于保险责任的核定

资料来源：根据各省、市、自治区农业保险相关文件和网络公开资料整理。

二、理赔

奶牛保险理赔是指在保险奶牛发生保险事故后，被保险人向保险人提出索赔申请，保险人对保险奶牛所发生的保险合同责任范围内的经济损失履行经济补偿义务，对被保险人提出的索赔进行处理的行为。

奶牛保险理赔是奶牛保险经营的一个关键环节，切实发挥理赔功能是奶牛保险保障功能的体现，是奶牛保险存在价值的体现。投保者购买奶牛保险的主要目的之一正是保险事故发生时能够迅速得到理赔，使其获得实际的保险赔偿；而保险公司认真审核认定保险责任，提供周到的保险理赔服务，也是履行契约义务的具体体现。

（一）奶牛保险的理赔及特点

1. 奶牛保险理赔的原则

（1）主动、迅速、准确、合理。"主动、迅速"是指理赔的时效性，奶牛保险经营企业在处理理赔案时要积极主动、不拖延，在规定的承诺期内及时深入现场查勘，及时审查损失金额，对属于保险责任的损失要迅速估算损失金额、及时赔付。"准确、合理"是指在理赔过程中准确核定损失标的的范围和程度，合理估算应赔偿的金额。

（2）重合同、守信用。即保险人在处理赔案时，要严格遵守保险合同条款，尊重被保险人的合法权益。

（3）实事求是。这是奶牛保险理赔工作应当遵循的基本原则与要求。这一原则要求理赔人员在分析案情、处理赔偿时，一切从事实和证据出发，判断保险事故的原因和性质时，不得主观臆断。经调查与审核，一旦确认发生了保险责任范围内的事故，就应依照合同及时理赔。

2. 奶牛保险理赔的基本程序

第一步，出险通知。保险奶牛发生保险事故后，被保险人要立即通知保险公司，理赔人员在接到出险通知后，应及时对通知事项予以登记。

第二步，损失检验。保险公司接到损失通知后，应立即派人员进行现场查勘，对受损奶牛进行检验，以便准确取得损失的原因、受损情况等材料，从而判断是否属于奶牛保险责任范围。

第三步，审核各项单证。内容包括：①审查保险单的有效性。损失是否发生在保险单有效期内，这是受理赔案的基本前提。②除保险单相关单据需首先审核以外，对其他有关单证也必须予以审核，如查勘报告、损失证明、所有权证明等，以查核被保险人是否具有索赔权，以及根据损失原因来确定损失是否属于保险范围。

第四步，核实损失原因。在损失检验和审核各项单证的基础上，对审核中发现的问题，根据案情可考虑进一步核实原因，包括向专家、检验部门复证。

第五步，确定损失情况和理赔数额，赔付结案。当保险奶牛损失的原因属于保险责任范围时，依据合同约定，计算应赔数额，予以赔付。

按上述程序完成理赔后，保险公司通常会对查勘报告、损失清单、查勘影像、公示材料等关键要素进行严格审核，重点核实赔案的真实性、定损结果的合理性和赔款支付的合规性。

3. 奶牛保险理赔环节注意事项

在奶牛保险理赔环节，保险公司应及时收集赔案资料，并依据查勘定损结果和保险合同约定进行赔款理算。实际理赔过程中，保险公司不得在保险合同未进行约定的情况下扣减残值、随意调整赔款金额。严禁篡改出险时间、开具虚假证明、照片重复使用、利用技术手段修改单证照片、标的串户理赔。严禁发生平均赔付、封顶赔付、少赔、拖赔、无理拒赔等损害农牧户合法权益的行为。此外，依据国务院办公厅发布的《关于建立病死畜禽无害化处理机制的意见》，保险理赔环节不能确认无害化处理的，保险机构不予赔偿，被保险人需要向保险人提供病死畜禽无害化处理的证据或证明等资料。同时，对于查勘定损结果、理赔结果，需要在自然村或农业生产经营组织公共区域进行公示，并留存现场相关影像资料。

（二）奶牛保险理赔金额的确定

保险奶牛发生保险责任范围内约定的疫病或意外事故，赔偿金额计算如下：

$$赔偿金额 = 死亡数量 \times 每头保险金额$$

保险奶牛因高致病性传染性疫病政府实施强制捕杀，赔偿金额计算如下：

赔偿金额 ＝ 死亡数量×（每头保险金额－每头奶牛政府扑杀专项补贴金额）

若保险奶牛每头保险金额低于或等于出险时的市场价格，则上述计算公式中的每头保险金额按保险合同中载明的保险奶牛每头保险金额计算；若保险奶牛每头保险金额高于出险时的市场价格，则上述计算公式中的每头保险金额按市场价格计算。

（三）国内不同地区主要实践及区别

目前，我国实施的奶牛保险，在保险理赔业务执行方面，按灾害事故是否属于保险责任进行了两类规定：一是对于属于保险责任的情况，要求"与被保险人达成赔偿保险金的协议后10日内，履行赔偿保险金义务"，并明确指出"保险人应当按照约定期限履行赔偿保险金的义务"，黑龙江省、山东省、江苏省及浙江省做出了类似规定；二是对于不属于保险责任的情况，要求"自做出核定之日起3日内向被保险人发出拒绝赔偿通知书，并说明理由"。北京市、内蒙古自治区和四川省在进行第一类相关规定的同时，又增加了上述第二类规定。

在保险理赔金额确定方面，我国各地区的相关实践与处理方式基本类似，通常分为两类：①因动物疾病、自然灾害及意外事故而导致保险奶牛死亡的，按保险金额进行赔偿；②发生高传染性疫病被政府强制扑杀，导致保险奶牛死亡的，每头奶牛的赔偿金额须扣除政府扑杀专项补贴金额。黑龙江省、内蒙古自治区、四川省、江苏省、浙江省等做出了上述两类划分。北京市在保险理赔金额确定上与其他地区略有差异，在保险责任范围内的事故造成保险奶牛死亡的，按相应档次保险金额的100%赔偿；而因胎产造成子宫受伤所致伤残失去繁殖能力或产后瘫痪的，按相应档次保险金额的50%赔偿。另外，也有部分地区并不区分灾害事故种类，只要保险奶牛在保险期间发生保险责任范围内事故造成死亡的，都将按保险金额进行赔偿，如山东省。具体情况如表2-12所示。

表2-12 国内不同省、市、自治区奶牛保险理赔金额的确定

地 区	保险理赔金额
北京市	①因保险责任范围内的事故造成保险奶牛死亡的，按相应档次保险金额的100%赔偿，即每头赔偿金额=保险金额/头×100%；②因胎产造成子宫受伤所致伤残失去繁殖能力或产后瘫痪的，赔偿方式为：每头赔偿金额=保险金额/头×50%
山东省	保险奶牛在保险期间内，发生保险责任范围内事故造成死亡的，按保险金额进行赔偿
黑龙江省、内蒙古自治区、四川省、江苏省、浙江省	①发生在动物疾病、自然灾害、意外事故的保险责任范围内的事故，导致保险奶牛死亡的，赔偿金额=死亡数量×每头保险金额；②发生高传染性疫病被政府强制扑杀的保险责任范围内的事故，导致保险奶牛死亡的，赔偿金额=死亡数量×（每头保险金额-每头奶牛政府扑杀专项补贴金额）

资料来源：根据各省、市、自治区财政补贴性农业保险相关文件和网络公开资料整理。

本章小结

奶业是健康中国、强壮民族不可或缺的产业，是食品安全的代表性产业，是农业现代化的标志性产业和一二三产业协调发展的战略性产业。发展奶牛保险，有利于帮助农户分散转移风险，恢复生产经营，调动奶牛养殖的积极性，促进农民增收。因此，奶牛保险的产生与发展对加快推进我国奶业振兴起着至关重要的作用。

本章共分为五节，围绕奶牛保险分别进行阐述。第一节介绍了奶牛养殖的基本特点及面临的主要风险；第二节界定了奶牛保险的概念、分类及特点；第三节至第五节分别对奶牛保险的保险标的、保险责任、责任免除、保险期限、保险金额与保费、查勘定损、理赔等内容的确定方法及特点进行了详细介绍，并且比较分析了国内不同地区奶牛保险经营实践情况。

案例

老马家养了 30 多头奶牛，保险业务员动员他买保险，说要是不买保险，遇到三灾六难，死了牛损失就大了。还举了一家养牛户的例子，说是一家人贷款 2 万元买了 3 头奶牛，由于没有经验又遇到传染病，两年不到死了两头，不仅没有赚到钱，贷款也还不上了。还有一个县的好几个村，因为大部分奶牛患上布氏菌病，被政府要求全部扑杀，虽然政府给了一部分补偿，但还是损失惨重。而且现在的奶牛保险政府补贴 80% 的保费，一头牛保险金额 7000 元，保险费率 5.5%，自己只交 77 元保费。老马思来想去决定先给 10 头牛上保险，保险公司的业务人员也同意了，他自己总共交了 70 元的保费。

有多年养牛经验的老马，挑了 10 头 7 岁以上的奶牛上了保险。他知道，18 个月以下的青年牛很少生病死亡，5 胎以上的老牛容易死亡，所以专门挑出年龄大的奶牛投保。保险公司的业务人员给投保的奶牛打了耳标。这 10 头牛因为都是 5 胎以上的牛，健康状况不是很好，一年里就死了两头，保险公司相应地做了赔偿。

资料来源：庹国柱，冯文丽. 一本书明白农业保险[M]. 郑州：中原农民出版社，2016：91.

思考：

（1）您如何看待上述案例中老马专门挑选年龄大的奶牛进行投保的行为？

（2）保险公司应如何防范投保者的上述行为？

关键词

奶牛养殖业；奶牛保险；奶牛保险标的；奶牛保险责任范围；奶牛保险理赔

思考题

1. 简述奶牛养殖面临的主要风险。
2. 奶牛保险的类型有哪些？分别有什么特点？
3. 简述奶牛保险标的识别的主要方法及特点。
4. 奶牛保险责任范围主要包含哪些内容？
5. 简述奶牛保险费率厘定的方法及特点。
6. 奶牛保险查勘定损环节应当注意哪些问题？
7. 阐述我国奶牛保险的发展情况。

本章主要参考文献

[1] 李丹，庹国柱，龙文军. 农业风险与农业保险[M]. 北京：高等教育出版社，2017.

[2] 刘衍芬，吕丹娜. 奶牛养殖实用技术[M]. 北京：化学工业出版社，2018.

[3] 庹国柱，冯文丽. 一本书明白农业保险[M]. 郑州：中原农民出版社，2016.

[4] 庹国柱，李军. 农业保险[M]. 北京：中国人民大学出版社，2005.

[5] 王绪瑾. 保险学[M]. 北京：高等教育出版社，2017.

[6] 王之盛，刘长松. 奶牛标准化规模养殖图册[M]. 北京：中国农业出版社，2013.

[7] 叶雪芳，闻廉鸿. 对保险价值的理论思考[J]. 保险研究，2001（04）：7-9.

[8] 张旭光. 奶牛保险的减损效果及对养殖户行为的影响——基于内蒙古奶牛养殖户的实证分析[D]. 呼和浩特：内蒙古农业大学，2016.

[9] 张旭光，赵元凤. 美国奶牛收入保险的产生、发展及运作特点[J]. 世界农业，2017（05）：19-33.

第三章　肉牛保险

【本章学习目标】
1. 了解肉牛养殖的基本特点及面临的主要风险。
2. 掌握肉牛保险的概念、类型及特点。
3. 熟悉肉牛保险经营实务及相关注意事项。
4. 了解国内不同地区肉牛保险经营实践及区别。

第一节　肉牛养殖概述

一、肉牛养殖的基本特点

（一）生理特点

1. 品种特点

我国肉牛品种广泛分布于全国各地，优良的地方品种主要包括秦川牛、南阳牛、晋南牛、鲁西牛、延边牛、蒙古牛等。近年来，我国从国外引进的肉牛品种主要包括夏洛莱牛、西门塔尔牛、利木赞牛、海福特牛、安格斯牛、皮埃蒙特牛、短角牛等。这些引进品种具有良好的产肉性能，对我国的肉牛改良和新品种培育起到了重要作用。不同的肉牛品种的生理特点略有差异。

2. 繁育特点

肉牛的选育是提高肉牛生长速度、增加产肉量的关键，主要的选育方法有四种，包括外貌鉴定、生产性能评定、系谱鉴定和后裔鉴定。

选种即选择优良个体留作种用，对于不符合育种要求的牛予以淘汰或留作其他用途。选配就是有意识、有计划地安排公母牛交配，根据种牛本身的品质（如体质外貌、生长发育、生产性能等）、畜龄、血统和后裔等多个方面，进行全面考虑，为种牛选择最适当的配偶，以获得更理想的后代。

纯种繁育是指本品种内部通过交配繁殖、提纯选优和定向培育等措施，提高本品种性能的一种育种方法，包括品系繁育和血液更新。杂交改良指两个或两个以上不同品种公母牛之间进行相互交配，经过选种、选配和培育，产生新品种的一种育种方法。其目的是利用杂种优势，提高肉牛生产性能，包括导入杂交和级进杂交。

3. 采食特点

肉牛采食速度快，一般不经过仔细咀嚼即迅速吞下，待休息反刍时再进行咀嚼。在饲喂块根、块茎类饲料时（如马铃薯等），可能会卡在食道内，严重时会危及生命。因此，在饲喂之前，应对饲料进行简单的加工处理，如可将饲料进行碾压或稍加粉碎。如果饲料中混入铁钉、铁丝等异物，进入瘤胃之后，当牛反刍时瘤胃强烈收缩，挤压在胃前部的尖锐异物，可能刺破胃壁，造成创伤性胃炎。有时还会刺伤膈膜、心包，引起心包炎，甚至造成死亡。

肉牛通常在采食 0.5～1 小时后才开始出现反刍，每个反刍周期一般持续 45～50 分钟，然后间歇一段时间再开始第二次反刍。正常情况下，成年牛每天有 10～15 个反刍周期。正常反刍是保障肉牛各项功能健康的重要环节，反刍时间缩短、次数减少或停止等都易导致肉牛患病。因此，在肉牛养殖过程中，需要为其提供安静而舒适的环境，进食后给予其充分的休息时间以保证正常反刍。

4. 商品价值

牛肉营养丰富，高蛋白、低脂肪，肉质鲜美细嫩而不肥腻，易消化，其营养价值高于猪肉及其他肉类产品，受到注重营养保健的现代家庭的重视。

肉牛浑身都是宝，能为工业提供多种原材料。牛肉可制成一系列熟制品，如罐头、卤制品、灌肠、牛肉干等，风味独特，营养丰富；牛皮是制革工业的主要原料；牛内脏、牛血可加工成食品；牛骨髓可作为食品添加剂，强化食品营养，防治老年人缺钙；牛骨可用于生产骨胶、明胶、皮胶和骨油等，它们被广泛应用于造纸、电影制片、照相、医药等行业；从牛脑中提取出的脑下垂体促皮质素可治疗风湿病；牛胰脏制成的胰岛素注射液可治疗糖尿病。

（二）饲养特点

1. 养殖环境及场所特点

肉牛养殖场是肉牛生活的小环境，牛场建筑必须要符合牛的生物学特点并考虑牛对环境的要求。因此，在场址选择、牛舍设计、场内布局等方面都必须符合牛对环境的要求。

（1）肉牛养殖场选址与布局

①选址原则

肉牛养殖场应建在地势平坦干燥、背风向阳、地面平坦、排水良好、水源充足、无遮阴物，未被污染和没有发生过任何传染病的地方，并考虑饲草料运送、饲养管理和供电的方便。应当距离大型化工厂、采矿场、皮革厂、肉品加工厂、屠宰厂等污染源 1000 米以上，距离居民区和公共场所 1000 米以上，距离交通干线 500 米以上。

②规划与布局

肉牛养殖场一般划分为办公生活区、生产辅助区、养殖区、粪污处理及病牛隔离区。这些区的规划是否合理，各区的建筑是否得当，直接关系到牛场的劳动生产效率、场区小气候状况和兽医防疫水平，从而影响经济效益。

办公生活区，包括办公室、财务室、试验室、宿舍、食堂等。此区应建在牛场上风口和地势较高地段，并与养殖区保持100米以上距离，以保证生活区良好的卫生环境。

生产辅助区，包括饲料库、饲料加工车间、青贮池、干草棚、机械车辆库、繁育室。饲料库、干草棚、加工车间和青贮池离牛舍要近一些，便于车辆运送草料。

养殖区，主要包括牛舍（育肥场包括育肥牛舍、隔离牛舍；繁育场包括成年母牛舍、产房、犊牛舍、后备母牛舍、架子牛舍、病牛舍等）和运动场。该区是牛场的核心，应设在场区地势较低的位置，各牛舍之间要保持适当距离，布局整齐，以便防疫和防火，牛舍注意适当集中，以节约水电线路管道，缩短饲草饲料及粪便运输距离，便于科学管理。

粪污处理及病牛隔离区，应设在下风口、地势较低处，应与养殖区距离100米以上。病牛隔离区应有单独通道，便于病牛隔离、消毒和污物处理等。

（2）肉牛养殖场的环境控制

外界环境与肉牛肥育效果有密切关系，环境恶劣不仅会使肉牛生长缓慢，饲养成本增高，甚至会使机体抵抗力下降，诱发各种疾病。因此，饲养肉牛必须依据牛场外部温度、湿度、气流、日照等环境因素，搞好牛舍建筑，为肉牛生产及保健创造适宜的环境条件。

温度：环境温度为5～21℃时，牛的增重速度最快。温度过高，肉牛增重缓慢；温度过低，饲料消化率降低，同时牛的代谢率提高，以增加产热量维持体温，显著增加饲料消耗。因此，夏季要做好防暑降温工作，牛舍应安装电扇或喷淋设备，运动场栽树或搭凉棚，以使高温对肉牛育肥所造成的影响降到最低。冬季要注意防寒保暖，提供适宜的环境温度（幼牛育肥6～8℃；成年牛育肥5～6℃；哺乳犊牛不低于15℃）。肉牛舍内的适宜温度如表3-1所示。

表3-1 肉牛舍内的适宜温度和最高、最低温度 单位：℃

项目	最适温度	最低温度	最高温度
肉牛舍	10～15	2～6	25～27
哺乳犊牛舍	12～15	3～6	25～17
断乳牛舍	6～8	4	25～27
产房	15	10～12	25～27

资料来源：王振来. 肉牛[M]. 北京：中国农业大学出版社，2005。

湿度：空气湿度大时，可加快微生物特别是病原微生物的繁殖，不利于牛体健康。

低温伴随高湿会加快体热的散失，牛易患感冒等呼吸道疾病；高温伴随高湿时会抑制汗水的蒸发和体热散发，使牛体的最适温度区范围变窄，不利于牛的体温调节，使得饲料效率下降。空气过干时，不利于呼吸道的健康。牛对空气湿度的要求为55%～80%。

气流：气流对肉牛的作用是加速皮肤散热。在炎热的夏季，加快牛舍内空气对流速度，可使牛体散热增多，有利于肉牛增重和饲料转化率提高。在寒冷的冬季，气流对肉牛有不利影响。肉牛舍的标准温度、湿度和风速如表3-2所示。

表3-2 肉牛舍的标准温度、湿度和风速参数

项目	温度（℃）	相对湿度（%）	风速（m/s）
成年肉牛舍	10	80	0.3
哺乳犊牛舍	20	70	0.2
育肥牛舍	16	75	0.3

资料来源：王振来. 肉牛[M]. 北京：中国农业大学出版社，2005。

光照：光照不仅对肉牛繁殖有显著作用，对肉牛生长发育也有一定影响。在舍饲和集约化生产条件下，采用16小时光照、8小时黑暗制度，育肥肉牛采食量增加，日增重得到明显改善。一般要求肉牛舍的采光系数为1:16，犊牛舍为1:（10～14）。

2. 饲养管理特点

（1）犊牛的饲养管理。肉牛的哺乳期一般为6个月左右，习惯上把6个月前的牛称为犊牛。犊牛在出生的头20天，瘤胃、网胃和瓣胃发育不完全，没有任何消化功能。吃上初乳后，皱胃受到刺激开始分泌胃液，但不能消化植物性饲料，这时对犊牛的饲养管理以乳制品为主。在出生20天后，犊牛开始采食草料，瘤胃微生物滋生，具备初步的消化功能，出现反刍。在出生后的前3个月，母牛的泌乳量可满足牛犊生长的营养需要，3个月后，母牛的泌乳量下降，而犊牛的营养需要却增加，因此要加强母牛的营养水平，注意对犊牛进行补饲，补饲精料的量按生长发育情况和泌乳量而定。犊牛只有得到良好的饲养管理，才能发挥其应有的生产性能。

（2）育成牛的饲养管理。育成母牛是指从断奶到第一次配种时期的母牛。这一阶段是母牛生长发育较快的时期，是性成熟、体成熟时期，必须按不同年龄生长特点和所需的营养物质进行精心的饲养管理，才能获得较快的增重速度，并可使幼牛得到良好的发展。育成母牛的饲养分为6～12月龄、12～18月龄、18～24月龄三个阶段。对于育成母牛常采用分群饲养、乳房按摩、刷试等饲养管理措施。

育成公牛是指断奶后至第一次配种时期的公牛。育成公牛的生长速度比育成母牛快，因而需要的营养物质较多，特别需要以补饲精料的形式提供营养，以促进其生长发育和性欲的发展。对育成公牛的饲养，应在满足一定量精料供应的基础上，令其自由采食优质的精、粗饲料，避免种公牛腹部膨大下垂，变成草腹，影响采精、配种。

（3）妊娠母牛的饲养管理。妊娠母牛的营养需要和胎儿生长有直接关系。胎儿增重主要在妊娠的最后3个月，增重占犊牛初生重的70%～80%，需要从母体吸收大量

营养。要加强妊娠母牛的饲养管理，使其能够正常产犊和哺乳。实践中应注意，分群饲养，单独放牧；防止挤撞，猛跑；不要在有露水的草场上放牧，避免让牛采食大量易产气的幼嫩豆科牧草或霉变饲料，不饮带冰碴水；舍饲时，要加强运动，避免过肥，防止难产；临近产期，要供给营养丰富、品质优良、易于消化的饲料。要注意对临产母牛的观察，及时做好分娩助产的准备工作。

（4）哺乳母牛的饲养管理。哺乳母牛即产犊后用其乳汁哺育犊牛的母牛。哺乳母牛在哺乳期所消耗的营养比妊娠后期还要多。母牛产犊 10 天内，尚处于体质恢复阶段，要限制精饲料及根茎类饲料的喂量，此期若饲养过于丰富，特别是精饲料给量过多，会导致母牛食欲不好、消化失调，易加重母牛乳房水肿或发炎，有时会因钙、磷代谢失调而发生乳热症等，这种情况在高产母牛身上极易出现。对于哺乳母牛，需要供给全价的配合饲料，保证充足的饮水和运动，精细管理，以延缓泌乳量的下降，同时要减少精料的饲喂量，多给予青绿多汁饲料，避免精料过量造成母牛过肥，影响产奶和繁殖。

3. 防疫特点

肉牛养殖多采取集中饲养，养殖过程中易患结核病、口蹄疫、牛传染性胸膜肺炎、牛传染性鼻气管炎、巴氏杆菌病等传染性疾病和创伤性网胃炎。因此，疾病防治工作在肉牛养殖过程中尤为重要，通过防疫工作可提升肉牛的抗病能力，有效预防疾病对肉牛养殖的影响。肉牛养殖常见疾病及防治措施如表 3-3 所示。

表 3-3　肉牛养殖常见疾病及防治措施

疾病	症状	防治措施
结核病：由结核杆菌引起的人、畜共患慢性传染病	①肺结核：表现为干咳、呼吸短促，消瘦、贫血；②生殖道结核：只发情，不受胎；③乳房结核：可见乳汁变清且有絮状凝块，乳区肿胀、无痛；④淋巴结核：淋巴结肿大，无热痛，形成不易愈合的溃疡	①每年春秋各进行一次变态反应检疫，淘汰有临诊表现的阳性牛以及检疫后的阳性牛；②结核患者不得从事肉牛养殖；③及时对被污染的养牛场、用具进行严格消毒
口蹄疫：偶蹄兽易患的一种急性、热性、高度接触性传染病，人也可能感染	病初体温升高到40℃～41℃，食欲减退，流涎，口温增高。在舌面、上下唇、齿龈、蹄部、乳房等处出现大小不等的水泡。经一昼夜水泡破溃，形成边缘整齐的红色糜烂斑	①定期注射口蹄疫疫苗；②疫情发生应及时上报，隔离病畜，封锁疫区，控制、扑杀病畜和同群畜；③对受威胁区动物实施预防接种，建立免疫带；④对被污染的牛舍、工具、粪便、通道等进行彻底消毒；⑤最后一头病牛经处理 14 天后，无新病发生，可解除封锁

续表

疾病	症状	防治措施
牛传染性胸膜肺炎：由丝状霉形体引起的一种接触性传染病，主要侵害肺和胸膜	①急性型：病初牛体温将升高至40～42℃，鼻孔扩张，有脓性鼻液流出。呼吸困难，呈腹式呼吸状，有吭声或痛性短咳。反刍迟缓或消失，胸部叩诊有实音、痛感；②慢性型：病牛消瘦，常伴发短咳，叩诊胸部有实音且敏感，牛免疫力下降，消化功能紊乱	①每年定期注射牛肺疫兔化弱毒疫苗进行预防；②发现病牛应隔离、封锁，必要时宰杀淘汰；③污染的牛舍、屠宰场应进行严格消毒；④病牛经治疗症状消失，肺部病灶被结缔组织包裹或钙化，但长期带菌，应隔离饲养以防传染
牛传染性鼻气管炎：又称坏死性鼻炎、红鼻病，是由牛传染性鼻气管炎病毒引起的一种急性接触性传染病	①呼吸道型：表现为鼻气管炎，呼吸困难，加快，咳嗽，呼气中常有臭味；②生殖道感染型：母牛病初发热，沉郁，无食欲。阴道发炎充血，有黏稠无臭的黏液性分泌物。公牛感染后生殖道黏膜充血，包皮肿胀及水肿，阴茎上发生脓疱；③眼炎型：结膜角膜炎，表现为结膜充血、水肿或坏死。角膜轻度浑浊，眼、鼻流浆液脓性分泌物	①定期注射灭活疫苗和弱毒疫苗进行预防；②发生疫病时，应采取隔离、封锁、消毒等综合性措施，最好予以扑杀或淘汰
牛巴氏杆菌病：由多杀性巴氏杆菌引起的一种败血性传染疾病	①败血型：病牛体温可高达41～42℃，精神沉郁、反应迟钝、肌肉震颤、呼吸、脉搏加快，眼结膜潮红，食欲废绝，反刍停止；②肺炎型：主要表现纤维素性胸膜肺炎症状。病牛呼吸困难，痛苦干咳，有泡沫状鼻汁，后呈脓性。胸部叩诊呈浊音，有痛感	①定期预防注射牛出败氢氧化铝菌苗；②病牛隔离饲养、治疗，注意牛舍消毒
牛创伤性网胃炎：因误食尖锐异物如铁丝、钉、玻璃等转入网胃、刺穿胃壁而引起的疾病	起初精神不振、食欲缺乏、反刍减少，病情较重时出现前胃迟缓、弓背、呻吟、肘部外张、肌肉颤动，捶击剑状软骨左后方，表现为疼痛、躲闪。下坡、转弯走路或卧地时非常小心	①养殖户在饲养过程中要细心、精心，避免饲料中混入尖锐异物；②当疾病已发生，可用瘤胃吸铁器取出金属异物，同时注射抗生素消炎；若已穿透胃壁，可行瘤胃切开术取出异物

资料来源：刘国光. 肉牛养殖[M]. 长沙：湖南科学技术出版社，2005。

（三）我国肉牛养殖发展现状

肉牛业是我国农业供给侧结构性改革中重点发展的产业，也是改善和升级城乡居民膳食结构的重要产业。受肉牛养殖一次性投资大、生产周期长等产业自身的不利因素及国家相关政策利好和国际市场冲击等宏观环境的影响，当前我国肉牛产业总体趋稳，产业结构进一步优化调整，散养户比重继续缩小，适度规模化及标准化程度不断提高，肉牛存栏量及牛肉产量稳步增长。预期未来伴随"粮改饲"、供给侧改革等政策的实施，以及"互联网+"等模式和新业态涌现将助推肉牛业的发展，肉牛产业总体继续保持稳定，但环保压力加大、放开美国牛肉进口等将成为行业发展的不确定因素①。

1. 我国肉牛存栏发展情况

从 2007—2016 年全国肉牛存栏数量变动情况来看（见图 3-1），得益于能繁母牛补贴政策的实施，近年来，我国肉牛存栏量总体呈逐年上升趋势。2007 年，我国肉牛年末存栏量为 5565.1 万头，到 2016 年增加至 7441.0 万头，增幅达 33.7%。2007—2010 年为我国肉牛存栏量快速增长时期，增速逐年递增，2010 年同比增长率达到最高，约为 13.9%。2011—2016 年，国家及相关地方政府相继出台了一系列扶持政策，激发了社会资本投入肉牛业的积极性，肉牛养殖效益逐步好转，有效阻止了肉牛存栏量的下滑，近五年肉牛存栏量保持稳定增长。

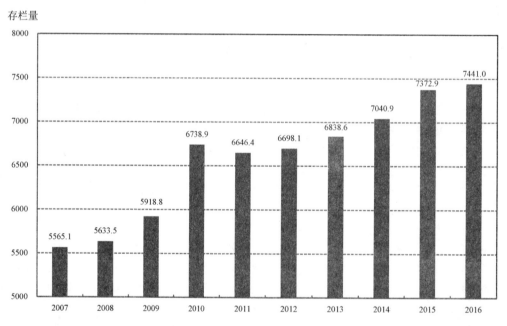

图 3-1 2007—2016 年我国肉牛存栏量情况（单位：万头）

资料来源：中国畜牧兽医年鉴。

2. 我国牛肉产量发展情况

从 2007—2016 年全国牛肉产量统计数据来看（见图 3-2），近年来我国牛肉产量变动趋势与我国肉牛存栏量变动情况相似，总体均呈逐年上升趋势。2016 年，我国牛肉产量为 717 万吨，达到近几年的最高值，占全球牛肉产量（6047 万吨）的近 12%，

① 崔姹，王明利. 当前我国肉牛业发展形势分析及未来展望[J]. 中国畜牧杂志，2017，53（09）：154-157.

成为全球第四大牛肉生产地区，仅次于美国、巴西和欧盟，较2015年增加近17万吨，同比增长2.4%。2007—2016年，我国的牛肉产量从613.4万吨增长到717.0万吨，增幅高达16.9%，其间受肉牛存栏量下降的影响，2011年牛肉产量较2010年下降5.6万吨，2012年开始好转，近五年我国牛肉产量保持稳定增长。

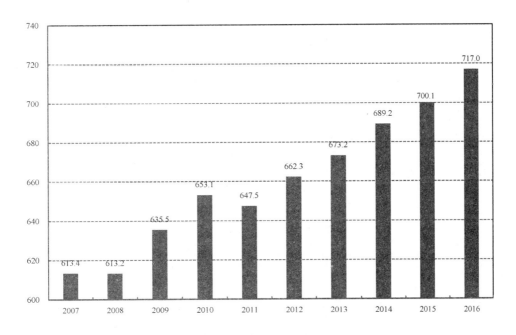

图3-2　2007—2016年我国牛肉产量情况（单位：万吨）

资料来源：国家统计局相关统计资料。

3. 我国肉牛养殖区域分布情况

近年来，随着牛肉类产品需求的增加，许多地区先后出台了诸多推动肉牛养殖业的鼓励政策，我国肉牛养殖的区域布局已经形成。从2016年全国各省、市、自治区肉牛年末存栏量统计数据可知（见表3-4），存栏量达到300万头以上的省份依次为云南、河南、四川、西藏、青海、内蒙古、甘肃、吉林、贵州、辽宁、湖南、山东和黑龙江。其中，河南和山东两省的肉牛年末存栏量为947.3万头，约占全国肉牛存栏量总数的12.7%；辽宁、吉林、黑龙江和内蒙古四地的肉牛年末存栏量为1518.7万头，约占全国肉牛存栏量总数的20.4%；云南、四川和贵州三省的肉牛年末存栏量为1637.4万头，约占全国肉牛存栏量总数的22%；西藏、甘肃和青海三地的肉牛年末存栏量为1340.9万头，约占全国肉牛存栏量总数的18%。综合区域布局和肉牛存栏量来看，我国肉牛养殖具有明显的区域分布特征，肉牛养殖主要集中在四大区域，分别为中原肉牛带、东北肉牛带、西南肉牛带和西北肉牛带。

表 3-4　2016 年全国各省、市、自治区肉牛年末存栏量统计表

地区	存栏量（万头）	地区	存栏量（万头）
全国	7441.0	河南	620.8
北京	4.8	湖北	238.2
天津	14.9	湖南	352.4
河北	169.4	广东	127.5
山西	46.5	广西	92.3
内蒙古	444.8	海南	57.4
辽宁	358.3	重庆	114.5
吉林	400.4	四川	552.8
黑龙江	315.2	贵州	362.8
上海	0	云南	721.8
江苏	9.0	西藏	466.6
浙江	9.5	陕西	103.1
安徽	144.1	甘肃	416.4
福建	34.3	青海	457.9
江西	262.2	宁夏	76.4
山东	326.5	新疆	140.2

资料来源：中国畜牧兽医年鉴。不包括港澳台地区的统计数据。

4. 我国肉牛饲养规模发展情况

从 2009—2016 年全国不同规模肉牛养殖场（户）出栏肉牛比重统计数据来看（见表 3-5），年出栏 1～9 头的养殖场出栏肉牛占比均在 50% 以上，但比重呈逐年递减趋势，可见目前我国的肉牛饲养规模化水平仍然处于较低水平，但随着肉牛饲养散养户比重不断缩小，适度规模化及标准化程度正在不断提高。截至 2016 年，我国年出栏 50 头以上的肉牛养殖场（户）出栏肉牛占比 28%，比 2009 年提高了 6.6%，增幅为 30.8%。其中年出栏 1000 头以上的肉牛养殖场（户）出栏肉牛占比从 2009 年的 2.2% 增加到 2016 年的 3.6%，增速达到 63.6%，规模化进程正在不断加快。

表 3-5　我国不同规模肉牛养殖场（户）出栏肉牛比重情况　　　　　单位：%

年份	1～9 头	10～49 头	50～99 头	100～499 头	500～999 头	1000 头以上
2009	59.1	19.5	8.8	7.3	3.1	2.2
2010	58.4	18.5	9.1	8.0	3.6	2.6
2011	57.1	18.3	9.8	8.5	3.6	2.8
2012	56.4	17.4	9.9	9.5	3.8	3.0
2013	54.9	17.8	10.6	9.8	3.7	3.2
2014	54.6	17.8	10.2	10.3	3.7	3.4
2015	53.9	18.1	11.0	10.2	3.8	3.5
2016	53.4	18.6	10.5	10.0	3.9	3.6

资料来源：中国畜牧兽医年鉴。

5. 我国肉牛养殖业发展展望

近年来，我国肉牛养殖业的发展受到重视，中央财政投入逐年增加，包括肉牛标准化规模养殖场（小区）建设项目、肉牛良种补贴等，同时各地区也陆续加大政策扶持力度，推进当地肉牛产业战略转型。"粮改饲"、供给侧结构性改革等宏观政策均有利于我国肉牛养殖业的发展，但仍存在一定的制约因素。

（1）开放美国牛肉进口对国内肉牛养殖造成一定冲击。成本差异使美国牛肉价格在国际市场上优势明显，美国牛肉价格一般为 10～18 元/千克，仅为国内牛肉价格的 1/3～1/2。同时，美国主要生产谷饲型牛肉，既适宜烤牛排，也适合国内大量消费的肥牛火锅形态。开放美国牛肉进口，必然会占据国内很大一部分市场，对国内的肉牛养殖形成一定冲击。此外，国内的肉牛市场网络尚未形成，市场功能发育还不完善，储运手段落后，信息反馈迟缓，都在一定程度上影响着肉牛业经济的发展。

（2）肉牛养殖面临越来越严格的环保要求。农业部门将畜禽环境污染治理作为"十三五"时期主抓的重点任务之一，因此，今后肉牛养殖面临的主要挑战将是粪污治理。对于养殖规模较大、自身又缺乏土地的养殖场，短期内配套粪污治理设施以实现达标排放，将是养殖场经营中的一大挑战，其中一些养殖场必然会被限养或被关闭。

（3）肉牛养殖和加工技术水平不高严重影响养殖效益。我国肉牛的养殖模式为"以家庭式分散饲养为主，以集约化养殖为辅"的传统饲养模式，使得肉牛的繁育体系不健全，繁殖率低，种畜能力差，饲养管理差，饲料转化率低，易患各种疾病，优质肉牛比例小。此外，肉牛加工企业以中、小企业为主，其设备简陋，生产工艺落后，特别是综合加工能力较差。有些肉牛主产区由于缺乏机械加工和冷贮设备，屠宰仍然依靠分散个体屠宰户手工操作，一些可开发利用的副产品被抛弃，严重影响肉牛养殖经济效益的提高。

从长远看，我国肉牛业既面临发展机遇，又必须接受严峻挑战。机遇是潜在的，而挑战却是现实的。抓住机遇，应对挑战，关键在于依靠肉牛业科技进步，用高新技术改造传统肉牛业，提高产品的质量和效益，推动肉牛产业化发展，全面提升肉牛业的国际竞争力。与发达国家相比，我国肉牛业仍处于初级阶段水平，但发展空间还很大。在不远的将来，肉牛业一定会像现在的奶业一样，在国民经济中占有举足轻重的地位。

二、肉牛养殖面临的主要风险

肉牛养殖是一项技术密集型和资金密集型行业，从优质牧草的种植和加工、青贮的制作、饲料贮备和配制、发情配种、产犊、饲料管理、牛肉的加工和销售等各个方面都需要资金和技术支持，具有生产投入大、产出周期长的特点。整个生产过程中，自然环境、市场环境、政策因素、生产者行为等都可能对肉牛养殖产生不确定性影响，因此其养殖风险较高。肉牛养殖者所面临的风险一般可分为生产风险和市场风险[①]。

（一）生产风险

1. 自然风险

肉牛养殖的自然风险是指养殖过程中由于自然灾害的发生使其遭受损失的风险。肉牛养殖的特点决定其对自然环境的依赖性较强，易受自然灾害的影响。根据遭受自然灾害的种类，肉牛养殖的自然风险主要分为两类。

（1）气象灾害风险，主要包括暴雨、洪水、风灾、雷电、冰雹、冻灾等。气象灾害在自然灾害中最为频繁，一旦发生，对肉牛养殖的影响较严重。

（2）地质灾害风险，包括泥石流、山体滑坡、地震等。地质灾害的发生不仅直接破坏肉牛养殖场相关设施，对肉牛生理健康也会造成损害，使养殖者遭受巨大损失。

自然风险的形成是不可控的，并且具有周期性，自然灾害所造成的后果具有共沾性，即自然风险事故一旦发生，其涉及的对象往往很广。因此，常用的风险分散方法可按照事前、事中和事后进行分类。①事前预防。加强气象预报精确度，通过精准的监测预警和有效的防范措施，将灾害性天气造成的灾害程度降至最低，可达到防灾减损的目的。②事中控制。肉牛养殖者需要在发生自然灾害时，积极采取有效的减损措施，通过一定的补偿办法，尽最大可能减少损失，使损失成本降到最低。③事后措施。自然灾害发生之后，通过相应的措施，如彻底消除病死肉牛、全面加强环境消毒工作、紧急开展疫病综合防治、加强检疫监督工作以及及时做好灾后重建工作，以使损失降到最低。

2. 意外事故及疫病风险

（1）意外事故风险。

肉牛养殖的意外事故风险指肉牛在从事生产或圈养期间所发生的预想不到的伤残和死亡事件，如火灾、爆炸、建筑物倒塌、空中运行物体坠落等。意外事故风险是外来的、突发的、不可预见的、非本意的和非疾病的，可导致牲畜直接死亡。下文就其中主要的意外事故及常用的风险分散方法进行简述。

①火灾：指在时间或空间上失去控制的燃烧所造成的灾害。它必须具备三个条件：有燃烧现象，即有热、有光、有火焰；偶然、意外发生的燃烧；燃烧失去控制并有蔓延扩大的趋势。

风险分散方法：必须在肉牛养殖场建立消防安全制度，配备消防装备；经常检查电线和升温、照明、机电等设备，及时更新老化电线、电器；提倡在肉牛圈舍建造时使用防火材料，防患于未然。

②爆炸：包括物理性爆炸和化学性爆炸。物理性爆炸指由于液体、固体变为蒸汽或其他膨胀物，压力急剧增加并超过容器所能承受的极限压力而发生的爆炸。化学性

① 胡向东，王明利. 我国肉牛养殖风险及影响因素分析[J]. 中国农业大学学报，2017，22（2）：144-156.

爆炸指物体在瞬间分解或燃烧时释放出大量的热和气体，并以很大的压力向四周扩散的现象。

风险分散方法：尽量消除肉牛养殖场内的易燃易爆物，用不燃物或难燃物替代可燃物；对于需要使用或不可避免地会产生可燃物的场所，要尽可能采取有效的措施防止助燃物与可燃物接触或混合形成燃爆性混合物；加强对火源的控制。

③建筑物倒塌、空中运行物体坠落：指空中飞行器、人造卫星、陨石坠落，吊车、货车等在运行时发生物体坠落，人工开凿或爆炸而致石方、石块、土方飞射、塌下，建筑物倒塌、倒落和倾倒，以及其他空中运行物体坠落。

（2）疫病风险。

肉牛疫病风险具有不确定性，是造成养殖业高风险的重要因素。根据常患疾病的类型，肉牛养殖的疫病风险主要可分为两类。

①传染性疾病风险。主要包括口蹄疫、传染性鼻气管炎、牛流行热、结核病、牛传染性胸膜肺炎、巴氏杆菌病等。这类疾病传染性强、影响较广，肉牛一旦感染便很难做到有效分散，往往导致大面积受灾，从而对养殖者造成巨大的经济损失。而且其中一些疾病为人畜共患病，如口蹄疫和结核病，这些疾病的发生不仅降低肉牛养殖的经济效益，还有可能威胁到人类的生命健康。

②常见疾病风险。主要包括前胃疾病、四肢病、寄生虫病等多发疾病。这类疾病虽不如传染性疾病影响范围大，但也会对肉牛的正常生产和繁育造成一定危害，使养殖者遭受经济损失。

为了避免或减少肉牛疫病风险可能造成的损失，有必要对该风险进行管理。常用的疫病风险分散方法包括：第一，定期检疫动物疾病。按照现行检疫防治机制定期对牲畜疾病进行检验与检疫，确保能够及时发现并治疗动物疾病，避免疾病的扩散和传播。第二，严格控制饲养环境。动物养殖环境需要定期消毒、清洗并通风，以免病毒滋生；定时对动物粪便进行清理，积极开展排污工作，可有效降低发病概率。第三，注重饲养环节的管理作用。对动物的常发疾病要始终坚持预防为主、防治结合的基本原则，重视人为因素在动物疾病防治中的积极作用，构建科学合理的饲养机制。第四，加大疾病防控技术的投入力度。在强化疾病防控效果方面，应在管理机制与管理工作人员到位的基础上增加科学技术投入力度。

（二）市场风险

肉牛养殖的市场风险主要是指肉牛养殖主体在生产和销售的过程中，由于市场行情的变动、消费需求的转移、经济政策的变化等不确定因素导致的，肉牛利益相关者的预期收益和实际收益发生偏离的不确定性，既包含获利的不确定性，又包括损失的不确定性。具体而言，肉牛养殖过程中的市场风险主要表现在以下方面。

（1）饲料价格变动导致的市场风险。肉牛养殖对饲料的需求较高，饲料的价格在很大程度上影响着肉牛养殖的成本。近年来，豆粕、玉米等是肉牛的主要养殖饲料，但随着豆粕和玉米的价格不断上涨，肉牛养殖户的养殖成本增加，养殖风险随之增加，这在很大程度上影响了肉牛养殖户的生产积极性。

（2）牛肉价格变动导致的市场风险。随着我国牛肉贸易政策的不断放宽，牛肉进口量逐年增多，2007 年我国牛肉进口量仅为 0.36 万吨，2016 年已增加至 57.98 万吨。各国进口产品以冻肉为主，2016 年我国共进口冻牛肉 57.3 万吨，冷鲜牛肉 0.68 万吨，均价都低于国产价格。廉价进口牛肉的放开冲击着国内肉牛养殖"高本低效"的生产现状，导致国内牛肉产品普遍缺乏市场竞争力，养殖者只能通过降低牛肉价格来应对竞争，严重损害了养殖者的经济利益。

肉牛经过育肥后能否销售出去直接关系到养殖者的经济效益，及时确定销售市场及售价较高的市场极为重要。面对市场风险，养殖户要积极了解国家的宏观政策和经济形势，要以平和的心态看待行情变化。当风险来临时，要对整个养殖周期的每个环节进行总结，进一步加强管理，合理控制成本和投入。良好的经营管理和经营环境的营造可以降低这类风险造成的损失。

除上述自然风险、意外事故和疫病风险、市场风险的影响外，在肉牛养殖过程中，养殖、配种和防疫技术落后导致的技术风险及国家相关政策变化带来的制度风险等，都可能会影响养殖主体的生产行为，进而给养殖者造成严重的经济损失。

第二节　肉牛保险概述

一、肉牛保险的概念

肉牛保险是以饲养的肉牛作为保险标的，对养殖过程中因遭受保险责任范围内的风险而造成的损失给予经济补偿的一种养殖业保险。开展肉牛保险，可以帮助养殖户分散和降低养殖风险，对于稳定扩大肉牛养殖，完善防灾救灾机制，推动产业发展，具有重要的现实意义。

二、肉牛保险的类型及特点

根据保险责任范围的不同，肉牛保险可分为针对生产风险的肉牛死亡或伤残保险，针对市场风险的肉牛成本价格损失保险，以及其他肉牛保险（如牛舍及饲养设备保险、盗窃险）等。

（一）针对生产风险的肉牛保险

针对生产风险的肉牛保险，是指以饲养的肉牛为保险标的，对养殖过程中因遭受保险责任范围内的自然灾害、意外事故和疫病所造成的损失给予经济补偿的一种保险[①]。该类型的肉牛保险具有以下特点。

1. 保险标的可保性的确定较为复杂

保险经营机构在承担保险责任前需要对投保肉牛的品种、健康状况、畜龄、免疫情况等进行必要的审查和核实，从而判断投保肉牛是否符合肉牛保险的承保条件。针对生产风险的肉牛保险，其保险标的为具有生命活动能力的肉牛，在实际承保过程中，肉牛的生命性特征使其极易受到疾病诊断、生命周期鉴定等条件的限制，保险标的（即保险肉牛）的鉴别较为困难。

2. 保险标的死亡原因鉴定的技术性

针对生产风险的肉牛保险，在查勘核损时必须明确肉牛的死亡原因是否属于保险合同约定的责任范围要求。目前，国内大部分地区现行的肉牛保险的保险责任范围是由"自然灾害、意外事故和疫病、政府强制扑杀"导致的肉牛直接死亡。以疫病为例，肉牛保险合同中均明确规定了导致肉牛死亡的疾病种类，如口蹄疫、传染性鼻气管炎、牛流行热、结核病、牛传染性胸膜肺炎、巴氏杆菌病等，疾病种类繁多，各有特点。因此，在肉牛保险理赔过程中，需要较强的肉牛疾病及死亡原因鉴定技术。这就要求保险人员在具备专业保险知识的前提下，还要掌握肉牛养殖及防疫等方面的知识。

3. 地域性

针对生产风险的肉牛保险具有较强的地域性，即肉牛保险在承保条件、保险责任、保险费率和保险金额等方面，表现出在某一区域内的相似性和区域外明显的差异性。该特点决定了保险机构开展肉牛保险一定要因地制宜，根据当地的特点，制订、使用符合当地实际情况的保险条款。

4. 赔付的高风险性

保险公司理想的可保风险是大量分散、不相关且无巨灾损失发生的风险。但是在肉牛养殖过程中，诸如洪水、地震等气象灾害及传染性疾病等风险却时刻存在，大范围受灾的概率较高，并且肉牛保险的赔偿金额往往较大。因此，洪水、地震等气象灾害或传染性疾病一旦发生，必将导致保险公司面临较高的巨灾赔付风险。

（二）针对市场风险的肉牛保险

目前，针对市场风险的肉牛保险尚不成熟，仍处于试点阶段，最具代表性的是肉牛成本价格损失保险。肉牛成本价格损失保险不同于传统的畜禽死亡保险，是一个新

---

① 姜天龙，韩星焕. 农户投保肉牛养殖保险意愿的实证分析——基于吉林省肉牛农户的调查[J]. 中国畜牧杂志，2015，51（18）：46.

的险种，是一项创新类保险产品，是为有效应对肉牛价格周期波动对养殖农户造成巨大经济损失而开展的财政补贴性保险。

肉牛成本价格损失保险是以肉牛的成本单价为承保与理赔基础，在投保人支付一定的保险费后，当不同品种的保险肉牛在约定出栏月市场平均交易单价低于保单载明的约定单价时，保险人按照保险合同约定负责赔偿的一种保险。

【拓展阅读】

广元市肉牛成本价格损失保险试点实施方案

肉牛成本价格损失保险不同于传统的畜禽死亡保险，是一个新的险种，是一项创新类保险产品，是为有效应对肉牛价格周期波动对养殖农户造成巨大经济损失而开展的政策性保险，现处于试点阶段。试点肉牛品种主要包括西门塔尔牛、夏洛莱牛、安格斯牛、蜀宣花牛、本地牛。该保险基本内容如下。

（1）保险责任：不同品种的保险肉牛在约定出栏月市场平均交易单价低于保单载明的约定单价时，保险人按照保险合同约定负责赔偿。

（2）保险金额：每头保险肉牛的保险金额以约定出栏重量和核定单价为准，其中西门塔尔牛和夏洛莱牛的成本价格损失保险金额为13200元；安格斯牛和蜀宣花牛的成本价格损失保险金额为11000元；本地牛的成本价格损失保险金额为7700元。具体金额在保险单中载明。

（3）保险费率：成本价格损失保险费率不超过3%。

（4）投保条件：年出栏肉牛在5头（含）以上的养殖场（户）；饲养场址在禁养区外；投保的肉牛品种在当地饲养1年（含）以上；投保时肉牛体重在150公斤（含）以上；肉牛按所在地县级农业主管部门审定的免疫程序免疫并有记录，且必须佩戴国家规定的畜禽免疫标识；投保养殖户养殖的肉牛必须足额投保。

（5）保险期限：肉牛保险期限为1年，具体以保险单载明的起讫时间为准；保险肉牛价格责任期间从约定出栏月月初之日始至月底之日止，但不得超出保险单载明的保险期间。

（6）投保方式：肉牛成本价格损失保险与成本灾害损失（即传统的养殖死亡）保险统筹推进，保险内容在同一保单分项载明，由养殖户自愿选择分项或合并投保。

（7）财政补贴标准如表3-6所示。

表3-6　财政补贴标准　　　　　　　　　　　　　单位：%

类别	各级财政承担比例（75）			农户承担（25）
	省级财政承担	市级财政承担	县级财政承担	
扩权县	45	15	40	
非扩权县	40	20	40	

资料来源：广元市人民政府官网. 关于《广元市肉牛肉羊成本价格损失保险试点实施方案》的政策解读. 2017-12-20. http://www.cngy.gov.cn/govop/show/20171220160628-32580-00-000.html. 2017-12-15.

（三）其他肉牛保险类型

除上述针对生产风险和市场风险的肉牛保险以外，还有一些肉牛保险，如牛舍及饲养设备保险、饲料中毒保险、盗窃损失保险等，此类保险大多为附加险，即投保人只有在投保了前两种主险的基础上，方可投保该类保险。

第三节　肉牛保险标的与保险责任

一、肉牛保险标的

在肉牛保险中，只有同时符合下列条件的肉牛才可以作为保险标的：①肉牛必须是在当地饲养 1 年（含）以上的优良品种（可以是本地水牛、黄牛、杂交牛等）；②肉牛的体重和畜龄必须符合保险合同的规定；③饲养场所管理制度健全、饲养圈舍卫生、能够保证饲养质量；④饲养场所位于当地洪水警戒水位线以上的非蓄洪、行洪区以及非疫区，场内布局及圈舍环境符合畜牧兽医部门的要求，规章制度健全；⑤肉牛经畜牧兽医部门验明无伤残，无保险责任范围内的疾病，营养良好，饲养管理正常，能按所在地畜牧防疫部门审定的免疫程序接种并有记录，且肉牛必须佩戴能识别其身份的统一标识。

（一）肉牛保险承保条件的确定

肉牛保险（主要指针对生产风险的肉牛保险）的承保条件是保险人承担责任的先决条件。它是根据保险的风险必须具备偶然性、突发性和意外性而提出来的。按照保险的原则和要求，在承担保险责任前须对保险标的进行必要的、仔细的审查和核实，以保证承保质量，减少道德风险。一般有以下几个方面的要求[①]。

1. 具有可保利益

保险利益是指投保人对肉牛具有法律上承认的利益，即投保人是对肉牛具有占有、使用、收益、处置权利之一的人。不具有以上权利的人不得为肉牛投保，且不同权利人不得为同一标的重复投保。肉牛的可保利益者可以是个人，也可以是养殖单位，如国有、集体的农场和牧场等。

2. 验标合格

肉牛的饲养管理正常，无伤残，无疾病，经畜牧兽医部门和保险人验标合格。健

---

① 裴光，庹国柱. 农业保险统计制度研究[M]. 北京：中国财政经济出版社，2009：216-217.

康的肉牛才能承担生产和繁育的任务，有伤残、疾病的肉牛是不能完成以上工作的，因此其不能成为保险标的。虽有伤残却不影响正常生产的肉牛，如有一定缺陷或轻微毛病的断角、缺尾、小面积外伤的，可视为无伤残疾病。

3. 畜龄适合

肉牛有幼年期、青年期、成年期和衰老期四个生命周期，繁殖年限长短因品种、饲养管理及健康状况不同而有所差异。一般母牛的配种使用年限为9~11年，公牛为5~6年，超过繁殖年限，公、母牛的繁殖能力会降低，便无饲养价值。因此，保险要求的畜龄是具备正常繁殖能力的年龄，不满或超过正常繁殖年龄的肉牛不予承保。

4. 其他条件

有些保险公司的肉牛保险承保条件还规定，肉牛的养殖地要位于当地洪水水位线以上的非蓄洪区，并且不在传染病疫区；肉牛必须在当地饲养1年以上；被保险人须将符合条件的肉牛全部投保，以防止逆选择。

（二）肉牛保险标的的识别

肉牛作为保险标的，必须具有能识别身份的统一标识。中国传统的肉牛保险标的识别多依靠人工方法，如耳标、标的图像等来进行辨识，但这类识别方法的信息采集工作量极大，效率较低。目前，市场上新推出了"牛脸识别"AI产品，即一种基于牛的脸部特征信息进行身份识别的生物识别技术，其通过计算机视觉技术替代人眼完成肉牛身份确认，标的识别准确率大幅度提升。下文将简要阐述几种主要的标的识别方法。

1. 耳标识别

目前，我国主要采用的是电子耳标。电子耳标作为识别的标签能够将每头牛的耳号与其品种、来源、生产性能、免疫状况、健康状况、畜主等信息一并记录，一旦发生疫情和畜产品质量等问题，即可追踪（追溯）其来源。电子耳标是内部嵌入金属芯片，在动物耳根部皮下植入，并可通过手持读写器进行数据录入与读取，植入一次可以使用7年，也可以通过电脑实现承保数据汇总，大大增加了承保数据的规范性和准确性。相比外挂式耳标，注入式电子耳标具有无脱落、无人为更换等造假行为的优势，可大幅降低畜牧业理赔的道德风险，且方便养殖户对牲畜的管理和统计。

2. 图像识别

图像识别首先需要拍摄标的图片，然后再利用软件根据图片灰阶差做进一步识别处理。在对肉牛保险标的的识别的实际应用中，由于采集照片时肉牛可能处于活动状态中，采集难度大、拍摄不规范，从而导致标的识别不准确，给后续理赔带来很大的困难。

3. 移动端牛脸采集SDK和牛脸比对API

移动端牛脸采集SDK可以帮助保险公司前端采集人员智能抓取奶牛正脸图像，识别耳标号，从而降低信息采集工作量，提升采集效率。牛脸比对API根据牛脸部五官特征，通过机器视觉技术比对肉牛脸部，支持1:1和1:N比对，准确识别标的肉牛，减少甚至避免骗保情况的发生。

【拓展阅读】

某科技公司首发 AI 产品"慧识牛"，从承保、核保环节提升农险公司运营效率

肉牛养殖业的发展带动了农险市场的发展。但畜牧业经营分散，农险技术尚不发达，使得骗保现象普遍存在，农险经营效果不佳，农牧户遭遇保障低、理赔难等问题，究其原因，可以从目前的理赔查勘方式说起。

传统的理赔取证主要是"耳标号+照片比对"两种方式相结合。耳标号通常被当作确认肉牛身份的唯一识别标识，肉牛出险后，理赔员首先根据耳标号确认肉牛是否为承保标的，再通过肉眼比对活牛和死牛照片。首先，耳标号作为身份唯一识别码，它的唯一性本身就值得推敲。理论上讲，人工加施的耳标可加施就可摘取，很容易被替换。其次，肉眼对比具有很大的主观性、随意性，辨识准确度无从考量，外加采集照片时肉牛随时处于活动状态，采集难度大、拍摄不规范，给后续理赔带来很大的困难。

近期，某科技公司从农险的承保和核保环节入手，研发并推出了人工智能（AI）产品"慧识牛"，该产品通过计算机视觉技术替代人眼完成肉牛身份确认，包括移动端牛脸采集软件开发工具包（SDK）和牛脸比对应用程序接口（API）。

移动端牛脸采集 SDK 可以帮助保险公司前端采集人员智能抓取肉牛正脸图像，识别耳标号，从而降低信息采集工作量，提升采集效率。牛脸比对 API 可以智能比对肉牛脸部，支持 1:1 和 1:N 比对，准确识别标的肉牛，减少甚至避免骗保情况的发生。

承保和核保环节具体实施方法为：承保时，采集 SDK 通过对牛脸的检测、跟踪，捕捉肉牛正脸，同时识别肉牛耳标号，双重锁定保险肉牛身份唯一性。理赔时，采集死牛正脸照片，首先调用养殖场死牛图库，通过识别 API 进行死牛与死牛 1:N 比对，判断出险肉牛是否"死过一回"，排除重复索赔的可能；随后调用承保图库，通过耳标号关联关系，进行死牛与活牛 1:1 比对，最终确认死牛身份。

两次比对精准锁定死牛身份，避免重复索赔、非承保标的的冒充承保标的的骗保行为，可有效提升保险运营机构业务效率，降低运营成本。

资料来源：搜狐网. 深智科技首发"牛脸识别"AI 产品.2018-04-17，http://www.sohu.com/a/228555622_100098532.

（三）国内不同地区主要实践及区别

在肉牛保险承保条件方面，不同地区均有较为严格的要求与规定。关于我国部分省、市、自治区肉牛保险承保条件与保险标的的要求，具体如表 3-6 所示。

表3-6 国内不同省、市、自治区肉牛保险承保条件与保险标的要求

地区	承保条件与保险标的要求
安徽省	①投保的肉牛品种必须在当地饲养1年（含）以上；②投保时肉牛畜龄在8月龄（含）以上；③投保肉牛经畜牧兽医部门验明无伤残，无本保险责任范围内的疾病，营养良好，饲养管理正常，能按所在地县级畜牧防疫部门审定的免疫程序接种并有记录，且肉牛必须佩戴能识别身份的统一标识；④饲养场所位于当地洪水水位线以上的非蓄洪、行洪区，并且不在传染病疫区，场内布局及圈舍环境符合畜牧兽医部门的要求；⑤管理制度健全，饲养圈舍卫生，能够保证饲养质量；⑥投保人应将符合投保条件的肉牛全部投保
内蒙古自治区	①投保时肉牛畜龄在6个月（含）以上，存栏量50头（含）以上；②对保险肉牛的饲养年限、健康免疫及标识佩戴情况、饲养场所位置及布局、饲养环境和不可选择投保方面的具体要求同安徽省
江苏省	①投保时肉牛满4月龄且体重在100公斤（含）以上，肉牛存栏量30头（含）以上；②对保险肉牛的饲养年限、健康免疫及标识佩戴情况、饲养场所位置及布局、饲养环境和不可选择投保方面的具体要求同安徽省
河南省、山东省	①在当地饲养1年（含）以上且优良品种的杂交牛，养殖规模在500头（含）以上（山东省未要求养殖规模）；②投保时的畜龄须在6个月（含）以上、28个月（含）以下；③对保险肉牛的健康免疫及标识佩戴情况、饲养场所位置及布局、饲养环境和不可选择投保方面的具体要求同安徽省
广西壮族自治区	①肉牛必须是在当地畜牧兽医部门备案并饲养1年（含）以上的优良品种（包括本地水牛、黄牛、杂交牛等）；②对保险肉牛的畜龄要求同河南省；③健康免疫及标识佩戴情况、饲养场所位置及布局、饲养环境和不可选择投保方面的具体要求同安徽省

资料来源：根据各省、市、自治区财政补贴性农业保险相关文件和网络公开资料整理。

目前，国内大部分地区的肉牛保险承保条件相似，主要是针对保险肉牛的品种、在当地饲养年限、畜龄、健康及免疫状况、饲养场所位置及饲养环境是否达标等方面的规定。由于各省区实际情况不同，在上述各条规定的具体内容要求上略有差异，详述如下。

如表3-6所示，上述6个地区，在对保险肉牛的健康免疫情况、在当地饲养年限、饲养场所位置和饲养环境4个方面的规定完全相同，均要求保险肉牛在当地饲养1年（含）以上；经畜牧兽医部门验明无伤残，无保险责任范围内的疾病，按所在地县级畜牧防疫部门审定的免疫程序接种并有记录，且肉牛必须佩戴能识别身份的统一标识；饲养场所位于当地洪水水位线以上的非蓄洪、行洪区；管理制度健全、饲养圈舍卫生、能够保证饲养质量；应将符合条件的肉牛全部投保，不得选择性投保。其中，河南省附加了对养殖规模的要求，内蒙古自治区和江苏省则增加了对存栏量的规定。对于保险肉牛品种、畜龄方面的规定，各地区各有特点。安徽省、内蒙古自治区和江苏省对保险肉牛的品种未做明确规定，河南省和山东省要求保险肉牛必须是优良品种的杂交

牛，广西壮族自治区承保的肉牛品种包括本地水牛、黄牛、杂交牛等。各省区在保险肉牛畜龄方面的要求各不相同，安徽省规定 8 月龄（含）以上；河南省、山东省和广西壮族自治区规定 6 个月（含）以上、28 个月（含）以下；内蒙古自治区规定 6 个月（含）以上；江苏省规定 4 月龄以上并要求体重在 100 公斤（含）以上。

二、肉牛保险责任范围

肉牛保险的责任范围是指保险人对承保的保险肉牛所承担的具体风险责任和赔偿范围。肉牛保险属于死亡保险，主要承保因疾病、自然灾害、意外事故和政府强制扑杀四方面原因造成的肉牛死亡损失。

（一）肉牛保险责任范围的确定

当投保肉牛在保险期间内，因遭受保险责任范围内的灾害或事故死亡时，根据肉牛保险合同，保险人须按照约定负责赔偿。肉牛保险责任范围如下。

（1）疾病死亡责任。指保险肉牛因患创伤性网胃炎或创伤性心包炎等普通常见疾病或败血症、炭疽杆病菌、白血病、支气管肺炎、胸膜肺炎等传染性疾病，经医治无效造成的死亡损失。

（2）自然灾害造成的死亡责任。因洪水、雷击、暴风、暴雨、冰雹、台风、龙卷风、泥石流、山体滑坡等气象灾害和地质灾害所造成的损失。

（3）意外事故引起的伤残死亡责任。在饲养过程中，因火灾、爆炸、淹溺、互斗、建筑物倒塌、空中运行物体坠落等造成的损失。

（4）为了防止疾病传染，经当地政府部门或畜牧部门命令和有关部门同意宰杀或掩埋的，有时也包括在责任范围之内。

肉牛保险责任范围确定适当与否，不仅关系到投保人的切身利益，也关系到赔付率高低和保险职能能否得到充分发挥。因此，在确定保险责任范围时，必须考虑承保后的效果和作用，以便于研究和制订切实可行的保险责任。

一般来说，保险责任的范围越大，风险类别越多，被保险人的保障范围越大。肉牛保险条款中的保险责任范围，通常是由保险公司依据保险肉牛的特性、可能遭受的主要风险和被保险人的普遍需求制订的。

保险经营机构在具体确定肉牛保险责任范围时，应注意以下几点[①]：①肉牛保险并非是"包险"，只能在一定范围内负责，要仔细选择和鉴别风险。②承保责任的选择要有利于促使投保人爱护被保险的肉牛，继续做好饲养管理。③防止投保人把自然淘汰的肉牛损失转嫁到保险上来。④肉牛保险责任范围要明确具体，对于疾病、自然灾害及意外事故引起的伤残死亡责任，要明确规定其所承担的详细病种、灾害类型及意外

---

① 黄元亮. 实用农业保险[M]. 桂林: 广西师范大学出版社, 2003: 224.

事故种类。

（二）国内不同地区主要实践及区别

在肉牛保险责任范围方面，不同地区均有符合自身实际情况的规定。我国部分省、市、自治区肉牛保险责任范围的具体内容如表3-7所示。

表3-7　国内不同省、市、自治区肉牛保险的保险责任范围

地区	肉牛保险责任范围
安徽省	①暴雨、洪水（政府行蓄洪除外）、风灾、雷电、冰雹、冻灾、泥石流、山体滑坡、地震；②火灾、爆炸、建筑物倒塌、空中运行物体坠落；③口蹄疫、布鲁菌病、牛结核病、牛焦虫病、炭疽、伪狂犬病、副结核病、牛传染性鼻气管炎、牛出血性败血病、日本血吸虫病、牛流性热、创伤性心包炎、真胃变位、烂甘薯中毒
河南省	①自然灾害和意外事故类型同安徽省；②败血症、炭疽杆病菌、白血病、支气管肺炎、胸膜肺炎、吞食尖锐硬物引起创伤性网胃炎或创伤性心包炎、创伤性网胃炎或创伤性心包炎继发性腹膜炎或胸膜炎
广西壮族自治区	①自然灾害和意外事故类型同安徽省；②口蹄疫、布鲁菌病、牛结核病、牛焦虫病、牛瘟、疯牛病（牛海绵状脑病）、炭疽、伪狂犬病、副结核病、牛传染性鼻气管炎、牛出血性败血病、日本血吸虫病及口蹄疫强制免疫副反应；③因病遭政府实施强制扑杀
江苏省	①自然灾害和意外事故类型同安徽省；②炭疽杆菌病、白血病、支气管肺炎、牛传染性胸膜肺炎、口蹄疫、布鲁菌病、牛结核病、牛焦虫病、伪狂犬病、副结核病、牛传染性鼻气管炎、牛巴氏杆菌病、牛恶性卡他热病、牛出血性败血症、日本血吸虫病；③在保险期间内，由于发生炭疽杆菌病、白血病等列明的高传染性疫病，政府实施强制扑杀导致保险肉牛死亡，保险人也负责赔偿，但赔偿金额以保险金额扣减政府扑杀专项补贴金额的差额为限
内蒙古自治区	①火灾、爆炸、淹溺、互斗、建筑物倒塌、空中运行物体坠落；②洪水、雷击、暴风、暴雨、冰雹、龙卷风、泥石流、山体滑坡；③传染性疾病：牛传染性胸膜肺炎、牛结核病、牛传染性鼻气管炎、牛恶性卡他热、牛白血病、牛出血性败血病、牛梨形虫病、牛锥虫病；④常见疾病：吞食尖锐硬物引起创伤性网胃炎或创伤性心包炎、创伤性网胃炎或创伤性心包炎继发性腹膜炎或胸膜炎；⑤政府实施强制扑杀的具体规定同江苏省第③条

资料来源：根据各省、市、自治区财政补贴性农业保险相关文件和网络公开资料整理。

目前，我国大部分地区的肉牛保险的责任范围可概括为自然灾害、意外事故、疫病和政府扑杀4种原因导致的肉牛死亡。由于实际情况不同，各省地区在疾病、自然灾害、意外事故方面所列出的具体内容上略有差异，详细情况如下文所述。

如表3-7所示，安徽省和河南省的肉牛保险责任范围均可概括为"因自然灾害、意外事故和重大疫病所导致的投保肉牛直接死亡"，未包含政府强制扑杀；而广西壮族自治区、内蒙古自治区和江苏省的肉牛保险责任范围包括政府强制扑杀导致的保险肉牛死亡，为上述4种典型的原因。各地区在重大疾病、自然灾害、意外事故范围的确

定上略有差异。自然灾害方面，各地区的规定大致相同，均为我国发生频率较高的气象灾害和地质灾害，如雷击、暴雨、洪水、泥石流、山体滑坡、地震等。对于引起保险肉牛直接死亡的意外事故种类，安徽省、河南省、广西壮族自治区和江苏省的规定完全相同，包括火灾、爆炸、建筑物倒塌、空中运行物体坠落；内蒙古自治区则在以上4种意外事故的基础上增加了"淹溺、互斗导致的肉牛死亡"。在重大病害方面，广西壮族自治区和江苏省只规定了导致投保肉牛死亡的众多传染性疾病类型，如牛传染性胸膜肺炎、牛口蹄疫、布鲁菌病、牛结核病等；而安徽省、河南省和内蒙古自治区不仅规定了传染性疾病类型，还规定了一些常见疾病种类，如创伤性网胃炎、创伤性心包炎、瘤胃鼓气等。

三、肉牛保险的责任免除

肉牛保险的责任免除是指保险人依法或依据合同约定，不承担保险金赔偿或给付责任的风险范围或种类，其目的在于适当限制保险人的责任范围，促进畜主加强饲养管理，减少人为事故造成的损失，明确保险责任。

（一）肉牛保险责任免除的确定

确定肉牛保险责任免除条款的目的在于提高投保人对投保肉牛进行科学饲养、合理管理的积极性。通常，肉牛保险除外责任的确定应考虑以下因素。

（1）从对保险技术的要求出发，一些发生概率与损失程度凭借现有保险技术难以预测的灾害事故，损失一旦发生往往涉及范围很广，赔付金额巨大，故这类风险应列入肉牛保险除外责任。

（2）从法律的角度出发，凡是投保人或受益人的故意行为造成的保险肉牛损失，均应列为保险除外责任。这类行为不仅违背了肉牛保险经营原则之一的诚信原则，更违反了国家法律。[①]

凡未列明的保险责任，均作为除外责任。在考虑上述因素的情况下，一般来说除外责任主要有以下6项。

①被保险人及其家庭成员或其饲养人员的故意、管理不善和重大过失行为。

②战争、敌对行动、军事行为、武装冲突、罢工、骚乱、暴动、恐怖活动。

③保险肉牛在疾病观察期内患有保险责任范围内的疾病。

④保险肉牛发生重大病害或疫病后不采取有效防治措施，致使损失扩大的。

⑤保险肉牛被盗、走失、冻、饿、中暑、惊吓、自咬、中毒或被野兽伤害。

⑥其他不属于保险责任范围内的原因所造成的损失。

---

① 张代军. 保险学[M]. 杭州：浙江大学出版社，2010：24.

（二）国内不同地区主要实践及区别

不同地区在肉牛保险责任免除方面，都有较为严格的要求与规定。表 3-8 列示了我国部分地区肉牛保险责任免除的要求。

表 3-8　国内不同省、市、自治区肉牛保险责任免除要求

地区	责任免除要求
河南省、山东省	包括上述 6 项典型除外责任及以下要求： ①行政行为或司法行为；②发生保险事故后，投保人、被保险人自行屠宰保险肉牛；③保险肉牛遭受保险事故后引起的各种间接损失；④保险合同中载明的免赔额以及按本保险合同中载明的免赔率计算的金额
内蒙古自治区	包括上述 6 项典型除外责任及以下要求： ①本保险单载明的饲养区域外发生的事故；②地震及其次生灾害；③核辐射、核爆炸、核污染及其他放射性污染；④大气污染、土地污染、水污染及其他各种污染，但因本保险合同责任范围内的事故造成的污染不在此限
安徽省	①投保人及其家庭成员、被保险人及其家庭成员、饲养人员的故意或重大过失行为、管理不善，他人的恶意破坏行为；②观察期内的疾病；③政府扑杀；④其他不属于保险责任范围内的损失、费用，保险人不负责赔偿
江苏省	除未涉及以下两条规定，其余与河南省和山东省责任免除内容相同： ①战争、军事行动、恐怖行为、敌对行动、武装冲突、罢工、骚乱、暴动；②发生保险事故后，投保人、被保险人自行处理保险肉牛

资料来源：根据各省、市、自治区财政补贴性农业保险相关文件和网络公开资料整理。

如表 3-8 所示，河南省、山东省和内蒙古自治区的肉牛保险条款，对于责任免除内容的规定均包含上述典型的 6 项除外责任，并且在此基础上，各省增加了符合自身实际情况的一些内容。例如，河南省和山东省都对"行政行为或司法行为""发生保险事故后，投保人、被保险人自行处理保险肉牛""保险肉牛遭受保险事故后引起的各种间接损失"和"按本保险合同中载明的免赔率计算的免赔额"这些事项造成的损失不予赔偿。与其他地区最大的不同之处在于，内蒙古自治区明确规定了因"核辐射、核爆炸、核污染及其他放射性污染"和"大气污染、土地污染、水污染及其他各种污染"造成的损失属于肉牛保险责任免除的内容。江苏省的肉牛保险对于除外责任的要求与河南省和山东省大体相同，只是缺少"战争、军事行动、恐怖行为、敌对行动、武装冲突、罢工、骚乱、暴动"和"发生保险事故后，投保人、被保险人自行处理保险肉牛"这两条内容的规定。安徽省肉牛保险责任免除的内容较为简单，只明确规定了 4 条，但值得注意的是，与其他地区不同，其将"政府扑杀"作为除外责任。

第四节　肉牛保险的保险期限与保险金额

一、肉牛保险期限

肉牛保险期限是指肉牛保险责任的起讫时间,即保险人承担风险责任的时间区间。肉牛的生长期和饲养期都较长,在可保畜龄范围内,起讫日期可由投保户任意选定,投保期限可长可短。在实际承保工作中,肉牛保险的起讫时间一般从约定起保日的 0 时开始,到约定期满日的 24 时为止。其中,基础母牛和育肥牛的保险期限有所不同,基础母牛的保险期限一般为 1 年,育肥牛则通常按育肥时间进行商定。

(一)肉牛保险期限的确定

在实际承保过程中,肉牛的生命性特征使其极易受到疾病诊断、生命周期鉴定等条件的限制,因此,保险人员在短时间内很难确定投保肉牛是否真正符合承保条件。为了避免投保人将事先患有疫病或具有死亡隐患的肉牛投保,防止道德风险,提高承保质量,肉牛保险一般在签单后规定了观察期。

需要注意的是,肉牛保险规定的观察期为疾病观察期,即只针对疾病事件而言。在签单后的疾病观察期内,如果肉牛正常,则保险责任从规定观察期后一天开始至期满为止;若保险肉牛在疾病观察期内发生疾病或者死亡,保险人不负赔偿责任,但需退还保费。一般来说,肉牛保险期限的确定有以下几个特点①。

(1)肉牛属于寿命长的动物,在可保年龄范围内,起讫日期可以任意选定,可以为 1 年期,也可以为多年期,但一般以 1 年期为主,到期续保,另办手续。此外,在肉牛胎产、展出、运输途中也可以投保短期保险。

(2)肉牛具有饲料利用率高、生长速度快、价值高等特点,可按日增重和上市毛重确定保险期限。肉牛出生后的 12 个月内增重最快,一般达 500 公斤即可上市,保险期限一般以 1 年期为主。

(二)国内不同地区主要实践及区别

不同地区的肉牛保险,对保险期限和观察期的规定存在差异。表 3-9 列出了我国部分地区肉牛保险期限与观察期的设置要求。

---

① 高文平. 农业保险[M]. 西安:陕西科学技术出版社,1994:135.

表 3-9　国内不同省、市、自治区肉牛保险期限与观察期设置要求

地区	肉牛保险期限与观察期要求
安徽省	每批保险肉牛的保险期间从保险单生效之日起到该批次保险肉牛出栏之日止，最长不超过 260 天，具体起止日期以保险单载明为准 从保险期间开始之日起 30 日为保险肉牛的疾病观察期。保险肉牛在疾病观察期内因保险责任范围内的疾病导致死亡的，保险人不负责赔偿
内蒙古自治区	保险合同的保险期间最长不超过 1 年，以保险单载明的起讫时间为准 本保险合同设立 10 天疾病观察期，自保险合同生效之日 0 时起至第 10 日 24 时止
江苏省	除另有约定外，保险合同的保险期间为 8 个月，以保险单载明的起讫时间为准 自保险期间开始之日起 20 日内（含）为保险肉牛的疾病观察期
山东省	保险合同的保险期间为 1 年，以保险单载明的起讫时间为准 自保险期间开始之日起 30 日内为保险肉牛疾病观察期。若观察期内保险肉牛发生了保险合同规定的疫病并因该疫病死亡，保险人不承担保险赔偿责任，但应退还相应的保险费 保险期间届满续保的同一批次的保险肉牛，免除观察期
河南省	保险合同的保险期间为 1 年，以保险单载明的起讫时间为准 自保险期间开始之日起 20 日内为保险肉牛的疾病观察期 保险期间届满续保的肉牛，免除疾病观察期
广西壮族自治区	除另有约定外，保险期间为 1 年，以保险单载明的起讫时间为准 自保险期间开始之日起 20 日内为保险肉牛观察期 保险期间届满续保的肉牛，免除观察期

资料来源：根据各省、市、自治区财政补贴性农业保险相关文件和网络公开资料整理。

如表 3-9 所示，各地区对于肉牛保险期限和观察期的要求各有差异。山东省、河南省和广西壮族自治区明确规定其保险合同的保险期间为 1 年，以保险单载明的起讫时间为准。而安徽省、内蒙古自治区和江苏省的肉牛保险期限要求不超过 1 年，具体规定分别为"保险期间最长不超过 260 天""保险期间最长不超过 1 年""保险合同的保险期间为 8 个月"。此外，各地区对于疾病观察期的时间设置不尽相同。安徽省和山东省规定疾病观察期为 30 天，河南省、广西壮族自治区和江苏省则设立了 20 天的疾病观察期，内蒙古自治区规定的疾病观察期最短，只有 10 天。

二、肉牛保险保险金额与保费

（一）肉牛保险保险金额的确定

我国目前实施的政府保费补贴的肉牛保险，一般使用市场价值、评定价值或农牧场的账面价值确定保险金额，并坚持"低保额、低收费"的原则，保险金额一般不超

过肉牛实际价值的 70%。

确定肉牛保险金额的基础有两个：一是市场价值，即根据肉牛当年的市场价格确定保险金额；二是评定价值，即订立保险合同的双方当事人根据畜龄、健康状况、用途等协商评定保险金额。[①]

按照市场价值确定保险金额的，赔偿金额要根据肉牛发生损失当时的市场价值确定，但以不超过保险金额为限。按照评定价值确定保险金额的，其赔偿金额是根据保险公司账面上最后一次评定价值核定，并不是肉牛发生损失当时的实际价值。大多数国家的保险公司在计算其保险金额和赔偿金额时，都不是按照市场价值或评定价值的全值，而是按照一定的百分比来计算，目的是要投保人承担一部分损失以减少道德危险因素。

保险人也可以依据一定标准把投保肉牛分成不同档次分别确定保险金额。无论按哪种方式确定保险金额，都要遵循低额承保的原则，一般不能超过肉牛总价值的 70%。确定肉牛保险金额时应注意以下两点：

（1）控制保险金额，防止超额投保。肉牛保险金额是出险时补偿程度的依据，保额过高或超额投保，在市价下跌的情况下，保险金额超过实际价值时，就会产生"养不如死"的道德风险，养殖者可能放松饲养管理，甚至对有病的保险肉牛不看不治，任由其死亡，这不但会影响保险效益，而且也不利于养殖业生产的发展。

（2）确定保险金额的限度，避免中额投保。在确定肉牛保险金额时，既要考虑对养殖者提供适当的经济保障及其对保险费的承受能力，又要有利于加强肉牛的饲养管理，减少死亡损失。因此，在确定保险金额时一定要适度，一般为不超过肉牛实际价值的 70%，让投保人自保一部分责任，这样既可以激发投保人加强肉牛的饲养管理，减少道德危险，又能发挥肉牛保险的补偿作用。

（二）肉牛保险保费与费率厘定

肉牛保险的保费是指投保人为肉牛参保时，根据保险合同制定的保险费率，向保险公司支付的费用，计算公式为：保险费＝保险金额×保险费率。可见保险费率是计收肉牛保险保费的依据，是保险人按保险金额向投保人或被保险人收取保险费的比例。因此，费率厘定是否科学合理，直接关系到肉牛保险业的稳定经营和业务的发展，也关系到被保险人的经济利益，具有较强的技术性和政策性。

1. 肉牛保险费率的组成

肉牛保险费率，是根据保险肉牛发生危险概率的大小、可能造成损失的程度、保险期限的长短、保险责任的大小等因素来制定的。具体是由肉牛的损失率、保险稳定系数和营业费用率三部分组成的。

（1）肉牛的损失率。肉牛保险费率的厘定是建立在损失率基础上的，所以如何准

---

① 任素梅. 农业保险概论[M]. 北京：中国农业出版社，1995：9.

确掌握损失率极为重要。在调查肉牛损失率时，必须确保展业范围与调查范围基本吻合，绝对不能以一个县的平均损失率作为某一个乡（镇）肉牛保险厘定净费率的依据。对于新试办的地方，在肉牛损失率的统计资料不可靠的情况下，可以采取危险附加的办法拟定净费率，再通过实践加以修订。在已开办过的地方，应以过去保险肉牛的实际损失率为依据制定或调整净费率。损失率的计算公式为：保险金额损失率=保险赔款金额总数÷保险金额总数。

（2）稳定系数。如果按调查一定时期所得肉牛的损失率或一定年限保险肉牛的损失赔偿率，即总赔款与总保额的比值作为制定或调整肉牛保险的净费率的依据，稳定性是不够的。这是因为调查所得的损失率或损失赔偿率仅反映了过去的情况，不一定完全符合未来年度的损失规律，一旦发生异常损失，将会严重影响肉牛保险业务的正常经营。因此，一般需要在损失率或损失赔偿率的基础上，附加 10%～20%的稳定系数。肉牛的损失率加业务稳定系数构成肉牛保险的净费率。

（3）营业费用率。营业费用率主要根据肉牛保险业务的特点，将一定时期内所需的展业宣传费、代理手续费、防灾费、工作人员开支等项支出相加计算而求得。对于已开办过肉牛保险业务的地方，在调整费率时，营业费用率的计算，可以用过去若干年该项业务的开支总数与保险金额总数的比率作为调整营业费用率的基础，也可附加净费率的 15%左右。

2. 肉牛保险费率的厘定原则

肉牛保险费率厘定是否合理，直接影响到肉牛保险业务经营的稳定性，也关系到被保险人的经济利益。因肉牛保险标的是有生命的动物，外界环境对其生存影响较大，所以，肉牛保险费率的厘定要因地制宜，从实际出发，不搞统一费率和固定费率。厘定费率时，具体应遵守以下几个原则。

（1）准确合理原则。肉牛保险的保险费率直接关系到保险人和被保险人的切身利益，所以，厘定费率的方法一定要科学，必须在深入调查的基础上，严格按照保险费率的三个组成部分进行分别计算，全面累加，力求做到准确合理，使保险的权利和义务达到平衡。如果费率高了，会增加被保险人的负担，影响其经济利益，不利于保险业务的开展；费率低了，又会危及保险人的偿付能力，致使业务不能正常发展。

（2）因地制宜原则。我国幅员辽阔，各地自然经济条件差异较大。饲养方式和管理水平各不相同，灾害发生的频率和损失强度在不同地区和不同时期都不一样，因此，肉牛保险的费率厘定，一定要坚持因地制宜，通过实地调查分析来厘定，不能盲目抄袭外地的肉牛保险费率，全国也不宜施行统一的费率。

（3）保证偿付能力原则。肉牛保险，与其他财产保险一样，承担的风险是可能发生，也可能不发生，可能发生小灾，也可能发生巨灾的随机事件。所以，必须运用概率论的原理和方法，来确定承担风险与收取保险费之间的经济函数关系，将保险人提供经济保障的能力建立在可靠的基础上，以保证业务经营的稳定性和继续性。因此，在厘定费率时，坚决杜绝为了考虑投保户对保险费的支付能力，而放弃附加业务稳定系数和营业费用率的做法。

（4）相对稳定和适时调整原则。肉牛保险费率的厘定要考虑相对稳定性，不宜经常变动，以便于经营核算的管理，也有利于适应肉牛保险业务的季节性和阶段性规律。同时，经过一定时期开展业务的检验，在对经营情况进行全面分析研究后，针对肉牛保险费率做出上调或下浮的决定。

（三）国内不同地区主要实践及区别

目前，我国不同地区由于各自具体情况的不同，在保险金额和费率的设计上存在着明显的差异。我国部分地区肉牛保险金额与保险费率的实际情况如表 3-10 所示。

表 3-10　国内不同地区肉牛保险的保险金额与保险费率

地区	肉牛保险金额与保险费率
四川省	保险金额 5000 元/头，保险费率 8%，养殖户自缴 80 元/头
贵州省	保险金额 6000 元/头，保险费率 5%，保险费 300 元/头
广西壮族自治区	保险金额 5000 元/头，保险费率 6%，保险费 300 元/头
山西省	保险金额 5000 元/头，保险费率 4.95%，保险费 247.5 元/头
福建省	每头肉牛保险金额为 6000 元或 12000 元两档，由投保人自由选择；财政按最高不超过 3%的保险费率标准予以补贴

资料来源：根据各省、市、自治区财政补贴性农业保险相关文件和网络公开资料整理。

如表 3-10 所示，各地区在肉牛保险金额和保险费率的设计上略有差异。四川省、广西壮族自治区和山西省的肉牛保险金额为每头 5000 元，而贵州省的肉牛保险金额为每头 6000 元，福建省在肉牛保险金额的设计上有所创新，其将肉牛保险的保险金额划分为两档，分别为 6000 元/头和 12000 元/头，由投保人自由选择。各地区肉牛保险的保险费率存在较大差异，四川省的保险费率为 8%，保费中养殖户自缴 80 元/头，其余由政府补贴缴纳；贵州省、广西壮族自治区和山西省的保险费率分别为 5%、6%和4.95%，均无政府补贴，保费全部由养殖户自缴；福建省的肉牛保险规定其保费按最高不超过 3%的保险费率标准予以补贴。

第五节　肉牛保险的查勘定损与理赔

一、查勘定损

查勘指保险公司接到投保人的报案，组织相关人员进行灾害的调查、核对等工作，最终为理赔提供依据。定损指确定灾害发生的损失金额，作为最终理赔的依据。

在接到被保险人的灾害发生通知后，保险公司应立即组织相关人员到灾害现场查勘，主要程序包括：①接到投保人的报案通知；②组织相关人员到达灾害现场；③灾害现场勘查，确定灾害是否属于保险责任范围及损失的数量；④确定灾害损失。

（一）肉牛保险查勘技术及特点

1. 肉牛保险查勘定损的具体程序①

（1）保险公司在接到报案后，会要求查看肉牛养殖保险的保单和花名册，以确认保险标的、保险金额、保险期限等承保内容，投保人要积极提供这些材料，并确保其准确性。

（2）调查、取证。查勘人员到达现场后，必要时向投保人、饲养人员及投保人周围的人问询事故和损失的一些具体情况，相关人员应该如实回答，并且被询问人需要在询问记录上签字以保证其回答的真实性和准确性。

（3）死亡检查、死亡时间的鉴定。根据投保人的描述，保险公司人员会对肉牛的尸体进行细致的检查和验证，并对肉牛生前疾病的性质、死亡时间的长短、肉牛死后的变化等做出正确判断。

2. 查勘定损环节应当注意的要点问题

（1）肉牛死亡标的与承保标的一致性。目前，各地区在肉牛承保环节往往要求参保肉牛耳标佩戴率达到100%，同时还要保证对参保肉牛的牛头、两侧花纹进行拍照留档。因此，在接到报案调派后，查勘人员应当首先对出险肉牛进行耳标及照片的对比工作，确保出险肉牛必须是承保肉牛。

（2）核查畜龄并调取出险肉牛的防疫记录。核查畜龄的目的是防止投保人将未达投保畜龄或临近淘汰的肉牛通过保险来转移损失。调取出险肉牛的防疫记录，主要是核实被保险人是否按规定进行相关疫苗的注射，若发现被保险人的防疫记录缺失或未按规定注射疫苗导致肉牛死亡的，保险人可依据条款规定予以拒赔。

（3）核实死亡肉牛的出险原因是否为保险责任范围内原因。由于肉牛的死亡原因检测难度较大，部分原因往往需要通过实验室分析后才能确定，因此，需要聘请一定数量的、在当地具有权威性的专业兽医参与查勘定损。同时，为保证责任认定准确及时，需要在第一时间安排专业技术人员进行现场查勘。

（4）准确核实出险肉牛的患病时间。由于部分地区肉牛饲养较为集中且数量巨大，保险人员在短时间内很难确定投保肉牛是否真正符合承保条件，这就容易出现肉牛带病投保的情况。为杜绝此类现象，一方面必须要求承保公司将验险工作做实做细；另一方面，也可以通过专业兽医对肉牛死亡及时间的判断，对带病投保肉牛做到严密防范，这里要注意判断投保时间和对疾病观察期的相关规定。

---

① 龙文军. 细数农业保险[M]. 上海：上海财经大学出版社，2011：99.

（5）合理评估肉牛残值。由于肉牛个体价值较大，一些参保农户往往在保险公司理赔后，将死亡或待扑杀肉牛按牛皮、牛肉、牛血清分别进行处理，从而获取一定金额的额外收益。若条款中没有对死亡肉牛的尸体处理做出明确规定，往往容易导致肉牛养殖户为获取双重收益而诱发道德风险。一般情况下，按照国家有关规定，因一、二类传染性疾病导致死亡或强制扑杀的肉牛，应当进行焚烧、深埋等无害化处理，这里必须要与动物检验部门做好协作，防止病死肉牛流入市场。

（6）查勘人员的自我防护措施。当前，肉牛疫病多呈现人畜共患性质，这为一线查勘人员带来较大的人身风险。为此，现场查勘人员在查勘过程中必须严格佩戴必备的防护装备，在查勘结束后做好手、脸等外露部位的清洗和消毒工作，做到防患于未然。

（二）国内不同地区主要实践及区别

我国部分地区肉牛保险查勘定损的相关要求，如表 3-11 所示。

表 3-11　国内不同地区肉牛保险查勘定损要求

地区	肉牛保险查勘定损要求
山东省、内蒙古自治区、江苏省、安徽省	①保险人收到被保险人的赔偿保险金的请求后，应当及时做出是否属于保险责任的核定；情形复杂的，应当在 30 日内做出核定；②保险人应当将核定结果通知被保险人
河南省	①保险人收到被保险人的赔偿请求后，应当及时就是否属于保险责任做出核定，并将核定结果通知被保险人；②情形复杂的，保险人在收到被保险人的赔偿请求后 30 日内未能核定保险责任的，保险人与被保险人根据实际情形商议合理期间，保险人应在商定的期间内做出核定并将结果通知被保险人

资料来源：根据各省、市、自治区财政补贴性农业保险相关文件和网络公开资料整理。

如表 3-11 所示，各地区的肉牛保险条款中对于查勘定损的具体要求大体相同。山东省、内蒙古自治区、江苏省和安徽省对于肉牛保险查勘定损的要求可分为两步：第一步，保险人收到被保险人的赔偿请求后，应及时核定出险原因是否属于保险责任范围，情形复杂的，应在 30 日内做出核定；第二步，将核定结果通知被保险人。河南省的肉牛保险查勘定损要求则是在其他各省的基础上对第一条做了详细的补充规定，即"当核定出险原因是否属于保险责任范围时，情形复杂导致 30 日内未能核定保险责任的，保险人与被保险人应根据实际情形商议合理期间，保险人应在商定的期间内做出核定并将结果通知被保险人"。

二、理赔

肉牛保险理赔是指保险肉牛发生保险责任范围内的事故并造成损失时，保险人根据保险合同规定，对被保险人进行经济补偿的一项专业性很强的工作。肉牛保险理赔，是经济补偿职能的最终实现。准确而及时的损失补偿，有利于被保险人及时恢复生产。

（一）肉牛保险的理赔及特点

1. 肉牛保险理赔的原则

肉牛保险的赔偿处理是一项困难多、难度大、技术性强的工作。根据这些特点，必须遵循一定的理赔原则，才能减少赔偿处理工作或避免失误。

（1）及时查勘，严格核损。及时进行现场查勘和核损是提高理赔质量的基础，现场查勘的重点有两个方面：一是看出险原因是否属于保险责任，二是看出险肉牛是否是保险标的。及时而准确的现场查勘，可以有效防止冒名顶替等事件的发生。严格核定损失肉牛的程度，以此作为最终理赔的依据。

（2）重条款，守信誉。肉牛保险的赔偿处理工作比较复杂，涉及的问题较多，既有技术方面的，又有政策方面的，所以在具体核赔时，应以肉牛保险条款为依据，严格区分出险原因中的保险责任和除外责任，恪守补偿信用，既要杜绝人情赔款，又要做到不惜赔。

2. 肉牛保险理赔的方法

目前，肉牛保险的理赔方法为：查勘现场时，基层公司保险查勘人出具事故定损单，双方在定损单上签字，以示达成赔款协议。保险人回单位办理赔案，经批复后，保险公司转账直赔给被保险人或者被保险人到基层公司去领赔款。

（二）肉牛保险理赔金额的确定

肉牛保险的理赔金额，一般按照条款承保时确定的保险金额，考虑出险时保险标的的市场价格变化因素，扣除除外责任和疾病观察期内的损失，扣除免赔款来计算。实际操作中，保险肉牛发生保险责任范围内的死亡，通常按照以下两种方式进行赔偿。

（1）保险肉牛发生保险责任范围内约定的疫病或意外事故：

$$赔偿金额=每头保险金额 \times 死亡数量$$

（2）政府因高传染性疫病实施强制扑杀导致保险肉牛死亡的：

$$赔偿金额=（每头保险金额-每头肉牛政府扑杀专项补贴金额）\times 死亡数量$$

发生保险事故时，如果保险单载明的保险数量小于其可保数量时，可以区分保险数量与非保险数量的，保险人以保险单载明的保险数量为赔偿计算标准；无法区分保险数量与非保险数量的，保险人按保险单载明的保险数量与可保数量的比例计算赔偿。如果保险单载明的保险数量大于其可保数量时，保险人以可保数量为赔偿计算标准。所谓可保数量是指符合保险标的规定的保险肉牛的实际养殖数量。若保险肉牛每头保险金额高于出险时的市场实际价值时，则保险肉牛每头最高赔偿金额不超过出险时的市场实际价值。

（三）国内不同地区主要实践及区别

不同地区在肉牛保险理赔业务的执行和赔偿金额的设置方面存在着明显的差异。我国部分地区肉牛保险理赔的相关要求如表 3-12 所示。

各地区对于肉牛保险理赔业务的执行规定完全相同，具体实施方法为"保险人核定责任范围之后，对属于保险责任的，与被保险人达成赔偿保险金的协议后 10 日内，履行赔偿义务；对不属于保险责任的，在做出核定之日起 3 日内向被保险人发出拒绝赔偿保险金通知书，并说明理由"。

表 3-12　国内不同地区肉牛保险理赔要求

地区	保险理赔金额要求
安徽省	保险肉牛发生保险责任范围内的死亡，死亡肉牛的残体应按畜牧兽医部门规定处理，保险人按下列方式计算赔偿： 发生本保险合同中列明的保险事故，①若保险肉牛尸体重量低于 500 公斤，按尸重与 500 公斤的比例计赔；②若保险肉牛体重超过 500 公斤，按 500 公斤计赔。 计算公式：赔偿金额=死亡数量×每头保险金额×尸重/500
江苏省	保险肉牛发生保险责任范围内的损失，保险人按以下方式计算赔偿： ①发生炭疽杆菌病、白血病等列明的高传染性疫病的保险事故：每头赔偿金额=每头保险金额×赔付比例×（1-绝对免赔率）；②发生政府扑杀事故：每头赔偿金额=每头保险金额×赔付比例×（1-绝对免赔率）—每头肉牛政府扑杀专项补贴金额；③赔付比例为：4 月龄 20%、5 月龄 30%、6 月龄 40%、7 月龄 50%、8 月龄 60%、9 月龄 70%、10 月龄 80%、11 月龄 90%、12 月龄 100%
山东省	保险肉牛发生保险责任范围内的死亡，保险人按以下方式计算赔偿：当肉牛死亡，赔偿金额=（收购犊牛成本＋每天养殖成本×已养殖天数）×（1-免赔率），且以每头保险金额为限；已养殖天数指从投保人进行犊牛收购到保险事故发生时的养殖天数
内蒙古自治区	①保险肉牛因保险责任范围内的疾病、自然灾害或意外事故死亡的，根据保险肉牛出险时的起保月数，保险人按照以下方式进行赔偿：单头肉牛赔偿金额=单头肉牛保险金额×赔偿比例；②赔偿比例为：起保月数为 1～4 个月 60%；4～8 个月 80%；8～10 个月 90%；10 个月以上 100%；③因高传染性疫病政府实施强制扑杀导致保险肉牛死亡的，保险人按以下方式计算赔偿： 单头肉牛赔偿金额=单头肉牛保险金额×赔偿比例—每头肉牛政府扑杀专项补贴金额；总赔偿金额=单头肉牛赔偿金额×出险数量
河南省	保险肉牛发生保险责任范围内的损失，保险人按以下方式计算赔偿： 赔偿金额=每头保险金额×死亡数量—免赔额或赔偿金额=每头保险金额×死亡数量×（1-免赔率）

资料来源：根据各省、市、自治区财政补贴性农业保险相关文件和网络公开资料整理。

如表 3-12 所示，关于肉牛保险理赔金额的计算，各省区都各具特点，差异较大。

安徽省对于肉牛保险理赔金额的规定如下：当保险肉牛发生保险责任范围内的死亡时，赔偿金额=死亡数量×每头保险金额×尸重/500，并且对公式中的每头肉牛保险金额如何确定做了明确界定。

江苏省对于赔偿金额的规定分为两种：①因保险肉牛发生责任范围内列明的高传染性疫病造成保险理赔时，每头赔偿金额=每头保险金额×赔付比例×（1-绝对免赔率）；②因政府扑杀造成保险理赔时，每头赔偿金额=每头保险金额×赔付比例×（1-绝对免赔率）-每头肉牛政府扑杀专项补贴金额，其中根据出险肉牛的畜龄对赔付比例进行了明确规定。山东省的肉牛保险赔偿金额计算方法如下：赔偿金额=（收购犊牛成本＋每天养殖成本×已养殖天数）×（1-免赔率）。内蒙古自治区根据保险肉牛出险原因的不同分为两种赔偿方式：①因保险责任范围内的疾病、自然灾害或意外事故死亡的，根据保险肉牛出险时的起保月数，按相应的赔偿比例进行赔偿。计算公式为：单头肉牛赔偿金额=单头肉牛保险金额×赔偿比例，条款中对不同起保月数对应的赔偿比例进行了明确规定。②因高传染性疫病政府实施强制扑杀导致保险肉牛死亡的，单头肉牛赔偿金额=单头肉牛保险金额×赔偿比例-每头肉牛政府扑杀专项补贴金额。河南省较其他各省而言，规定相对简单，即当保险肉牛发生保险责任范围内的损失时，赔偿金额=每头保险金额×死亡数量-免赔额。

本章小结

肉牛保险是政府履行农业可持续发展战略的重要手段，在稳定扩大肉牛养殖、帮助养殖户分散和降低养殖风险等方面具有重要作用，是我国肉牛产业不断向前发展的"保护伞"。本章围绕肉牛保险共分为 5 节进行阐述。第一节介绍了肉牛养殖的基本特点及面临的主要风险；第二节界定了肉牛保险的概念、分类及特点；第三节至第五节分别对肉牛保险的保险标的、保险责任、责任免除、保险期限、保险金额与保费、查勘定损、理赔等内容的确定方法及特点进行了详细介绍，并且比较分析了国内不同地区肉牛保险经营实践情况。

案例

把贫困户的养殖风险降到最低

——新型保险助力环京津草牧业增收脱贫行动试点纪实

"有了保险托底，我就能放心养牛了。"58 岁的河北省隆化县山湾乡北沟村 1 组贫困户徐景明在牛圈边说道。老两口现在养的 10 头牛，全部参加了肉牛保险，3200 元的保费，自己只出了 640 元，剩下的 2560 元则由政府承担。更让徐景明高兴的是，他苦于缺钱不能多养牛的烦恼也靠保险给解决了。2018 年 6 月 29 日，他成功申请到保险公司 5 万元"险资直投"贷款，多养 5 头牛的愿望实现了，靠养牛脱贫的日子也不远了。

为徐景明养牛脱贫增收解除后顾之忧的是农业农村部畜牧业司和保险公司联合在隆化县试点的"联办共保"和"险资直投"扶贫新模式。

"通过产业扶贫工作的探索实践与思考，我们深切地感到，除了充分发挥好国家扶贫政策项目主力军的作用，有效调动社会力量参与，形成'组团式扶贫'的合力，才能更全面持续地推进产业扶贫。而金融保险资本的介入，能够起到重要的支撑保障作用。"农业农村部畜牧业司副司长孔亮说道。为撬动社会资本参与产业扶贫，支持环京津地区草牧业发展，率先探索金融支持产业发展的经验，2017 年 12 月初，农业农村部畜牧业司与保险公司就畜牧业保险新产品和"险资直投"支持畜牧业扶贫新模式达成共识，将环京津 28 个贫困县作为双方合作的重点推进区域，优先选择丰宁、隆化两县作为试点区域，双方共同组建调研团队，很快提出了丰宁的"肉牛+政融保"和隆化的"险资直投+联办共保"精准扶贫模式。

"肉牛产业作为隆化县第一主导产业，正处于转型升级、提质增效的关键时期。此次试点开展'险资直投'和'联办共保'业务，让贫困户在保险护航下增强了自力更生实现脱贫的能力。"隆化县委常委、副县长、农业农村部挂职干部田双喜说道。"联办共保"采取"基本+补充"的方式对全县肉牛投保，其中"基本"部分由县财政统保，保费和保额为总保额的 80%；"补充"部分由参保对象自愿选择，保费和保额为总保额的 20%。保险公司对全县存栏肉牛予以承保，目前已对在保险责任范围内的死亡肉牛进行了现场勘验，进入理赔阶段，预计赔款 221 万元，为贫困户养牛构筑了最后一道防线。

"险资直投"则重点扶持肉牛养殖以及后续配套的深加工。田双喜介绍，县担保服务中心与人保财险设立风险金共管账户，县政府首期注入风险金 1000 万元，人保财险按照 1:10 的比例进行贷款融资，建档立卡贫困户每户不超过 10 万元，养殖大户每户不超过 30 万元，市级以下养牛企业、家庭农场、农民专业合作经济组织不超过 100 万元，市级以上农业产业化龙头企业不超过 300 万元。为了加快脱贫攻坚步伐，县政府参照省内"政银企户保"模式，对 100%带动贫困户、符合条件的融资对象实行全额贴息，贫困户个人贷款同样实行全额贴息。

河北省农业农村厅畜牧兽医局副局长顾传学充分肯定了丰宁和隆化的试点工作。他表示，"联办共保"和"险资直投"业务为贫困地区草食畜牧业发展注入了新的动力，相信随着试点工作的不断深入，环京津 28 个县的贫困户将在"保险+融资"的助力下，依托自然区位优势，通过发展养殖业真正实现增收脱贫。

资料来源：农民日报，2018-08-10。

思考：

您如何理解案例中利用保险帮助肉牛养殖贫困户获得贷款这一模式？

关键词

肉牛保险；肉牛保险标的识别；肉牛保险责任范围；肉牛保险除外责任；肉牛保险保费；肉牛保险理赔

思考题

1. 简述肉牛养殖面临的主要风险。
2. 肉牛保险的类型有哪些？分别有什么特点？
3. 简述肉牛保险标的识别的主要方法及特点。
4. 肉牛保险责任范围主要包含哪些内容？
5. 肉牛保险除外责任确定的特点是什么？
6. 简述肉牛保险费率厘定的方法及特点。
7. 肉牛保险查勘定损环节应当注意哪些问题？
8. 肉牛保险理赔金额的确定有哪几种方式？

本章主要参考文献

[1] 崔姹，王明利. 当前我国肉牛业发展形势分析及未来展望[J]. 中国畜牧杂志，2017，53（09）：154-157.

[2] 胡向东，王明利. 我国肉牛养殖风险及影响因素分析[J]. 中国农业大学学报，2017，22（2）：144-156.

[3] 姜天龙，韩星焕. 农户投保肉牛养殖保险意愿的实证分析——基于吉林省肉牛农户的调查[J]. 中国畜牧杂志，2015，51（18）：46.

[4] 裴光，庹国柱. 农业保险统计制度研究[M]. 北京：中国财政经济出版社，2009.

[5] 黄元亮. 实用农业保险[M]. 桂林：广西师范大学出版社，2003.

[6] 张代军. 保险学[M]. 杭州：浙江大学出版社，2010.

[7] 高文平. 农业保险[M]. 西安：陕西科学技术出版社，1994.

[8] 任素梅. 农业保险概论[M]. 北京：中国农业出版社，1995.

[9] 龙文军. 细数农业保险[M]. 上海：上海财经大学出版社，2011.

第四章　其他大牲畜保险

【本章学习目标】
1. 熟悉马养殖保险的主要技术要点。
2. 了解驴养殖保险的主要技术要点。
3. 了解骆驼养殖保险的主要技术要点。
4. 熟悉牦牛养殖保险的主要技术要点。

其他大牲畜保险是以马、驴等其他大牲畜为保险标的的一种保险，属于养殖业保险的一种，是保险标的的所有者（包括集体和个人）将自己饲养的且符合保险条件的大牲畜向保险人投保，并按双方约定向保险人缴纳保险费，保险人就保险标的因遭受保险责任范围内的损失，按照保险合同约定，对被保险人进行经济补偿的保险。

第一节　马养殖保险

一、马养殖概述

（一）马养殖的基本特点

1. 生理特点

目前世界上存栏的马匹数量大约有 7000 万匹，包括 300 多个品种。我国是养马大国，养马总数量排在世界前列，我国马的品种大致分为 5 个类型：蒙古马、西南马、河曲马、哈萨克马和西藏马。其中，蒙古马在我国马品种中所占数量最多，约占我国现有马匹总数的 68%，主要分布于内蒙古自治区、东北和华北大部及西北的一部分地区。西南马约占我国马匹总数的 16%，是我国地方品种中仅次于蒙古马的第二大类型；西南马原称川马，是我国地方马种中的小型马，分布在云贵高原及其延伸部分，包括云南、四川、贵州、广西及湖北西部山区，以及陕西南部、福建沿海。排在第三位的是哈萨克马，其养殖数量约占我国现有马匹总数的 10%。而河曲马和西藏马在我国的养殖数量相对较少。

相比其他大牲畜，马具有更为强大的嗅觉、味觉及听觉能力。其中，马的嗅觉是很发达的，信息感知能力非常强，它能在听觉或其他感知器官没有察觉的情况下很容易接收外来的各样信息，并能迅速做出反应。马的味觉感知能力也很强，马依靠味觉进行咬嚼性探究活动，马的口腔和舌分布有味觉感受器，亦称为味蕾，这些味蕾多集中于轮廓状乳突、蕈状乳突和叶状乳突之中。马的听觉能力非常发达，马耳位于头的最高点，耳翼大，耳肌发达，动作灵敏，旋转变动角度大，无须改变体位或转动头部，仅靠耳郭的运动就能判断声源方向。发达的嗅觉与灵敏的味觉、听觉及快速而敏捷的动作完美结合，是千万年来马进化成功之处，也是马能够不断为人类做出贡献的主要生理特征。

2. 饲养特点

马善奔跑，所以相比其他大牲畜，马的养殖环境及场所需要设置较大的运动场，运动场面积以养殖户的管理承受能力为度，越大越好。马匹运动场的地面一般为土壤和沙子的混合地面，这样会减少马匹蹄部的磨损，起到保护蹄部作用。运动场也可以种植一些青草，供马匹在散步时食用。此外，在赛用马的养殖过程中，需要单独设置鞍具室，鞍具室要干燥防潮，大小应能装下所需要的马具物品，并且需要设置固定的鞍具架。

同样，马养殖过程中也难免会遭受各种疫病风险，无论是赛事运动马还是肉用马，所患疾病种类大体相似，包括消化器官疾病、呼吸系统疾病、心血管疾病等。赛用马更容易患一些外科疾病，如颌骨骨折、鞍挽具伤、包皮炎、关节挫伤、关节扭伤等。马易患疾病主要包括以下三类。

第一类是马的病毒性传染病，包括非洲马瘟、马传染性贫血、马传染性鼻肺炎、马病毒性动脉炎、马脑脊髓炎、委内瑞拉马脑脊髓炎、波纳病、马传染性支气管炎。

第二类是马的细菌性传染病，包括马流行性淋巴管炎、马传染性子宫炎、幼驹红球菌性肺炎、马传染性胸膜肺炎。

第三类是马寄生虫病，包括马圆线虫病、马副蛔虫病、马尖尾线虫病、马脑脊髓丝虫病、马副丝虫病、马胃丝虫病。

现实中，为了避免或减少马匹疫病造成的损失，马匹疫病防治有以下几种方法。

（1）定期检疫动物疾病。按照现行检疫防治机制定期对牲畜疾病进行检验与检疫，确保能够及时发现并治疗动物疾病，避免疾病的扩散和传播。

（2）严格控制饲养环境。动物养殖环境需要定期消毒、清洗并通风，以免病毒滋生；定时对动物粪便进行清理，积极开展排污工作，可有效降低发病概率。

（3）注重加强饲养环节的管理。对动物的常发疾病要始终坚持预防为主、防治结合的基本原则，重视人为因素在动物疾病防治中的积极作用，构建科学合理的饲养机制。

（4）加大疾病防控技术的投入力度。在强化疾病防控效果方面，应在管理机制与管理工作人员到位的基础上增加科学技术投入力度。

3. 我国养马产业发展概述

我国是养马大国。中华人民共和国成立至 1985 年间，我国的马匹养殖主要用于军马、农耕役用，少量食用。这一阶段我国养马业呈快速发展阶段，马匹数量快速上升，至 1977 年达到最高峰 1144.5 万匹，居世界第一位。1985 年以后，随着我国经济发展的转型，机械化和现代化发展迅速，机械耕作和运输逐步替代了畜力，军马和农耕役用马大量退出，使我国的养马数量呈现锐减趋势。到 2015 年，我国马匹存栏量减至 700 万匹。与此同时，我国马匹的用途也发生了变化，大部分用作国内外举办各种赛事的骑乘型马和食品开发的乳肉用马。但是纵观全世界，我国养马总数量仍排在世界前列，仅次于美国的 950 万匹。

随着我国经济发展的转型，国内富裕人群数量不断增加，马术运动逐渐兴起，马术爱好者及养马育马者不断增加，我国对运动马的需求量呈现上升趋势。可以预见，养马产业在今后会保持良好发展态势，取得新突破、新进展。

【拓展阅读】

赛马在中国

目前中国有马场 500 多家，骑马爱好者约 40 万。但能进行专业马术比赛的马不过几百匹，且几乎全部是进口的。20 世纪 80 年代后期，营利性马场出现，一些富人开始进行休闲骑马运动。到了 20 世纪 90 年代中后期，有富豪开始从国外购买名贵赛马回国。到 21 世纪，马迷们形成圈子，许多人向职业化靠拢。他们到国外学习，目标是成为专业骑手，高质量的赛马开始成批引进，比赛增多，中国现代赛马初具雏形。2008 年北京奥运会，中国选手第一次参加马术比赛。奥运会后，进口赛马、骑手出国培训、国际赛事合作等项目，达到前所未有的高峰。

资料来源：凤凰网-财经，2012-06-07。

（二）马养殖面临的主要风险

马养殖面临的主要风险有自然风险、意外事故、疫病风险和赛事运动风险。肉用马和赛用马面临的自然风险、意外事故、疫病风险几乎相同，本节内容不做区分；而赛事运动风险主要针对赛用马而言。

1. 自然风险

马的养殖特点决定其对自然环境的依赖性较强，易受自然灾害的影响。根据遭受自然灾害的种类，马养殖的自然风险主要分为两类。

一是气象灾害风险，主要包括暴雨、洪水、风灾、雷电、冰雹、冻灾等。气象灾害在自然灾害中最为频繁，一旦发生，对马匹的影响较严重。

二是地质灾害风险，包括泥石流、山体滑坡、地震等。地质灾害的发生不仅会直接破坏马厩等相关设施，对马匹的生理健康也会造成损害，使养殖者遭受巨大损失。

自然风险的形成是不可控的，并且具有周期性，自然灾害所造成的后果具有共沾性，即自然风险事故一旦发生，其涉及的对象往往很广。因此，常用的风险分散方法可按照事前、事中和事后进行。①事前预防：加强气象预报精确度，通过精准的监测预警和有效的防范措施，将灾害性天气造成的灾害程度降至最低，可达到防灾减损的目的。②事中控制：养殖者需要在发生自然灾害时，积极采取有效的减损措施，通过一定的补偿办法，尽最大可能减少损失，使损失成本降到最低。③事后措施：自然灾害发生之后，通过相应的措施，例如，彻底消除病死马匹、全面加强环境消毒工作、紧急开展疫病综合防治、加强检疫监督工作和及时做好灾后重建工作等，以使损失程度降到最低。

2. 意外事故风险

马匹的意外事故风险指马匹在从事生产或圈养期间所发生的预想不到的伤残和死亡事件，如火灾、爆炸、建筑物倒塌、空中运行物体坠落等。意外事故风险是外来的、突发的、不可预见的、非本意的和非疾病的，可导致牲畜直接死亡。对于意外事故风险，更多的是通过加强日常饲养管理措施，如建立消防安全制度、配备消防装备、加强防火安全管理等进行风险分散。

3. 疫病风险

马匹疫病风险具有不确定性，是造成养殖业高风险的重要因素。根据常患疾病的类型，马匹养殖的疫病风险主要分为两类。

一是传染性疾病风险，主要包括口蹄疫、传染性鼻气管炎、结核病、巴氏杆菌病等。这类疾病传染性强，影响较广，马匹一旦感染便很难有效分散，往往导致大面积受灾，从而对养殖者造成巨大的经济损失。而且其中一些疾病为人畜共患病，如口蹄疫和结核病，这些疾病的发生不仅影响马匹养殖的经济效益，还有可能威胁到人类的生命健康。

二是常见疾病风险，主要包括消化器官病、四肢病、寄生虫病等多发疾病。这类疾病虽不如传染性疾病影响范围大，但也会对马匹的正常生产和繁育造成一定危害，使养殖者遭受经济损失。

4. 赛事运动风险

赛事运动风险针对赛用马而言，赛事运动马在训练或比赛中，容易出现碰伤、扭伤等意外状况，引发颌骨骨折、鞍挽具伤、骨折、关节挫伤、关节扭伤等疾病。这些风险是赛马俱乐部不可避免的，治疗需要大额的开销，增加了赛马俱乐部盈利的不确定性。

除上述自然风险、意外事故、疫病风险和赛事运动风险的影响外，在马匹养殖过程中，养殖、配种或防疫技术落后导致的技术风险及国家相关政策变化带来的制度风险等，都可能会影响到养殖主体的生产行为，进而给养殖者造成严重的经济损失。

二、马养殖保险概述

马养殖保险是以饲养的马匹为保险标的，对在保险期间内发生约定的灾害事故造成的经济损失承担赔偿责任的保险。根据投保人需求及用途的不同，目前马匹保险可分为商业性马匹综合保险、参赛马匹保险和高端马匹保险。按照风险保障范围不同，可分为马匹死亡保险和永久丧失参赛能力的马匹保险。

【拓展阅读】

马匹保险的起源

马匹保险作为一种特殊保险，最初由国际马匹保险的专业机构——劳合社保险承保人创立并在劳合社市场内交易。伦敦作为马术运动的故乡，也是马匹保险最主要的承保市场，吸引着世界各地（如德国、荷兰、澳大利亚等）的客户。经过几十年的运作，如今整个伦敦马匹保险市场每年的保费收入已过亿，其中由劳合社市场承保的份额占到70%左右。

一般投保的马匹分为两种：运动马及纯种马。运动马包括我们平时看到的参加马球及马术三项赛、障碍越野、盛装舞步的马匹；而纯种马包括用作骞马和狩猎马的成年纯种公马或母马及马驹。马匹保险根据马匹用途的不同，可以提供包括死亡、因意外事故暂时丧失用途或永久丧失用途、兽医费、运输途中发生意外等保障。专业保险公司还能针对马匹进出口为养马场、马术马球俱乐部、马术运动员等提供一系列意外及责任保险保障。

资料来源：凤凰网-财经，2012-06-07。

在国外，马术运动经过数百年的发展，整个行业已经形成了一个很成熟的产业链，马术产业的发展极大地推动了马匹保险的发展。国外为马匹购买保险是一种很常见的行为，马主和俱乐部为了保障马匹的安全，降低名贵马匹因为意外带来的损失风险，通常都会给自己的马匹购买保险。据有关数据显示，英国仅伦敦的马匹保险市场每年的保费收入就已达数亿英镑。同时，围绕马术运动，马术保险在国外已经发展成为一项专业保险，保险险种众多，且覆盖了马术运动的方方面面，主要开发了骑手人身意外伤害保险、俱乐部经营责任、马匹专业人员职业责任保险、大额医疗费用保险、马匹运输保险等产品。一般来说，按类别可分为意外险、财产险等，按用途可分为运输险、场地险等。

相对于国外发展成熟的马匹保险来说，中国的马匹保险尤其是参赛马匹保险较长时间内都处于一种空白状态，但随着马术爱好者及养马、育马者不断增加，市场对于马匹保险的需求越来越多。目前国内已经有部分保险公司开始尝试开展马匹死亡保险和参赛马匹保险。

【拓展阅读】

我国首个马匹保险今日产生

由管虎执导的电影开拍在即，参演电影的明星马"银龙"经过中国马业协会的马匹登记、身份认证、体检及价值评估等多个环节之后，成为我国首匹投保的马匹。

明星马"银龙"投保发布会今日在北京西坞乡村马术俱乐部举行。这正式开启了我国马产业中马匹保险的先河。

为马匹投保，是保障马主权益、保障马匹福利的有效举措。在马业发达国家，马的保险是马产业链条中十分成熟和重要的一个环节。而在我国，马匹保险也逐渐得到马主和相关人员及机构的重视。

据国家马属动物安全福利中心主任白煦介绍，马匹保险不仅保障马匹福利，而且通过保险公司的评估标准，也将形成对马匹价值的重要参考，对产业的规范发展提供依据。

2016 年 1 月，中国马业协会与中国人民财产保险股份有限公司就共同推进马匹保险签署合作协议，共同支持和促进中国马保险事业的推广和发展。中国马会负责对其会员马匹进行登记管理及身份认证，出具体检报告，对马匹价值进行评估，提供评估价格作为设定保额依据，并向中国人保提供拟参保马匹健康状况的专业意见，作为马匹参保的重要依据。

资料来源：搜狐网，2016-12-17。

三、主要技术要点

本节主要关注马养殖保险，而对于骑手人身意外伤害、俱乐部经营责任、马匹专业人员职业责任等其他马术保险并不涉及。有关马养殖保险技术要点的阐述，主要围绕马匹死亡保险和参赛马匹保险展开。

（一）马匹死亡保险

1. 承保条件的确定

马匹保险的承保条件是按照养殖业保险的原则和要求，在承担保险责任前须对保险标的进行审查和核实，以保证承保质量。一般有以下几个方面的要求。

（1）马匹的饲养管理正常，无伤残，无疾病，能按免疫程序接种且有记录，经畜牧兽医部门和保险人验体合格。

（2）马匹存栏量 5 匹（含）以上，且品种在当地饲养 1 年以上。

（3）马匹的年龄条件。马匹的生长周期可以分为幼年期、青年期、成熟期和衰老期。一般在 15 周岁后体力开始下降，丧失使用价值，而其最佳年龄是 2～15 周岁，因此保险要求的年龄是在 2 周岁（含）以上 15 周岁（不含）以下。

2. 保险责任与责任免除

由于病毒性动脉炎、西尼罗河热、传染性胸膜肺炎、传染性贫血、急腹症（疝痛）、结症、肠梗阻造成保险马匹死亡的，保险人按照本保险合同的约定负责赔偿。保险期间内，因交通工具碰撞、意外摔跌造成保险马匹死亡或丧失原有功能价值的，保险人也负责赔偿，但须减扣保险马匹交通工具第三者责任险赔付金额（在事故车辆承担第三者责任险赔付金额前提下）。

责任免除条款，一般有以下几条。

（1）投保人及其家庭成员、被保险人及其家庭成员、投保人或被保险人雇用人员的故意行为、管理不善。

（2）行政行为或司法行为。

（3）在疾病观察期内患有保险责任范围内的疾病。

（4）被政府或任何有权行使司法管辖权的个人及组织罚没或征用。

（5）由于疫病暴发，政府实施强制扑杀。

（6）被盗、走失、饥饿、触电导致灭失或死亡。

（7）未按规定的免疫程序接种、未采取综合防疫措施，或投保人、被保险人隐瞒疫情不向动物防疫部门报告又未采取有效措施。

此外，凡是未列明的保险责任都是责任免除的范围。

3. 保险期间与保险金额

保险期间是马匹保险责任的起止时间。凡公民、集体所有制单位和个人所有的 2 周岁（含）以上 15 周岁（不含）以下的种公马、母马、普通马，饲养管理正常，无伤残疾病，均可参加保险。马匹保险期限为 1 年，保险期间开始之日起 15 日（含）内为保险马匹的疾病观察期。从起保日 0 时起至保险到期日 24 时止，期满另外续保，续保的马匹免除观察期。

保险金额根据当地马匹的平均价值由投保人、保险人双方协商确定，同时马匹保险实行绝对免赔率，每次事故的绝对免赔率各地区略有不同，一般为保险金额的 10%。

4. 赔偿处理

被保险人在参保马匹出现保险事故后须立即（一般为 24 小时内）通知保险人查勘现场，并提供马匹死亡原因诊断书（兽医部门的鉴定书），被保险人对保险马匹不具有保险利益的，不得向保险人请求赔偿保险金。

保险责任一经确定后，如因列明的疾病造成保险马匹死亡的，保险人按照保险金额扣除绝对免赔率后进行赔付；列明的意外事故造成保险马匹死亡的，如损失为第三者造成的，应直接由第三者责任险进行赔付。通常情况下，马匹死亡保险的被保险人向保险人请求赔偿的诉讼时效期间为两年，自其知道或者应当知道保险事故发生之日起计算。

（二）参赛马匹保险

1. 承保条件的确定

保险公司在承担保险责任前须对保险标的进行审查和核实，以保证承保质量。一般有以下几个方面的要求。

（1）饲养管理正常，无伤残、无疾病，按免疫程序接种且有记录，经畜牧兽医部门和保险人共同验体合格。

（2）投保牲畜必须为参赛牲畜，并且具有标的可识别性。

2. 保险责任与责任免除

在保险期间内，由于下列原因直接造成保险马匹丧失比赛功能的，保险人依照保险合同的约定负责赔偿。

（1）自然灾害：洪水（政府行蓄洪除外）、冰雹、暴风、暴雨、雷击、龙卷风。

（2）意外事故：火灾、爆炸、摔跌、淹溺、空中运行物体坠落、固定物体倒塌。

通常情况下，下列原因造成的损失、费用，保险人不负责赔偿。

（1）投保人及其家庭成员、被保险人及其家庭成员、投保人或被保险人雇用人员的故意行为、管理不善。

（2）行政行为或司法行为。

（3）冻、饿、中暑、互斗、被盗、走失、电击。

（4）战争、军事行动、敌对行为、武装冲突、罢工、骚乱和暴动。

（5）保险牲畜遭受保险事故引起的各种间接损失。

3. 保险期间与保险金额

参赛马匹保险的保险期间一般以赛期为周期，但也存在部分产品进行了更为详细的规定，如最长不超过 1 个月等。

保险金额一般根据马匹的平均价值由投保人、保险人双方协商确定，并在保险单中载明。

保险金额=每头保险金额×保险数量。其中，保险数量以保险单载明数量为准。

同样，参赛马匹保险实行绝对免赔率，每次事故绝对免赔率一般为 10%。

4. 赔偿处理

被保险人在参保马匹出现保险事故后须立即（一般为 24 小时内）通知保险人查勘现场，并提供马匹伤残原因诊断书（兽医部门的鉴定书），被保险人对保险马匹不具有保险利益的，不得向保险人请求赔偿保险金。

在理赔数量确定上，当发生保险事故时，保险单载明的保险数量小于其可保数量时，若无法区分保险参赛马匹与非保险参赛马匹的，保险人按保险单载明的保险数量与可保数量的比例计算赔偿。而若保险单载明的保险数量大于其可保数量时，保险人以可保数量为赔偿计算标准。

在保险金额确定上，当发生保险事故时，若保险牲畜每头保险金额低于或等于出险时的实际价值，则以每头保险金额为赔偿计算标准；若保险牲畜每头保险金额高于出险时的实际价值，则以出险时的实际价值为赔偿计算标准。

四、主要特点概述

与传统养殖业保险相比，马匹保险属于起步较晚的险种，是一种特殊的养殖业保险。同时，相比其他大牲畜保险，马养殖保险的保额不稳定，导致马养殖保险在国内发展相对缓慢。具体表现在以下两方面：一方面，马匹的价值难以确定。现实中，马匹的价值会随着各种因素的变化而不断变化。例如，马匹在马术比赛中取得成绩或者受伤、俱乐部的管理水平、幼马的调教、马匹血统体系的划分、运输和平时训练以及比赛中发生的各种突发事故等原因都有可能使马匹的价值发生变化。此外，进口马与国产马鱼目混珠，品质参差不齐，目前国内尚没有建立完善、统一的马匹血统登记系统，马匹的价值不明确，而进口马匹的价格昂贵，易发生骗保，给保险行业造成一定的损失；另一方面，对于参赛马保险来说，国内马术行业尚处于成长阶段，还没有制定相关的行业规定，建立权威的参赛马匹价值评估体系，形成完善的产业链和成熟的机制。马匹保额不稳定，并且目前国内还没有形成一种长效的机制来制定赔付标准，因此，国内保险公司为降低经营风险，开发并提供马匹保险产品的积极性相对较低，导致了国内马养殖保险业发展缓慢。

第二节　驴养殖保险

一、驴养殖概述

（一）驴养殖的基本特点

1. 生理特点

我国幅员辽阔，存在不同品种的驴。驴按体型可分为大、中、小三型，大型驴主要分布在农业发达、饲料条件优越的中部平原、丘陵地区，如关中驴、庆阳驴、德州驴、晋南驴等，这种驴体高为 130～150 cm；中型驴如泌阳驴，这种驴体高为 110～130 cm；小型驴主要有干旱沙漠生态类型的新疆驴、干旱半荒漠生态类型的凉州驴、黄土丘陵沟壑区的西吉驴，驴体高为 85～110 cm。

在采食特点方面，驴的胃容积小，只相当于同样体型大小的牛的1/5。养殖者投放饲料时，应少喂勤加。驴采食慢，进食慢，咀嚼食物次数多。驴牙齿牢固坚硬，可食用粗硬饲料。驴的呕吐中枢不发达，所以不能呕吐，一次采食过多的饲料，易造成胃扩张，甚至出现胃破裂的情况。因此，饲喂驴要定时定量，切勿超量投喂饲料。

与其他大牲畜相比，驴肉具有较高的商品价值。驴肉蛋白质含量比牛肉、猪肉高，而脂肪含量比牛肉、猪肉低，是典型的高蛋白质、低脂肪食物。生活中有"天上龙肉，地上驴肉"的谚语，以此来形容驴肉之美。此外，驴肉含有动物胶、骨胶原和钙、硫等成分，能为体弱、病后调养的人提供良好的营养补充。驴肉不仅营养极为丰富，同时具有补气血、益脏腑等功能，对于积年劳损、久病初愈、气血亏虚、短气乏力、食欲缺乏者皆为补益食疗佳品。

2. 饲养特点

驴养殖过程中，养殖场所的场址选择、驴棚设计、场内布局方面等都有一定的规范标准。例如，驴养殖场所应建在平坦干燥、背风向阳、排水良好、水源充足、无遮阴物、未被污染和没有发生过任何传染病的地方，且应考虑饲草料运送、饲养管理和供电的方便。而驴养殖区主要包括驴棚和运动场，其中，驴棚之间要保持适当距离，布局整齐，以便防疫和防火。驴棚布局还应注意适当集中，以节约水电线路管道，缩短饲草饲料及粪便运输距离，便于科学管理。

同样，驴养殖过程中也难免会遭遇各种疫病的影响，常见疾病及主要防治措施如表 4-1 所示。

表 4-1 驴养殖常见疾病及防治措施

疫病名称	症 状	防治措施
马腺疫	发病时肉驴的鼻、咽喉部位发炎，下颌肿大，身体发热，体温可达 40～41℃，还可表现为食欲缺乏、精神不振、行动不便。随着病情发展，下颌肿大处破溃，流出脓液，造成全身化脓性炎症	防治方法：在发病前期可在下颌肿大处涂抹碘酊，加快其化脓破溃，将已经化脓变软部位切开排脓，再用稀释的高锰酸钾水清洗即可痊愈。而如果病情已经发展到全身化脓性炎症，则要静脉注射青霉素才可治愈
疥癣病	病驴在患病后皮肤极痒，出现脱毛现象，患处会出现流黄水和结痂。病驴常出现啃咬，磨墙擦桩，烦躁不安，无法正常采食和休息，长此以往会导致其生长缓慢、消瘦严重，冬季时可因毛发大面积脱落，保暖效果低而冻死	防治方法：疥癣病主要在于预防，应经常擦洗驴身，做好驴舍卫生，发现患病驴及时隔绝，防止感染其他驴。患病后可用敌百虫溶液喷涂或洗刷患部，每 3～4 天喷涂或洗刷一次，半月即可痊愈
支气管肺炎	肉驴在发病时表现为精神沉郁，身体发热，呼吸急促、困难，还可伴有杂音	防治方法：发病时首先要消除炎症，可用磺胺制剂或抗生素治疗，或者静脉注射青霉素，效果极佳

资料来源：张伟，王长法，黄保华. 驴养殖管理与疾病防控实用技术[M]. 北京：中国农业科学技术出版社，2018。

3. 我国养驴产业发展概述

据统计，目前全国毛驴饲养量为 700 万头左右，远远满足不了日益增长的消费需求。而造成我国毛驴资源急剧下降的主要原因是大部分省份以牛羊养殖为主导产业，对肉驴生产没有合理的发展规划及品种改良项目。随着机动车的普及，毛驴的役用价值越来越低，毛驴的饲养量逐渐减少。一些地方的农民没有养驴的习惯，或者片面认为养驴不如养猪、牛、羊赚钱。加之未掌握市场信息，不了解驴肉行情，导致肉驴生产发展缓慢。

需要指出的是，随着人们生活水平的提高和保健意识的增强，驴肉渐成餐桌新宠，其消费量呈现逐年增长的趋势。近年来，源于驴肉的天然绿色特性和营养保健功效，全国各地逐渐兴起一股驴肉消费热潮。国内部分地区以市场为导向，依据当地地理条件，引进和培育本地优良肉驴品种，大力发展肉驴这一特色养驴业，在满足市场需求的同时，极大提高了养殖者的生产经营收入。可以预见，我国养驴产业未来将呈现良好的发展态势。

（二）驴养殖面临的主要风险

驴养殖过程中，自然条件、气候环境、市场、政策环境、生产者行为等因素都可能对驴养殖带来不确定的影响。驴养殖面临的主要风险如下文所述。

1. 自然风险

自然风险是指由于自然界不可抗力的不规则变化给养殖者的养驴行为带来损失的风险，养驴产业对自然环境的依赖较强，尽管随着现代养殖技术及生产水平的提高，可以人工改善环境，但依然摆脱不了自然灾害的困扰。驴养殖的自然风险主要表现为三类。

一是农业气象灾害风险，即由于气候条件的不规则变化引发的自然灾害，如暴雨、风灾、雷击、冰雹、冻灾等。

二是农业地质灾害风险，即由于自然变异或人为因素的影响，地质表层或地质体发生明显变化时对驴养殖造成的危害。地质灾害对驴养殖的危害既有对驴及养殖设施的机械性破坏，也有对驴生理造成的缓慢损害。

三是农业环境灾害风险，即由于生态恶化、环境破坏等对驴养殖造成的危害，如地下水污染、水资源匮乏、大气污染、全球性气温升高等。

自然灾害的发生是不可抗拒的，养殖户只能通过各种措施设法进行分散、补救和恢复。其中，参加保险是养殖户分散、降低自然灾害风险损失的重要措施。

2. 疫病风险

驴养殖过程中，疾病风险的防控尤为重要，一旦患病，就会影响驴的生产或繁殖性能，进而可能会引起驴的淘汰、死亡，给养殖者带来巨大的经济损失。

3. 市场风险

驴养殖过程中的市场风险主要是指在驴肉生产和销售过程中，由于饲料、兽药及设备等生产资料价格上涨，或者驴肉销售价格与生产资料价格不能同步增长造成养驴经济损失的风险。

除上述自然风险、疫病风险和市场风险的影响外，在养殖过程中，意外突发事件、人为恶意破坏、养殖或防疫技术落后导致的技术风险及国家政策变化带来的制度风险等，都可能会影响养殖者的生产行为，进而给养殖者造成严重的经济损失。

二、驴养殖保险概述

驴养殖保险是以饲养的肉驴作为保险标的的一种牲畜保险。按照保险性质的不同，养驴保险可以划分为商业性驴养殖保险和财政补贴性（地方）驴养殖保险；按照保障范围的不同，养驴保险可以划分为驴养殖死亡保险和驴成本价格保险；按照保险标的的不同，养驴保险又可以划分为驴驹养殖保险和成年驴养殖保险。

【拓展阅读】

聊城推出全国首个黑毛驴养殖保险

为推动金融精准扶贫，聊城市金融办引导保险机构围绕聊城市养驴扶贫五年行动计划积极开展黑毛驴特色养殖保险业务，聊城市保险经办机构制定了全国范围内的首个针对黑毛驴养殖的保险条款，并在聊城地区逐步推广，带动了黑毛驴养殖户脱贫致富。

一是积极创新，为养殖户、养殖企业提供风险保障。黑毛驴特色养殖保险业务主要为黑毛驴在饲养过程中因疾病或意外死亡的损失提供风险保障。每头黑毛驴每年投保60元，如果期间黑毛驴因病死亡或意外死亡，养殖户可以获得4000元的保险赔款。2015—2016的两年时间里，共承保存栏黑毛驴16530头，提供风险保障6612万元，产生赔款86.10万元，简单赔付率已达到96.58%。

二是银保合作，缓解养殖户、养殖企业融资压力。聊城市保险经办机构通过与潍坊银行聊城分行开展合作，养殖户、养殖企业在投保黑毛驴特色养殖保险业务的同时约定贷款银行为保单第一受益人，保险赔款优先偿还贷款，超出贷款额部分归养殖户所有，有效分担了银行信贷业务风险。

三是先行试点，逐步推广。黑毛驴特色养殖保险最初在东阿和阳谷两个县区进行试点，随着业务经验的积累和养殖规模的不断扩大，承保业务在全市范围内逐步铺开。

资料来源：中国驴产业网，2017-12-26。

二、主要技术要点

有关驴养殖保险技术要点的阐述，主要围绕驴养殖死亡保险和驴养殖成本价格保险展开。

（一）驴养殖死亡保险

1. 承保条件的确定

驴养殖死亡保险在承保条件的确定上与其他大牲畜养殖死亡保险类似。一般有以下几个方面的要求。

（1）饲养场所内部布局及圈舍环境符合畜牧兽医部门要求和卫生防疫规范，能够保证饲养质量。

（2）饲养场所在当地洪水水位线以上的非蓄洪、行洪区。

（3）投保的肉驴品种必须在当地饲养 1 年（含）以上。

（4）饲养管理正规，外观体貌正常，无伤残，按免疫程序接种且有记录，经畜牧兽医部门和保险人验体合格。

同时，被保险人应将符合上述条件的肉驴全部投保。

2. 保险责任与责任免除

驴养殖死亡保险的保险责任基本类似于马养殖死亡保险的责任，包含意外事故、自然灾害和疫病等。基本内容包括以下几个方面。

（1）火灾、爆炸。

（2）暴风、龙卷风、暴雨、洪水、冰雹、雷电、泥石流、山体滑坡。

（3）建筑物体倒塌、空中运行物体坠落。

（4）疾病、疫病。

（5）高传染性疫病，政府实施强制扑杀导致保险驴死亡的，保险人也负责赔偿。

通常情况下，下列原因造成的损失、费用，保险人不负责赔偿。

（1）投保人及其家庭成员、被保险人及其家庭成员、投保人或被保险人雇用人员的故意行为、管理不善。

（2）保险肉驴在疾病观察期内患有疾病、疫病。

（3）行政行为或司法行为。

（4）地震及地震次生灾害。

（5）冻、饿、中暑、中毒、被盗、走失、淹溺、阉割及互斗致死、淘汰宰杀。

（6）违反防疫规定或发病后不及时治疗。

（7）药物反应、服用假药。

（8）保险肉驴未按免疫程序接种。

3. 保险期间与保险金额

保险期限通常为 1 年，自保险期间开始之日起 20 日（含）内为保险肉驴的疾病观察期。保险期间届满续保的肉驴，免除观察期。

由于驴养殖死亡保险是以健康有生命的肉驴作为保险标的，投保肉驴的保险价值主要是由投保时肉驴的经济价值决定。现实中，肉驴的经济价值更多的是由肉驴的市场销售价格反映的。其中，肉驴的品种、畜龄等生理特点，饲料与驴肉的价格等市场环境因素，都会影响肉驴的市场销售价格。现实中，保险金额由投保人与保险公司参照投保肉驴的品种、畜龄协商确定，并在保险合同中载明。

4. 赔偿处理

保险事故发生后，被保险人一是应该尽力采取必要、合理的措施，防止或减少损失，否则对因此扩大的损失，保险人不承担赔偿保险金的责任。二是及时通知保险人，并说明事故发生的原因、经过和损失情况；故意或者因重大过失未及时通知，致使保险事故的性质、原因、损失程度等难以确定的，保险人对无法确定的部分，不承担赔偿保险金的责任，但保险人通过其他途径已经及时知道或者应当及时知道保险事故发生的除外。三是保护事故现场，允许并且协助保险人进行事故调查。

被保险人请求赔偿时，应向保险人提供保险单正本（或保险凭证），索赔申请书，损失清单，畜牧兽医部门出具的死亡证明，投保人、被保险人所能提供的其他与确认保险事故的性质、原因、损失程度等有关的证明和资料。

投保人、被保险人未履行前款约定的义务，导致保险人无法核实损失情况的，保险人对无法核实的部分不承担赔偿责任。

（二）驴养殖成本价格保险

1. 承保条件的确定

驴养殖成本价格保险在承保条件的确定上与驴养殖死亡保险类似。一般要求饲养场所内部布局及圈舍环境符合畜牧兽医部门要求和卫生防疫规范，能够保证饲养质量；保险标的外观体貌正常，无伤残，按免疫程序接种且有记录，经畜牧兽医部门和保险人验体合格；饲养场所在当地洪水水位线以上的非蓄洪、行洪区等。

2. 保险责任与责任免除

在保险期间内，保险肉驴每头市场销售收入低于驴犊成本和饲养成本之和的，保险人按照本保险合同约定负责赔偿。

而当保险肉驴每头市场销售收入高于驴犊成本和饲养成本之和时，保险人不负责赔偿。同时，如果保险肉驴发生死亡损失，并且保险人已承担死亡责任的，即使保险肉驴在约定出栏月出现每头市场价格低于每头保险金额的损失，保险人也不负责赔偿。

3. 保险期间与保险金额

驴养殖成本价格保险的保险期间与驴养殖死亡保险类似，通常为 1 年，并设有一段时间的疾病观察期，保险期间届满续保的肉驴，可免除观察期。

保险肉驴的每头保险金额参照保险肉驴的养殖成本（包括驴犊成本、饲养成本），由投保人与保险人协商确定，并在保险单中载明。

保险数量、每头保险肉驴的驴犊成本、饲养成本等信息由保险人、投保人和政府相关部门共同核实、登记，并在保险单中载明。

4. 赔偿处理

保险肉驴在保险期间内，发生本保险合同约定的价格责任范围内的损失，保险人按以下方式计算赔偿：

每头赔偿金额＝［（每头驴犊成本＋饲养成本）－（每千克出栏价格×每头出栏重量）］×（1-每次事故免赔率）

$$价格责任赔偿金额＝\Sigma 每头赔偿金额$$

每头出栏重量由政府相关部门实地核实确定。每千克出栏价格以政府相关部门发布的出栏月当月每千克平均出栏价格为准。

同时，发生保险事故时，若保险肉驴每头保险金额低于或等于出险时的实际价值，则以每头保险金额为赔偿计算标准；若保险肉驴每头保险金额高于出险时的实际价值，则以出险时的实际价值为赔偿计算标准。

四、主要特点概述

驴养殖保险，尤其是养殖死亡保险，与奶牛、肉牛等保险产品具有很多类似的特点，如保险标的的生物性、疾病及死亡原因鉴定的技术性、保险公司经营的高风险性等。但肉驴相比其他大牲畜，抗风险能力高，不易生病，发生疫病死亡风险的概率相对较低；同时，肉驴的尸体价值相对较高，可作为药用（制作阿胶），在发生意外事故（不影响肉驴尸体价值情况下）进行保险理赔时，应适当考虑扣除肉驴的残值。

第三节　骆驼养殖保险

一、骆驼养殖概述

（一）骆驼养殖的基本特点

早在公元前 3000 年，生活在世界各地沙漠地带的人类已经开始驯养骆驼，并出现依赖骆驼为生的骆驼牧民，以骆驼奶、骆驼肉甚至骆驼血等作为食物。同时，人们利用骆驼耐寒、耐饥渴、耐粗放等特点，驯养骆驼作为役畜，用于驮运和骑乘，甚至组建骆驼骑兵等。养殖骆驼成本低、效益高，具有毛、肉、乳、役、皮等多种用途，为沙漠地区人们的生产与生活带来了极大便利，尤其在骑乘、驮运、耕地、挽车、抽水等方面发挥着其他家畜及交通工具难以替代的作用，素有"沙漠之舟"的美誉。我国的骆驼养殖史可以追溯到殷、周时代。我国骆驼养殖主要在内蒙古、新疆、甘肃、宁夏、青海等气候干燥、雨量稀少、风大沙多、植被稀疏的荒漠半荒漠地区。骆驼也是这些地区独有的畜种之一。随着经济的发展及人民生活水平的提升，人们对骆驼奶等骆驼业制品的消费需求也逐渐提高，骆驼养殖业成为这些地区的主体产业经济。

1. 生理特点

骆驼世世代代繁衍生息的荒漠地带自然条件恶劣，水草贫乏，骆驼之所以能够在这样的条件下生存并成为这类地区的主要畜种，是因为在优胜劣汰的自然选择下，骆驼的身体构造及器官功能的特征造成了它对荒漠地带严峻自然条件独特的适应性。

（1）耐饥耐渴性。

即便对骆驼没有过任何了解或研究的人，也都或多或少知道骆驼的耐饥饿和耐渴能力。对骆驼的耐饥耐渴性研究一直是以实际实验的方式进行。据最近的实验显示，在无水、草供给的情况下，骆驼的生命临界值为 63 天；在只供给草的情况下，骆驼的生命临界值为 78 天；在只供给水的情况下，骆驼的生命临界值为 110 天。由此可以看出，骆驼有超强的耐饥耐渴性，且在生命活动中，水比草更重要。

骆驼之所以耐饥耐渴是由其独特的生理机制所造就的，一是由于骆驼可以采食其他牲畜采食不到的植被或其他牲畜不愿意采食的植被；二是由于骆驼可以很好地节约能量。据研究表明，在静止状态下，骆驼每小时代谢水平仅为马的 62%，在负重行走情况下每小时代谢水平也仅是马的 30%。骆驼具有持久的耐渴性，一方面骆驼有着较强的储水能力，这主要归功于骆驼的血液中有一种蓄水能力极强的白蛋白且其血液中单位容积内的红细胞的携氧比其他家畜高 50%；另一方面，骆驼喜食盐，所以它的体液中含盐量极高，这也是骆驼蓄水能力强的一个原因。

（2）耐热抗寒性。

骆驼所生长的荒漠地区，夏季温度一般均在 30℃以上，冬季温度则会骤降为 -30～-20℃。骆驼之所以可以在这种极端燥热及严寒的气候下生存是由于在夏季骆驼会脱光绒毛露出黑色的皮肤，以便散热，且骆驼肘端、胸部和后膝等部位有较厚的角质，当骆驼卧地休息时，可以利用这些角质将身体与灼热的地面分离；在冬季，骆驼全身厚实的绒毛确保了体温不散失。同时，骆驼在夏秋两季抓膘期所储藏的能量及脂肪也是帮助其抵御寒冷的一个重要因素。

（3）耐粗饲料性。

骆驼的上唇呈纵裂状兔唇形，下唇尖而游离，活动灵活，能觅食小草及啃食低矮的灌木丛。骆驼有着发达有力的牙齿，且其咬肌强壮有力，可以采食其他畜种所不能采食的叶小多刺、矮而稀疏、纤维化和木质化程度高的灌木。骆驼的唾液腺发达且胃囊中有着大小不同的 300 多个腺囊，可以帮助骆驼很好地软化及消化所觅食的植物。

骆驼的胃壁肌层厚实，蠕动有力，这也是骆驼可以采食其他家畜不能采食灌木的原因之一。

2. 骆驼的饲养要求

如前所述，骆驼作为荒漠半荒漠地区独有的畜种，对恶劣的自然条件有着超强的适应性，因此，发展骆驼生产是充分利用荒漠、半荒漠地区资源的有效途径。但现实中由于自然条件限制及骆驼产业未得到充分开发等原因，骆驼饲养量逐年大幅度下降，并且饲养模式仍以自然放牧为主。然而，在长期的实践中，牧民也总结出了一套成功的饲养模式，主要包括放牧、补饲、管理三个方面，以下将对其进行简单的介绍。

（1）骆驼的放牧要求。

一方面，骆驼的放牧应分群进行。应该根据实际情况，如饲养骆驼数量、草场大小及植被情况等决定如何分群及分群规模。例如，当所饲养骆驼数量达到100驼以上，可根据驼龄、性别分为母驼群与骟驼群，其中，母驼群主要包括产仔母驼、怀孕母驼、3～4岁青壮母驼以及驼羔；骟驼群主要包括各年龄段的骟驼以及3～4岁的公驼。

另一方面，要采取跟群放牧方式。改变野牧方式的有效手段之一是采取跟群放牧。牧工在跟群放牧时，可根据骆驼采食、饮水与行走等情况及时发现患病骆驼，从而采取积极的治疗和措施避免不必要的损失。采取跟群放牧的好处之一是牧工可以根据草场植被采食情况，积极转换草场进行放牧，这样做一方面可有效地保护草场，另一方面可合理地利用草场。

（2）骆驼的补饲要求。

首先，骆驼所生长的荒漠半荒漠地区植被覆盖较少，不具备从本地区割晒干草的条件，而从外地购进草料运输成本较高，牧民一般难以接受。而且，在正常年景，骆驼全天放牧也不需要对其进行补饲。

其次，在灾害年，干旱少雨造成草场植被稀少，不能提供满足骆驼正常生理活动所需要的能量，此时应该适当对骆驼进行补饲；在春冬季节也应对部分羸弱的骆驼进行补饲；对那些劳役任务重和体力消耗大的骆驼也应进行适当的补饲。

再次，骆驼的生理特性决定了其食量大、耐粗饲及消化能力强等特点。因此，在进行补饲时要以粗饲料为主，如各种农作物秸秆、树枝、树叶和晒制的干草等。

最后，骆驼区别于一般家畜，对盐有着特殊的需求。所以，对骆驼应进行经常性的补盐，以满足其正常的新陈代谢。

（3）驼群管理要求。

首先，骆驼与其他家畜类似，性格温顺、胆怯及防御能力差，所以驼工在接近骆驼时一定要动作缓慢，轻声招呼，不要使骆驼有危险感，否则会由于动作粗暴惊扰驼群，造成人、驼的损失。

其次，驼龄3岁时是一个重要的时间点。幼驼在3岁时要穿鼻棍；不用作种驼的公驼要在3岁时去势，以便于管理；不论公驼、母驼，在3岁时都要对其进行骑乘训练。

最后，圈养骆驼的舍饲不需要特别精细，提供一个遮风避雨防寒的圈棚即可。搭建圈棚所用材料可就地取材，卷棚选址要遵循空气清新、地势干燥的原则。唯一需要注意的是，由于骆驼身形高大，搭建圈棚时要注意圈门的高度及宽度，尽量让骆驼可以轻松出入。有条件的牧户还可以将圈棚内部分割成几部分，可分别用作骆驼休息、产棚及病驼养病等区域。

（二）骆驼养殖面临的主要风险

骆驼养殖面临的风险主要包括疫病风险、自然风险、意外事故及市场风险。

疫病风险是养驼业发展面临的重要障碍，根据疾病种类，可将骆驼常见疾病分为传染病、寄生虫病及普通病3类，每种类型又可分为若干亚型。例如，传染病主要包括驼痘、口蹄疫、炭疽、布鲁菌病、棒状杆菌病、巴氏杆菌病与狂犬病等；寄生虫病主要包括锥虫病、棘球蚴病、喉蝇蛆病与疥螨病等；普通病主要包括急性瘤胃鼓气等。

自然风险与意外事故会给骆驼带来伤亡风险，主要集中在以下几个方面：一是由于意外事故，导致骆驼伤残或死亡；二是由于干旱导致草场资源匮乏，骆驼长期营养不良，乏累致死；三是从死亡原因看，还可分为资源匮乏导致死亡（身体乏累、抵抗力下降）、交通事故伤亡（公路上与车辆发生意外事故）、围栏缠绕致死（生态保护项目和牧户自行拉设的围栏缠绕头颈部等）、跌倒后意外伤残（颈椎折断、仰卧无法站立等）或死亡、疾病（狂犬病、痢疾、生殖道疾病等）死亡和自然灾害直接导致死亡（冻死）。其中，自然风险主要包括疾病、暴雨、洪水（政府行蓄洪除外）、雷击与冻灾；意外事故风险主要包括火灾、爆炸、建筑物倒塌、空中运行物体坠落、围栏缠绕、意外跌倒、摔倒及狼害等。

市场风险主要是由于与骆驼相关产品的价格波动对生产者造成损失的风险。由于骆驼养殖业商品化程度逐渐提升，市场风险逐渐成为骆驼饲养者所面临的主要风险。骆驼业所面临的市场风险主要包括由于驼绒价格、驼奶价格及驼肉价格波动，造成的牧户收益损失。

【拓展阅读】

阿拉善双峰驼

27万平方公里的阿拉善高原，由山地、荒原、沙漠、戈壁等地貌组成。我国2/3的双峰驼生活在乌兰布和、腾格里、巴丹吉林沙漠，因此成就了阿拉善"双峰驼之乡"的美称。

有人说，沙漠是死亡之海。但沙漠却是骆驼生活的天堂，骆驼在沙漠里总能找到适合自己生存的地方。沙漠时不时狂风大作、飞沙走石，很多动物纷纷逃离或横尸于此。而阿拉善的双峰驼总是极其安然地站立于风中，彰显着自信和昂然，成为一道风景、一种文化、一种精神，人们也把这种不屈的站立，视作精神坐标的高点。

骆驼可以闭着眼睛在风中慢慢行走，从容地走出风暴，却不会迷失方向。阿拉善的牧民悉心地观察过，在昏天黑地的风沙里，除了骆驼，没有其他动物敢顶风迈出一步。骆驼在风暴中能够准确定位，无误前行，得益于它们的耐力和头脑中辨识方向的记忆。骆驼的嗅觉功能很完善，不仅能嗅得几公里甚至十几公里以外的水草信息，而且在沙尘飞舞的时候，可以任意调整气息，让鼻孔像大门一样关合自如，把飞到鼻孔前的每一粒细小的沙粒拒之门外。水是生命之源，骆驼对水有超常的敏锐性，它能准确找到地下一二米深的水源。在夏季，骆驼卧下来休息的地方必定离水很近，它常常利用水的潮湿帮助自己降温。牧民掌握了骆驼这一特性，如果在放牧时缺水，就会在骆驼卧下的地方用锹掘水，不久便会有清泉汩汩冒出。草是骆驼维系生命的必要食粮，柔软的草被骆驼食用后就能聚集起巨大的能量，支撑起庞大身体在沙漠里速行和奔跑，厚实实肉墩墩的脚蹼之下荡起水波一般的细浪。骆驼的身形巨大注定了它获取食物数量之多，它不挑食，吃到嘴里的就是粮食，反刍后再咽下的就是能量。

骆驼是沙漠里重要的交通工具，有"沙漠之舟"的美誉。阿拉善的骆驼是最好的运输工具，凭着它强健的脚力，把阿拉善的无烟煤、吉兰泰的湖盐运到民勤、运到兰州、运到关内，甚至更远。骆驼一身都是宝，毛驼绒制品是馈赠亲友的上品。

资料来源：阿拉善右旗文化旅游局官网，2018-06-25。

二、骆驼养殖保险概述

骆驼养殖保险是以饲养的骆驼为保险标的，对在养殖过程中发生约定的灾害事故造成的经济损失承担赔偿责任的保险。

理论上来说，骆驼养殖保险可以包括针对生产风险（如死亡及疫病保险等）的传统骆驼养殖保险、针对市场风险的骆驼保险（如价格及收入保险等）和其他骆驼保险类型（如盗窃险、养殖环境和设备险等）。针对市场风险的骆驼保险及其他保险类型仍停留在理论探讨阶段，在我国实施的条件还未成熟，但是未来骆驼保险发展的大趋势一定是开发并推广出针对各类风险的骆驼保险产品。本节所介绍的骆驼养殖保险类型只涉及骆驼死亡保险。

骆驼死亡保险，是指投保户所饲养的标的骆驼，在有效保险期间内发生保险责任范围内所列明原因造成的死亡，保险人对被保险人进行经济赔偿的一种保险。

骆驼死亡保险属于传统骆驼养殖保险。与其他传统养殖保险一样，骆驼保险也同样受到道德风险、逆向选择及运营成本过高等问题的影响。

【拓展阅读】

全国首单骆驼养殖保险在内蒙古阿拉善盟出单

2017年3月，某农业保险公司开发的全国首单骆驼保险在内蒙古阿拉善出单。当天，内蒙古阿拉善盟阿左旗苏木图嘎查牧民林某为自己所饲养的100多峰双峰驼购买了保险，保险公司的工作人员也来到嘎查，为被保险的骆驼进行了拍照、登记。在谈及自己对骆驼保险的看法时，林某表示，骆驼保险对牧民来说作用很大、意义非凡，母驼难产、有重大疾病或者发生交通事故所造成的骆驼死亡都可以获得赔偿，从而减少了牧民的损失。

据该保险公司内蒙古阿拉善地区负责人表示，凡是驼龄在 1 岁以上、20 岁以下符合条件的骆驼，均可购买保险。

在阿拉善地区骆驼保险推出的前一年年底，阿拉善地方政府制定出台了《阿拉善盟 2016 年新增地方政策性农业保险保费补贴实施方案》。根据此方案，骆驼保险费由牧民个人承担 30%，政府承担 70%。在保险期间内，由于重大病害、自然灾害、意外事故、难产、狼害、交通事故，导致投保个体直接死亡的，都可获赔。

资料来源：内蒙古日报，2017-03-25。

三、主要技术要点

（一）骆驼保险承保条件的确定

在保险合同中列明并符合下列条件的骆驼，可以作为保险标的，统称为保险骆驼。

（1）饲养管理正常，无伤残、无疾病，能按免疫程序接种且有记录，经畜牧兽医部门和保险人共同验体合格。

（2）骆驼养殖区域处于当地洪水水位线以上的非行洪、蓄洪区内，且不在传染病疫区内。

（3）投保骆驼驼龄在 1 岁以上、20 岁以下。

（4）投保骆驼品种必须在当地饲养 1 年以上。

（5）投保骆驼必须佩戴保险人指定的专用耳标。

从前面章节内容我们可以了解到，承保条件是保险公司接受风险的附加条件，是保险公司借以控制其经营风险的一种手段。

与其他养殖保险类似，骆驼保险在承保条件的确定上必须遵循一定的原则，如对投保人的资格审核、对投保人的信用审核、对骆驼饲养环境与健康状况的审核、对骆驼疫病状况的审核、对骆驼畜龄的审核及对保险区域的审核等。关于这方面的内容由于前文均有涉及，所以本节不做具体描述。

（二）骆驼保险的保险责任范围与责任免除

骆驼保险的保险责任具体是指保险公司将可能出现的会对骆驼养殖户造成损失的风险列入保险合同内，并规定了若发生保险责任内的任意事件并对骆驼养殖户造成了损失，保险公司即对骆驼养殖户进行赔偿。

保险责任范围的鉴定是一个复杂的科学问题，并不属于本书介绍内容，笔者只是根据现有资料梳理，对骆驼保险的责任范围内容做一个简单的阐述。

一般的，在保险期间内，由于下列原因直接造成保险骆驼死亡的，保险人负责赔偿。

（1）重大病害：驼痘、口蹄疫、炭疽、布鲁菌病、棒状杆菌病、巴氏杆菌病、锥虫病、棘球蚴病、喉蝇蛆病、疥螨病、急性瘤胃鼓气、狂犬病等疾病和疫病。

（2）自然灾害：暴雨、洪水（政府行蓄洪除外）、雷击、冻灾。

（3）意外事故：泥石流、山体滑坡、火灾、爆炸、建筑物倒塌、空中运行物体坠落、围栏缠绕、意外跌倒。

（4）难产、狼害。

（5）交通事故：因交通事故第三方造成保险标的死亡，被保险人向第三方索赔的，保险人应积极协助，被保险人也可以直接向保险人索赔，保险人在保险金额内先行赔付被保险人，并在赔偿金额内代位行使被保险人对第三方请求赔偿的权利。

（6）在保险期间内，由于发生高传染性疫病，政府实施强制扑杀导致保险骆驼死亡的，保险人也负责赔偿，但赔偿金额以保险金额扣减政府扑杀专项补贴金额的差额为限。

以上为当前骆驼保险保险责任所规定的内容，从这6条内容我们也可以判断出，当前实行的骆驼保险所保障的只是部分自然风险和部分意外事故。

骆驼保险的责任免除是指保险公司在保险合同中明确规定了一些可能给骆驼养殖户带来损失的风险，且注明这些风险并不在保险公司的理赔范围内，这些风险就是责任免除。

骆驼保险的保险条款列明了下列原因造成的损失、费用，保险人不负责赔偿。

（1）投保人及其家庭成员、被保险人及其家庭成员、投保人或被保险人雇用人员的故意行为、管理不善。

（2）行政行为或司法行为。

（3）淹溺、中毒、互斗、阉割、被盗、走失、触电。

（4）战争、军事行动、敌对行为、武装冲突、罢工、骚乱和暴动。

（5）保险骆驼在疾病观察期内患有保险责任范围内的疾病。

（6）年老、患慢性病久治不愈，应予以淘汰和屠宰的。

（7）保险骆驼患保险责任范围内的疾病，被保险人不及时医治，不认真饲养管理，以致病情加重造成死亡的。

（8）死亡或伤残骆驼无标识，发病、伤残或死亡前后伪装标识及标识号码，毛色、品种与投保信息不符。

（9）保险骆驼因病死亡不能确认无害化处理的。

此外，下列损失、费用，保险人也不负责赔偿。

（1）保险骆驼遭受保险事故引起的各种间接损失。

（2）其他不属于责任范围内的损失、费用，保险人也不负责赔偿。

（三）骆驼保险的保险期限

骆驼保险的保险期限是指，骆驼保险有一段有效时间期，在此时间期内，若发生保险责任范围内的风险且对投保骆驼养殖户造成了损失，保险公司须对其进行赔偿，但是，在此时间段外所发生的一切风险，保险公司将不予理赔。

根据目前笔者所能搜集到的资料表明，骆驼保险的保险期间为1年，具体以保险单载明的起讫时间为准；同时，设15天疾病观察期，自保险期间起始之日0时起至第15日24时止；保险期间届满续保的骆驼，免除观察期。

（四）骆驼保险的保险金额与保费

1. 骆驼保险保险金额的概念及确定原则

骆驼保险保险金额可按照投保标的的生理价值，同时参照市场价格以及饲养成本合理确定。保险骆驼的每峰保险金额根据种公驼、挤奶母驼、骟驼区别投保，以上标准由骆驼养殖户和保险经办机构协商确定，但保险金额一般最高不得超过该品种骆驼市场价格的70%，并应在保险单中载明。

2. 骆驼保险的保费

骆驼保险的保费是指被保险人支付的作为保险人承担保险责任的代价，即投保人为了购买骆驼保险须缴纳的费用。保险费是建立保险基金的主要来源，也是保险人履行义务的经济基础。

（五）骆驼保险的查勘定损及理赔

骆驼保险的查勘定损流程及内容原则上与其他养殖保险大体一致，并无太大出入。但这里还需要特别指出，不论何种养殖保险（包括骆驼保险），在进行查勘定损时，一定要坚持"主动、迅速、准确、合理"的原则。

骆驼保险保险赔偿金额的确定方式应按如下方式进行计算。

（1）发生保险责任，赔偿金额计算如下：

赔偿金额=死亡数量×每头保险金额

（2）发生扑杀事故，赔偿金额计算如下：

赔偿金额=死亡数量×（每头保险金额－每头骆驼政府扑杀专项补贴金额）

四、主要特点概述

由于骆驼饲养受限于地域条件和自然状况，我国的骆驼饲养区都集中在荒漠和半荒漠地况的西北地区。本节所介绍的骆驼养殖保险在我国农业保险市场中仍属于新生事物。但是骆驼养殖保险对于促进西北荒漠化地区骆驼产业的发展意义重大，骆驼养殖保险的出现一方面满足了骆驼饲养者对运用金融工具规避骆驼养殖风险的需求，另一方面对缓解当地政府灾后救济的财政压力起到积极的作用。

第四节 牦牛养殖保险

一、牦牛养殖概述

（一）牦牛养殖的基本特点

牦牛按生存方式可简单分为野生牦牛和饲养牦牛。据统计，我国野生牦牛的数量要大于饲养牦牛，但本节着重介绍饲养牦牛的相关特点。

1. 生理特点

中国牦牛可分为"横断高山型"和"青藏高原型"两大类型，包括九龙牦牛、麦洼牦牛、天祝白牦牛、青海高原牦牛、西藏高山牦牛、木里牦牛、香格里拉（中甸）牦牛、帕里牦牛、斯布牦牛、娘亚牦牛、新疆牦牛 11 个地方品种和大通牦牛 1 个培育品种。其中，列入《中国牛品种志》的有九龙牦牛、麦洼牦牛、天祝白牦牛、青海高原牦牛、西藏高山牦牛 5 个品种。不同的牦牛品种在生理特点上，略有差异。

在繁育方面，牦牛孕期大约为 260 天，每胎产 1 仔，小牛 1 岁后断奶，3～4 岁性成熟，牦牛的寿命一般在 20 岁左右。牦牛耐严寒，适宜在高寒地区繁育生存，是其他哺乳动物难以匹敌的。

在采食方面，牦牛采食速度快，采食时间短，未经过多次咀嚼即迅速吞下，待休息反刍时再进行咀嚼。在投喂之前，应对饲料进行简单的加工处理，如可将饲料进行碾压或稍加粉碎。如果饲料中混入石子、铁丝等坚硬异物，可能刺破胃壁，造成创伤性网胃炎。有时还会刺伤心包，引起创伤性心包炎。

2. 饲养管理特点

牦牛养殖环境是指与牦牛生活、生产有关的一切外部条件，主要包括温度、光照、声音、土壤、地形、空间、空气、水、微生物等。

牦牛主要分布于中国青藏高原海拔 3000 米以上地区，是世界上生活在海拔最高处的（除人类外）哺乳动物，生长生存环境相对恶劣，发病率较高。疾病防治工作在牦牛养殖过程中尤为重要，通过防疫工作可提升牦牛的抗病能力，有效预防疾病对牦牛养殖的影响。牦牛常见疫病及防治措施如表 4-2 所示。

表 4-2　牦牛常见疫病及防治措施

疫病名称	症状	防治措施
牦牛炭疽	多为急性型，病畜体温达 42℃，呼吸困难，黏膜呈蓝紫色、有出血点，瘤胃鼓气，腹疼，全身战栗，昏迷，1~2 天死亡。死前有天然孔出血。病程较长时（2~5 天），可见颈、胸、腹部皮肤水肿	有计划、有目的地预防注射炭疽芽孢苗。发生疫情时，要严格封锁，控制隔离病牛，专人管理，严格搞好排泄物的处理及消毒工作，病牛可用抗炭疽血清或青霉素、四环素等药物治疗
布氏杆菌病	①败血型：病牛体温可高达 41~42℃，精神沉郁、反应迟钝、肌肉震颤，呼吸、脉搏加快，眼结膜潮红，食欲废绝，反刍停止；②肺炎型：主要表现为纤维素性胸膜肺炎症状。呼吸困难，痛苦干咳，有泡沫状鼻汁，后呈脓性。胸部叩诊呈浊音，有痛感	①定期预防注射牛出败氢氧化铝菌苗；②病牛隔离饲养、治疗，注意牛舍消毒
结核病	①肺结核：表现为短促干咳、呼吸急促、咳嗽、消瘦贫血；②肠结核：便秘与下痢交替，后常下痢，混有黏膜和脓；③生殖道结核：只发情，不受胎；④乳房结核：可见乳汁变清且有絮状凝块，乳区肿胀、无痛；⑤淋巴结核：淋巴结肿大，无热痛，形成不易愈合的溃疡	①每年春秋各进行一次变态反应检疫，淘汰有临诊表现的阳性牛及检疫后的阳性牛；②结核患者不得从事养牛；③及时对被污染的养牛场、用具进行严格消毒
口蹄疫	病初体温升高到 40~41℃，食欲减退，流涎，口温增高。在舌面、上下唇、齿龈、蹄部、乳房等处出现大小不等的水泡。经一昼夜水泡破溃，形成边缘整齐的红色糜烂斑	①定期注射口蹄疫疫苗；②疫情发生应及时上报，隔离病畜，封锁疫区，控制、扑杀病畜和同群畜；③对受威胁区动物实施预防接种，建立免疫带；④对被污染的牛舍、工具、粪便、通道等进行彻底消毒；⑤最后一头病牛经处理 14 天后，无新发病例，可解除封锁
牦牛黏膜病	多数呈现隐性感染。急性病例呈现发热、白细胞数减少、口腔及其他消化道黏膜出现糜烂或溃疡、腹泻等症状。慢性病例常有持久感染症状	发生疫情时，要严格封锁，控制隔离病牛，专人管理，严格搞好排泄物的处理及消毒工作

资料来源：郭宪，胡俊杰，阎萍. 牦牛科学养殖与疾病防治[M]. 北京：中国农业出版社，2018。

3. 我国牦牛养殖发展概述

牦牛产业是中央政府和青藏地方政府重点支持的产业，牦牛在雪域高山生存繁衍，具有极强的生存能力和适应能力，是高寒地区不可替代的生产生活资料，可提供奶、肉、毛、革、劳力等生活、生产必需品，在高寒牧区具有不可替代的生态、社会、经济地位。牦牛是我国西部高寒地区重要的经济支柱产业，牦牛业的生产水平及其发展，直接影响到我国高寒草地畜牧业经济的发展水平，并对藏区经济的发展、社会的进步与稳定起到重要的作用。

近年来，随着中央政府和地方政府出台的一系列牦牛产业扶持政策和措施，包括牦牛生产性能测定补贴、牦牛政策保险等。可以预见，我国牦牛产业的发展将会稳步前进。

（二）牦牛养殖面临的主要风险

牦牛是青藏高山草原特有的牛种，生长在海拔 3000～5000 米的高寒地区，牦牛生活环境具有一定特殊性，属于高寒地区的特有珍稀牛种，牦牛面临的主要风险为自然风险和疫病风险。

1. 自然风险

自然风险是指由于自然界不可抗力的不规则变化给养殖者的牦牛养殖行为带来损失的风险。牦牛生存繁衍的高寒地区，自然灾害频发，主要包括风灾、冻灾等；自然灾害的发生是不可抗拒的，养殖户只能通过各种措施设法进行分散、补救和恢复，其中，参加保险是养殖户分散、降低自然灾害风险损失的重要措施。

2. 疫病风险

牦牛养殖过程中，疾病风险的防控尤为重要，一旦患病，就会影响牦牛的生产，甚至造成死亡，给养殖者带来巨大的经济损失。具体常见疾病及防范措施如表 4-2 所示。与自然风险不同，对于牦牛疫病风险，可以通过人为手段进行控制或避免，如通过加强牦牛饲养管理和疫病防控投入等，降低牦牛各种疾病的发病率，减少经济损失，同时也可以利用保险手段进行牦牛死亡风险的分散。

除上述自然风险、疫病风险外，在牦牛养殖过程中，意外突发事件、人为恶意破坏、野兽侵害、养殖或防疫技术落后导致的技术风险，都可能会影响牦牛养殖，进而给养殖者造成严重经济损失。

二、牦牛养殖保险概述

牦牛养殖保险是以饲养的牦牛作为保险标的的一种牲畜保险。理论上，牦牛养殖保险可以包括针对生产风险（如死亡及疫病保险等）的传统养殖保险、针对市场风险的牦牛保险（如价格及收入保险等）和其他牦牛保险类型（如盗窃险、养殖环境和设备险等）。针对市场风险的牦牛保险及其他保险类型仍停留在理论探讨阶段，在我国实施的条件还未成熟。本节所介绍的牦牛养殖保险类型只涉及牦牛死亡保险。

牦牛死亡保险，是指投保户所饲养的标的牦牛，在有效保险期间内发生保险责任范围内所列明原因造成的死亡，保险人对被保险人进行经济赔偿的一种保险。

三、主要技术要点

（一）牦牛保险标的

牦牛保险标的又称为保险牦牛，一般要求畜龄在 1 周岁（含）以上，体重在 40 公斤（含）以上；并且投保牦牛要求营养良好，健康无疾病、无伤残，按照国家相关职能部门的规定饲养、佩戴能识别身份的统一标识，按照免疫程序预防接种，实行规范管理。

（二）牦牛保险的保险责任与责任免除

1. 牦牛保险的保险责任

在保险期间，因下列原因直接造成保险牦牛死亡的，保险人按照本保险合同的约定负责赔偿。

（1）疾病疫病。

（2）自然灾害：暴雨、洪水（政府行蓄洪除外）、风灾、雷击、地震、冰雹、冻灾、雪灾。

（3）意外事故：泥石流、山体滑坡、火灾、淹溺、爆炸、建筑物倒塌、空中运行物体坠落。

（4）野兽侵害。

此外，在保险期间内，由于发生高传染性疫病，政府实施强制扑杀导致保险牦牛死亡的，保险人也负责赔偿，但赔偿金额以保险金额扣减政府扑杀专项补贴金额的差额为限。

2. 牦牛保险责任免除

下列原因造成保险牦牛的死亡、损失及费用，保险人不负责赔偿。

（1）投保人及其家庭成员、被保险人及其家庭成员、投保人或被保险人雇用人员的故意行为。

（2）他人的故意破坏行为。

（3）战争、军事行动、恐怖行动、敌对行为、武装冲突、民间冲突、罢工、骚乱或暴动。

（4）牦牛互斗致死。

（5）违反防疫规定，未按规定免疫程序接种，未采取综合防疫措施或投保人、被保险人在保险牦牛患病后隐瞒疫情不向动物防疫部门报告又未采取有效的减灾措施。

（6）由于药物反应、服用假药导致保险牦牛死亡的。

（7）因年老、有繁殖障碍、患慢性病久治不愈、生产性能下降而淘汰宰杀的。

（8）保险合同约定的饲养地点以外所发生的一切死亡或扑杀。

（9）政府扑杀行为以外的行政行为或司法行为。

（10）水污染、大气污染、核辐射、核子辐射、核爆炸、核污染及其他放射性污染。

此外，下列损失和费用，保险人也不负责赔偿。

（1）保险合同约定的饲养地点以外的运输过程中的自然灾害、意外事故导致保险牦牛死亡的。

（2）保险牦牛遭受盗窃、走失、丢失。

（3）保险牦牛未佩戴能识别身份的统一标识。

（4）保险牦牛因病死亡且不能确认无害化处理的。

其他不属于保险合同责任范围内的损失、费用，保险人也不负责赔偿。

（三）牦牛保险的保险期限

除保险合同另有约定外，牦牛保险的保险期间为 1 年，并以保险单载明的起讫时间为准。

（四）牦牛保险的保险金额

保险牦牛的每头保险金额参照牦牛品种、畜龄以及当地饲养成本，在保险单中载明。

$$保险金额=每头保险金额×保险数量$$

（五）牦牛保险的保险费

$$保险费=保险金额×保险费率$$

（六）牦牛保险的赔偿处理

保险牦牛在保险期限内，发生保险责任范围内的损失，保险人按以下方式计算赔偿。

（1）因疾病疫病、自然灾害或意外事故死亡（野兽侵害除外）的，根据死亡牦牛的畜龄不同，赔偿金额计算公式为：

$$赔偿金额=死亡数量×每头保险金额$$

（2）因野兽侵害导致保险牦牛死亡的，赔偿金额计算公式为：

$$赔偿金额=死亡数量×每头保险金额×25\%$$

（3）因发生高传染性疫病，政府实施强制扑杀导致保险牦牛死亡，赔偿金额计算公式为：

$$赔偿金额=死亡数量×（每头按畜龄不同的赔偿金额-每头牦牛政府扑杀专项补贴金额）$$

四、主要特点概述

牦牛养殖保险，尤其是牦牛养殖死亡保险与奶牛、肉牛等保险产品具有很多类似的特点，例如，保险标的的生物性、疾病及死亡原因鉴定的技术性、保险公司经营的高风险性等。但与其他牛类养殖保险相比，牦牛保险标的（牦牛）是青藏高原地区特有的牛种，生活环境具有一定特殊性，因而牦牛保险的展业、查勘、定损等环节需要考虑青藏高原独特的自然环境特点。

本章小结

本章主要阐述了马、驴、骆驼和牦牛四种大牲畜保险的概念，并从经营实际出发，对上述四类大牲畜保险的主要技术要点进行了梳理介绍。

案例

中航安盟四川分公司自 2013 年在阿坝州红原县开办了四川藏区首个特色牧业养殖保险——牦牛保险，为牧民建立了现代草原畜牧业风险保障机制。

红原县位于中国四川省境内的青藏高原地区，海拔约为 3600 米。畜牧业是当地的支柱产业，而牦牛作为当地牧民的主要收入来源，长年面临疾病、雷电、车祸、野狼袭击等风险。中航安盟在当地落地实施的牦牛保险，可以使投保养殖户在发生牦牛死亡时获得 2000 元/头的保险赔偿，而一头牦牛在市场上的正常出售价格为 5000～8000 元人民币。每头牦牛的参保费用为 130 元，其中 80% 部分可以由当地政府补助。牦牛保险的出现使当地近百万头牦牛获得保障，大大降低了牧民养殖牦牛的风险，对提高农牧民收入、保护当地生态系统、维护藏区社会稳定具有积极影响。

资料来源：中航资本官网，http://www.aviccapital.com/xwzx/gcxu/673889.shtml，2018-08。

思考：

如何看待牦牛保险对提高农牧民收入、保护当地生态系统、维护藏区社会稳定产生的积极影响？

关键词

马养殖保险；驴养殖保险；骆驼养殖保险；牦牛养殖保险

思考题

1. 简述马养殖保险的主要技术要点。
2. 简述驴养殖保险的主要技术要点。
3. 简述骆驼养殖保险的主要技术要点。
4. 简述牦牛养殖保险的主要技术要点。

本章主要参考文献

[1] 丁少群. 农业保险学[M]. 北京：中国金融出版社，2015.

[2] 冯文丽. 农业保险理论与实践研究[M]. 北京：中国农业出版社，2008.

[3] 郭宪，胡俊杰，阎萍. 牦牛科学养殖与疾病防治[M]. 北京：中国农业出版社，2018.

[4] 贺奋义. 动物疫病防治技术[M]. 兰州：甘肃科学技术出版社，2013.

[5] 秦晓冰. 马疫病学[M]. 北京：中国农业大学出版社，2016.

[6] 冉多良. 马病诊断与防治技术实用手册[M]. 北京：中国农业出版社，2015.

[7] 庹国柱，李军. 农业保险[M]. 北京：中国人民大学出版社，2005.

[8] 王绪瑾. 保险学[M]. 北京：高等教育出版社，2017.

[9] 张伟，王长法，黄保华. 驴养殖管理与疾病防控实用技术[M]. 北京：中国农业科学技术出版社，2018.

[10] 张双，杨正雄. 中国马术商业保险的困境及路径探究[J]. 武汉商学院学报，2015（04）：35-37.

第五章　能繁母猪保险

【本章学习目标】

1. 了解能繁母猪养殖的基本特点及面临的主要风险。
2. 掌握能繁母猪保险的概念、类型和主要特点。
3. 熟悉能繁母猪保险经营实务及相关注意事项。
4. 了解国内不同地区能繁母猪保险经营实践及区别。

第一节　能繁母猪养殖概述

一、能繁母猪养殖的基本特点

能繁母猪养殖作为养殖业的重要组成部分，主要是以生产仔猪为主要产品的一种养殖业生产行为。能繁母猪是指具有繁殖能力的母猪，其种类繁多，按颜色划分，可分为黑色能繁母猪、白色能繁母猪和有花斑色能繁母猪；按采食结构划分，可分为以半生半熟的食料为主的能繁母猪、以熟食为主的能繁母猪和主要吃生料的能繁母猪。我国能繁母猪有很多品种，如太湖猪、长白猪、大白猪、二花脸、金华猪、杜洛克、皮特兰、荣昌猪等，不同类别的能繁母猪，其生活习性也有一定差别。

【拓展阅读】

长白猪和大白猪的基本特点

长白猪

外貌特征：全身被毛白色，头小，鼻嘴筒直、狭长，耳大前倾；颈肩部较轻，背腰平直呈弓形，体躯长，后躯肌肉较发达，腿臀丰满，整个体型呈前窄后宽的流线型特征；四肢较高但不够粗壮。

性成熟期：179 日龄左右性成熟，200 日龄后可初配。

体重：成年母猪 220~300 千克。

产仔数：初产母猪产仔数 9~10 头，产活仔数 8.5 头以上；经产母猪产仔数 11~

12 头，产活仔数 10.3 头以上。

大白猪

外貌特征：全身被毛白色，鼻面宽直微凹，耳薄直立；头颈较长，肩胸部较宽，背平直，后躯宽长，体型较大，肌肉发达，四肢较高且结实。

性成熟期：6 月龄性成熟，8 月龄可初配。

体重：成年母猪 230～300 千克。

产仔数：初产母猪产仔数 7～10 头，产活仔数 8.5 头以上；经产母猪产仔数 10～12 头，产活仔数 10 头以上。

资料来源：全球品牌畜牧网.https://www.ppxmw.com/yangzhi/44864.html，2018-11-08。

（一）能繁母猪的生理特点

能繁母猪从其出生算起，大概要经历 4 个月的生长期，5 个月的后备期，3 年左右的生产期，然后淘汰。按照能繁母猪所处阶段的不同，具体分为后备母猪、空怀母猪、妊娠母猪、分娩母猪和哺乳母猪 5 个阶段，不同阶段能繁母猪的生理特征及饲喂特点也存在一定的差异，如表 5-1 所示。

表 5-1　不同阶段能繁母猪生理特征、饲喂特点及饲养方式

阶段	生理特征	饲喂特点	饲养方式或应注意问题
后备母猪	能正常生长、发育，又能保持适度的种用体况，按时发情、配种是后备母猪饲养的基本要求	一般是根据体重来决定后备母猪每日每头风干饲料的喂量，5～6 月龄每日每头风干饲料的喂量为体重的 3.5%～4.0%（蛋白质水平为 14%），7～8 月龄每日每头风干饲料的喂量为体重的 3.0%～3.5%（蛋白质水平为 13%）。每日应饲喂 3 次，避免一次采食过多	适宜分群、增加适量运动、经常调教、及时选拔、调整猪群等方式进行饲养
空怀母猪	母猪的空怀期是指母猪断奶后至妊娠前这一阶段	空怀母猪的日粮，能量水平不宜过高，一般以每千克饲料含有 11.7～11.9 MJ 可消化能，粗蛋白水平保持在 12%～13%，钙 0.7%，磷 0.5%	适宜小群、及时观察发情和配种、及时防暑等方式进行饲养
妊娠母猪	从配种受胎到分娩的这一过程称为妊娠	妊娠前期（前 80～90 天）：每千克日粮应含有 11.8～12.5 MJ 可消化能，粗蛋白水平在 12%，钙 0.8%，有效磷 0.3%～0.5%，食盐 0.35%。每头每日饲喂以上营养水平的混合料 2 kg 左右，同时也可饲喂一些品质好的优质青绿饲料。妊娠后期（后 20～30 天）：每千克日粮应含 12.10～13.50 MJ 可消化能，粗蛋白 14%～15%，钙 0.8%～0.9%，有效磷 0.35%～0.40%，食盐 0.30%。每头每日饲喂以上营养水平的混合料 2.5～2.8 kg	适宜圈养、适当运动、保持猪舍的清洁卫生及保证饲料的卫生等方式进行饲养

阶段	生理特征	饲喂特点	饲养方式或应注意问题
分娩母猪	分娩是母猪饲养中最繁忙、最细致、最重要、最易出问题的生产环节，也是繁殖技术水平的最终体现	分娩前：产前3～5天应减料，逐渐减到妊娠后期饲养水平的1/2或1/3，并停喂青绿多汁饲料，分娩前3天应饲喂含10%～15%麸皮的轻泻性饲料，以防母猪便秘。分娩后：产后2～3天内不宜喂得过多，饲料要求营养丰富，容易消化；产后3～5天，视母猪膘情、食欲和消化情况逐渐加料；产后1周左右可转入哺乳期的正常饲养水平	每天注意母猪的呼吸、体温、粪便和乳房情况，以防患产后疾病，特别是产后不食与高热的发生。产房要保持温暖、干燥、空气新鲜，产栏和走道保持卫生
哺乳母猪	在种猪生产过程中，母猪泌乳是一个重要环节	母猪每天需要进食858～924 g蛋白质才能满足泌乳和维持的需要；每天用于泌乳需要30 g钙和20 g磷。	注重保持良好的环境条件，保证泌乳母猪的乳房和乳头卫生，保证哺乳母猪舍的安静并适当增加运动

资料来源：黄志坚. 母猪饲养新技术[M]. 福州：福建科学技术出版社，2006.

（二）饲养管理特点

现代能繁母猪由于目的性更强的育种要求和更高的生产要求，体型更大，体组织成分中瘦肉比例加大，背膘厚度降低；饲料营养量提高，所以饲料转化率高，采食量下降；母猪产子数和仔猪增重的提高，需要更多的泌乳量；同时配种年龄提前，生产周转加快。这些因素导致能繁母猪长期处于高代谢、高周转过程中，即长期处于生理应激中。因此，能繁母猪需要更精心饲养和管理，从而保证处于高代谢、高周转状态下的繁殖母猪具有良好的体质。

1. 饲养环境及场所特点

（1）饲养环境特点。

养殖环境是指作用于动物机体的一切外部因素。能繁母猪养殖环境就是与能繁母猪生活、生产有关的一切外部因素。外部因素如猪舍内的温度、湿度、噪声等对猪的生理过程能否正常进行，以及猪的健康状况和生产水平的高低起着决定性的作用。

温度：适宜的环境温度是保证猪只正常生长发育的前提条件。猪只所需要的适宜温度因年龄、类型和品种的不同而异（见表5-2），随着体重和日龄的增长，猪只所需要的环境温度逐步降低。猪舍内温度过高时，猪的食欲会降低，采食量减少，因而体重随之降低。猪舍内温度过低时，猪只为了维持其体温，需要将采食的一部分饲料转化为热能抵御寒冷，从而使增重下降。

表5-2　不同日龄猪的适宜温度

项目	种公猪	空怀及妊娠前期母猪	妊娠后期母猪	哺乳母猪	哺乳仔猪	断奶仔猪	后备猪
适宜温度（℃）	15	15	18	18	31	22	16
适温范围（℃）	14～16	14～16	16～20	16～18	30～32	20～24	15～18

资料来源：黄志坚. 母猪饲养新技术[M]. 福州：福建科学技术出版社，2006.

湿度：适宜猪生活的相对湿度为60%～75%。湿度对猪的体感温度、体热散发和增重情况影响都很大。冬季猪舍内的湿度越大，猪体散失的热量越多，猪就会感到越寒冷，尤其对幼猪和育肥猪的生长速度影响极大，会使增重和饲料转化率降低。

气流：在炎热情况下，气温低于猪的体温，气流就有助于猪体散热，对猪的健康和生产力就有良好作用；在低温条件下，气流增强了猪体的散热，从而加重了寒冷的刺激，对猪则有不良影响。猪舍内应保持适当的气流速度，这样既能使舍内温度、湿度一致，又能保证污浊气体排出舍外。不同猪体在不同季节的换气量和风速如表5-3所示。

表5-3　不同猪体在不同季节的换气量　　　　（单位：m³/h·kg）

项目	种公猪	空怀及妊娠前期母猪	妊娠后期母猪	哺乳母猪	哺乳仔猪	断奶仔猪	后备猪
冬季	0.45	0.35	0.35	0.35	0.35	0.35	0.45
春秋季	0.60	0.45	0.45	0.45	0.45	0.45	0.55
夏季	0.70	0.60	0.60	0.60	0.60	0.60	0.65

资料来源：黄志坚. 母猪饲养新技术[M]. 福州：福建科学技术出版社，2006.

空气污染：猪舍有害气体通常包括氨气、硫化氢、二氧化碳、甲烷、一氧化碳等，主要是由猪只呼吸或粪、尿、饲料腐败分解而产生。

噪声：舍内噪声是由外界传入及由舍内机械和猪只自身产生的。噪声对猪的休息、采食、增重都有不良影响，特别对怀孕母猪和分娩母猪影响更大，严重时会引起流产、分娩停止、难产等。噪声污染已越来越引起人们的重视。猪舍内噪声以控制在50～70分贝为宜。

光照：光照对猪的代谢、骨骼的生长以及一些酶的活性都有一定的影响。猪长期处于阴暗条件下，其生活能力会降低。相反，处于充分光照条件下，猪的繁殖、生长都会有明显提高。

（2）饲养场地特点。

①养殖场所

养殖场所的条件是母猪场生产的硬件，合理的建筑设计和设备选择是为母猪创造适宜的生长、发育、繁殖环境的先决条件。母猪场应修建在地势高、避风向阳、空气流通、土质坚实、地面平坦的地方。应在交通方便、水源充足、水质良好、电源充足且用电成本较低的地区建场。母猪场周围应与居民点、工厂及其畜牧场保持适当的距离，以免相互污染，同时母猪场周围地区要有处理猪场粪污物的设施，不会造成附近地域环境污染。

②面积

母猪场每头能繁母猪占地面积一般按 280 m²、每头育肥猪占地面积一般按 30 m²建设。其中，猪场生产区面积一般可按繁殖母猪每头 45～50 m² 或育肥猪每头 3～4 m²划分。

传统饲养方式中，待配母猪栏内一般饲养母猪 2～4 头，栏的面积为 7～14 m²，隔墙高度 0.9～1 m，运动场面积 6～12 m²，饮水器设在运动场墙上，离地高度 0.4～0.55 m。妊娠母猪栏内通常饲养母猪 1～2 头，栏的面积为 7～8 m²，隔墙高度 0.85～9 m，运动场地面积为 5.5 m²。

③猪栏规格

猪舍内猪栏结构形式、尺寸大小和所构成的环境，须为该阶段猪只生活需要和饲养要求提供适当的空间环境，便于饲养人员操作及减少日常的工作量，不同种类猪的猪栏尺寸均有所不同，如表 5-4 所示。

表 5-4　猪栏的类别与规格

猪栏类别	长×宽×高（m）	备注
公猪栏	2.4×3×1.2	—
怀孕栏	2.4×0.6×1 或 2×0.55×0.95	单体母猪限位栏
分娩栏	2.25×1.95×1.3，离地高度 30 cm	高床全漏缝栏，两侧为仔猪活动区
保育栏	2×1.7×0.6，侧栏间隙 6 cm，离地面高度 20～25 cm	—
生长栏	4.5×2.4×0.8	两窝一栏，饲养 18～20 头

资料来源：黄志坚. 母猪饲养新技术[M]. 福州：福建科学技术出版社，2006。

2. 防疫特点

能繁母猪生产中常见疾病包括烈性传染病、腹泻、呼吸道类疾病等，下文介绍几种疾病的症状及其防治措施（见表 5-5）。

（1）猪瘟：指由猪瘟病毒引起的急性、热性、高度传染性和致死性的传染病。该病一年四季均可发生，大小猪只均可感染。没有接种过猪瘟疫苗的猪群，发病率和死亡率高达 90%以上；免疫效果不佳的免疫猪可感染猪瘟病毒，虽然临床症状轻或无临床症状，但不断排毒，使猪场内猪瘟连绵不断。

（2）口蹄疫：指由口蹄疫病毒引起的偶蹄动物的一种急性、热性和高度接触性传染病。猪只感染后临床上以口腔黏膜、鼻吻部、蹄部以及乳房皮肤发生水痘和溃疡为特征。猪只口蹄疫的发病率高、传染快、流行面大，可引起仔猪大批死亡，造成巨大的经济损失。本病一年四季均可发生，但以秋末、冬春为常发季节（尤以春季为流行盛期）。一旦发生常呈流行性，而其周期性发生的特点是每隔 1～2 年或 3～5 年就流行一次。病猪和带毒动物是主要传染源。在发热期，病畜的奶、尿、分泌物、排泄物、水痘皮、水痘液中含有大量病毒，通过消化道、损伤黏膜和皮肤以及呼吸道传染。本病常呈跳跃式流行，主要发生于集中饲养的猪场、仓库和交通沿线。畜产品、人、动物、运输工具等都是该病的传播媒介。

表 5-5　能繁母猪常见疾病及防治措施

疾病名称	症状	防治措施
猪瘟	怀孕母猪感染时，母猪本身不发病，但会传染给胎儿，产生弱胎、死胎、木乃伊胎，或仔猪出生后发生先天性震颤、共济失调、陆续死亡。易感染猪只，如采食污染猪瘟病毒的饲料和饮水，会发生扁桃体、口腔黏膜及呼吸道黏膜感染	①猪群发生猪瘟后，因无特殊疗法通常不予治疗，应立即扑杀病猪；②发病猪舍、运动场、用具可用 2%氢氧化钠、5%～8%漂白粉、3%来苏尔或 30%草木灰水进行消毒；③对疫区中假定健康猪群和受威胁区的猪只进行紧急预接种，疫苗剂量可增至常规量的 2～3 倍
口蹄疫	病初体温升高至 40～41℃，精神不振，食欲减少或废绝；口腔腭部、颊部和舌面的黏膜出现大小不等的水疱或溃疡	①应及时诊断并报告疫情；②在猪场严格实施封锁措施，按"早、快、小"的原则处置，对猪舍、环境及饲养管理用具进行严格的消毒；③在解除封锁前，还必须进行一次彻底消毒。当发生口蹄疫时，应对猪场内假定健康猪群立即注射口蹄疫灭活疫苗
猪丹毒	临床表现为急性败血症状，高热；亚急性病猪皮肤出现紫红色疹块，以及慢性非化脓性关节炎或疣状心肌膜炎	①严格消毒制度，注意环境卫生，消除传染媒介；②病死猪应深埋或焚烧，急宰猪可高温处理后利用，血液、内脏等深埋或化制；③对健康猪群应有计划地进行预防接种疫苗
猪链球菌病	常见的有出血性败血症、脑膜脑炎、关节炎、化脓性淋巴结炎、心内膜炎和局灶性脓肿等	清除养猪环境中易引起外伤的因素，搞好猪舍、运动场清洁卫生工作，保持干燥、通风，定期消毒
猪附红细胞体病	主要以急性、黄疸性贫血和发热为特征	可给产前 15～20 天的母猪肌注伊维菌素，也可以在全群猪饲料中拌入伊维菌素，每次连喂 5～7 天，每年饲喂 3～4 次；器械、用具必须定期更换与消毒

资料来源：黄志坚. 母猪饲养新技术[M]. 福州：福建科学技术出版社，2006。

（3）猪丹毒：由猪丹毒杆菌引起的一种急性、烈性传染病。本病主要发生于 3～6 月龄的架子猪。营养差（饥饿、肠道寄生虫）、湿度高、疲劳等应激因素易促使本病发生。猪丹毒多为散发或地方性流行，多发生于闷热、潮湿的梅雨季节。病猪、临床康复猪及健康带菌猪是本病的传染源，病原体随粪尿、唾液和鼻分泌物排出体外，污染环境、饲料、饮水等，经消化道或擦破皮肤感染。

（4）猪链球菌病：由溶血性链球菌感染引起的一类疾病的总称。该病一年四季均可发生，但以 5～11 月发生较多。各种年龄的猪只均可感染发病，以新生仔猪、哺乳仔猪的发病率和病死率最高。临床康复猪只和健康猪只均可带菌，当它们互相接触时可通过口、鼻、皮肤伤口（如新生仔猪脐带伤口）而传染。

（5）猪附红细胞体病：一种由立克次体引起的、所有猪只都可被感染的疾病。吸血昆虫（特别是虱）和其他可能不吸血的外寄生虫（疥螨）是重要的传染源，注射针头或剪耳号、断尾和使用的工具可通过血液污染而发生机械性传播。

（三）我国能繁母猪养殖发展现状

1. 我国能繁母猪存栏量情况

近年来，随着生猪市场价格的波动及猪肉市场需求量不断增加，能繁母猪需求与供给市场也发生了较大的变化。能繁母猪最重要的功能是提供中间产品仔猪，仔猪最终成长为育肥猪，因此，能繁母猪的存栏规模与生猪市场价格有很大的关系。

一般而言，生猪价格低，母猪淘汰量高，母猪存栏少；生猪价格高，母猪淘汰量也低，母猪存栏高。据统计，能繁母猪存栏数量 2007 年为 4233.83 万头，随着生猪市场价格的波动，2008 年能繁母猪存栏量达 4878.8 万头，较上一年增长 15.2%，增长较为迅速；2008—2013 年，能繁母猪存栏数量总体而言稳中有升；2014 年随着市场生猪价格的变化，生猪养殖行业呈现深度亏损状态，生猪价格全年均价仅为 13.25 元/kg，导致养殖户不堪重负，大量抛售母猪，能繁母猪存栏量逐渐下降，2014 年末能繁母猪存栏下降为 4962.5 万头；2015 年，生猪市场价格开始反弹，全年生猪平均价格 15.26 元/kg，能繁母猪淘汰数量随之下降，2015 年全国范围内能繁母猪存栏量达 4693 万头，较上一年减少 5.43%；伴随着生猪价格的波动及养殖行业环保政策的实施，2016 年全国能繁母猪存栏为 4456.2 万头，较 2015 年减少 5.05%，但相比 2007 年增长 5.25%，具体如图 5-1 所示。

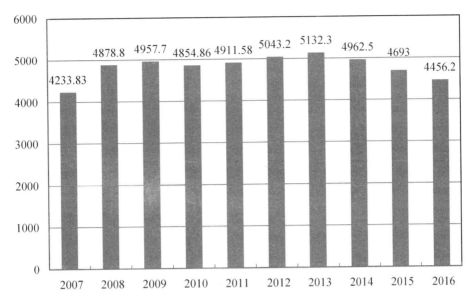

图 5-1　2007—2016 年我国能繁母猪存栏量（单位：万头）

资料来源：中国畜牧兽医年鉴。

2. 我国能繁母猪养殖区域分布情况

统计数据显示，我国能繁母猪养殖主要集中于沿江沿海区域，集体分布在长江沿线、华北沿海以及部分粮食主产区，其中，四川、河南、湖南、山东、云南、广西、湖北、广东、辽宁、河北为排名前十的能繁母猪主产区，如图 5-2 所示。

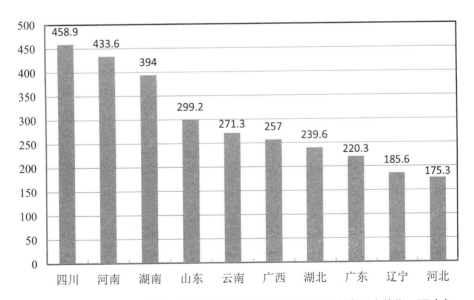

图 5-2　2016 年我国能繁母猪存栏量排名前十位的地区分布情况（单位：万头）

资料来源：中国农业统计资料。

四川省是我国第一养猪大省，养猪产业逐渐成为四川畜牧业中的一大优势产业，是农村经济的支柱产业。2007 年，四川省能繁母猪存栏量为 495.56 万头，居全国首位；随着能繁母猪市场的发展，2016 年四川省能繁母猪存栏量为 458.9 万头，较上一年下降 5.01%，占全国比重为 10.29%；河南是我国第二养猪大省，2007 年能繁母猪存栏量为 325.6 万头，通过近 10 年的能繁母猪市场发展，2016 年实现能繁母猪存栏量达 433.6 万头，较 2007 年增长 33.17%，但与 2015 年相比，其能繁母猪存栏量减少了 5.90%；湖南是我国第三养猪大省，2007 年末能繁母猪存栏量达 376.9 万头，经过近 10 年的快速发展，2016 年末能繁母猪存栏量为 394 万头，较上一年减少 3.81%。以上三省能繁母猪存栏总量约占全国的 30% 以上。2016 年全国范围内能繁母猪存栏量达 4456.20 万头，较上一年减少 5.05%，同时受环保禁养区拆迁政策的影响，全国各地区能繁母猪存栏量均呈下降趋势。

3. 我国能繁母猪养殖业发展展望

近年来，中央政府和各级地方政府出台了一系列促进生猪和能繁母猪养殖业发展的扶持政策和措施，如能繁母猪补贴政策、生猪价格指数保险政策的出台，不但降低了养殖户的成本，同时也规范了养猪市场的秩序。这些政策的出台有利于我国能繁母猪养殖业的发展，但不可否认，我国能繁母猪发展仍面临着许多挑战，如环保约束、规模化发展等。

（1）环境保护监管力度日益加大。2014 年以来，国家相继出台了《畜禽规模养殖污染防治条例》《畜禽养殖禁养区划定技术指南》《水污染防治行动计划》等一系列旨在加强环境保护力度的法律法规和政策，对畜禽养殖业提出了更为严苛的环保要求，明确规定了畜禽的禁养区范围、畜禽排泄物的处理标准，要求在全国范围内依法关闭或搬迁禁养区内的畜禽养殖场（小区）和养殖专业户，畜牧养殖行业整体进入了环保高压期。能繁母猪养殖业是一个高污染的行业，母猪每日产生的粪尿如果不及时处理将对周边环境造成严重的污染。依据环保政策要求，为了确保环境良好，所有养猪场必须配备系统性的污染物处理体系。因此，新建猪场或老猪场都面临着如何解决养猪带来的污染问题。为了解决生猪和能繁母猪养殖带来的环境污染问题，各规模化猪场需制订相关的环保措施以改善养殖环境，同时对养殖粪污资源化利用进行探索，尽可能将养猪的污染问题降低到最小范围。

（2）行业集中度提高，规模化养殖进程加快。长期以来，我国能繁母猪养殖行业以散养为主，规模化程度较低。但近年来随着外出打工等机会成本的增加以及环保监管等因素的影响，散养户退出明显，国内生猪和能繁母猪养殖规模化的程度正在明显提升。2015 年我国能繁母猪养殖户减少大约 80 万户，减少的养殖户基本都是养殖规模在 100 头以下的中小散养户，而规模化养殖场则进一步增加。目前一些大型的以"公司+农户"为主要养殖模式的企业已经将合作养殖户的标准提高到 500 头以上，未来一段时间内，规模经济将驱动我国能繁母猪产业的转型发展，规模化养殖将是生猪和能繁母猪养殖行业的主要趋势，中小散养户退出的市场空间，将由大型的规模化企业来填补。

二、能繁母猪养殖面临的主要风险

能繁母猪养殖是自然再生产与经济再生产相互交织的连续过程，具有周期长、投资大的生产特点，属于资金密集型和技术密集型的行业，一方面受自然环境条件下的生物生长发育规律的制约，另一方面又依赖于资金、人力、技术等生产要素的投入。因此，在能繁母猪养殖过程中，自然条件、气候环境、市场环境、政策环境、生产者行为等因素都可能对能繁母猪养殖者带来不确定性的影响。

（一）生产风险

在能繁母猪饲养的过程中，会受到自然灾害、意外事故和疾病等风险的威胁。其中，自然灾害和意外事故风险涵盖的内容基本与奶牛、肉牛等大牲畜养殖类似，这里不再具体阐述。本节着重对能繁母猪养殖过程中的疾病风险及疾病种类加以介绍。

不论是动物还是植物，在其生长和发育过程中，都有患病的可能。而在能繁母猪养殖过程中，能繁母猪疾病风险的防控尤为重要，能繁母猪一旦患病，就会影响其生产或繁殖性能，进而可能会引起能繁母猪的淘汰、死亡，甚至大范围扑杀，给养殖者带来巨大的经济损失。能繁母猪养殖的疾病风险主要体现为重大疾病风险。具体包括由猪丹毒、猪肺疫、猪水疱病、猪链球菌病、猪乙型脑炎、附红细胞体病、伪狂犬病、猪细小病毒、猪传染性萎缩性鼻炎、猪支原体肺炎、猪旋毛虫病、猪囊尾蚴病、猪副伤寒、猪圆环病毒病、猪传染性胃肠炎、猪魏氏梭菌病、口蹄疫、猪瘟、高致病性蓝耳病及强制免疫副反应等引起的疾病反应。

与自然风险不同，对于能繁母猪疾病风险，可以通过人为手段进行控制或避免，如通过加强能繁母猪饲养管理和疫病防控投入等，降低能繁母猪各种疾病的发病率，减少经济损失，同时也可以利用保险手段进行能繁母猪死亡风险的分散。

（二）市场风险

能繁母猪最重要的功能是提供中间产品仔猪，仔猪长成育肥猪进入市场进行销售，最终为社会提供猪肉及其附加产品。能繁母猪养殖过程中的市场风险主要是指在孕育仔猪生产和销售过程中，由于饲料、兽药及设备等生产资料价格上涨和生猪价格下降，或者猪肉价格与生产资料价格不能同步增长造成能繁母猪养殖者经济损失的风险。能繁母猪养殖过程中的市场风险主要表现在以下两方面。

一是饲料价格上涨的风险。目前，我国仔猪的生产成本主要由饲料成本主导，同时仔猪在不断生长的过程中，饲料成本一直是其生产成本的主要组成部分。据统计，生猪达到出栏体重时，饲料成本占比达60%以上。因此，饲料成本的上涨会直接增加能繁母猪养殖者的生猪生产成本，导致其经济效益下降。一般而言，玉米、豆粕、麸皮等是生猪的主要饲料。

二是生猪价格的不稳定波动风险。众所周知，能繁母猪的存栏量与生猪市场价格有很大的关系。具体表现为：生猪价格处于低位，能繁母猪的淘汰量、净淘汰量就处于高位，反之生猪市场价格处于高位，能繁母猪的淘汰量、净淘汰量就处于低位。2014年以来，我国出台了《畜禽规模养殖污染防治条例》等环保政策措施，明确了畜禽的禁养区范围及畜禽排泄物的处理标准，加大了畜禽养殖的饲养成本，导致生猪市场价格近年来一直处于较低的价格水平，使得能繁母猪淘汰量不断加大，给能繁母猪养殖者带来了很大的经营风险。

对于上述能繁母猪的市场风险，政府可通过启动生猪市场价格的监测机制、降低国内能繁母猪养殖者的生产成本及开发生猪价格指数保险或收入保险的方式保护养殖者的利益，稳定能繁母猪生产。

第二节　能繁母猪保险概述

一、能繁母猪保险的概念

能繁母猪保险是以能繁母猪为保险标的，以养殖户遭受保险合同中约定的经济损失为赔偿条件的保险活动。

当前我国实施的财政补贴性能繁母猪保险是党中央、国务院为促进猪产业健康发展采取的一项重大举措，对于帮助养殖户分散转移风险，稳定生猪市场供应，促进农业产业持续健康发展等具有十分重要的意义。

二、能繁母猪保险的类型及特点

按保险责任范围的不同，能繁母猪保险可分为针对生产风险的能繁母猪死亡或伤残保险、针对市场风险的生猪价格或养殖收入保险以及其他圈舍或饲养设备保险等。

（一）针对生产风险的能繁母猪保险

针对生产风险的能繁母猪保险，是指以 8 个月龄（含）以上 4 周岁（不含）以下的能繁母猪为保险标的，在被保险人支付一定的保险费后，保险人按照合同约定对饲养期间发生的能繁母猪死亡或伤残损失给予补偿的一种保险。该类型的能繁母猪保险特点如下。

1. 保险标的的生物性

针对生产风险的能繁母猪保险的保险标的为具有生命特征的能繁母猪，受能繁母猪生物学特性的制约，能繁母猪保险具有与其他财产保险非生命保险标的不同的特征：①在保险标的可保性的确定方面。通常，按能繁母猪保险合同规定，保险经办机构在进行能繁母猪保险承保时，需要对保险标的（投保能繁母猪）的畜龄、体重、免疫情况等进行界定，判断能繁母猪是否符合保险的承保条件。由于能繁母猪具有生命活动的特征，能够直接参与自然再生产，并且现实中受疾病诊断、标的健康状况及生命周期鉴定等条件的限制，保险工作人员在承保时，也很难准确判断投保能繁母猪是否真正符合承保条件；②在理赔标的的确定方面。依据由能繁母猪的生理特点可知，同一种类的能繁母猪具有相似的特征，目前大部分养殖户所饲养的能繁母猪耳标佩戴率不高，畜龄、品种、防疫码等信息不能一一对应，保险公司对保险标的的鉴别难度较大，存在承保标的难以确定、理赔能繁母猪与承保能繁母猪不能完全匹配的问题。

2. 能繁母猪疾病及死亡原因鉴定的技术性

目前，国内大部分地区实施的能繁母猪保险的保险责任范围是保险合同约定的"重大病害、自然灾害、意外事故和政府强制捕杀"导致的能繁母猪直接死亡，并且"重大病害"中明确规定了能繁母猪死亡的疾病种类，如猪丹毒、猪肺疫、猪水泡病、猪链球菌、口蹄疫、猪瘟等，而如果能繁母猪的死亡原因不符合保险合同约定的疾病种类或其他责任范围要求，则被保险人就不能获得保险赔偿。因此，相比其他财产保险，能繁母猪保险的保险责任范围鉴定及理赔过程，需要更强的能繁母猪疾病及死亡原因鉴定技术，保险经办机构的工作人员不仅需要具备专业的保险知识，还需要了解或掌握能繁母猪养殖及防疫等方面的专业知识。总之，能繁母猪保险的保险责任范围鉴定及理赔具有一定的技术性。

3. 保险公司经营的高风险性

保险公司经营的高风险性主要体现在两方面：一是较高的经营成本风险。当前，在我国能繁母猪养殖业中，能繁母猪规模养殖和散养两种养殖模式并存。散养模式的养殖户数量仍然较多，地域分布较为分散，而保险公司为了及时、高效地宣传展业、核损、理赔等，通常需要建立较多的保险分支机构，并需要投入大量人力、物力等，这极大地增加了保险公司业务开展的组织成本、交易成本及监管成本；同时，由上述能繁母猪保险标的生物性及保险责任范围鉴定的技术性可知，能繁母猪保险承保、理赔等业务的开展，需要较强的专业技术、设备及人才作为支撑。因此，保险公司需要承担较高的技术使用及研发投入，从而进一步增大了保险公司业务开展的经营成本。二是较高的巨灾赔付风险。保险公司理想的可保风险是大量分散、不相关且无巨灾损失发生的风险，但是在能繁母猪养殖过程中，传染性疾病等风险却高度相关，发生大范围灾害的概率较高，并且能繁母猪保险的赔偿金额往往较大，因此，一旦发生传染性疾病，保险公司短时间内可能会出现巨额损失，导致保险公司面临较高的巨灾赔付风险。

（二）针对市场风险的能繁母猪保险

针对市场风险的能繁母猪保险，是指以生猪的价格或养殖收入为承保与理赔基础，在被保险人支付一定的保险费后，保险人按照合同约定对一段时间内被保险人因遭受市场发展不确定产生的损失，承担经济补偿责任的一种保险。

（三）其他能繁母猪保险类型

除上述针对生产风险和市场风险的能繁母猪保险以外，还有一些猪舍及饲养设备保险、盗窃险等能繁母猪保险产品，其大多为附加险，即被保险人只有投保了前两种主险后，方可投保该类保险。

第三节　能繁母猪保险标的与保险责任

一、能繁母猪保险标的

按照保险的原理和要求，在签发保险单之前，首先要明确保险承保的对象，即保险标的。"能繁母猪"保险标的是指投保时的猪龄在 8 个月（含）以上、4 周岁（不含）以下，能定期正常发情、配种、受孕、生产，身体健康，没有繁殖疾病的母猪。

（一）能繁母猪保险承保条件的确定

1. 能繁母猪保险被保险人的资格审核

（1）被保险人的资格审核。被保险人是具有保险标的所有权的人，能繁母猪保险的投保标的必须对被保险人具有可保利益。

（2）被保险人信誉的审核。被保险人的信誉对保险人至关重要。能繁母猪生产风险的发生在很大程度上与人的因素有关。不诚实、不道德的被保险人会给保险人带来难以预测的风险。投保单位设计的某些款项应由畜主填写，如能繁母猪的品种、畜龄、防疫等，用于核实被保险人的诚信度。

2. 能繁母猪保险的承保条件

（1）投保的能繁母猪品种必须在当地饲养 1 年（含）以上。

（2）投保时能繁母猪一般要求在 8 月龄（含）以上 4 周岁（不含）以下。

（3）能繁母猪存栏量 30 头（含）以上。

（4）管理制度健全，饲养圈舍卫生，能够保证饲养质量。

（5）饲养场所在当地洪水位线以上的非蓄洪、行洪区。

（6）猪只经畜牧兽医部门验明无伤残，无本保险责任范围内的疾病，营养良好，饲养管理正常，能按所在地县级畜牧防疫部门审定的免疫程序接种并有记录，且猪只必须具有能识别身份的统一标识。

（7）被保险人应将符合以上投保条件的能繁母猪全部投保。

（二）能繁母猪保险标的的识别

确定保险标的之后，要对保险标的进行甄别，即查验保险标的是否满足承保条件，如判断能繁母猪的身体健康状况、饲养坏境、确定猪龄是否在 8 个月以上，以及在当地饲养是否已达到 1 年以上。

1. 保险标的识别的范围

（1）标的的环境状况识别。能繁母猪的饲养环境应达到以下要求：场址的选择和场内建筑物的布局必须符合畜牧兽医部门的要求，必须建在非蓄洪行洪区，且在当地洪水水位线上。舍内温度、湿度、通风、光照、饲养密度、有害气体的含量必须满足要求。在能繁母猪保险投保前，承包单位应仔细查看投保主体能繁母猪的饲养环境是否达到标准。

（2）标的的健康状况识别。在承保时，要求投保标的无伤残、无疾病，经畜牧兽医部门验体合格，确定其已在当地饲养 1 年以上，猪龄满 8 个月以上，并出具检验证明。同时按免疫程序预防注射接种，从外地购进的标的须有检疫证明等。承保部门依据相关证明，对符合条件的能繁母猪进行承保。

能繁母猪的健康状况识别，最重要的是确定能繁母猪的畜龄。众所周知，不同畜龄的母猪其抗病能力和生产性能各异。能繁母猪年限长短与其本身生产性能有关。老年能繁母猪身体已经进入衰老阶段，各种机能下降，往往会生产不良的后代，影响所生后代的生长发育速度。此外，老年种畜身体笨重，四肢多有毛病或者不灵活，有的有恶癖等，影响配种利用，繁殖力低。因此，承保单位在查验被保险人的保险标的时，应注重查验投保能繁母猪的畜龄、体重、胎次等内容，确定投保能繁母猪的健康状况。

2. 识别的技术与方法

（1）标签识别法。此种方法主要是利用能繁母猪佩戴或植入的标签进行保险标的识别。目前，用于能繁母猪个体识别的标签形式主要有普通标签，如塑料耳标；电子标签，包括耳钉式、植入式和药丸式等。不同形式的标签有各自不同的特点和适用范围。

塑料耳标是普通标签中的典型代表，主要是以刻有编号或编码的普通塑料卡片来标识能繁母猪的标签，这种标签通常直接挂在能繁母猪的耳朵上，制作成本较低，但易脱落、易伪造、不能自动识别、管理烦琐。

电子标签主要是利用无线通信、射频识别（RFID）、传感器等信息化技术，使每头能繁母猪都配有一个标签，即实现一畜一标，上机通过读写器将能繁母猪标签中的基本资料读出，从而实现能繁母猪的个体识别。这种标签存储信息量大、不易脱落、识别准确度较高，但制作成本偏高，并且需要有其他辅助设备投入。目前，较为成熟的电子标签有以下几种：

①耳钉式电子标签。耳钉式电子标签数据存储量大，失标率小，无污染，环境适应能力强，在雨水、油污恶劣环境下仍然可以正常使用，读写器与电子标签相距数米都可以读出数据。

②植入式电子标签。植入式电子标签是在近几年才开始推广应用的。其原理是利用特殊工具将电子标签植入到动物皮下，使动物的躯体与电子标签之间建立起一个固定的联系，这种联系需要通过手术才能被撤销。

③药丸电子标签。药丸式电子标签是将电子标签放在一个耐酸的、圆柱形陶瓷容器内，然后通过动物的食道把这个容器置于反刍动物的胃中，该电子标签正常情况下会终身停留在动物的胃里。

【拓展阅读】

电子耳标签　保证餐桌安全

RFID 电子标签又称射频标签、应答器、数据载体；电子标签系统由标签、读取器、天线三部分组成。其中，电子标签与读取器之间通过耦合元件实现射频信号的空间（无接触）耦合；在耦合通道内，根据时序关系，实现能量的传递和数据交换。天线在标签和读取器间传递信号。

标签由耦合元件及芯片组成，每个标签具有唯一的电子编码，像米粒一般大，事先通过电脑将编码信息植入到芯片。芯片上的信息很丰富，包括所在省市+区县+乡镇+村组+养殖场+耳号等内容，每个信息对应一组数据，就像身份证号码一样，如北京市房山区某乡镇某村组某养殖场；同时芯片上还有承保保险公司的编码信息。与条码相比，电子耳标签的读写速度更快，无须直线对准扫描，而且序列号唯一，很难复制。

RFID 电子标签在养殖保险理赔和无害化处理中的应用，确保了死亡的真实性和准确性，杜绝了养猪户虚报、谎报死猪数量，骗取国家保费和死猪补贴现象，从源头上杜绝了死亡标的流入市场和餐桌，也杜绝了养猪户出售死猪现象，保障了居民吃上放心肉，确保了肉食安全。

RFID 植入式标签的使用方法是植入在标的皮下，这有效解决了原来耳标号等确认标的标记易脱落的问题；同时，植入式标签可以在光照、潮湿、寒冷、油腻等各种环境下正常工作。更重要的是，由于其获得难度大且无法复制，唯一标识身份的验证避免了死亡标的的重复利用，保证了赔付的真实性，从根本杜绝了道德风险。

资料来源：中国银行保险报，http://shh.sinoins.com/2017-02-16/content_222499.htm，2017-02-16。

（2）影像识别法。此类方法主要是通过对投保能繁母猪进行拍照或录像，通过收集投保能繁母猪的相关影像进行标的识别。此类识别方法以影像为判断基准，简单直观，易操作，成本低；但是，现场比对存在不确定性，准确性易受到质疑。

【拓展阅读】

AI智能助力牲畜保险标的识别

近日，某保险公司联合某科技专家团队在内蒙古乌兰察布对该公司承保的奶牛、能繁母猪进行现场影像身份信息采集，通过智能识别奶牛的花纹、猪的脸部尾部等特征，实现农场信息化管理。这是我国首个牲畜识别技术的落地应用，将有效助推国家精准脱贫和现代化农业发展。

某保险公司农险部副总经理表示，"养殖业保险发展过程中，标的身份识别始终是影响我们进一步提升服务的难点，这次通过引入牲畜识别、多模态生物识别等智能科技，可有效解决人工鉴别难的问题，以后客户通过牲畜照片、保户身份证及银行卡（户口本），在手机移动端即可快速完成投保理赔，真正做到'闪赔'"。此外，牲畜识别系统还对农场内每个动物的健康情况、喂食次数等随时监控，从源头关注养殖过程的标准化、健康化。

牲畜识别技术成功运用的背后，离不开先进的农险信息化平台的支持。该公司早就依托多项AI智能科技，推出农险+科技的新型服务模式，涵盖了客户信息管理体系、标的信息管理体系、风险管理体系和互联网+金融管理体系四大综合管理体系，实现农户智能识别、承保标的识别和智能定损，以提高风险管控能力和农业全产业链服务能力，解决农业保险服务中的"准、精、快、好"问题。

其中，牲畜识别主要基于卷积神经网络，通过学习获取牲畜唯一性标签来实现。前不久在国际猪脸识别、狗脸识别大赛上，该公司凭借高达98%以上的精准识别度，位居业内第一名。

作为素材样本，该公司此次共对120头奶牛和5000头能繁母猪进行了数据采集。该公司农险部负责人表示，未来，公司将进一步促进牲畜识别等人工智能技术在全国范围内落地实施，助力国家脱贫攻坚及"三村工程"产业扶贫建设，为服务三农、实施乡村振兴战略做出更大的贡献。

资料来源：齐鲁网，http://min.eastday.com/a/180329214056557.html?qid=02263，2018-03-29。

（三）国内不同地区主要实践及区别

对于能繁母猪保险标的要求，国内不同地区在具体实践中存在着一定差异，如北京市强调保险标的要求满足"能繁母猪体重在100公斤以上（特殊商品除外）"条件，而内蒙古自治区、辽宁省、吉林省、黑龙江省和山东省等地区对于投保能繁母猪体重没有做出具体的要求；在饲养场地及卫生防疫方面，各地市均设置了"养殖场地及设施符合卫生防疫规范"的相关要求，如表5-6所示。

表5-6 国内不同地区能繁母猪保险标的要求

地区	保险标的
内蒙古自治区	①该品种在当地饲养1年（含）以上；②在8月龄（含）以上4周岁（含）以下；③养殖场地及设施符合卫生防疫规范，位于非传染病疫区，且在当地洪水水位线以上的非蓄洪、行洪区；④具有能识别身份的统一标识；⑤经畜牧兽医部门验明无伤残，无本保险责任范围内的疾病，营养良好，饲养管理正常，按免疫程序接种并有记录，经保险人和畜牧管理部门验体合格
北京市	①符合本市产业发展规划和布局；②在当地畜牧兽医管理部门进行养殖备案，并取得相应养殖代码的养猪场（户），自有能繁母猪存栏量在30头（含）以上的养殖户；③能繁母猪养殖场地及设施符合动物防疫要求，饲养管理规范，按免疫程序预防免疫，且有免疫记录；④能繁母猪体重在100公斤以上（特殊品种除外）；⑤能繁母猪是指已经达到配种年龄并能进行繁殖的经产母猪
辽宁省	①投保的能繁母猪品种必须在当地饲养1年（含）以上；②投保时能繁母猪应为经产或妊娠母猪，畜龄在8个月以上；③取得动物防疫合格证的种猪场单独投保，其他场（户）的能繁母猪可以村、居民小组或合作社，联户（不少于10户或总存栏不少于100头）为单位统一投保；④管理制度健全、饲养圈舍卫生、能够保证饲养质量；⑤饲养场所在当地洪水水位线以上的非蓄洪、行洪区；⑥猪只经畜牧兽医部门确认无伤残，无本保险责任范围内的疾病，营养良好，饲养管理正常，能按所在地县级畜牧防疫部门审定的免疫程序接种并有记录，且猪只必须有能识别身份的统一标识
吉林省、山东省	①投保的能繁母猪品种必须在当地饲养1年（含）以上；②投保时能繁母猪在8月龄（含）以上4周岁（不含）以下；③能繁母猪存栏量30头（含）以上；④管理制度健全、饲养圈舍卫生、能够保证饲养质量；⑤饲养场所在当地洪水水位线以上的非蓄洪、行洪区；⑥猪只经畜牧兽医部门验明无伤残，无本保险责任范围内的疾病，饲养良好，饲养管理正常，能按所在地县级畜牧防疫部门审定的免疫程序接种并有记录，且猪只必须具有能识别身份的统一标识

资料来源：根据各省市财政补贴性农业保险相关文件和网络公开资料整理。

在具体投保数量上，北京市、吉林省和山东省对投保能繁母猪存栏的数量要求是30头（含）以上，辽宁省的具体要求是"取得动物防疫合格证的种猪场单独投保，其他场（户）的能繁母猪可以村、居民小组或合作社，联户（不少于10户或总存栏不少于100头）为单位统一投保"，而内蒙古自治区则没有具体的要求。

在饲养时间及畜龄上，内蒙古自治区、吉林省和山东省对能繁母猪的要求是"该品种在当地饲养1年（含）以上，畜龄在8月龄（含）以上4周岁（不含）以下"，辽宁省对能繁母猪的饲养时间要求满足在当地饲养1年（含）以上，但对畜龄的要求则表现为"投保时能繁母猪应为经产或妊娠母猪，畜龄在8个月以上"，而北京市则没有具体的要求。

在投保标的生理特征上，内蒙古自治区、辽宁省、吉林省和山东省均对投保能繁母猪设置了"猪只经畜牧兽医部门验明无伤残，无本保险责任范围内的疾病，营养良好，饲养管理正常，按免疫程序接种并有记录，经保险人和畜牧管理部门验体合格；同时具有能识别身份的统一标识"的要求。通过总结各地能繁母猪保险条款，可以发现大部分地区能繁母猪保险标的设置都较为类似，少数地区如北京市则根据当地能繁母猪的发展现状，针对能繁母猪保险标的的特征，增加了对能繁母猪的体重要求。

二、能繁母猪保险责任范围

能繁母猪保险（这里主要指针对生产风险的能繁母猪保险）责任范围包括但不限于重大病害、自然灾害和意外事故导致的投保个体直接死亡。

（一）能繁母猪保险责任范围的确定

能繁母猪保险中，当投保能繁母猪在保险期间内，发生保险责任范围内的死亡时，保险人按照保险合同约定负责赔偿。能繁母猪生产过程中遇到的主要风险是自然风险和意外事故。自然风险分为两大类：自然因素和疾病。自然因素主要为气候的不确定性引起的气象风险，如洪水、冰雹等；疾病主要为传染病、寄生虫病和普通病。意外事故主要为火灾、固定物体倒塌、他人投毒等。

随着能繁母猪生产集约化的发展，养殖者可通过控制温度、湿度、光照等环境因素对生产过程产生影响。因此，养殖者可通过场址选择和控制环境因素来减轻气象风险对生产的影响，故可将气象因素导致能繁母猪死亡列为保险责任。对于火灾、固定物体倒塌等意外事故造成的能繁母猪死亡，发生概率很低；但一旦发生，对生产危害很大，人们可通过加强管理加以防范，故可将其列为保险责任。具体而言，能繁母猪保险责任包括但不限于：

（1）重大病害。包括猪丹毒、猪肺疫、猪水疱病、猪链球菌病、猪乙型脑炎、附红细胞体病、伪狂犬病、猪细小病毒、猪传染性萎缩性鼻炎、猪支原体肺炎、猪旋毛虫病、猪囊尾蚴病、猪副伤寒、猪圆环病毒病、猪传染性胃肠炎、猪魏氏梭菌病、口蹄疫、猪瘟、高致病性蓝耳病及强制免疫副反应。

（2）自然灾害。包括暴雨、洪水（政府行、蓄洪除外）、风灾、雷击、地震、冰雹、冻灾。

（3）意外事故。包括泥石流、山体滑坡、火灾、爆炸、建筑物倒塌、空中运行物体坠落。

（4）因发生高传染性疫病政府实施强制扑杀导致能繁母猪的死亡责任，但其赔偿金额以保险金额扣减政府扑杀专项补贴金额的差额为限。

能繁母猪保险具有风险复杂性、标的生命性、分布广泛性、损失多样性等特点，技术性强于其他一般财产保险的保险业务。同时，由于在承保环节存在着能繁母猪存栏量难核实、需要专业的人员实际查验能繁母猪的体重和畜龄、能繁母猪佩戴耳标信息不完善等因素，使得保险公司在确定能繁母猪保险责任时存在一定的难度。

（二）国内不同地区主要实践及区别

基于保险责任的范畴，国内不同地区对能繁母猪保险的保险责任都有较为严格的要求与规定，本节主要列示了我国部分地区能繁母猪保险责任范围的相关要求，如表5-7所示。

表5-7　国内不同地区能繁母猪保险的主要责任范围

地区	类型	保险责任范围
内蒙古自治区、北京市、辽宁省、吉林省、山东省	疾病和疫病	猪丹毒、猪肺疫、猪水泡病、猪链球菌、猪乙型脑炎、附红细胞体病、伪狂犬病、猪细小病毒、猪传染性萎缩性鼻炎、猪支原体肺炎、旋毛虫病、猪囊尾蚴病、猪副伤寒、猪圆环病毒病、猪传染性胃肠炎、猪魏氏梭菌病，口蹄疫、猪瘟、高致病性蓝耳病及其强制免疫副反应等疾病和疫病
	自然灾害	暴雨、洪水（政府行、蓄洪除外）、风灾、雷击、地震、冰雹、冻灾
	意外事故	泥石流、山体滑坡、火灾、爆炸、建筑物倒塌、空中运行物体坠落
	政府扑杀	发生高传染性疫病，政府实施的强制扑杀

资料来源：根据各省、市、自治区财政补贴性农业保险相关文件和网络公开资料整理。

目前，国内实施的能繁母猪保险主要为财政补贴性的保险产品，在保险责任范围设置方面差异不大，主要包括疾病和疫病、意外事故、自然灾害、政府扑杀等导致的能繁母猪死亡。但各地区由于能繁母猪养殖实际情况的不同，在疾病、自然灾害、意外事故范围的确定上略有差异。例如，北京市将"难产"列入主要保险责任范畴。

在主要疾病和疫病方面，内蒙古自治区、北京市、辽宁省、吉林省及山东省等地区设立的主要疾病与疫病范围基本一致，包括猪丹毒、猪肺疫、高致病性蓝耳病及其强制免疫副反应等疾病和疫病。

在自然灾害方面，内蒙古自治区、辽宁省、吉林省和山东省的保险责任范围包括：暴雨、洪水（政府行、蓄洪除外）、风灾、雷击、地震、冰雹、冻灾等造成的自然灾害，而北京市在其他地区设置范围的基础上将台风和龙卷风也纳入了自然灾害的保险责任范畴。

在意外事故方面，内蒙古自治区、北京市、辽宁省、吉林省和山东省设置的保险责任范围基本一致，均包括泥石流、山体滑坡、火灾、爆炸、建筑物倒塌、空中运行物体坠落等。

在政府强制补杀导致能繁母猪死亡方面，大多数地区都将其列入保险责任范畴。

三、能繁母猪保险的责任免除

（一）能繁母猪保险责任免除的确定

能繁母猪保险的责任免除是指保险人依法或依据合同约定，不承担能繁母猪保险金赔偿或给付责任的风险范围或种类。一般而言，能繁母猪保险的责任免除主要针对政治风险、行为风险中的道德风险和管理风险引致的损失，通常包括：

（1）被保险人及其家属或饲养人员的故意或过失所造成保险标的的死亡。所谓故意行为是指被保险人、饲养人员及其家属明知自己的行为可能产生损害的结果，而人为故意造成的损失。过失行为是指应当预见自己的行为可能造成损害结果，因为疏忽大意而没有预见，或者已经预见而轻信能够避免，以致发生这种结果，如不按规定程序喂养、不按畜牧兽医部门的规定进行防疫。故意行为或过失行为是被保险人的过错，应由被保险人负违约责任。

（2）因被保险人管理不善造成的损失。如因冻饿、中暑等导致死亡，违反防疫规定、不按规定的防疫时间和药量等均属被保险人的管理问题。只要加强管理，就可以避免损失。

（3）战争、军事行动或暴乱。它们可引起火灾、爆炸等灾害事故，造成标的的损失，因其破坏范围、损失程度难以估计，损失率无法测定而剔除。

（4）自然淘汰，如因能繁母猪老龄化、不符合配种要求而需要进行淘汰宰杀。

（5）保险责任规定以外的其他疾病、自然灾害和意外事故所致死亡。保险条款中承担的保险责任为列明的风险责任，凡列明责任以外的灾害及相应费用（如治疗费、药费等）均属责任免除。

（6）在观察期内发生保险责任范围内事故的。

需要指出的是，能繁母猪保险合同中都会明确规定有关保险人责任免除的条款，保险人在订立合同时应向被保险人明确说明，未明确说明即保险人未履行说明义务的，该条款不产生效力。

（二）国内不同地区主要实践及区别

基于保险责任免除的界定，国内不同地区能繁母猪保险对于责任免除范畴都有严格的要求与规定，本节列示了我国部分地区能繁母猪保险责任免除的相关要求，具体如表5-8所示。

目前，在我国大部分地区的能繁母猪保险条款中，保险责任免除内容均包括"投保人及其家庭成员、被保险人及其家庭成员、投保人或被保险人雇用人员的故意行为、重大过失行为"；但在其他保险责任免除条款设置上，不同地区也存在着一定的差异。例如，北京市、辽宁省和吉林省将"摔跌、互斗、被盗、跑失、中毒、他人投毒及正常的淘汰、屠宰造成的损失"纳入保险责任免除的范围，而内蒙古自治区和山东省没有做相应的要求。

在疾病范围和是否进行免疫方面，北京市和辽宁省做出了详细的要求，即"未按相关部门强制免疫程序及时接种疫苗；或发病后不及时治疗；或发生疫情后不向防疫部门报告；或发生保险责任范围内事故后不采取保护与施救措施所造成的损失，保险公司不承担相应的保险责任"，而内蒙古自治区、吉林省和山东省在此方面没有具体的要求。

在意外疾病方面，如由于胎产致残失去繁殖能力的能繁母猪，北京市和辽宁省的保险责任免除条款中对此做出了具体的要求，而内蒙古自治区、吉林省和山东省未设置相应的要求。

除此之外，吉林省和山东省还将难产及由于战争、军事行动、恐怖行动、敌对行为、武装冲突、民间冲突、罢工、骚乱或暴动等因素引起的能繁母猪的损失纳入保险责任免除范畴，而内蒙古自治区、北京市和辽宁省并未设置此项保险责任免除要求。

表 5-8　国内不同地区能繁母猪保险责任免除范围

地区	责任免除
内蒙古自治区	①投保人及其家庭成员、被保险人及其家庭成员、投保人或被保险人雇用人员的故意行为、重大过失行为；②保险能繁母猪在疾病观察期内因患有保险责任范围内的疾病导致死亡的；③保险能繁母猪因病死亡不能确认无害化处理的；④其他不属于保险责任范围内的原因
北京市	①因被保险人及其饲养管理人员管理不善或故意行为造成死亡的；②未按北京市强制免疫程序及时接种疫苗；或发病后不及时治疗；或发生疫情后不向防疫部门报告；或发生保险责任范围内事故后不采取保护与施救措施所造成的损失；③摔跌、互斗、被盗、跑失、中毒、他人投毒及正常的淘汰、屠宰造成的损失；④胎产致残失去繁殖能力的
辽宁省	同北京市
吉林省	①投保人及其家庭成员、被保险人及其家庭成员、饲养人员的故意或重大过失行为、管理不善；②他人的恶意破坏行为；③难产；④水污染、大气污染、核反应、核辐射和放射性污染；⑤战争、军事行动、恐怖行动、敌对行为、武装冲突、民间冲突、罢工、骚乱或暴动；⑥被盗、走失、饥饿、中暑、他人投毒、中毒；⑦死亡猪只无标识、发病或死亡前后佩戴标识、标识号码、毛色、品种与投保信息不符，致保险人无法确定保险标的；⑧死亡猪只不在死亡第一现场，致保险人无法确定保险责任；⑨非能繁母猪
山东省	①投保人及其家庭成员、被保险人及其家庭成员、饲养人员的故意或重大过失行为、管理不善；②战争、军事行动、恐怖行动、敌对行为、武装冲突、民间冲突、罢工、骚乱或暴动；③水污染、大气污染、核反应、核辐射和放射性污染；④保险母猪在疾病观察期内患有保险责任范围内的疾病；⑤难产；⑥他人的恶意破坏行为；⑦违反防疫规定或发病后不及时治疗

资料来源：根据各省、市、自治区财政补贴性农业保险相关文件和网络公开资料整理。

第四节　能繁母猪保险的保险期限与保险金额

一、能繁母猪保险期限

（一）能繁母猪保险期限的确定

保险期限是保险合同规定的有效期限。保险期限的长短是根据畜种的种类、生长发育规律、生产性能、用途的需要而设计的。一般而言，按使用年限来确定繁殖仔畜的种畜的保险期限。种畜的饲养年限和使用年限较长，使用年限与品种类型、畜龄、饲养管理水平、胎次和健康状况密切相关。

能繁母猪保险期限一般按生产性能及用途需要来确定，其保险期限一般为1年，从起保日0时起到保险期日24时止，期满另行续保。能繁母猪保险期限既是计算保险费的依据，又是保险人和被保险人双方履行权利和义务的责任期限，是能繁母猪保险合同的主要内容之一。

在能繁母猪保险中，以健康有生命的能繁母猪作为保险标的，但由于疾病诊断、标的健康状况及生命周期等鉴定技术的限制，保险人在承保时，也很难准确判断投保能繁母猪是否真正符合承保条件。因此，为了避免被保险人将事先患有疾病或具有死亡隐患的能繁母猪投保，能繁母猪保险将从保险期间开始之日起一段时间设置为保险能繁母猪的疾病观察期。保险能繁母猪在疾病观察期内因保险责任范围内的疾病导致死亡的，保险人不负责赔偿。通常情况下，保险期间届满检疫合格的续保的能繁母猪，不再设定疾病观察期。

能繁母猪保险以8月龄（含）以上4周岁（不含）以下能繁母猪为保险标的，考虑到能繁母猪的生理特点，一般以20天作为能繁母猪保险的疾病观察期。

能繁母猪保险观察期条款就是将宽限期以条款的形式予以规定。需要指出的是，能繁母猪保险观察期一般只是针对疾病事件而言，因意外事故所致的经济损失则不受宽限期条款的约束，一旦合同生效，保险公司即承担保险责任。

（二）国内不同地区主要实践及区别

在能繁母猪保险期限的设置上，国内不同地区都制订了较为明确的要求与规定。我国部分地区能繁母猪保险的保险期限要求如表5-9所示。

表 5-9　国内不同地区能繁母猪保险期限设置要求

地区	保险期限	疾病观察期	观察期内事故责任	其他
吉林省	保险期间为 1 年，起止日期以保险单载明为准	设 15 天疾病观察期	观察期内发生保险事故，保险人不负责赔偿	保险期间届满续保的能繁母猪，免除观察期
山东省	同上	同上	同上	同上
辽宁省	同上	设 20 天疾病观察期	同上	同上
北京市	同上	观察期为保险单载明的保险起期顺延 7 天	同上	同上
内蒙古自治区	同上	设 20 天疾病观察期	同上	保险期间届满续保的能繁母猪，再设定疾病观察期

资料来源：根据各省、市、自治区财政性补贴农业保险相关文件和网络公开资料整理。

如表 5-9 所示，吉林省、山东省、辽宁省、北京市和内蒙古自治区对于能繁母猪保险期限的设定均为 1 年，其中吉林省、山东省、辽宁省和北京市强调保险期间届满续保的母猪，免除观察期；而内蒙古自治区强调保险期间届满续保的能繁母猪，再设定疾病观察期。在保险期限观察期的设置上，部分地区存在一定的差异，如辽宁省和内蒙古自治区对投保的能繁母猪设置 20 天的观察期，即保险期间起始之日 0 时至第 20 日 24 时止为保险能繁母猪的疾病观察期，保险责任开始的时间为第 21 日 0 时起至保险单载明的终止日 24 时止；吉林省和山东省设置的能繁母猪的疾病观察期为 15 日，而北京市设置的能繁母猪的疾病观察期时间最短，为 7 天。由此可见，不同地区对于能繁母猪保险期限疾病观察期的期限时间的设定存在一定的差异。同时，各地区均强调在保险期限观察内发生保险事故的，保险人不负责赔偿的要求。

二、能繁母猪保险金额与保费

（一）能繁母猪保险金额的确定

能繁母猪保险金额是指保险合同约定的保险公司承担赔偿或给付保险金责任的最高限额，即被保险人对保险标的（能繁母猪）的实际投保金额，同时又是保险公司收取保险费的计算基础。

确定保额总的原则是不能出现超价值承保而引起道德危险，要以被保险人可保利益为最高限额，否则易出现被保险人不精心饲养，甚至人为制造事故图谋保险赔款的现象。因此，在保险金额确定的过程中应要求保险人在掌握市场供求变化等规律的基础上，合理确定保险金额，同时也让被保险人自保一部分。

在能繁母猪保险中，对投保能繁母猪保险价值的估算和确定是影响保险金额大小的直接因素。保险价值是保险标的在某一特定时点的经济价值。由于能繁母猪保险以8月龄（含）以上4周岁（不含）以下能繁母猪作为保险标的，投保能繁母猪的保险价值主要是由投保时能繁母猪的经济价值决定的。现实中，能繁母猪的经济价值更多的是由其繁育的仔猪成长为育肥猪而进行销售的市场价格反映。能繁母猪的品种、畜龄等生理特点，饲料与生猪的价格等市场环境因素，都会影响育肥猪的市场销售价格。当前，以防范能繁母猪疾病及自然灾害风险为主的能繁母猪保险，其保险金额的确定更多是考虑能繁母猪的生理价值，由被保险人与保险公司参照投保能繁母猪的品种、畜龄协商确定，并在保险合同中载明。能繁母猪保险的保险金额按照其生理价值的一定比例确定，一般不超过其市场价值的七成。

（二）能繁母猪保险费的确定与费率厘定

保险人承保能繁母猪保险业务时，用能繁母猪保险金额乘以能繁母猪保险费率就能得出能繁母猪保险业务的保险费，即保险费＝保险金额×保险费率。目前，财政补贴性能繁母猪保险费率一般为6%，并且大部分地区政府都为能繁母猪保险提供80%的保费补贴，农民只承担20%的保费。

1. 影响能繁母猪保险费的因素

（1）保险金额。

保险金额与保险费成正比，在保险费率和保险期限一定的条件下，保险金额越大，则保险费越多；反之，则越少。

（2）保险费率。

保险费率与保险费成正比，在保险金额和保险期限一定的条件下，保险费率越大，则保险费越多；反之，则越少。

（3）保险期限。

保险期限与保险费成正比，在保险费率和保险金额一定的条件下，保险期限越长，则保险费越多；反之，则越少。

2. 能繁母猪保险费率的厘定与特点

保险费率是保险费与保险金额的比率。与大牲畜（奶牛、肉牛等）死亡保险类似，在能繁母猪保险中，由于其保险责任范围为疫病、自然灾害等导致的能繁母猪死亡，因而，能繁母猪保险费率计算的依据为能繁母猪的平均死亡率。

能繁母猪保险作为农业保险的重要组成部分，其保险费率的厘定有其独特的技术选择，存在着能繁母猪保险费率难以精确厘定的问题，具体表现如下：

第一，以大数法则为理论基础厘定保险费率受到挑战。由于能繁母猪养殖中的自然、疫病等风险单位大、关联性强，保险公司承保的保险能繁母猪很难满足大数法则所要求的数量和质量，定价的理论基础难以实现。

第二，有关生产经营、风险损失等数据资料的收集受到挑战。受不同养殖管理条件的限制，有关能繁母猪生产的原始记录和统计数据很不完整，缺乏长时间的、准确可靠的能繁母猪生产经营及风险损失数据资料的支持。

第三，农业灾害损失年际间差异很大，导致风险附加费率极高且难以测定。

第四，能繁母猪保险业务经营中存在严重的逆选择和道德风险问题，大大增加了农业风险的不确定性。

（三）国内不同地区主要实践及区别

目前，我国实施的财政补贴性能繁母猪保险的保险金额，只覆盖投保能繁母猪的饲养成本和购买价格，遵循"低保障、广覆盖"的原则确定保障水平。由于国内不同地区的具体情况不同，在保险金额和费率的设计上也存在着明显的差异，如表 5-10 所示。

表 5-10　国内不同地区能繁母猪保险金额和保险费率

地区	畜龄、体重	保险金额（元/头）	费率（%）
内蒙古自治区	8 个月（含）以上 4 周岁（含）以下	1000	6
北京市	体重在 100 公斤以上	3000	4
辽宁省	8 个月以上	1000，且不超过其市场价值的 70%	6
吉林省	8 个月（含）以上 4 周岁（不含）以下	由投保人与保险人协商确定，且不超过其市场价格的 70%	6
山东省	8 个月（含）以上 4 周岁（不含）以下	1000	6

资料来源：根据各省、市、自治区财政补贴性保险相关文件和网络公开资料整理。

在保险费率设定上，大多数省份的保险费率为 6%，如内蒙古自治区、辽宁省、吉林省和山东省；而北京市作为较发达的地区，其保险费率水平为 4%，低于一般水平，但其保险金额的额度设定较高，每头能繁母猪的保险金额为 3000 元，明显高于其他地区，如内蒙古自治区、山东省、辽宁省能繁母猪保险的保险金额为 1000 元/头，且要求不超过其市场价值的 70%；吉林省并没有对保险金额设置具体的数值，但其要求不得超过其市场价值的 70%。

在对能繁母猪投保畜龄的要求上，吉林省和山东省对投保能繁母猪的要求是畜龄应为"8 月龄（含）以上 4 周岁（不含）以下"，内蒙古自治区略有差别，其畜龄要求的上限包含 4 周岁的能繁母猪，而北京市对于能繁母猪的畜龄没有具体的要求，但其强调投保的能繁母猪的体重应达到 100 公斤以上，除此之外，辽宁省对于投保的能繁母猪畜龄要求是满足 8 个月以上即可。由此可知，处在经济发达地区的能繁母猪保险的保障水平较高，如北京地区能繁母猪保险费率较低且保险金额较高。

第五节 能繁母猪保险的查勘定损与理赔

养殖场户将符合承保条件的能繁母猪成功投保后，若在保险期限内发生保险责任事故，被保险人可向保险人请求保险赔偿。保险人在接到被保险人的保险赔偿请求后，会根据保险责任事故的现场查勘情况，进行保险责任事故的损失界定，并依据损失情况和保险合同约定的赔付金额进行保险赔付。

一、查勘定损

（一）能繁母猪保险查勘技术及特点

1. 能繁母猪查勘前的准备

（1）认真查阅保险合同，详细了解投保情况。查勘现场之前，可通过查阅保险合同，了解出险能繁母猪的投保情况，如投保数量、保险期限、是否有其他附加险种、特别约定内容等。保证理赔人员在未到达现场前，就对相关基本信息有初步的了解，以便于后续查勘工作有的放矢。

（2）准备好现场查勘用具。例如，照相机或摄像机、水靴、皮尺、磅秤、解剖用的刀具及查勘人员消毒用的药剂、尸体焚烧所需的柴油等。

（3）携带好须由保户填写的各类资料，如索赔申请书等相关单证。

（4）根据情况及时通知相关协作单位，做好查勘现场的准备工作。

2. 现场查勘定损要点

（1）查勘问讯。

查勘现场要了解的内容包括以下几个方面：

①能繁母猪投保的数量及目前存栏能繁母猪的数量（不包括后备母猪）。

②打耳标的时间、数量、责任部门，特别要了解没有死亡的能繁母猪是否按规定佩戴耳标。

③死亡母猪的畜龄、体重、胎次。

④母猪死亡的时间、地点、原因。

⑤防疫历史登记等情况均应记录在案。

⑥现场查勘时被保险人应在现场。在没有掌握真实案情之前，避免谈及是否赔付或怎样赔付的问题。

（2）责任认定。

责任认定是根据现场情况、有关材料，结合保单的保险责任和责任免除条款的规定，分析灾害事故的客观原因，认定是否属于保险责任的过程。

①判断标的死亡的第一现场。

查勘现场时查勘人员需要及时到达第一现场，不能嫌脏怕臭，否则难以了解到真实情况。能繁母猪死亡后不能随便移动现场，要查勘死亡地是否是猪的饲养地，确认死猪的来源。要观察猪舍内是否有饲养的迹象，如猪舍内是否有猪粪、饲料杂物、垫土之类的痕迹，如果没有就难以说明死猪出于此地。

②确认是否属保险标的。

依据保险合同核对死亡的能繁母猪猪龄是否在保险标的规定的范围内（在 8 个月以上、4 周岁以下），若猪龄不够，猪的体重再高也不能称其为能繁母猪，因猪龄不到它就不会发育成熟，以致无法受孕。未经交配的，待饲养 4～5 个月后出售的称为商品猪或生猪，不属于保险标的；公猪、小猪也不属于保险标的。

③辨认经产母猪的特征。

乳头特征：经产母猪乳头约 1 cm 大小，呈深褐色，乳头经小猪吸吮后表面无毛。未经产母猪乳头小，如豆粒大小，有毛且颜色较浅。

生殖器特征：是否是经产母猪应从其大小、颜色等状况判定。

④确定死亡时间和原因。

现场查勘时要根据报案时间和查勘人员到达现场的时间，确定病猪死亡的时间。

接到报案及时到达现场后，如果猪的腿还未僵硬，说明报案及时；如果猪的尸体已僵硬，说明猪的死亡时间至少已有 5～6 个小时。

不能确定死亡原因的，除检查死猪外观外还可进行剖检，确定是否为保险责任范围内的疾病，并尽量保留证据。

此外，要特别注意查看猪在死亡之前是否放过血，此类情况不应纳入赔偿范围。因有可能母猪得病后被保险人不积极治疗，或因其他原因被保险人不想再饲养而直接放血宰杀，然后再报案。对于这类不属于保险责任范围内的死亡，应予明察。

（3）查验耳标的技巧。

①耳标的唯一性。

根据相关要求，能繁母猪防疫时应打上 15 位数字并具有唯一性的耳标，耳标是投保母猪的身份证，只有佩戴耳标的才是合法的保险标的。

查勘同场饲养的其他能繁母猪是否已打耳标，如果活猪没打耳标，说明保户可能未尽到戴标、防疫的义务。

②判断耳标佩戴时间。

通过观察耳标孔的状况，可以判定打耳标的时间。猪死以前打的耳标，耳标孔发红；死了以后再打的，耳标孔周围发白。打过耳标后 3～7 天内，标孔处会红肿发炎，10 天以后会有化脓现象。

（4）拍照取证。

拍摄能繁母猪饲养所在地的全景照片（包括死亡母猪、圈舍、无害化处理过程）、耳标特写等。同时，拍照宜有照片提示板（查勘标示牌）作为背景，这样有助于反映真实现场。

（5）相关资料的收集。

①被保险人须提供由畜牧兽医（防疫）部门出具的能繁母猪死亡证明，注明因何种疾病死亡及死亡数量。

②养殖户应提供被保险人身份证（户口簿）、"　卡通"账号、保险凭证、防疫（检疫）记录等证明，并提交索赔申请书等。

（6）死亡标的的处理。

根据《畜禽病害肉尸及其产品无害化处理规程》的有关规定，基本处理方法如下。

①湿法化制：利用湿化机，将整个尸体投入化制（熬制工业用油）。

②焚毁：将整个尸体或割除下来的病变部分和内脏投入焚化炉中烧毁炭化。

③化制：利用干化机，将原料分类，分别投入化制。

④回收：通过与有资质的肉联厂合作，对于确定属于保险责任的能繁母猪，在严格交接手续的前提下，由肉联厂将死亡母猪回收进行无害化处理，并由其出具无害化处理证明。

⑤高温处理：高压蒸煮法、一般煮沸法。

总之，要根据各地实际情况采取有效措施，防止同一标的重复索赔，避免病猪尸体流向市场，防止疫病的蔓延。

3. 疾病死亡情况的鉴别

无论是病猪还是因其他原因死亡的猪，首先要判定其死亡时间。判断病猪死亡时间的长短，要看其四肢关节的僵硬程度和体温下降情况。一般情况下，死亡时间越长，肢体越僵硬，体温越低。刚死亡的猪腿部关节柔软，身体有余温。

若属病死的猪可行解剖对其内脏进行检查，经检查可发现如下情况。

（1）猪肺部肿大，有出血斑点的，一般属于猪肺疫。

（2）猪心脏颜色发黑、发青、发红，属心肌坏死，喂养瘦肉精的猪，常会发生这种情况。若猪因活动剧烈致死，其心脏发白、发青。

（3）猪的肝脏内会有存血，颜色发黑，肝体肿大，两小时后肝脏会发糟。

（4）猪肾脏会发黑、发紫、肿大。

（5）胃血管破裂。血液流入胃内，容纳不下时进入小肠、大肠，经肛门排出，检查可发现猪肛门处有血迹，或有带血的粪便。此类情况一般不属于传染病，确定责任时应慎重。

4. 能繁母猪保险查勘定损注意事项

定损实际上就是根据查勘所取得的信息，对保险标的的损失范围、损失数量等内容进行确定的过程。查勘定损时应注意以下几个问题。

（1）坚持"有耳标"的原则。对保险标的未佩戴耳标（如果合同明确要求须佩戴耳标）或所佩戴耳标与保险清单记录不符（须进一步核实情况）的，可依据条款规定考虑拒赔。

（2）坚持"先无害化处理再赔付"的原则。要根据无害化处理照片或畜牧畜医部门出具的无害化处理证明支付赔款，对于未依法进行无害化处理的母猪，可依据条款规定予以拒赔。

（3）注意查验畜龄、尸重。要加强对不足 8 个月或超过 48 个月畜龄母猪的鉴定。

（4）坚持查验免疫台账的原则。对保险标的进行常规防疫是被保险人应尽的义务，也是保证牲畜健康的有效措施。对于未执行国家强制免疫而因病死亡的母猪，可依据条款规定予以拒赔。

（二）国内不同地区主要实践及区别

能繁母猪保险中，查勘定损相关规定更多的是对保险人一方所做的要求。目前我国大部分地区实施的能繁母猪保险，在查勘定损方面都明确强调"保险人收到被保险人的赔偿保险金的请求后，应当及时做出是否属于保险责任的核定；情形复杂的，应当在 30 日内做出核定，但本保险合同另有约定的除外""保险人应当将核定结果通知被保险人；对属于保险责任的，与被保险人达成赔偿保险金的协议后 10 日内，履行赔偿保险金义务；保险合同对赔偿保险金的期限有约定的，保险人应当按照约定履行赔偿保险金的义务"以及"保险人依照前款约定做出核定后，不属于保险责任的，应当自做出核定之日起 3 日内向被保险人发出拒绝赔偿保险金通知书，并说明理由"等内容要求，如辽宁省、吉林省和山东省。部分地区对于查勘定损的要求略有不同，如内蒙古地区强调"保险人接到发生保险事故的通知后，应当及时进行现场查勘，同被保险人核定保险能繁母猪的受损情况；保险人应当在查勘时向被保险人明确告知应提供的索赔资料或发放索赔资料清单"。北京市作为较为发达的地区，对查勘定损的要求更为严格，其强调查勘环节须满足"现场查勘照片须显示当天日期和死亡能繁母猪的耳号标识，并向被保险人出具现场查勘报告，同时应一次性通知被保险人提供所需理赔资料"的要求。具体内容见表 5-11。

表 5-11 国内不同地区能繁母猪保险查勘定损要求

地区	查勘定损要求
内蒙古自治区	保险人接到发生保险事故的通知后，应当及时进行现场查勘，同被保险人核定保险能繁母猪的受损情况。保险人应当在查勘时向被保险人明确告知应提供的索赔资料或发放索赔资料清单
北京市	①保险人应及时受理被保险人的事故报案，尽快赴现场查勘定损，现场查勘照片须显示当天日期和死亡能繁母猪的耳号标识，并向被保险人出具现场查勘报告，同时应一次性通知被保险人提供所需理赔资料。②保险人收到被保险人的索赔申请后，应当及时做出核定；情形复杂的，应当在 30 日内做出核定

地区	查勘定损要求
辽宁省	①保险人收到被保险人的出险报告后，应当及时会同村防疫员赴现场，做出是否属于保险责任的核定，由村防疫员填写"投保动物无害化处理证明"，并经动物防疫网格责任官方兽医签字确认；情形复杂的，应当在30日内做出核定，但本合同另有约定的除外。②保险人收到被保险人的赔偿保险金的请求后，保险人应当将核定结果通知被保险人；对属于保险责任的，与被保险人达成赔偿保险金的协议后10日内，进行赔偿保险金义务。保险合同对赔偿保险金的期限有约定的，保险人应当按照约定履行赔偿保险金的义务。③保险人依照前款约定做出核定后，不属于保险责任的，应当自做出核定之日起3日内向被保险人发出拒绝赔偿保险金通知书，并说明理由。④保险人自收到赔偿保险金的请求和有关证明、资料之日起60日内，其赔偿保险金的数额不能确定的，应当根据已有证明和资料可以确定的数额先予支付；保险人最终确定赔偿保险金的数额后，应当支付相应的差额
吉林省、山东省	①保险人收到被保险人的赔偿保险金的请求后，应当及时做出是否属于保险责任的核定；情形复杂的，应当在30日内做出核定，但本保险合同另有约定的除外。②保险人应当将核定结果通知被保险人；对属于保险责任的，与被保险人达成赔偿保险金的协议后10日内，履行赔偿保险金义务。保险合同对赔偿保险金的期限有约定的，保险人应当按照约定履行赔偿保险金的义务。③保险人依照前款约定做出核定后，不属于保险责任的，应当自做出核定之日起3日内向被保险人发出拒绝赔偿保险金通知书，并说明理由

资料来源：根据各省、市、自治区财政补贴性保险相关文件和网络公开资料整理。

二、理赔

能繁母猪保险理赔是指在保险能繁母猪发生保险事故后，被保险人向保险人提出索赔申请，保险人对保险能繁母猪所发生的保险合同责任范围内的经济损失履行经济补偿义务，对被保险人提出的索赔进行处理的行为。

能繁母猪保险理赔是能繁母猪保险经营的一个关键环节，理赔功能的切实发挥是能繁母猪保险保障功能的体现，是能繁母猪保险存在价值的体现。从被保险人层面，迅速而有效的理赔是帮助其恢复灾后再生产，促进能繁母猪稳定养殖的重要途径。从保险公司层面，保险公司认真审核、认定保险责任，提供周到的保险理赔服务，是其履行契约义务的具体体现。

（一）能繁母猪保险理赔的特点

1. 标的数量大、利益相关者多

能繁母猪保险标的数量大，且被保险人人数众多、分散，如果处理不当，可能导致较大的社会负面效应。因此，能繁母猪保险理赔工作涉及的因素复杂，涉及的利益相关者较多，主要包括被保险农户、各级农业部门、各级财政部门等。

2. 散户发案率高，小额案件占比高

由于受环境、饲养技术、防疫能力、管理等多方面因素的限制，散户饲养的能繁母猪出险比例明显高于规模养殖场。

3. 查勘、定损成本高

能繁母猪养殖户点多面广，查勘定损路途远、工作量大。加之在责任判定阶段对专业技术要求高，通常需要聘请专业人员参与定损，这就增加了能繁母猪保险的理赔查勘定损成本。

4. 专业鉴定难度大

由于关注面广、敏感性强，因此在理赔工作中，定损结论和拒赔依据都必须有完善的理赔手续，由专业部门出具翔实、有权威性的鉴定结论就颇具必要性。而养殖业保险标的的分散性，加大了出险时死亡标的的鉴定难度。

（二）能繁母猪保险理赔的基本程序（见图5-3）

第一步，出险通知。保险能繁母猪发生保险事故后，被保险人要立即通知保险公司，理赔人员在接到出险通知后，应及时将通知事项予以登记。

第二步，损失检验。保险公司接到损失通知后，应立即派人员进行现场查勘，对受损能繁母猪进行检验，以便准确取得损失的原因、受损情况和受损数量等材料，从而判断是否属于能繁母猪保险责任范围。

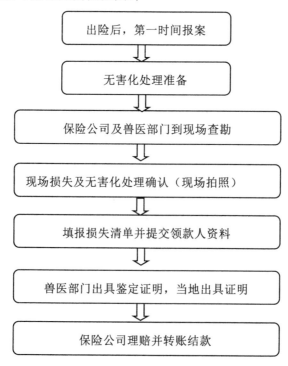

图5-3 能繁母猪保险基本理赔流程

第三步，审核各项单证。这些单证包括：①审查保险单的有效性。损失是否发生在保险单有效期内，这是受理赔案的基本前提。②除须首先审核保险单有关单据以外，对其他有关单证也必须予以审核，如查勘报告、损失证明、所有权证明等，以查核被保险人是否具有索赔权，以及根据损失原因来确定损失是否属于保险范围。

第四步，核实损失原因。在损失检验和审核各项单证的基础上，对于审核中发现的问题，根据案情可考虑进一步核实原因，包括向专家、检验部门复证。

第五步，核定损失数量和数额，赔付结案。当保险能繁母猪损失的原因属于保险责任范围时，则要进一步核定损失数量，计算应赔数额，予以赔付或给付。

（三）能繁母猪保险理赔金额的确定

依据能繁母猪保险合同对应的条款，能繁母猪损失赔偿计算方式如下。

（1）发生保险责任中自然灾害、意外事故和重大病害保险事故时，

$$赔偿金额=死亡数量×每头保险金额$$

（2）发生政府强制扑杀责任事故时，

$$赔偿金额=死亡数量×（每头保险金额－每头母猪政府扑杀专项补贴金额）$$

（3）若保险母猪每头保险金额低于或等于出险时的市场价格，则上述计算公式中的每头保险金额按照保险合同中载明的保险母猪每头保险金额计算；若保险母猪每头保险金额高于出险时的市场价格，则上述计算公式中的每头母猪保险金额按市场价格计算。

（4）如能繁母猪投保数量低于实际存栏数量的，理赔时可以区分保险数量与非保险数量的，保险人以保险单载明的保险数量为赔偿计算标准；无法区分保险数量与非保险数量的，保险人按保险单载明的保险数量与可保数量的比例计算赔偿金额。

【拓展阅读】

云南省能繁母猪保险政策：买了保险，一头能赔多少钱

2017年度云南省宣威市能繁母猪保险政策如下：

（1）保险对象

能繁母猪是指猪品种必须在当地饲养1年（含）以上、在8月龄（含）以上4周岁（不含）以下、管理制度健全、饲养圈舍卫生、能够保证饲养质量、饲养场所在当地洪水水位线以上的非蓄洪和行洪区、营养良好、饲养管理正常、按市畜牧防疫部门审定的免疫程序接种并有记录的已具备繁殖能力并投入生产的母猪，包括经产母猪和初孕母猪，不含后备母猪。

（2）保费标准和补助资金来源

能繁母猪的保险金额为1055元/头，能繁母猪的保费为60元/头。按照分级负担的原则，由中央财政、省级财政、地方财政和农户共同承担。其中，中央财政承担50%（30元/头），省级财政承担20%（12元/头），宣威市级财政承担10%（6元/头），养殖

户承担20%（12元/头）。

（3）哪些情况可以获得保险赔偿？

● 火灾、爆炸、暴雨、洪水（政府行蓄洪除外）、风灾、雷击、冰雹、冻灾。

● 泥石流、山体滑坡、地震，建筑物倒塌、空中运行物体坠落。

● 猪丹毒、猪肺疫、猪水疱病、猪链球菌、猪乙型脑炎、附红细胞体病、伪狂犬病、猪细小病毒、猪传染性萎缩性鼻炎、猪支原体肺炎、旋毛虫病、猪囊尾蚴病、猪副伤寒、猪圆环病毒病、猪传染性胃肠炎、猪魏氏梭菌病，口蹄疫、猪瘟、高致病性蓝耳病及其强制免疫副反应，意外事故导致投保个体直接死亡。

● 由于发生上一项中列明的高传染性疫病，政府实施强制扑杀导致保险能繁母猪死亡，保险人负责赔偿，但赔偿全额扣减政府扑杀专项补贴全额的差额为限。

（4）保险期限：1年，以实际参保时间算。

（5）理赔程序

● 由保险公司、市畜牧兽医局联合各乡（镇、街道）畜牧兽医站成立理赔服务工作小组，负责本行政区域内能繁母猪保险理赔服务工作。

● 参加保险的能繁母猪出险后，由养殖户向防疫员报告基本情况，同时应在15分钟内拨打电话向落地服务公司宣威支公司报案，指定理赔服务责任人具体负责理赔服务相关事宜。防疫员接到养殖户报案后必须及时向当地畜牧兽医站报告。查勘人员接到调度通知后，应及时赶赴现场，会同出险地防疫员进行现场查勘、认定责任、核定损失，并查验耳标号、免疫证及投保档案等。畜牧兽医站工作人员参与查勘现场、认定责任后，向参保户出具死亡证明材料。

● 发生重大死亡事故（一次事故死亡3头以上能繁母猪）的，各乡（镇、街道）畜牧兽医站必须保留出险现场及物证，并及时通知畜牧兽医局、保险公司一同赶赴现场，共同查勘，定责定损，拍照备案。

● 落地服务公司宣威支公司收到索赔材料审核后，应及时将索赔材料复印件转交主承保人人保财险宣威支公司进入理赔程序，赔款一律以转账方式支付养殖户。

资料来源：土流网，2017-07-14。

（四）国内不同地区主要实践及区别

在我国的能繁母猪保险实践中，在保险理赔业务执行方面，按灾害事故是否属于保险责任进行了两类规定：一是对于属于保险责任的情况，要求"与被保险人达成赔偿保险金的协议后10日内，履行赔偿保险金义务"，并明确指出"保险人应当按照约定期限履行赔偿保险金的义务"，如内蒙古自治区、辽宁省、吉林省和山东省等做出了类似规定；二是对于不属于保险责任的情况，要求"自做出核定之日起3日内向被保险人发出拒绝赔偿通知书，并说明理由"，如辽宁省、吉林省和山东省等在进行第一类相关规定的同时，增加了第二类规定。

在保险理赔金额确定方面，我国各地区的相关实践与处理方式类似，通常将其分为两类：第一类，因动物疾病、自然灾害及意外事故导致保险能繁母猪死亡的，按保险金额进行赔偿；第二类，发生高传染性疫病被政府强制扑杀，导致保险能繁母猪死亡的，每头能繁母猪的赔偿金额须扣除政府扑杀专项补贴金额。内蒙古自治区、辽宁省、吉林省和山东省均做出上述两类划分。北京市在保险理赔金额确定上与其他地区略有差异：在保险责任范围内的事故造成保险能繁母猪死亡的，按相应档次保险金额的100%赔偿，每头保险能繁母猪赔偿金额为3000元。此外，部分地区对于保险金额范畴的赔偿还界定了"保险单实际承保数量小于可保数量等情况"，如辽宁省、吉林省和山东省对此方面做出了详细的要求，参见表5-12。

表5-12 国内不同地区能繁母猪保险理赔要求

地区	因疾病、自然灾害以及意外事故等	政府强制扑杀的
内蒙古自治区	按保险金额给予赔偿	保险公司可从保险金额中相应扣减政府扑杀专项补贴金额后进行赔付
吉林省	赔偿金额=死亡数量×每头保险金额	赔偿金额=死亡数量×（每头保险金额-每头母猪政府扑杀专项补贴金额）
辽宁和山东省	同上	同上
北京市	属于保险责任范围的，按相应档次保险金额的100%赔偿；每头赔偿金额=3000×100%=3000元	同上

资料来源：根据各省、市、自治区财政补贴保险相关文件和网络公开资料整理。

本章小结

能繁母猪保险作为农业保险的重要组成部分，其在分散养殖场户生产经营风险、稳定生猪市场供应，促进农业产业持续健康发展等方面起着至关重要的作用。本章内容主要包括5个部分：第一节首先介绍了我国能繁母猪养殖的基本特点、能繁母猪的发展现状及能繁母猪养殖过程中面临的主要风险；第二节主要介绍了能繁母猪保险的基本概念和能繁母猪生产经营过程中针对不同风险类别的保险类型；第三节对能繁母猪保险业务中涉及的保险标的、保险责任、保险责任免除的确定及不同地区能繁母猪保险标的和保险责任区别进行了总结与分析；第四节主要介绍了能繁母猪保险业务中的重要组成部分、保险期限的界定及保险金额的计算等内容；第五节对能繁母猪保险实践过程中的查勘定损和理赔环节内容进行了梳理与总结。通过本章内容的学习，读者能够系统熟悉能繁母猪保险的相关知识概念。

案例

来自内蒙古自治区的老张饲养了150头能繁母猪，2015年10月28日，他将150头能繁母猪全部进行了投保，依据保险公司条款的规定，按照6%的保险费率缴纳了保险金，并签订了能繁母猪保险合同。同年11月23日，老张发现因为下大雨能繁母猪被冲走了50头。

资料来源：中国畜牧网，2015-10-27。

思考：

（1）老张签订的能繁母猪保险合同是否生效？
（2）老张被冲走的50头母猪能获得保险公司的赔偿吗？

关键词

能繁母猪养殖业；能繁母猪保险；能繁母猪保险标的；能繁母猪保险责任范围；能繁母猪保险理赔

思考题

1. 简述能繁母猪的定义及特点。
2. 能繁母猪的基本构成要素有哪些？
3. 简述能繁母猪风险的定义及其类型。
4. 简述能繁母猪保险的定义和其特点。
5. 能繁母猪保险有哪些类型？
6. 能繁母猪保险有哪些作用？
7. 简述能繁母猪保险的承保条件。

本章主要参考文献

[1] 冯文丽，庹国柱. 农业保险投保指南[M]. 北京：中国农业出版社，2011.
[2] 黄志坚. 母猪饲养新技术[M]. 福州：福建科学技术出版社，2006.
[3] 李秉龙，何秋红. 中国猪肉价格短期波动及其原因分析[J]. 农业经济问题，2007（10）：18-21，110.
[4] 庹国柱. 庹国柱农业保险文集[M]. 北京：中国农业出版社，2014.

[5] 庹国柱，李军. 农业保险[M]. 北京：中国人民大学出版社，2005.

[6] 庹国柱，冯文丽. 一本书明白农业保险[M]. 郑州：中原农民出版社，2016.

[7] 田萌. 析我国政策性能繁母猪保险[J]. 保险研究，2008（04）：38-40.

[8] 王建国，何宛伦. 促进能繁母猪保险发展对策[J]. 中国保险，2010（05）：26-29.

[9] 王克，张旭光，张峭. 生猪价格指数保险的国际经验及其启示[J]. 中国猪业，2014，9（10）：17-21.

[10] 王雅婧，刘宽，周梦璐. 生猪价格指数保险的国内外比较及启示[J]. 中国市场，2018（23）：11-13.

[11] 张峭，李越，郑茗曦. 农业指数保险的发展、应用与建议[J]. 农村金融研究，2018（06）：14-20.

第六章　育肥猪保险

【本章学习目标】
1. 了解育肥猪养殖的基本特点及面临的主要风险。
2. 了解育肥猪保险的概念、类型和主要特点。
3. 熟悉育肥猪保险经营实务及相关注意事项。
4. 了解国内不同地区育肥猪保险经营实践及区别。

第一节　育肥猪养殖概述

一、育肥猪养殖的基本特点

我国是最早将野猪驯养为家猪的国家之一，养猪历史悠久，源远流长，猪种资源众多，养猪经验极为丰富。育肥作为养猪生产中最后一个环节，其相关性能是衡量猪生产水平的主要依据，能够体现养猪生产的成果，在养猪产业中占有十分重要的地位。猪的育肥阶段主要是指出生 70 日龄以后 20 公斤或者更重一点的仔猪，经过保育期至大猪出栏的这一饲养阶段。了解育肥猪的生理特点和饲养特点对于提高育肥猪饲养管理水平，开展育肥猪保险业务有着重要的作用。

（一）育肥猪的生理特点

育肥猪的生理特点在不同的发育阶段有所差异，按照猪的体重可将育肥猪的生长过程分为生长期和育肥期两个阶段。

生长期：将育肥猪体重在 20~60 kg 的这段时期称为生长期。这一阶段育肥猪的生理特点是身体各组织和器官的发育还不够完善，功能还不够健全。特别是刚从保育转入育肥的 20 kg 重的猪，消化系统功能弱，消化液中的有效成分不能使营养物质很好地被吸收利用，并且此阶段的育肥猪的胃容积小，神经系统及对外界的抵抗力都处于日渐完善的阶段。此阶段的生长特点是脂肪增长缓慢，主要是以骨骼和肌肉的生长发育为主。

育肥期：体重在 60 kg 以上直到出栏为育肥期。这一阶段育肥猪的生理特点是身体各器官、组织、系统及功能都已发育完全，特别是消化系统有了很大的变化，可以消化吸收各种饲料。神经系统和机体对外界的抵抗力也有所提高，能够快速适应外界环境的变化。此阶段的生长特点是脂肪增长迅速，肌肉和骨骼的生长基本已经完成，生长较为缓慢。

（二）饲养管理特点

不同于母猪和仔猪，育肥猪各器官发育成熟，抵抗力较强，单位猪只发生疾病的概率和频次相对较少。育肥猪的饲养管理，相比母猪、猪仔和种猪养殖，具有经营方式简单、时间消耗少等特点。例如，育肥猪养殖需要投入少量资金即可，易于起步。但与此同时，育肥猪养殖受优良仔猪的可获得性影响较大，现实经营中，往往会遇到"良种仔猪不容易买到""仔猪供应不稳定""从多家购买仔猪，会有引发疾病危险"等问题。以下主要从饲养环境及场所特点和防疫特点两方面，对育肥猪的饲养管理特点进行简要阐述。

1. 饲养环境及场所特点

（1）饲养环境主要涉及温度、空气湿度、空气质量和光照等。

①环境温度。温度对育肥猪的影响明显。为了提高日增重和养猪的经济效益，必须努力改善环境温度，力求接近育肥猪的适宜温度。因此，在炎热的南方，应注意防暑降温；而在寒冷期长的北方，应以防寒为主，使育肥猪尽可能增重。

②空气湿度。湿度对育肥猪也有明显的影响。在一般情况下，湿度与空气温度对猪的增重有着综合的影响，高温高湿或低温高湿都会对猪的育肥造成不良影响。例如，当气温低于 15 ℃或高于 30 ℃时，猪自身调节体温的能力就会下降。在高温高湿的环境中，猪体的蒸发遇到困难，从而降低了猪体散热的能力，猪感到闷热，体温升高，食欲下降，增重就会减少。在低温高湿情况下，增加了猪体的散热量，猪感到湿冷，体温下降，也会导致减重。因此，猪圈内不但要保持适宜的温度，也要保持适宜的湿度，才有利于育肥猪健康生长。猪舍内适宜的湿度为 75%左右。在高温或低温的环境下，高湿度可加剧炎热或寒冷的作用，加速猪舍内设备的腐蚀和饲料的霉变，影响猪的增重和长膘，降低饲料利用率。此外，潮湿的环境有利于细菌、寄生虫的孳生和繁殖，易诱发多种疾病。

③空气质量。当空气质量不良时，猪只会出现喷嚏、咳嗽、流泪、无精神等症状。适宜的空气质量标准为：氨气＜18.97 mg/m³、一氧化碳＜62.5 mg/m³。为减少氨气可增加清粪次数，彻底清理排粪沟中的粪便，在饲料中添加除氨剂；为减少一氧化碳可增加排气通风。排风依湿度高低酌定。减少粉尘可采取改造饲喂系统和料槽（如料槽加设翻盖）、湿干料搭配、增加湿度（同时通风）、增强卫生清理、向饲料中加油（1%～2%）等措施。

④光照。光照对育肥猪同样重要。阳光中的紫外线对猪有兴奋呼吸中枢、改善营

养代谢和促进骨骼生长的作用，尤其对生长中的幼、中龄育肥猪的增重有良好的影响。参考北京地区以往的养猪经验，在适宜的气温条件下，凡饲养在坐北朝南对列式育肥猪圈内的猪，一般处于靠南窗的一列猪栏的猪，增重相对较快，而靠北栏的猪，由于光照较少，增重相对较慢，二者的日增重相差10%左右。阳光中除紫外线、部分可见光外，还有红外线，它主要使猪皮肤温暖，血液循环加强，对猪的生长有很好的作用。在寒冷季节，应保证猪圈内阳光充足，不仅可以提高温度，还有利于生长瘦肉。但值得注意的是，夏季应避免或减少阳光照射。

（2）饲养场地包括养殖场所和空间面积。

①养殖场所。育肥猪的养殖场所的建设应选在离居民区或集镇1 km以上、地势高、开阔平坦的地方，且猪舍以南北向为好，有利于自然通风。猪舍的设计要根据猪的生物学特点，为猪群提供一个空气新鲜、温度适宜的良好环境。此外，为保障猪场大量运输的便利性，一般要求猪场距交通主干线200 m以内，距离一般公路100 m以内。

②空间面积。正常情况下，生长猪在体重达到20～27 kg转到育肥圈舍。育肥猪的饲养密度根据体重和猪舍的地面结构确定，如表6-1所示。

表6-1　育肥猪饲养所需圈舍面积

体重	需要的面积
20～45 kg	0.37 m²
46～102 kg	0.84 m²

资料来源：惠贤. 生猪养殖实用技术[M]. 北京：中国农业科学技术出版社，2015。

圈舍的大小决定能饲养猪的数量。从生产性能方面考虑，每圈20～24头和10～20头育肥猪比较适宜。在我国南方地区，夏季因气温较高，湿度较大，应适当降低饲养密度。北方冬季温度低，可适当增加饲养密度。大群饲养育肥猪，可在猪圈内设活动板或活动栅栏，根据猪的个体大小调节猪圈面积大小。

（3）育肥猪饲养过程中应注意的环境因素包括以下几个方面。

①育肥猪圈舍的稳定温度宜为18～20℃。当体重20 kg的育肥猪进入圈舍时，要对圈舍进行适度加温，特别在冬季。应在圈舍中放一个温度计以控制每天温度的变化。

②进风口是猪舍保持良好通风的关键。好的进风口可使进入的空气均匀地穿过畜舍，以避免穿堂风和通风死角，其对清除圈舍内粪便气体也是很重要的。

③喷雾降温。在夏天，育肥猪舍降温困难，可采用喷雾降温的办法。当圈舍温度超过27℃时，开始喷雾，同时可达到清洁猪体和猪舍的目的，体重大和生长快的猪在进行喷雾降温时受益最大。利用喷水器系统比不断进行喷雾降温效果更好。

2. 防疫特点

（1）育肥猪的常见多发疾病。

育肥阶段的猪只发生的疾病较少，一旦发生疾病将造成很大的经济损失。常见的疾病主要有呼吸道综合征、猪瘟、猪流感、猪肺疫、蓝耳病、附红细胞体病、弓形虫病等。若在育肥前将疫苗接种到位，猪的特异性免疫力就会增强；若能在育肥前阶段很好地进行药物预防，则非特异性免疫力会进一步增强，一般育肥猪可健康成长，按期出栏。

以下为生猪易患的主要传染性疾病：

①口蹄疫。口蹄疫是由口蹄疫病毒引起的偶蹄动物的一种急性、热性、高度接触性传染病，是一种人畜共患病。该病的特征为口腔黏膜、蹄部和乳房皮肤出现水疱。

②猪传染性水疱病（简称猪水疱病）。猪传染性水疱病是由肠道病毒引起的一种急性、接触性传染病。特征是蹄部、口腔、鼻吻、乳头等处出现水疱和烂斑。

③猪瘟。猪瘟是由猪瘟病毒引起的传染病，主要经消化道感染，也可经呼吸道、眼结膜和损伤的皮肤感染。不同畜龄的猪都能感染，一年四季均可发生，常呈暴发性流行。以急性发热致死性败血症为特征，病程稍长时，还可出现纤维素性坏死性肠炎和肺炎等变化。

④猪乙型脑炎。猪乙型脑炎是由乙型脑炎病毒引起的一种人畜共患的急性传染病。该病的特征为流产或睾丸炎。

⑤猪细小病毒病。猪细小病毒病是由猪细小病毒引起的。其特征是受感染母猪产出死胎、畸形胎、木乃伊胎及病弱崽猪，偶有流产，而母猪无明显症状。

⑥猪丹毒。猪丹毒的病原体为猪丹毒杆菌。病菌多经消化道感染，也能经皮肤创伤感染，4～9月龄的猪发病较多，多发生于夏秋两季。其临床特征为急性型呈败血症症状，亚急性型表现为皮肤上出现紫红色疹块，慢性型则发生心内膜炎和关节炎。

⑦猪肺疫。猪肺疫的病原体为多杀性巴氏杆菌，主要经呼吸道感染，常与其他疾病并发，大型猪感染较少，中、小型猪感染较多，多发生于春、夏、秋季，通常呈暴发性流行，是以败血症、咽喉炎和纤维素性胸膜肺炎为主要特征的急性传染病。

⑧猪传染性萎缩性鼻炎。猪传染性萎缩性鼻炎是一种慢性接触性呼吸道传染病，主要侵害幼龄猪。其特征是鼻梁变形和鼻甲骨向下卷曲发生萎缩。临床表现为喷嚏、鼻塞等鼻炎症状和颜面部变形，鼻梁歪斜。

⑨猪囊尾蚴病。猪囊尾蚴病是由人的有钩绦虫的幼虫，寄生于猪体而引起的一种绦虫幼虫病。

此外，还包括猪副伤寒、仔猪痢疾和猪链球菌病等急慢性传染病。

（2）育肥猪的药物预防方案。

一般在育肥前期每月初连续用药10～12天，后期每月初连续用药12天。根据猪场情况不同，投药时间与重点有很大差别，要因厂区区别对待，并注意休药期。在药物防疫的间隔期间，可在饲料中加益生肽 C_{231} 或唯泰 C_{231}，每吨饲料中加入 200 g，可连续饲喂，防疫用药如表6-2所示。

表 6-2　育肥猪防疫用药参考明细表

时期	药物名称及给药方法	给药目的
育肥前期	驱虫散，1 吨饲料中拌入 900 g，连喂 7 天	驱杀红细胞体
	1 吨饲料中添加福乐（氯苯尼考、微囊包被的细胞因子）800 g，黄芪多糖粉 600 g，溶菌酶 140 g，连喂 12 天	预防呼吸道疾病
	磺胺甲基嘧啶，内服，每千克体重 0.1 g	防治弓形虫病
	1 吨饲料中添加利高霉素 600 g，阿莫西林 200 g，板蓝根 600 g，溶菌酶 140 g，连喂 12 天	预防细菌性和病毒性病
育肥中期	1 吨饲料中添加伊维菌素 300 g（拌匀），连喂 3 天，间隔 10 天再喂 3 天	驱除体内、体外寄生虫
育肥后期	1 吨饲料中添加土霉素粉 600 g、黄芪粉 1.5 kg、板蓝根 1.5 kg、防风粉 300 g、甘草粉 250 g，连喂 12 天	预防呼吸道疾病，如某些病毒性、细菌性疾病
	或者 1 吨饲料中添加康 800 g、强西林 300 g、黄芪多糖粉 600 g，连喂 12 天肥育猪出栏前 30 天，停止加药	

资料来源：史利军. 育肥猪常见病特征与防控知识集要[M]. 北京：中国农业科学技术出版社，2015。

（三）我国育肥猪养殖发展现状

1. 生猪养殖规模及产量

我国生猪养殖业在世界范围内占有十分重要的地位，生猪养殖量占世界生猪总养殖量的 56.6%，猪肉总产量占 46.29% 以上，猪肉消费量占世界猪肉消费量的 49.6%。2017 年，中国生猪饲养产值接近 1.3 万亿元，占国内畜禽（猪牛羊禽）饲养总产值比重约为 56.6%，生猪饲养业是我国畜牧经济的支柱产业。

如图 6-1 所示，2007 年我国生猪存栏量为 43990 万头，整体呈上升趋势，在 2012 年达到最高值，存栏量为 47592 万头，较 2007 年增长 8.19%，增长较为迅速；2012 年以后，国家相继出台了《畜禽规模养殖污染防治条例》《畜禽养殖禁养区划定技术指南》《水污染防治行动计划》等一系列旨在加强环境保护力度的法律法规和政策，对畜禽养殖业提出了更为严苛的环保要求，明确规定了畜禽的禁养区范围、畜禽排泄物的处理标准，要求在全国范围内依法关闭或搬迁禁养区内的畜禽养殖场（小区）和养殖专业户，畜牧养殖行业整体进入了环保高压期。严苛的环保要求增加了猪场建设在环保方面的投入，间接提高了生猪养殖成本，也无形中提高了进入生猪养殖行业的门槛。随着环保政策对生猪养殖的要求越来越严格，中小散户逐渐退出生猪养殖市场，加上生猪价格的波动和周期性的影响，我国生猪存栏量总体上处于下降的趋势，截至 2017 年底，我国生猪存栏规模进一步减少到 43325 万头，较 2012 年减少了 8.97%。

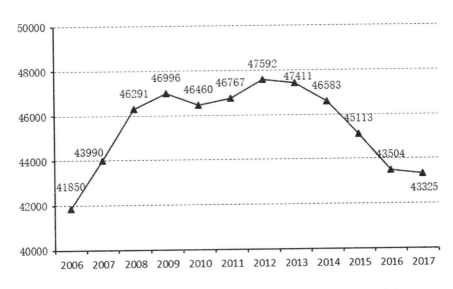

图6-1　2006—2017年我国生猪存栏量变化情况（单位：万头）

资料来源：国家统计局相关统计数据。

在猪肉产量上，我国年猪肉产量自2007年的4288万吨，增长至2014年的5671万吨，达到最高值；随后，猪肉产量略有下滑，2016年下滑到5299万吨（见图6-2），较2014年下降6.56%；在猪（毛重）生产价格指数变化上，可以发现我国生猪生产价格周期性变化趋势明显，分别于2009年和2014年达到波谷，在2011年达到波峰（见图6-3）。

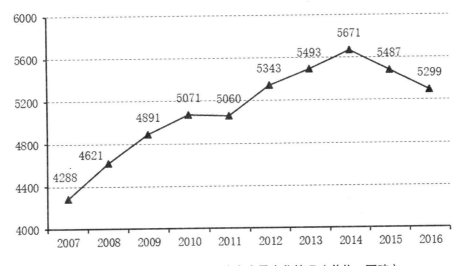

图6-2　2007—2016年我国猪肉产量变化情况（单位：万吨）

资料来源：国家统计局相关统计数据。

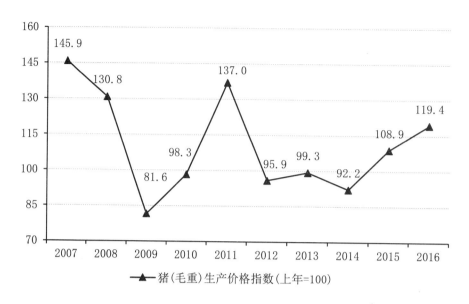

图 6-3　2007—2016 年我国猪（毛重）生产价格指数变化情况

资料来源：国家统计局相关统计数据。

2. 生猪养殖分布情况

我国生猪养殖分布比较广泛，但主要集中于粮食主产区。前十大生猪养殖省份分别为四川、河南、湖南、山东、云南、湖北、广西、广东、河北、江苏。由此可见，我国生猪养殖主要集中在华东、华中、西南和华南地区。其中，四川养殖量居全国首位，其出栏量占全国总出栏量的 10%左右。造成我国生猪养殖集中于以上地区的原因是多方面的，例如，居民对猪肉消费习惯主要以热鲜肉消费为主，决定了生猪养殖地和消费地比较近；中东部气温适宜，水源方便，有利于生猪生长，中东部及南方经济比较发达，人口比较多等。此外，在我国东北地区生猪养殖量也比较大，主要供往京津冀、内蒙古一带，东北地区也有养殖优势，饲料成本比较低，铁路陆运交通便利，地域辽阔适合规模化企业发展。我国生猪养殖区域分布情况如表 6-3 所示。

表 6-3　我国生猪养殖区域分布情况

地区	占比（%）	2016 年肉猪出栏头数（万头）	主要养殖省份
华东	24.16	16548.13	山东、江西、江苏、安徽
华中	23.57	16149.11	河南、湖北、湖南
西南	20.60	14111.16	四川、云南、贵州、重庆
华南	10.72	7341.66	广东、广西
东北	8.87	6072.84	黑龙江、吉林、辽宁
华北	8.38	5742.10	河北
西北	3.70	2537.04	—
总计	100	68502.04	—

资料来源：芝华数据，http://www.china-data.com.cn/。

2016年，我国发布"十三五"生猪产业发展规划，将四川、河南、河北、山东、广西、海南和重庆划为生猪养殖重点发展区，以满足北上广深等沿海城市生猪需求。为保护水资源和环境资源，将长江中下游和南方水网区的两湖、长三角、珠三角一带规划为约束发展区。东北地区、内蒙古和西南地区的云南、贵州地域辽阔，粮食资源充足，适合养殖规模化发展，增长潜力大。山西、陕西等西北地区地域宽广，可实行规模化发展，但是受水资源缺乏、民族饮食习惯不同、养殖基础薄弱等的限制，划为养殖适度发展区域。我国生猪产业发展规划区分布情况如表6-4所示。

表6-4　我国生猪产业发展规划区分布情况

区域	特点	省份
重点发展区	供应北上广深等沿海城市	四川、河南、河北、山东、广西、海南和重庆
约束发展区	环境、水资源保护	北京、天津、江苏、安徽、浙江、上海、湖北、湖南、江西、福建、广东
潜力增长区	发展养殖有优势	黑龙江、吉林、辽宁、内蒙古、云南、贵州
适度发展区	民族、资源有限制	山西、陕西、宁夏、甘肃、新疆、青海、西藏

资料来源：根据农业农村部相关文件整理。

3. 中国生猪养殖发展趋势

（1）消费升级推动产业升级。当前，由于人均收入水平提高以及健康消费理念的提升，安全、优质、品牌和特色猪肉产品更受消费者的欢迎，消费越来越多样化。消费升级推动产业升级，安全、健康、有特色的产品将是未来市场发展的方向。产业链上游积极向下游延伸，下游企业也开始向上游拓展。

（2）生猪养殖向标准化、专业化发展。我国生猪产业发展正处在规模化发展起步加速阶段，生猪养殖专业化进程在不断加快。未来行业龙头不断整合壮大，生猪养殖模式将会越来越标准化、专业化。除了传统的繁育到肥猪出栏一体化的养殖模式外，种猪培育、仔猪哺育、育肥饲养，各养殖阶段的专业化分工协作比例将不断增加。

（3）生猪产业与金融工具不断融合。由于生猪养殖天然周期的存在，生猪价格呈现出周期性波动，即"猪周期"。猪周期对整个产业链影响巨大，猪价上下波动，产业链上下游经营利润极不稳定，市场风险很大。产业规避风险的诉求很迫切，从国内外市场发展经验来看，生猪产业融合金融工具将成为产业上下游规避风险、稳定生产的有效手段。目前国内已探索的金融工具有期货+保险和饲料原料套保，国内生猪期货品种已立项获批，上市也指日可待。金融工具的运用将会对生猪产业乃至全国农业的健康发展产生非常重要的作用。

二、育肥猪养殖面临的主要风险

育肥猪养殖过程中的风险是造成育肥猪养殖户经营损失的重要原因，养殖户要想获得高收益，实现育肥猪养殖的长期可持续发展，就必须加强对育肥猪养殖风险的了解和认识。对于育肥猪保险经营者来说，深入掌握育肥猪养殖风险是开展保险业务必备的基本素养。

（一）生产风险

在育肥猪养殖过程中，养殖户所面临的生产风险主要包括自然风险和疫病风险两部分。尽管在猪的养殖过程中，育肥猪由于生长发育阶段等因素所面临的生产风险最小，但其一旦遭遇风险，易带来较大损失。因此，对育肥猪生产风险的清晰认识有着极为重要的意义。

1. 自然风险

自然风险是指由于自然界不可抗力的不规则变化给养殖者的育肥猪养殖行为带来损失的风险。育肥猪养殖是一种生物生产过程，对自然环境的依赖性较强，尽管随着现代养殖技术及生产水平的提高，可以人工改善环境，但依然摆脱不了自然灾害带来的不利影响。育肥猪养殖的自然风险主要表现为三类。

一是农业气象灾害风险，即由于气候条件的不规则变化引发的自然灾害，如暴雨、风灾、雷击、冰雹、冻灾等。

二是农业地质灾害风险，即由于自然变异或人为因素的影响，地质表层或地质体发生明显变化时对育肥猪养殖造成的危害。地质灾害对育肥猪养殖的危害既有对育肥猪及养殖设施的机械性剧烈破坏，也有对育肥猪生理造成的缓慢损害，以机械性剧烈破坏为主，包括地震、泥石流、山体滑坡、地面塌陷等。

三是农业环境灾害风险，即由于生态恶化、环境破坏等对育肥猪养殖造成的危害，如地下水污染、水资源匮乏、大气污染、全球性的气温升高等。

2. 疫病风险

近年来，由于生猪的频繁调运，生猪疫病暴发呈现出高频率、高危害、覆盖面大的特点。其中，育肥猪常见的疾病风险包括呼吸道综合征、猪瘟、猪流感、猪肺疫、蓝耳病、附红细胞体病、弓形虫病等。这些疫病的大规模传播给育肥猪养殖带来巨大的财产损失。

与自然风险不同，育肥猪疫病风险可以通过人为手段进行控制或避免，如通过加强育肥猪饲养管理和疫病防控投入等，降低育肥猪各种疾病的发病率，减少经济损失，同时也可以利用保险手段进行育肥猪死亡风险的分散。

（二）市场风险

市场风险主要是指生猪在生产和购销过程中，由于市场行情的变化、经济政策的改变、消费需求的转移等不确定因素，使育肥猪利益相关者的实际收益与预期收益发生偏离。

1. 育肥猪市场销售价格

市场风险是指由于政策变化、供给变化、负面舆论影响等因素导致的猪肉市场价格的波动，致使生产经营者预期价格与实际价格产生偏差的可能性，是育肥猪市场风险最主要、最直接的表现，也是引发其他市场风险的主要因素。我国生猪价格变动具有周期性的规律，通常以 2～3 年为一个周期，生猪市场价格发生周期性变动。在一年中，我国生猪价格呈"V"字形特征，一般呈两头高、中间低的趋势，即每年 1～2 月份猪价格较高，3 月份后开始下降，5～7 月份处于谷底，然后缓慢上升，12 月到次年 2 月份一般较高，春节前达到最高值，春节后又开始下跌。以 2003 年、2006 年、2009 年、2010 年最为典型，但也有例外，如 2008 年。准确把握猪价变化周期性及"V"字形变化规律，有效掌握饲养成本、政策变化等多因素对价格变动的影响，适时调整养殖规模、出栏时间是防范价格风险的有效途径。

2. 仔猪购买价格与饲料成本

生猪产业具有一个完整的产业链条，既包括生猪饲养业，又包括粮食生产与流通业、饲料生产与流通业、兽药生产与流通业等构成的生猪上游产业，还包括生猪屠宰、加工、销售及餐饮等下游产业。它们之间具有极强的关联性。由于仔猪购买价格变动，饲料成本变化所导致的生产经营过程中成本的上升，导致预期收益降低，也是育肥猪养殖过程中重要的市场风险组成部分。掌握对供应链的良好控制，把握饲料价格变动规律，选择合适时机囤积饲料是控制仔猪价格变动、饲料成本变动所导致的成本上升风险的最佳途径。

第二节　育肥猪保险概述

一、育肥猪保险的概念

育肥猪保险是以育肥猪为保险标的的养殖业保险。其保险标的为在当地饲养 1 年以上，重量在 20 kg 以上的育肥猪，保险期限一般为 140 天。

在市场经济条件下，养殖业的一个显著特点就是面临生产风险和市场风险的双重威胁，其中生产风险包括自然灾害和疫病风险。风险一旦出现，就会对农业发展产生严重的负面影响。首先，实施育肥猪保险可以转移和分散自然风险，弥补养殖户抵抗风险和意外事故能力较差的缺陷，提高风险防御能力。其次，养殖户一旦出现保险责任范围内的损失，保险机构可以及时给予相应的赔付，可以让养殖户短期内恢复生产能力，将损失降至最低，促进养殖户从事再生产和技术改造的积极性。最后，育肥猪保险可以降低养殖户生产和投资的风险预期，使养殖户无后顾之忧，养殖信心不断增强。在市场风险方面，养殖户因对市场价格波动判断能力有限，或因突发事件引起市场价格的变动，导致饲料等成本上升和猪肉等销售品价格下降，进而导致养殖户因市场风险出现亏损。而防范育肥猪市场风险的农业保险产品，可有效抵御猪肉价格周期性变动及其他因素所引起的育肥猪养殖收益损失，为养殖经营者提供有效的市场风险管理工具。

二、育肥猪保险的类型及特点

（一）针对生产风险的育肥猪保险

针对生产风险的育肥猪保险，是指以健康育肥猪为保险标的，在被保险人支付一定的保险费后，保险人按照合同约定对饲养期间发生的育肥猪死亡损失给予经济补偿的一种保险。该类型的育肥猪保险具有以下特点。

1. 保险标的的生物性

针对生产风险的育肥猪保险与其他财产保险不同，其保险标的为具有生命特征的动物，使其具有生物性的特征。第一，在保险标的可保性的确定方面。通常保险经营主体对育肥猪的生产风险进行承保时，需要对保险标的、健康状况、营养状况、免疫情况、体重及品种在当地适应情况等进行界定，以确定其是否符合承保条件。第二，在保险标的的确定方面。在现实承保与理赔过程中，保险公司对保险标的的鉴别难度较大，存在承保育肥猪难以确定、理赔育肥猪与承保育肥猪不能完全匹配的问题。

2. 投保数量核定难，缺乏权威标准

育肥猪数量的确定是畜牧业公认的难题，数量核定难度大、确定方式缺少权威标准是各方产生分歧的主要原因。一是存栏数量多。规模化养殖户存栏量一般在千头甚至万头以上，承保到户工作量大，而且育肥猪参保时通常处于发育期，防疫要求高，入户清点数量存在一定困难。二是数量变化快。育肥猪参保条件与体重直接挂钩，符合参保条件的数量是动态变化的，各地区每天有大量的育肥猪达到参保条件，保险经办结构现有的服务能力和技术条件很难实现不间断的承保工作。三是出栏量的科学估计难。通常，按育肥猪存栏量的 2.4 倍确定累计出栏量，但是这一方法是建立在两个假设不变的基础上，即出栏周期不变（5 个月出栏，全年 2.4 批）和每批的出栏量不变。事实上，出栏周期因地区不同和饲养模式不同而存在差异，出栏量也依据养殖户的市场预期而不断变化。这一基于养殖经验的估计数，往往与实际状况不一致。现实中，保险公司在育肥猪保险业务开展中存在简单借鉴的情况。

3. 育肥猪保险经营的高风险性

保险公司经营的高风险性主要体现在两方面：一是较高的经营成本风险。规模化养殖户存栏量一般在千头甚至万头以上，承保到户工作量大，且需要投入大量人力、物力等。同时，育肥猪保险标的识别技术限制及养殖户"逆向选择"而导致的道德风险，都极大地增加了保险公司业务开展的组织成本、交易成本及监管成本。二是较高的巨灾赔付风险。保险公司理想的可保风险是大量分散、不相关且无巨灾损失发生的风险，但是在育肥猪养殖过程中，传染性疾病等风险却高度相关，当疫病发生时政府组织的大规模扑杀，可能使保险公司在短时间内会出现巨额损失，导致保险公司面临较高的巨灾赔付风险。

【拓展阅读】

"联办共保"模式惠及养猪户

近年来，生猪价格周期性波动一直困扰着养猪大户，陷入肉贱杀猪、猪少价高的恶性循环。而育肥猪保险试点地区一方面投保率不高，另一方面赔付率居高不下，导致出现保险公司亏得多、养殖户不愿保的窘境。

如何破解？某保险公司江苏省盐城市阜宁县支公司联手当地政府探索出"联办共保"模式。从2015年"联办共保"模式开办初期的保费不足万元，到2016年实现签单保费1278万元，再到2017年的1558万元，育肥猪保险在3年间跨了三大步，成为阜宁县农险第一大险种，让养猪大户吃上了"定心丸"。"联办共保"模式也彻底扭转了养殖户不愿保、保险人亏得多的被动局面，在稳定消费者"菜篮子"方面功不可没。

联办共保 1+1 大于 2

阜宁县推出的育肥猪保险是政府的惠农险种，其保费由政府补贴80%，养殖户仅须缴纳20%。但是起初在推动过程中，大部分养殖户对育肥猪保险不理解，对惠农政策不了解，不愿意参保。开办初期，仅收取农户自缴保费不足万元，远未达到预期效果。

此外，在育肥猪保险试点开办之初，该公司阜宁县支公司通过市场调研，了解到以往其他公司在承保该险种时，连年处于亏损状态，正常年赔付率均在100%～200%。

经过深入基层调研，该公司阜宁县支公司查找出与乡镇经管站条线合作的3个死结：一是村经管员对养殖户的养殖数量不了解，导致养殖户参保数量未达到条款要求；二是经管员与养殖户的沟通较少，养殖户遇到技术上的问题时，经管员无法提供帮助；三是多年来，养殖户风险意识不强，没有认识到投保育肥猪保险的重要性。

针对以上问题，该公司阜宁县支公司于2015年与阜宁县农委推出育肥猪保险"联办共保"模式。该公司先在三灶、吴滩、古河、罗桥4个乡镇进行试点，由农保员与各村经管员共同到户动员养殖户参加育肥猪保险。

一方面，对已收取保费的养殖户，重新核对养殖数量，对养殖户做好宣传工作，本着自愿参保的原则，提升养殖户的保险意识。通过两个月的试点，2015年9月成功签发首批育肥猪保单。

另一方面，在4个镇试点取得成功的基础上，由县农险办牵头召开"全县育肥猪养殖保险工作推广大会"，并邀请各镇区经管站长、多种经营助理、兽医站长、养猪大户代表参加，全面推进育肥猪保险工作。县农委、农办和该公司联合印发《育肥猪养殖保险宣传手册》，保险公司进行业务宣导，养殖户每户一份，各村利用会议、广播等多种形式反复宣传，把政策讲明、道理讲透，为做好育肥猪保险工作奠定了基础。

资料来源：中国保险报，2018-09-20。

（二）针对市场风险的生猪价格指数保险

养殖户在育肥猪的生产经营过程中，常常面临着因猪肉价格下跌、饲料价格上涨带来的损失。目前，我国对育肥猪在生产经营中的市场风险进行保障的保险产品主要为"生猪价格指数保险"，根据猪肉与饲料价格的比值来决定养殖户是否触发理赔，当养殖户因猪肉价格下跌、饲料价格上涨而造成收益的较大波动时，保险公司按照差价赔偿投保农户的损失。生猪价格指数保险能够防范生猪养殖的价格波动风险，在实施过程中，具有以下特点。

1. 区域差异化的特点

我国目前尚无生猪期货市场，不存在所谓的"生猪期货价格"，这意味着我国在推广生猪价格指数保险的过程中必须重视条款设计的"本土化"，强调因时制宜、因地制宜。目前在各地实行的生猪价格指数保险中，通常会结合当地情况设计条款，选定适当的"猪粮比"作为理赔的触发机制。因此，我国当前实施的生猪价格指数保险具有一定的区域差异化特点。

2. 保险经营过程中的系统风险问题

众所周知，价格风险具有系统性特征，而随着我国生猪生态链的不断壮大与完善，早已形成全国性的生猪市场，不同区域的生猪价格走势已经趋同。在这种背景下，大数法则不再适用，生猪价格指数保险已经违背了理想可保风险的基本条件。若出现猪价的大幅下跌，可能造成全国范围内的巨灾损失，其规模也将超出任何一家保险公司的承受范围。尽管在理论上，系统性价格风险所产生的严重损失不可能消除或避免，然而，从国内外实践经验来看，通过政府的适当干预和合理的保险单设计，还是可以实现通过生猪价格保险来分散生猪养殖户所面临的部分风险，从而在一定程度上实现稳定生猪生产的政策目的。

【拓展阅读】
生猪价格指数保险能否成为稳定市场"利器"

近年来，国内生猪市场行情频繁大起大落。为了稳定生猪市场，降低养殖者的市场风险，江苏省推出生猪价格指数保险，并于 2014 年 12 月 10 日起开始施行。如果生猪出栏当月猪粮比价平均值低于 5.8：1，投保者就能按照保险合同约定获得赔偿。其中，保险金额设 600 元/头、800 元/头和 1000 元/头三档，保险费率为 5%；年出栏数量、出栏批次和承保数量可由保险双方约定，赔偿比例系数依据价格波动情况而定，猪粮比价为 5.3～5.8 时为 60%，4.8～5.3 时为 80%，小于 4.8 时按保险金额赔偿。猪粮比价以江苏省物价局监测网发布的数据为准，生猪出栏证明以当地动物卫生监督机构出具的"动物检疫证明"为准。政策出台后，生猪价格指数保险即在全省推开。2014年12月10日，江苏省首张财政补贴性生猪价格指数保险保单在淮安签发。

生猪养殖是重要的农业产业，关系民生，维持生猪产业平稳发展、保护养殖者和消费者利益，政府具有责无旁贷的义务。生猪价格指数保险作为江苏省政府一系列宏观举措之一，是继能繁母猪保险、育肥猪保险、仔猪养殖保险之后的针对市场行情风险所推出的特色险种。这一险种的出台比一般的价格补贴效果更好，可使养殖者得到保底收益的保障；同时，猪粮比数据以省物价局数据为准、生猪出栏证明以当地动物卫生监督机构出具的证明为准，有效减少了保险公司调查核实的工作量，减少了道德风险，大大提高了保险企业和养殖者的积极性。

资料来源：中研网，2014-12-23。

第三节 育肥猪保险标的与保险责任

了解并深入认识育肥猪保险条款的基本组成和重要特点，对我们正确理解并应用育肥猪保险这一风险防范工具具有极为重要的意义。本节将阐述育肥猪保险合同中保险标的及保险责任两部分内容。

一、育肥猪保险标的

（一）育肥猪保险承保条件的确定

育肥猪保险承保条件是保险人对愿意购买保险的养殖户所设置的投保要求。在这一环节中，保险人对养殖户提出的投保申请进行审核，以做出是否接受养殖户的投保申请。实际承保过程中，根据养殖户选择的不同保险类型，育肥猪保险所设置的承保条件有所不同。下面以保生产风险和保市场风险的育肥猪保险为例，对育肥猪保险承保条件进行介绍。

1. 保生产风险的育肥猪养殖保险

保生产风险的育肥猪保险承保条件的确定主要考虑对拟投保育肥猪的健康风险、意外风险和道德风险控制。其中，在对育肥猪的健康风险的控制中，经常考量的因素包括育肥猪（保险标的）的品种、免疫情况、健康状况、营养状况、体重。在意外风险的控制中，经常考量的因素为饲养场所的安全程度。最后，为防范道德风险，常选择对养殖场的规模进行控制。例如，实际经营中，保险经办机构通常要求养殖户对育肥猪全部投保和佩戴标识。

以山东省育肥猪养殖保险条款为例，其承保条件的规定如下：

（1）经畜牧兽医部门验明无伤残，无本保险责任范围内的疾病，营养良好，能按所在地县级畜牧防疫部门审定的免疫程序接种并有记录，经畜牧兽医部门和保险人验标合格，必须佩戴政府统一的耳号标识。

（2）饲养场所在非传染病疫区内，且在当地洪水水位线以上的非蓄洪区、行洪区内。

（3）体重达到 20 公斤（含）以上。

（4）育肥猪饲养场（户）每批存栏育肥猪数量达到 100 头（含）以上，年出栏育肥猪数量达 300 头（含）以上。

（5）投保的育肥猪品种在当地饲养 1 年（含）以上。被保险人应将符合条件的育肥猪全部投保。

2. 保市场风险的生猪价格指数保险

保市场风险的生猪价格指数保险在投保条件设定时主要考虑品种在当地的适应情况、养殖户经验及对道德风险的防范。其中，对道德风险的防范主要包括投保户非从事期货交易、持续经营及对"猪粮比"数据来源的说明。

以北京市生猪价格指数保险条款为例，其承保条件的规定如下：

（1）在当地从事生猪养殖 1 年以上。

（2）保险期间内持续养殖生猪。

（3）饲养生猪的品种在当地饲养 2 年（含）以上。

（4）非从事期货交易的。

（5）条款中猪粮比数据一般以各地畜牧兽医局网发布的数据为准。

（二）育肥猪保险标的识别

保险标的的识别是指依据一定标准和条件，在具体保险合同的多个构成要素中，将其中作为保险标的的特定对象辨别出来，并将之作为对保险合同进行定性判断的依据。对保险标的进行识别是手段，其最终目的是要通过明确保险标的来解决其他相关的法律和实践问题。

1. 保生产风险的育肥猪养殖保险

保生产风险的育肥猪保险的保险标的为有生命的育肥猪，不同于奶牛、肉牛等大牲畜的承保，育肥猪通常养殖规模更大，身体上并无明显花纹，这给育肥猪的识别带来了一定困难。目前，为了克服育肥猪保险标的的识别难的问题，实践中，保险经办公司通常会采用整场投保和佩戴耳标相结合的方法进行承保。

整场投保是指要求被保险人将其养殖场内所有符合投保条件的猪只全部投保，以减轻因标的识别带来的道德风险压力，但仍存在替换、造假、骗保的可能性，道德风险仍处于较高水平。佩戴耳标是指通过给育肥猪佩戴标签进行保险标的的识别，育肥猪使用的耳标主要有塑料耳标和电子耳标两种。塑料耳标由含有猪号或编码等基本信息的普通塑料卡片制作而成，成本较低，但存在易脱落、易伪造、管理烦琐等问题；

电子耳标，主要是利用无线通信、射频识别等信息化技术，上机通过读写器非接触性地进行育肥猪个体识别，它具有储存信息量大、便于识别、有利于疾病控制、安全生产、提高管理水平的优势，但相比普通塑料耳标，其存在制作成本高、需要配合使用其他辅助设备等问题。

不可否认，随着技术的发展，通过运用新技术、新手段识别承保标的（育肥猪），提高承保效率、降低承保成本和防范道德风险是育肥猪保险承保发展的必然趋势。例如，人工智能识别技术（猪脸识别技术）的出现，给育肥猪保险标的识别带来新的可能。[①]

2. 保市场风险的生猪价格指数保险

与保生产风险的育肥猪保险不同，生猪价格指数保险的理赔触发机制主要与市场价格相关，因而可以在一定程度上避免传统保险面临的保险标的（育肥猪）识别难题。但在市场价格确定方面，价格指数保险也不可避免地带来了一些挑战。

目前，我国尚未形成成熟的生猪价格期货市场，因此，我国生猪价格指数保险的实施不能照搬国外以相关产品期货价格作为保障价格的做法，在实际操作中更多的是采用"猪粮比"作为保障价格。在实践中，存在着各保险公司所参照的"猪粮比"信息来源不同，对于是以发展改革委公布为准，还是遵循当地统计部门发布的数据存在争议。此外，众多学者指出，随着玉米价格的不断上涨，豆粕、麸皮等其他饲料原料在猪饲料配方中的比例越来越大，单纯以玉米价格为依据计算得到的猪粮比价来判断生猪养殖盈亏存在一定缺陷，因此，当前以"猪粮比"为标准来设定保险保障价格的生猪价格指数保险仍存在完善的空间。

（三）国内不同地区主要实践及区别

1. 保生产风险的育肥猪保险承保条件要求及保险标的设计

在投保要求、饲养圈舍条件、卫生免疫规范以及养殖场位置等方面，各地方多要求全部投保且投保猪只的品种在当地饲养 1 年以上，饲养条件符合卫生防疫规范，有预防接种记录且具有统一标识，位于当地洪水警戒水位线以上的非蓄洪区、行洪区、非传染病疫区。表 6-5 以吉林省、河南省和湖南省的条款内容为例进行说明。

由于国内不同地区的育肥猪饲养环境及条件有所不同，因此，在育肥猪保险承保条件的设置上也存在部分差异。一方面，在育肥猪体重的要求上，多为 10 公斤以上或 20 公斤以上。例如，河南省、北京市、内蒙古自治区等地方对投保生猪体重的要求为 10 公斤以上，而湖南省、吉林省和山东省等的要求则为 20 公斤以上。另一方面，多数地方，如北京市、河南省、山东省、辽宁省、湖南省等对养殖户养殖规模提出了具体要求，而吉林省在条款中仅要求投保户规模化养殖。湖南省育肥猪保险条款中还特别要求了育肥猪应为养殖场自繁自养。

---

① 可参阅本书第五章第三节拓展阅读资料"AI 智能助力牲畜保险标的识别"。

表 6-5　国内部分地区育肥猪保险承保条件与保险标的要求

地区	承保条件与保险标的要求
吉林省	①养殖场地及设施符合卫生防疫规范，位于当地洪水警戒水位线以上的非蓄洪区、行洪区、非传染病疫区；②规模化养殖，营养良好，健康无疾病、无伤残，饲养管理规范，按免疫程序预防接种且有记录，具有能识别身份的统一标识，经保险人验标合格；③投保时体重在20公斤（含）以上；④育肥猪品种必须在当地饲养1年以上
河南省	①饲养圈舍条件能够保证饲养质量；②生猪体重在10公斤以上；③养殖场年出栏育肥猪在500头以上；④投保养殖场按照规定适时对育肥猪进行免疫接种、佩戴耳标、建立档案；⑤自愿投保的养殖场应将符合投保条件的本场育肥猪全部投保
湖南省	①8周龄（含）以上，已由保育舍转入肥猪舍饲养的育肥猪；②投保时猪只体重在20公斤（含）以上；③投保的猪只品种必须在当地饲养1年（含）以上，且为自繁自养；④育肥猪经畜牧兽医部门验明无伤残，无本保险责任范围内的疾病，营养良好，饲养管理正常，能按所在地县级畜牧防疫部门审定的免疫程序接种并有记录，且育肥猪必须佩戴能识别身份的统一标识；⑤被保险人应将符合条件的育肥猪全部投保，不得选择投保；⑥投保人的养殖场规模应为存栏量在500头（含）以上，建场1年以上，并取得动物防疫合格证，经营管理制度健全。饲养圈舍卫生、能够保证饲养质量，且饲养场所在当地洪水水位线以上的非蓄洪、行洪区

资料来源：根据各省、市、自治区财政补贴性农业保险相关文件和网络公开资料整理。

2. 保市场风险的价格指数保险

围绕生猪价格指数保险，我们搜集了北京市、吉林省、辽宁省、内蒙古自治区、山东省、四川省的相关条款，发现其基本一致，并无明显差异，如表6-6所示。

表 6-6　国内不同省市生猪价格指数保险承保条件与保险标的要求

地区	承保条件与保险标的要求
北京市、吉林省、辽宁省、内蒙古自治区、山东省、四川省	①在当地从事生猪养殖时间1年（含）以上；②保险期间内持续养殖生猪；③饲养生猪的品种在当地饲养2年（含）以上；④非从事订单和期货交易的

资料来源：根据各省、市、自治区农业保险相关文件和网络公开资料整理。

注：表中各省市所涉及的猪粮比数据通常以中国政府网发布的数据为准（网址：http://www.gov.cn/）。

二、育肥猪保险责任范围

不同类型的育肥猪保险，其保险责任范围也有所不同。例如，保生产风险的育肥猪保险，其保险责任主要指保险人对生产过程中由于疫病、自然灾害等风险造成的育肥猪死亡损失所承担的赔偿责任；保市场风险的育肥猪保险，其保险责任主要指保险人对由市场因素引起的养殖户经济损失所承担的赔偿责任。

（一）育肥猪保险责任范围的确定

育肥猪保险责任的确定根据保险类型的不同有所差异。其中，保生产风险的育肥猪保险的保险责任一般包括由于以下原因造成育肥猪死亡或丧失使役能力的损失（见表 6-7）。

1. 自然灾害或意外事故

随着农村经济的迅速发展，一些地区的育肥猪生产逐步实行了集约化，使得人们可以控制温度、湿度、光照等环境因素的影响。养殖户可通过场址选择和控制环境因素来减轻气象风险对生产的影响，故可将气象性因素导致育肥猪死亡列为保险责任。同时，大灾、固定物体倒塌等意外事故造成的小牲畜死亡，发生概率很低；但一旦发生，对生产危害很大，可通过加强管理加以防范，故可将其列为保险责任。

2. 特定疾病（选定责任）

根据国家动物疫病的分类，将对生产危害大的几种疫病及经畜牧兽医行政管理部门确认为保险责任范围中规定的传染病，并经当地县级（含）以上政府命令扑杀、填埋、焚烧造成的损失确定为保险责任。至于非传染病（普通病），只是零星死亡，可通过加强饲养管理、提高养殖技术来减少疾病的发生，故不适宜将此列为保险责任。

3. 盗窃险（附加）

在选择承保上述责任的同时，保险公司也可以根据养殖户的选择进行附加承保，如盗窃险。

对于保市场风险的生猪价格指数保险，其保险责任较为单一，主要表现为保险公司对养殖户在约定保险期间内，因市场价格波动导致的生产成本和销售收入变化而产生的损失所承担的赔偿责任。

表 6-7　国内部分地区育肥猪保险的保险责任范围

地区	保险责任范围
吉林省	①暴雨、洪水（政府行蓄洪除外）、暴风、雷击、冰雹、冻害、地震；②火灾、爆炸、泥石流、山体滑坡、建筑物倒塌、空中运行物体坠落；③疾病和疫病。此外，在保险期间内，由于发生高传染性疫病，政府实施强制扑杀导致保险育肥猪死亡，保险人也负责赔偿，但赔偿金额以保险金额扣减政府扑杀专项补贴金额的差额为限
河南省	①疾病和疫病，如猪丹毒、猪肺疫、猪水疱病、猪链球菌、猪乙型脑炎、附红细胞体病、伪狂犬病、猪细小病毒、猪传染性萎缩性鼻炎、猪支原体肺炎、旋毛虫病、猪囊尾蚴病、猪副伤寒、猪圆环病毒病、猪传染性胃肠炎、猪魏氏梭菌病、口蹄疫、猪瘟、高致病性蓝耳病及其强制免疫副反应等疾病和疫病；②自然灾害，如暴雨、洪水（政府行蓄洪除外）、风灾、雷击、地震、冰雹、冻灾；③意外事故，如泥石流、山体滑坡、火灾、爆炸、建筑物倒塌、空中运行物体坠落；④发生高传染性疫病，政府实施强制扑杀

资料来源：根据各省、市、自治区财政补贴性农业保险相关文件和网络公开资料整理。

（二）国内不同地区主要实践及区别

国内不同地区在育肥猪保险责任范围的确定上，多因结合当地情况而略有差别，本节列举了我国部分省市育肥猪保险责任范围，具体如下。

1. 保生产风险的育肥猪保险的保险责任

各地方在保生产风险上的育肥猪保险产品的保险责任范围略有差异，但大体相似，均涵盖了自然风险、意外事故、主要疾病与疫病及因疫病引发的政府扑杀的赔偿责任。其中，吉林省在条款中特别强调，保险育肥猪应在合同中指定的固定圈舍内死亡，且死亡时体重在 20 公斤（含）以上。

2. 保市场风险的生猪价格指数保险的保险责任

目前，在搜集到的各地方规定中，保市场风险的育肥猪保险的保险责任范围基本一致，包括保险事故触发机制的说明、猪粮比平均值及计算周期的确定三部分，详见表 6-8。

表 6-8　国内部分地区生猪价格指数保险的保险责任范围

地区	保险责任范围
北京市、吉林省、辽宁省、内蒙古自治区、山东省、四川省	①保险期间内，因本保险合同责任免除以外的原因，造成约定周期猪粮比平均值低于被保险人和保险人双方协商确定的约定猪粮比值时，视为保险事故发生，保险人按本保险合同的约定负责赔偿；②约定周期猪粮比平均值=约定周期内猪粮比之和/约定周期内猪粮比个数；③约定周期是指在整个保险期间内，计算是否发生保险事故所经过的时间，具体分为月度、季度、4 个月、6 个月和年度，由被保险人自行选择，并以保险单载明为准

资料来源：根据各省、市、自治区农业保险相关文件和网络公开资料整理。

【拓展阅读】

山东省首单生猪养殖价格指数保险成功签订

2014 年 5 月 22 日，安华农险滨州市邹平县支公司与邹平县生猪出栏量排前 50 名的养殖企业（场）签订了山东省首单生猪价格指数保险。保险期限、理赔周期、保险责任、保险全额、保险费率以及每头猪的保险合同与该公司在北京推出的首单生猪价格指数保险相同。不同的是，保费是由政府全额买单，因为邹平县是国家生猪调出大县，该县从生猪调出大县的奖励资金中专门拿出部分资金支持生猪价格指数保险。简单承保生猪 1.25 万头。2014 年上半年，山东省滨州市邹平县、临沂市临沭县、日照市莒县、济南市长清区、德州市禹城、济宁市兖州区等地区的部分县区陆续推出了生猪价格指数保险业务，共承保生猪 40900 头，实现保费收入 490800 元。

资料来源：农博网. http://animal.aweb.com.cn/20141118/660090.html, 2014-11-18。

三、育肥猪保险的责任免除

（一）育肥猪保险责任免除的确定

为促进育肥猪投保农户或养殖场对育肥猪进行科学饲养、合理积极管理，降低保险经营主体的风险，保险人需要在保险条款中设定除外责任。

1. 保生产风险的育肥猪保险的责任免除

保生产风险的育肥猪保险的责任免除是指保险人依法或依据合同约定，不承担育肥猪保险金赔偿或给付责任的风险范围或种类。一般而言，育肥猪保险的责任免除主要针对政治风险、行为风险中的道德风险和管理风险引致的损失，通常包括：

（1）被保险人或其雇佣人员的故意行为或重大过失、管理不善及他人的恶意破坏行为造成的损失。

（2）战争、军事行动或暴乱引起的灾害事故，造成生猪的死亡。

（3）因自然淘汰，如育肥猪因残疾或传染病而达不到生产性能，无饲养价值，需要进行淘汰宰杀而造成的损失。

（4）保险责任规定以外的其他疾病、自然灾害和意外事故所致的死亡。凡列明责任以外的灾害及相应费用（如治疗费、药费等）均属责任免除范围。

2. 保市场风险的生猪价格指数保险

保市场风险的生猪价格指数保险的责任免除主要是去除一些由于行政、司法干预引发的损失责任，通常包括因政府行为、司法行为及战争、军事或暴乱所导致的市场波动而引起的养殖户的损失。

（二）国内不同地区主要实践及区别

1. 保生产风险的育肥猪保险

各地保生产风险的育肥猪保险条款中的责任免除在条款内容上较为相似，大多只在表述上存在少许差异。表 6-9 列示了山东省育肥猪保险责任免除的相关要求，以供读者参阅。

表 6-9　山东省育肥猪保险责任免除要求

地区	保险责任免除要求
山东省	①被保险人及其家庭成员、被保险人及其家庭成员、饲养人员的故意或重大过失行为、管理不善，他人的恶意破坏行为；②战争、敌对行动、军事行动、武装冲突、罢工、骚乱、暴动、恐怖主义活动；③海啸及其次生灾害；④核辐射、核裂变、核聚变、核污染及其他放射性污染；⑤投毒、盗抢、走失及互斗致死；⑥违反防疫规定或发病后不及时治疗

地区	保险责任免除要求
	此外，下列损失、费用和责任，保险人也不负责赔偿： ①保险育肥猪在本保险合同载明的地址外死亡；②保险育肥猪死亡时，未佩戴能识别身份的统一标识；③保险育肥猪在疾病观察期内患有保险责任范围内的疾病导致死亡；④保险育肥猪死亡后未按照国家规定进行无害化处理；⑤为救治保险育肥猪而发生的所有费用；⑥保险育肥猪遭受保险事故引起的各种间接损失；⑦其他不属于本保险责任范围内的损失和费用，保险人也不负责赔偿

资料来源：根据山东省财政补贴性农业保险相关文件和网络公开资料整理。

2. 保市场风险的生猪价格指数保险

北京市、吉林省、辽宁省、内蒙古自治区、山东省、四川省的生猪价格指数保险的责任免除条款基本一致，如表 6-10 所示。

表 6-10　国内部分省市生猪价格指数保险责任免除要求

地区	保险责任免除要求
北京市、吉林省、辽宁省、内蒙古自治区、山东省、四川省	①政府行为和司法行为；②战争、军事行动或暴乱。 此外，任何原因导致的生猪死亡产生的一切损失和费用，保险人也不负责赔偿

资料来源：根据各省、市、自治区农业保险相关文件和网络公开资料整理。

第四节　育肥猪保险的保险期限与保险金额

一、育肥猪保险期限

育肥猪保险的保险期限又称为"保险期间"，指保险责任开始至保险责任终止的保险有效期限，是保险人对保险财产在发生保险责任范围内的灾害损失承担赔偿责任的期限。换言之，保险事故只有发生在保险期限内，保险人才承担赔偿责任。

（一）育肥猪保险期限的确定

保生产风险的育肥猪养殖保险的保险期限是根据保险标的生长发育规律、用途的需要而设计的，其保险期限的设计分为以下两种。

（1）按育肥期长短确定。从断乳后承保至出栏宰杀或出售为止。

（2）按屠宰期天数计算，多用于生猪屠宰保险。保险期限从生猪进入屠宰场至屠杀为止。

此外，因为育肥猪为有生命的动物，受限于疾病诊断、标的健康状况及生命周期等鉴定技术的限制，保险人在承保时，也很难准确判断投保育肥猪是否真正符合承保条件。因此，为了避免被保险人将患有疾病或具有死亡隐患的育肥猪投保，育肥猪保险将保险期间开始之日起一段时间设置为保险育肥猪的疾病观察期。保险育肥猪在疾病观察期内因保险责任范围内的疾病导致死亡的，保险人不负责赔偿。保险期间届满续保的育肥猪，不再设定疾病观察期。

保市场风险的生猪价格指数保险的保险期间一般分为 3 个档次：1 年、2 年和 3 年，由被保险人自行选择。

（二）国内不同地区主要实践及区别

1. 保生产风险的育肥猪保险

各地所制定的保险期限有所不同，例如，北京市为 120 天，吉林省最长不超过 120 天，山东省不超过 4 个月，辽宁省不超过 5 个月，内蒙古自治区为不超过 6 个月，河南省则根据保险育肥猪投保数量确定方式设置为不超过 1 年或 5 个月。表 6-11 显示了河南省、湖南省及内蒙古自治区在保险期限设置上的条款内容。

表 6-11　国内部分地区育肥猪保险期限设置要求

地区	保险期限要求
河南省	保险期间根据保险育肥猪投保数量确定方式确定：
	一年期投保方式的保险期间由投保人与保险人协商确定，最长不超过 1 年，具体以保险单载明的起讫时间为准
	分批次投保方式的保险期间自保险单载明的起始日开始至保险育肥猪出栏之日止，最长不超过 5 个月
湖南省	本保险合同的保险期间自保险责任开始之日起最长不超过 5 个月，具体起止时间以保险合同载明为准
	自本保险期间开始之日起 20 日内为保险猪只的疾病观察期。保险期间届满续保的育肥猪，免除观察期
内蒙古自治区	本保险合同的保险责任期间通常为一个育肥周期，以保险单载明的保险期间为准，但最长不超过 6 个月。保险育肥猪在保险期间内部分或全部出售、宰杀的，该部分或全部的保险责任自行终止
	此外，设 20 天疾病观察期，从保险期间起始之日 0 时起至第 20 日 24 时止为保险育肥猪的疾病观察期，保险责任开始时间从第 21 日 0 时起至保险单载明的终止日 24 时止
	保险期间届满续保的育肥猪，不再设定疾病观察期

资料来源：根据各省、市、自治区财政补贴性农业保险相关文件和网络公开资料整理。

在观察期设置上，北京市和辽宁省为 7 天、山东省为 15 天、吉林省为 10 天，而内蒙古自治区为 20 天。此外，大多数地区如河南省和内蒙古自治区，在条款中注明保险期间届满续保的育肥猪，免除观察期。

2. 保市场风险的生猪价格指数保险

各地的生猪价格指数保险合同的保险期间基本一致，如表 6-12 所示。

表 6-12　国内部分省市育肥猪保险期限设置要求

地区	保险责任免除要求
北京市、吉林省、辽宁省、内蒙古自治区、山东省、四川省	3 个档次：1 年、2 年和 3 年。由被保险人自行选择，具体以保险单载明的起讫时间为准。保险期间一经确定，在保险期间内不得更改

资料来源：根据各省、市、自治区农业保险相关文件和网络公开资料整理。

二、育肥猪保险金额与保费

（一）育肥猪保险金额的确定

育肥猪保险的保险金额，是指保险合同项下保险公司承担赔偿或给付保险金责任的最高限额，即被保险人对保险标的（育肥猪）的实际投保金额；同时又是保险公司收取保险费的计算基础。

在育肥猪保险中，确定保险金额总的原则是不能出现超价值承保而引起道德风险问题，要以被保险人可保利益为最高限额，否则易出现保户不精心饲养，甚至人为制造事故图谋保险赔款的现象。因此，要求保险人在掌握市场供求变化等规律的基础上，合理确定保险金额，最好让被保险人自保一部分。确定保险金额的技术有如下几方面要求。

（1）保险标的的实际价值。实际价值是通过市场价值来评定的。不同的保险标的具有不同的价值，即使同一保险标的在不同的生长阶段，投入的物化劳动和活化劳动与其产出的比值也不同。因此，保险人要进行深入细致的调查，掌握产品的市场销售价格、养殖成本的投入情况，为合理确定保险金额奠定基础。

（2）社会平均成本。就一个地区而言，养殖成本的投入差别较大，承保时应将略低于社会平均成本的金额作为保险金额。

（3）养殖产品的产值。在小牲畜保险中，不宜保养殖产品的产值。牲畜养殖受疫病和养殖管理技术水平影响很大，受市场供求关系的制约，经营稳定性差，很难确定被保险人的保险利益。在可保利益范围内，保障程度的大小，取决于保险人的业务经营水平和承担风险的经济能力，也受制于被保险人承受保险费的能力。

对于保市场风险的生猪价格指数保险，其保险金额的确定主要由约定的猪粮比值、约定的玉米批发价格、单猪平均价格及约定周期内保险标的数量决定，其中猪粮比值、玉米批发价格、单猪平均重量和保险期间内生猪出栏数量由被保险人和保险人协商确定，具体以保险合同载明为准。

（二）育肥猪保险费的确定与费率厘定

1. 影响育肥猪保险费的因素

（1）保险金额。保险金额与保险费成正比，在保险费率和保险期限一定的条件下，保险金额越大，则保险费越高；反之，则越低。

（2）保险费率。保险费率与保险费成正比，在保险金额和保险期限一定的条件下，保险费率越高，则保险费越高；反之，则越低。

（3）保险期限。保险期限与保险费成正比，在保险费率和保险金额一定的条件下，保险期限越长，则保险费越高；反之，则越低。

2. 育肥猪保险费率的厘定原则

育肥猪保险费率在确认时应遵循以下几个原则：

（1）充分性原则。指所收取的保险费足以支付保险金的赔付及合理的营业费用、税收和公司的预期利润，充分性原则的核心是保证保险人有足够的偿付能力。

（2）公平性原则。指一方面保费收入必须与预期的支付相对称；另一方面被保险人所负担的保费应与其所获得的保险权利相一致，保费的多寡应与保险的种类、保险期限、保险金额、被保险猪只的畜龄、性别等相对称。风险性质相同的被保险人应承担相同的保险费率，风险性质不同的被保险人则应承担有差别的保险费率。

（3）合理性原则。指保险费率应尽可能合理，不可因保险费率过高而使保险人获得超额利润。

（4）稳定灵活原则。指保险费率应当在一定时期内保持稳定，以保证保险公司的信誉；同时，也要随着风险的变化、保险责任的变化和市场需求等因素的变化而调整，具有一定的灵活性。

（5）促进防损原则。指保险费率的制定有利于促进被保险人加强防灾防损，对于防灾工作做得好的被保险人，可降低其费率；对无损或损失少的被保险人，可实行优惠费率；而对于防灾防损工作做得差的被保险人，则实行高费率或续保加费。

（三）国内不同地区主要实践及区别

1. 保生产风险的育肥猪保险

目前，我国不同地区保生产风险的育肥猪保险金额有所不同，但整体上保障水平不高（见表6-13）。

在保险金额上，山东省、河南省、辽宁省的保险金额为500元/头，内蒙古自治区的保险金额为600元/头，北京市的保险金额为1000元/头，而吉林省、湖南省等保险金额为每头育肥猪保险金额参照投保时体重达到出栏标准重量的育肥猪市场价格的一定比例，由被保险人与保险人协商确定。在保险费的确定上，各地计算规则为：保险费=每头保险金额×保险费率×投保头数。

此外，各地保险条款中均有具体保险数量、保险金额以保险单载明为准的相关规定。

表6-13　国内部分地区育肥猪保险的保险金额与保险费率

地区	保险金额与保险费率
北京市	保险生猪每头保险金额为1000元。具体保险数量、保险金额及保险费率以保险单载明为准
吉林省	每头育肥猪保险金额参照投保时体重达到出栏标准重量的育肥猪市场价格的一定比例，由被保险人与保险人协商确定，并在保险单上载明，最高不超过市场价格的70%。保险金额=每头保险金额×保险数量。出栏标准重量、保险数量以保险单载明为准
山东省	保险育肥猪保险金额500元/头。保险金额=单位保险金额×保险数量　具体保险数量及保险金额以保险单载明为准

资料来源：根据各省、市、自治区财政补贴性农业保险相关文件和网络公开资料整理。

2. 保市场风险生猪价格指数保险

各地生猪价格指数保险的保险金额与保险费率规定基本一致，如表6-14所示。

表6-14　国内部分省市生猪价格指数保险的保险金额与保险费率

地区	保险金额与保险费率
北京市、吉林省、辽宁省、内蒙古自治区、山东省、四川省	各地保险合同的保险金额为各个约定周期保险金额之和，具体按照下列公式计算：　保险金额=∑约定周期保险金额　约定周期保险金额=约定猪粮比值×约定玉米批发价格（元/公斤）×单猪平均重量（公斤/头）×约定周期保险数量（头）　约定猪粮比值、约定玉米批发价格、单猪平均重量和保险期间内生猪出栏数量由被保险人和保险人协商确定，具体以保险合同载明确认　各地生猪价格指数保险的保险费按照保险人规定的费率计收

资料来源：根据各省市农业保险相关文件和网络公开资料整理。

第五节　育肥猪保险的查勘定损与理赔

育肥猪保险的查勘定损与理赔是技术性较强的环节。保险公司在这个环节能否做到科学、及时、准确，直接关系到公司的经营业绩与业界声誉。目前，受限于技术原因和配套设施不完善，育肥猪保险的查勘定损环节未来仍有较大改进空间，尤其在新技术和新制度的配合下，育肥猪保险的查勘定损将会越来越精准。

一、查勘定损

（一）育肥猪保险查勘定损技术及特点

对于保生产风险的育肥猪保险，若购买了保险，在育肥猪发病、死亡后，要及时向保险经办机构或者其他委托机构报案，并配合进行现场查勘，未经保险公司同意不要轻易处理死亡的猪只。而对于生猪目标价格指数保险，当市场"猪粮比"变动低于约定的数值，在不违规的情况下即触动理赔机制。

查勘定损是保险公司在保险标的发生事故后进行保险责任认定的重要环节，对于保生产风险的育肥猪保险，其操作过程主要有以下几项。

（1）现场勘查。对事故的真实性进行调查了解，对于是否属于保险责任进行初步认定，并做出是否予以立案的决定。对于不属于保险事故的情形，应及时向被保险人说明，或者做出拒赔决定。

（2）发起立案任务。对属于保险责任的事故发起立案任务，便于后续理赔工作的开展。

（3）定损。此环节是保险公司在保险标的发生保险事故后确定损失的过程。按照保险合同的约定，确定保险标的的损失金额，为后续的损失补偿做出数量上的确定，并通过保险人赔偿义务的履行，确保保险条款中规定的被保险人权利得到保障。

此外，查勘定损的人员在原则上应由三方人员构成：保险机构相关人员、政府有关部门人员或农业服务机构人员、专业的核灾定损员。

【拓展阅读】

生猪保险的查勘定损是怎样进行的

保险人接到出险报案，在核定保险单之后，会通过以下程序来对生猪进行查勘定损。

（1）询问被保险人或饲养员。内容包括灾害发生时间、灾害类型、防疫情况、发病症状、治疗措施、诊断结果等。

（2）圈舍检查。对圈舍现场进行巡视，查看感染生猪的症状和死亡生猪的遗留物，对被保险人或饲养员所述情况进行核实。

（3）对生猪尸体进行检查。主要从生猪尸体的外貌（包括保单规定的性别、畜龄、品种、毛色等方面）、死亡时间的确定、尸体的剖检三个方面来进行。

（4）残体的处理。要确定死亡保险生猪的残值，在合理扣除残值后，核定损失，计算赔偿金额。

（二）国内不同地区主要实践及区别

1. 保生产风险的育肥猪保险

在保生产风险的育肥猪保险条款中，对被保险人在查勘定损环节的义务做出相应规定。各地具体内容略有出入，但大体相同。具体包括被保险人应及时施救，及时通知保险人，提供相关材料及无害化处理几个部分。表6-15为北京市育肥猪保险查勘定损的被保险人义务。

表6-15 北京市育肥猪保险查勘定损的被保险人义务

地区	保险查勘定损要求
北京市	①保险标的发生保险责任范围内的损失后，被保险人应在24小时内报案，同时积极采取施救措施，防止损失进一步扩大。因被保险人故意或重大过失未及时通知保险人，致使保险事故的性质、原因、损失程度等难以确定的，保险人对无法确定的部分，不承担赔偿责任。②被保险人未经保险人同意，不得擅自处理死亡的生猪。被保险人应当按照北京市有关规定对死亡的生猪进行无害化处理，并取得畜牧兽医部门的相应证明材料。不能确认无害化处理的，保险机构不予赔偿。③被保险人向保险人申请赔偿时，应当提供在当地畜牧、防疫管理部门对应登记的死亡生猪的耳号标识、保险单正本、保险凭证、损失清单、区（县）级以上气象或消防部门出具的灾害证明及其他有关证明材料。④因第三者责任导致保险事故发生的，被保险人向保险人索赔时，应当提供必要的资料和其所知道的有关情况

资料来源：根据北京市财政补贴性农业保险相关文件和网络公开资料整理。

2. 保市场风险的生猪价格指数保险

各地生猪价格指数保险的查勘定损要求基本一致，如表6-16所示。

表6-16 国内部分省市生猪价格指数保险查勘定损的被保险人义务

地区	保险查勘定损要求
北京市、吉林省、辽宁省、内蒙古自治区、山东省、四川省	①保险期间内，被保险人由于遭受意外事故等因素导致保险标的大量灭失，或因非出栏销售因素发生的各种转让等情形导致被保险人养殖的保险标的的所有权全部转移的，被保险人应当及时通知保险人。对于该部分保险费，保险人按照约定周期的日比例计收保险费，并退还剩余部分保险费，同时不承担该部分的保险责任。②被保险人请求赔偿时，应向保险人提供下列证明和资料：保险单正本或保险凭证；被保险人或其代表填具的索赔申请书；保险人要求的其他材料或证明。被保险人未履行前款约定的索赔材料提供义务，导致保险人无法核实损失情况的，保险人对无法核实的部分不承担赔偿责任

资料来源：根据各省市农业保险相关文件和网络公开资料整理。

二、理赔

育肥猪保险理赔是指在保险标的发生保险事故而使被保险人财产受到损失时，保险公司根据合同规定，履行赔偿或给付责任的行为，是直接体现保险职能和履行保险责任的工作。简单地说，保险理赔是保险人在保险标的发生风险事故后，对被保险人提出的索赔请求进行处理的行为。在保险经营中，保险理赔是保险补偿职能的具体体现。

（一）育肥猪保险的理赔

理赔金额的确定一般受保险额度、损失程度等因素影响。当生猪发生了保险责任范围内的损失时，应依照保险条款内容进行赔偿处理。常见的保险理赔条款主要包括如下内容。

（1）每次事故保险人按保险合同的约定并依据标准扣除绝对免赔头数后，由保险公司再承担赔偿责任。

（2）出险时保险金额高出市场价值时，每头生猪的最高赔偿金额不超过市场价值。

（3）因重大病害、自然灾害及意外事故死亡的，按照个体保险育肥猪出险时的市场价值，即尸体重量和出险时当地生猪市场收购价格计算赔偿，但单只育肥猪的赔偿金额最高不应超过其保险额度。

（4）因保险责任范围内的疾病导致牲畜死亡时，最高以损失发生之日起连续30天内的实际损失数量为限计算一次保险事故的牲畜死亡数量（扣除规定免赔数量后）；因保险责任范围内的自然灾害、意外事故导致生猪死亡时，最高以损失发生之时起连续48小时内的实际损失数量为限计算一次保险事故的生猪死亡数量。

保市场风险的生猪价格指数保险多采用以下公式进行理赔：

当约定周期猪粮比平均值＜猪粮比约定值时，保险人统一按照约定周期保险金额进行赔偿。

赔偿金额＝［约定猪粮比－约定周期猪粮比平均值］×约定玉米批发价格（元/公斤）×单猪平均重量（公斤/头）×约定周期保险数量（头）

（二）国内不同地区主要实践及区别

1. 保生产风险的育肥猪保险

保险事故发生时，被保险人对保险标的不具有保险利益的，不得向保险人请求赔偿保险金。保险标的发生保险责任范围内的损失，保险人应按条款内容进行赔偿，各地保险赔偿方案略有差别，多集中在不同阶段划分以及对应赔偿金额上。表6-17列举了北京市、山东省及内蒙古自治区在条款中的赔偿要求与规定。

表6-17　国内部分地区育肥猪保险赔偿要求

地区	保险查勘赔偿要求
北京市	①发生保险责任范围内的事故，造成保险生猪死亡的，根据死亡生猪体重区间的档次，按每头保险金额的相应比例赔偿：当死亡生猪体重区间在 10（含）～30（含）公斤时，每头赔偿标准为 300 元；当死亡生猪体重区间在 30～60（含）公斤时，每头赔偿标准为 700 元；当死亡生猪体重区间在 60 公斤以上时，每头赔偿标准为 1000 元。 ②按照国家有关规定，经畜牧兽医行政管理部门确认为发生疫情，并且经区（县）级

续表

地区	保险查勘赔偿要求
	以上政府下封锁令，对于扑杀的生猪，保险人按照国家规定的扑杀定价，按比例给予被保险人赔偿：其中市级财政补偿40%，区（县）级财政补偿40%，保险人补偿20%。③发生保险责任范围内的事故时，被保险人实际饲养的生猪数量多于投保数量时，保险人按投保数量与实际饲养数量的比例计算赔偿金额。④由于保险责任范围内的事故导致部分保险生猪死亡，经保险人赔偿后，保险合同继续有效，但保险标的数量、有效保险金额（有效保险金额=保险金额-已付赔款）逐次递减，累计赔偿金额不得超过保险单列明的保险金额
山东省	①保险育肥猪在保险期间内，发生保险责任范围内事故造成死亡的，按保险金额进行赔偿。②保险育肥猪因发生保险责任范围内的损失，根据死亡保险育肥猪的尸重对应的赔偿比例进行赔偿，当育肥猪尸重为20（含）～30（含）千克时，最高赔偿200元；当育肥猪尸重为30～60（含）千克时，最高赔偿300元；当育肥猪尸重为60～80（含）千克时，最高赔偿400元；当育肥猪尸重为80千克以上时，最高赔偿500元。③被保险人请求赔偿时，应向保险人提供保险单正本、损失清单、耳号标识、防疫记录、死亡证明及已依法处理的证据或者其他证明材料等
内蒙古自治区	①因重大病害、自然灾害以及意外事故死亡的，按照保险育肥猪尸体重量和出险时当地生猪市场收购价格计算赔偿，但最高不得超过600元。出险时的市场价值高于600元时，按照600元赔偿；出险时的市场价值低于600元时，按照出险时的市场实际价值给予赔偿。②当发生高传染性疫病政府实施强制扑杀时，保险公司可从保险金额中相应扣减政府扑杀专项补贴金额后进行赔付

资料来源：根据各省、市、自治区财政补贴性农业保险相关文件和网络公开资料整理。

2. 保市场风险的生猪价格指数保险

各地的赔偿方式基本一致，部分地区在投保时可选择赔偿方式，如表6-18所示。

表6-18 国内部分地区生猪价格指数保险赔偿要求

地区	保险赔偿要求
北京市、四川省、山东省、吉林省、辽宁省、内蒙古自治区	因保险合同责任免除以外的任何原因，造成约定周期猪粮比平均值低于约定猪粮比时，根据被保险人在投保时选择的赔偿方式，保险人将按照下列方式计算赔偿： ①第一种赔偿方式。猪粮比保障范围为0至约定猪粮比，约定周期赔偿金额计算公式为：当约定周期猪粮比平均值＜约定猪粮比时，赔偿金额＝［约定猪粮比－约定周期猪粮比平均值］×约定玉米批发价格（元/公斤）×单猪平均重量（公斤/头）×约定周期保险数量（头） ②第二种赔偿方式。猪粮比保障范围为5.5:1至约定猪粮比，约定周期赔偿金额计算公式为： a.当猪粮比 5.5:1≤约定周期猪粮比平均值＜约定猪粮比时，赔偿金额＝［约定猪粮比－约定周期猪粮比平均值］×约定玉米批发价格（元/公斤）×单猪平均重量（公斤/头）×约定周期保险数量（头） b.当约定周期猪粮比平均值＜猪粮比 5.5:1时，赔偿金额=约定周期最高赔偿金额 ③第三种赔偿方式。猪粮比保障范围为5:1至6:1时，约定周期赔偿金额计算公式为： 当约定周期猪粮比平均值＜猪粮比6:1时，赔偿金额＝赔偿系数×约定玉米批发价格（元/公斤）×单猪平均重量（公斤/头）×约定周期保险数量（头） 其中，各地区保险合同中还给出了赔偿系数的计算方式，受限于篇幅，在此并未列出

资料来源：根据各省、市、自治区农业保险相关文件和网络公开资料整理。

本章小结

本章围绕育肥猪保险共分为五节进行阐述。第一节介绍了育肥猪养殖的基本特点及面临的主要风险；第二节界定了育肥猪保险的概念、分类及特点；第三节至第五节分别对育肥猪保险的保险标的、保险责任、责任免除、保险期限、保险金额与保费、查勘定损、理赔等内容的确定方法及特点进行了详细介绍，并且比较分析了国内不同地区育肥猪保险的经营实践情况。

案例

某村养猪大户老刘养了 3000 多头肥猪和 100 头能繁母猪。保险公司动员他买保险，说要是猪患了传染病，发生较大损失，他的猪场持续经营会有麻烦。他想了想的确是，猪场一年收入不少，但也经不起流行性传染病的侵袭，于是就参加了保险。可是两年下来花了几万元保费，猪场也没有损失几头猪，得到的赔偿款很少。不过，通过了解财政补贴性保险的政策，老刘找到一个"窍门"。第三年投保时他就跟保险公司的业务人员交涉，我的猪场一年大概养 3000 头肥猪、100 头母猪，你给我保 6000 头肥猪、200 头能繁母猪，从政府那里多领回来的补贴，咱们一人一半，我们都有钱赚。业务人员一合计，这也合适，就跟老刘签订了这张保险合同。老刘这笔账算得不错，他不仅给猪场上了保险，没出一分钱，反而赚了一笔。不过，最后被检察院抓个正着，他不仅退回了"赃款"，还被判了半年刑；保险公司的业务人员也被追究了刑事责任。看来，猪场需要投保，但不能像老刘这样投保。这是以虚假标的投保套取财政补贴，贪污保费，典型的违法犯罪；保险公司跟着保户一起作弊，签订这种违法保险合同，同样要受到法律追究。

资料来源：庹国柱，冯文丽. 一本书明白农业保险[M]. 郑州：中原农民出版社，2016，94。

思考：

如何理解上述案例中老刘和保险公司业务人员的行为？

关键词

生猪养殖业；育肥猪保险；育肥猪保险标的；生猪价格指数保险；育肥猪保险责任范围；育肥猪保险理赔

思考题

1. 简述育肥猪养殖面临的主要风险。

2. 育肥猪保险的类型有哪些？分别有什么特点？

3. 简述育肥猪保险标的识别的主要方法及特点。

4. 育肥猪保险责任范围主要包含哪些内容？

5. 育肥猪保险查勘定损环节应当注意哪些问题？

6. 育肥猪保险理赔金额的确定有哪几种方式？

本章主要参考文献

[1] 惠贤. 生猪养殖实用技术[M]. 北京：中国农业科学技术出版社，2015.

[2] 史利军. 育肥猪常见病特征与防控知识集要[M]. 北京：中国农业科学技术出版社，2015.

[3] 丁少群. 农业保险学[M]. 北京：中国金融出版社，2015.

[4] 蒋丽君. 农业保险：理论研究与实践探索[M]. 北京：中国商业出版社，2007.

[5] 南荟喆. 我国生猪保险专题调查报告[D]. 石家庄：河北经贸大学，2018.

[6] 李丹，庹国柱，龙文军. 农业风险与农业保险[M]. 北京：高等教育出版社，2017.

[7] 唐金成. 现代农业保险[M]. 北京：中国人民大学出版社，2007.

[8] 庹国柱，李军. 农业保险[M]. 北京：中国人民大学出版社，2005.

[9] 庹国柱，王国军. 中国农业保险与农村社会保障制度研究[M]. 北京：首都经贸大学出版社，2002.

[10] 庹国柱，冯文丽. 一本书明白农业保险[M]. 郑州：中原农民出版社，2016.

第七章　羊养殖保险

【本章学习目标】

1. 了解羊养殖业所面临的主要风险及风险表现形式。

2. 了解国内羊养殖保险的类型，对其优缺点有初步认识。

3. 熟悉羊养殖保险的保险标的、保险责任、保险期限、保险金额、保费及查勘定损与理赔等内容。

养羊业在我国历史悠久，早在夏商时代就有养羊的文字记载。改革开放以来，农业、农村、农民问题成为国家发展任务中的重中之重，各项惠农、利农政策的相继出台使得我国农业和农村经济得到了全面的发展。其中，畜牧业收益颇丰，已成为支持农村经济发展的重要产业。尤其是近 20 年来，我国羊养殖业迅猛发展，已迈入世界生产大国先列。目前，我国绵羊、山羊的饲养量、出栏量、羊肉产量、绵山羊皮产量、山羊绒产量均居世界第一位。羊养殖业在我国的迅猛发展不仅可以满足国民对羊产品的消费需求，还起到了促进农牧民增收、就业等方面的作用。羊养殖保险在这样的大背景下应运而生。羊养殖保险的出现不仅满足了养殖户有效规避风险的需求，同时也满足了政府层面利用金融手段对养羊业进行保障的需求。

第一节　羊养殖特点及其风险类型

一、羊饲养及生产特性

羊饲养及管理是否科学直接关系到羊养殖业生产效率的高低，而进行科学饲养及管理的前提必须是了解有关羊的所有生产特性。进入 21 世纪以来，知识在积累财富及加快发展步伐中占据了最重要的地位，羊养殖业也不例外。了解我国羊养殖业发展现状、羊饲养要求及其生产特性等是决定我国羊养殖业保持可持续性发展、提高生产效益、降低生产成本、减少疾病损失、改进产品质量等方面的先决条件。

（一）羊的生物学特性

绵羊与山羊是同科而不同属的动物，且它们之间不能交配产羔。此外，绵羊和山羊在外形、解剖结构、生理、生活习惯上有很多相同之处，但也有一些不同之处。了解山羊、绵羊的生物学特性是科学饲养、管理羊的首要条件。

1. 羊的行为特点

山羊性格活泼，行动灵活，善于攀登，喜欢游走，反应迅速，可以在其他家畜难以达到的悬崖高坡上行动自如地觅食。例如，当较高处有山羊喜欢的树叶或牧草时，山羊可前肢凌空后肢直立地探食高处的事物。因此，山羊可以在绵羊或其他家畜不能利用的觅食场地上放牧。

相对于山羊来讲，绵羊性格沉静，反应迟钝，行动缓慢，在与山羊同群觅食时，山羊行动敏捷，总是走在前面将优质牧草的柔嫩尖部先吃掉，而绵羊觅食时行动缓慢且喜欢低头觅食，可以采食到山羊啃食不到的短小、稀疏的牧草。

2. 羊的生活习性

在长期进化的过程中，由于需要生存及繁衍，羊形成了较强的合群性。在人工放牧情况下，即使无人看管，也很少发生羊群散开、单独羊只离群走远的情况。羊的这一特性给放牧者带来了极大的便利，有经验的放牧者往往先调教好领头羊，在放牧、转场、过河、过桥时，让领头羊先行，其余羊只就会尾随而来。当然，羊的种类不同，其合群性往往也会不同。一般来说，山羊的合群性比绵羊更强。

由于羊具有灵活且薄的嘴唇及锋利的牙齿，齿力灵活，上唇中央有一纵沟，下颚门齿向外有一定的倾斜度，只要不是过度放牧，它可以在牛、马放牧过的草场上觅食地面矮草或灌木嫩枝。羊喜食柔嫩多汁、略带苦味或甜味的植物。羊喜欢干净，嗅觉发达，对有异味或者被污染过的饲料和水源比较排斥，甚至宁可挨饿也不愿意食用，要求饲养者格外细心，勤打扫饲槽和水槽。羊在放牧条件下对草场生态环境破坏作用强，我国近年来大力推广圈养技术及种草养羊模式，为保护生态环境及畜牧业的可持续性发展提供了新途径。

羊喜欢在干燥凉爽的条件下生活，羊的放牧和舍饲条件一般以干燥为宜，在潮湿的环境下，易有寄生虫、脱毛、腐蹄病的发生。羊性情温顺且胆小易惊，受到惊吓后一般不易上膘，要求饲养员在管理时避免对羊只高声吆喝、抽打。羊的抗病性较强，对疾病的反应不是很敏感，患病后往往症状不明显甚至还能进食，所以在放牧或舍饲管理中要求饲养员必须细心观察，才能发现病羊。

3. 羊对环境的适应性

羊可以很好地适应各种气候条件。以我国为例，我国一些养羊地区往往都是干旱贫瘠、自然条件十分恶劣的地区。同时，羊表现出很强的耐粗饲、耐炎热、耐饥渴、耐严寒的特性。一般来说，母绵羊养殖的适宜温度为7℃～24℃，最佳为13℃；初生羔羊适宜温度为24℃～27℃；哺乳羔羊适宜温度为10℃～15℃。

（二）羊的饲养要求

根据羊的商用价值，大体可把羊分为肉用羊与绒毛用羊两类。肉用羊与绒毛用羊由于商业价值不同等原因，在发展过程上呈现出了不同的特点。20 世纪 20～50 年代，为迎合巨大的羊毛需求，世界羊养殖业主要以饲养绒毛用羊为主。但是，进入 60 年代后，科技的进步造成了合成纤维产业对羊绒毛业的巨大冲击，羊绒毛的需求量急剧下降，直到 90 年代，随着国际市场对超细羊毛的需求回暖，绒毛用羊的饲养量才有所回升；世界范围内对羊肉的需求量大体呈现出逐渐上升的趋势，这也促使了全球羊肉产量的不断提高。在羊饲养方面，也出现了由绒毛用羊向肉毛兼用甚至向肉用羊发展的趋势。

如前所述，绒毛用羊与肉用羊是根据不同的商用价值来具体区分的，因此绒毛用羊与肉用羊在饲养方面具有不同的要求，具体内容如下。

1. 绒毛用羊的饲养要求

根据绒毛用羊的绒毛生长周期、影响绒毛生长因素、品种特性、饲养地区自然条件状况及生产方向，应对不同生长期或不同用途的绒毛用羊分别进行饲养，并应按不同的要求饲养。

（1）种公羊的饲养要求

种公羊是养羊生产的重要种质基础，对提高羊群生产水平和质量起着重要作用。绒毛用羊的种公羊饲养要求较为简单，即以保证种公羊常年结实健壮、体力充沛及精液品质优良为饲养目标。为达到这一目标，须保证种公羊有足够的运动量且在配种期与非配种期提供不同标准的日粮，尽量保证饲料种类多样化，从而满足种公羊在不同时期对营养的需求。

首先，种公羊应该单独组群并设置专职饲养员对其进行管理，由于种公羊一般好强斗胜，组群规模不宜太大，以 30 只为上限。

其次，由于非配种期较长，一般为 10 个月左右，对非配种期种公羊的饲养会直接影响种公羊的质量。对于配种结束后的种公羊，应适当减少运动量并逐渐减少精料喂量（一般应比配种期减少 10%～20%）。对于复壮期的种公羊，在保证充足的饲料供给外，还应保证对蛋白质、维生素和矿物质的供给。对于配种准备期的种公羊，应加大运动强度，在精料喂量上应接近配种期。对于配种期的种公羊，应保证足够的精料投入量，并辅以足够的蛋白质、维生素和矿物质。尤其要注意，在此期间应补喂优质的苜蓿草与青刈大豆。

最后，前文已经反复提到，在种公羊饲养中应重视保持其足够的运动量。冬、春季节应保证每天 8 小时的放牧时间，夏、秋季节则要保证每天 10 小时。对于舍饲条件下饲养的种公羊，应保证每天有 5 km 的运动量。

（2）繁殖母羊的饲养要求

对于繁殖母羊的饲养要求，可分为妊娠期母羊和哺乳期母羊两个阶段。

一方面，对于妊娠期母羊，妊娠期前 3 个月，母羊对于粗饲料的消化能力较强，此时应维持正常饲养要求，维持其在配种期的体况即可。对于妊娠期后两个月的母羊，在保证饲料充足的情况下，还应补充维生素饲料、钙和磷。对该阶段的母羊应给予特别照顾，如保证其不饮用冰冻水，放牧时不惊吓、不打骂等。

另一方面，对于哺乳期母羊，为保证母羊泌乳能力，应对其进行补饲、增加精料及优质豆科牧草并多饮豆饼水。

（3）育成羊的饲养要求

育成羊是指羔羊断奶后到 18 个月龄的羊只。对育成羊的饲养好坏直接关系到羊只终身的体格大小及品质高低，对于该阶段的羊只饲养绝对不能轻视。

断乳转群后的饲养：羔羊断乳后应根据体格大小、性别、断乳日龄分组群进行饲养。对于该阶段的羊只，由于生长环境发生变化，会发生不吃草、不合群等情况，此时应保证少量的精料喂量。放牧时，应选择有幼嫩、低矮草的牧场，不宜让羊群走得太远。这个阶段是寄生虫最多的时期，应及时驱虫。

越冬期的饲养：冬季天气寒冷、水草枯黄，此时羊只需要大量的能量来抵御外界的寒冷。同时，此阶段也为育成羊的快速生产期，羊只需要充足的营养来满足生长需要。冬季应采取舍饲饲养为主、放牧为辅的饲养方式，并补充优质的豆科牧草、青干草和青贮等。

（4）羔羊的饲养要求

一般来说，羔羊出生 2 周内主要依靠母乳生长，此期间应该保证羔羊尽早吃到初乳。羔羊在出生 10 天后就有采食行为，此时饲养员应把优质的干草放置于草架上，训练羔羊自由采食，还可把大豆或者玉米炒至八分熟后磨成粉，撒于饲槽内让羔羊自由舔食。羔羊为羊只一生中生长最快的时期，应保证充足的营养物质来满足其生长需要，此时仅靠母乳已经很难满足，应补喂饲草饲料。

2. 肉用羊的饲养要求

一般来说，绒毛用羊与肉用羊在不同阶段的饲养要求大体一致。但是，由于肉用羊与绒毛用羊后期商用价值不同，导致出现了不同的饲养要求。由于现代羊肉生产的主流趋势逐渐向羔羊肉尤其是肥羔羊肉发展，本部分对肉用羊饲养要求的介绍分为一般肉用羊的育肥方式与羔羊育肥方式进行阐述。

（1）肉用羊的育肥饲养方式

一般来说，肉用羊育肥方式主要分为放牧育肥、舍饲育肥与混合育肥。采用何种育肥方式主要取决于当地牧草资源情况、羊源种类与质量、肉羊饲养者的生产技术及肉羊场的基础设施条件等。

放牧育肥是指利用天然草场或人工草场放牧养膘的一种育肥方式，放牧育肥的成本较低，在管理科学时能获得较为理想的效益。应充分利用夏、秋季天然草场，选择草势生长较好的草场，幼龄羊适合在豆科类牧草较多的草场放牧育肥，成年羊适合在禾本科较多的草场放牧育肥。一般认为，在草场牧草充足的情况下，一般羔羊可增肥

4～5kg，大羊可增肥 7～8kg。每天放牧时间保证在 12 小时左右，必须保证饮用水供应。

舍饲育肥是指根据肉羊生长发育规律，按照羊的饲养标准和饲料营养价值，配置育肥日粮，并完全在舍内进行喂养及运动的一种育肥方式。与放牧育肥相比，舍饲育肥投入量较大，但肉羊增重较快、体格大且出栏早，能很好地切合市场需求。舍饲育肥一般在草场较少、饲料较丰富的农区进行。一般来说，舍饲育肥要注意育肥饲料及添加剂的使用。舍饲育肥的饲料主要由青、粗饲料，农副业加工副产品和各种精料组成，如干草、青草、树叶、作物秸秆等。一般舍饲育肥的混合精料可占到日粮的 45%～60%，随着育肥强度的加大，精料比例应逐渐升高。舍饲育肥的添加剂包括营养性添加剂与非营养性添加剂，目的是补充饲料营养成分、促进羊的生长发育及改善代谢机能等。一般常用的添加剂主要包括尿素、瘤胃素、复合饲料添加剂及杆菌肽锌。

（2）羔羊的育肥饲养方式

如前所述，羔羊肉逐渐发展为未来肉羊生产的主流，因此对羔羊育肥的饲养管理也逐渐成为肉用羊饲养管理中的重中之重。对于育肥羔羊，应采用能量较高、蛋白质较高及矿物质含量较高的三高混合精料进行育肥。羔羊育肥前应对羊只进行检疫、驱虫、健胃、分群及饲料过渡等工作。在进入正式育肥期后，要在保证标准饲料配备充足的情况下配合育肥日粮进行投喂，同时应保证舍饲圈养羔羊不宜过多并提供干净饮用水等。

（三）我国羊养殖业发展现状

1. 养殖量变化情况

我国羊存栏量较大，根据 2006—2016 年统计数据显示（见图 7-1），10 多年间，我国羊（绵羊、山羊）年末存栏量大体保持在 3 亿只左右，波动较小。其中，山羊与绵阳的饲养比例也基本保持 1:1。我国羊养殖量波动主要受羊肉、羊皮、羊毛及羊绒价格波动的影响，但其影响有限。

2. 养殖区域分布情况

我国养羊产业分布较广，在全国 31 个省（区）市都有绵羊、山羊饲养。其中，山羊主要分布在我国中南、西南和华东地区，以圈养为主。随着市场经济的发展和人民生活水平的日益提高，中原及南方广大地区羊养殖业发展速度日益加快，并逐步呈现规模化、产业化。据统计，年存栏山羊 450 万只以上的有河南、山东、内蒙古、四川、云南等 13 个省区，合计存栏羊占全国山羊存栏总数的 83.30%，为山羊生产的集中产区。绵羊主要分布在我国的西部、东北及华北地区，绵羊产区养羊以半舍饲与放牧相结合，生产发展速度较快。据统计，年存栏绵羊 500 万只以上的有新疆、内蒙古、青海、河北、西藏、甘肃、山东、山西、黑龙江 9 个省（区），合计存栏占全国绵羊存栏总数的 84.52%，为绵羊生产的主产区。我国西部、北部除绵羊养殖以外，还是山羊绒重要生产基地。

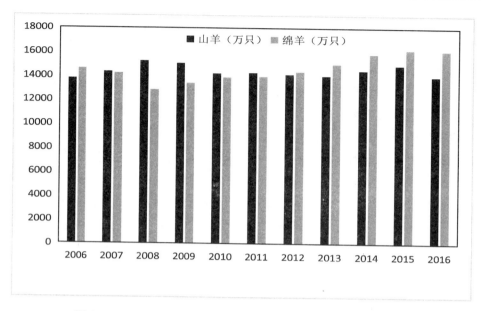

图 7-1　2006—2016 年我国羊（山羊、绵羊）年末存栏量变化

资料来源：中国畜牧兽医年鉴。

　　表 7-1 和表 7-2 分别为 2016 年我国各地区山羊、绵羊年末存栏量前五名排序表。从表中可以清晰地看到，除四川省外，其他山羊与绵羊的养殖大省（区）2016 年的山羊与绵羊年末存栏量与上一年度相比，均呈现出不同幅度的下降趋势。变动原因如前所述，主要受市场因素及个别地区实行减羊增牛政策的影响。

表 7-1　2016 年我国山羊养殖前五名地区的年末存栏量情况　　（单位：万只）

省份	名次	上一年名次	2015 年年末存栏量	2016 年年末存栏量	比上一年数量增长
河南	1	1	1844.00	1741.30	-102.70
四川	2	4	1566.60	1571.12	4.52
内蒙古	3	3	1603.50	1512.28	-91.22
山东	4	2	1639.59	1173.85	-465.74
云南	5	5	979.29	968.01	-11.28

资料来源：中国畜牧兽医年鉴。

表 7-2　2016 年我国绵羊养殖前五名地区的年末存栏量情况　　（单位：万只）

省份	名次	上一年名次	2015 年年末存栏量	2016 年年末存栏量	比上一年数量增长
内蒙古	1	1	4174.30	3993.97	-180.33
新疆	2	2	3472.01	3406.60	-65.41
甘肃	3	3	1518.40	1470.05	-48.35
青海	4	4	1243.55	1207.88	-35.67
河北	5	5	974.30	915.95	-58.35

资料来源：中国畜牧兽医年鉴。

3. 品种饲养情况

我国绵羊、山羊品种资源相当丰富，《中国羊品种志》收录了我国 15 个绵羊品种及 20 个山羊品种。

根据我国绵羊的起源、生产性能及外貌特征，可将我国绵羊分为蒙古羊系、西藏羊系与哈萨克羊系，我国现在所饲养的绵羊品种都是以这三种羊系为基础，并在特定的生态环境中经过长期培育所形成的。其中主要包括：①蒙古羊，是我国当前分布最广的绵羊品种，是我国三大粗毛羊品种之一，原产地为我国的内蒙古自治区和蒙古人民共和国，现在东北、西北及华北各省都有分布；②藏绵羊，是我国古老的绵羊品种，其数量较多，分布较广，同样是我国三大粗毛羊品种之一，原产地在青藏高原；③哈萨克羊，是我国三大粗毛羊品种之一，原产于天山北麓、阿尔泰山南麓，现主要分布在新疆及甘肃和青海的交界地区；④阿勒泰羊，是在哈萨克羊的基础上培育出的以体格较大、羔羊生长发育较快、产肉脂高等特点著称的一种优良的地方品种，现主要分布在新疆北部阿勒泰地区；⑤大尾寒羊，主要特点为肉脂性能较好，现主要分布在河北、山东部分地区；⑥小尾寒羊，原产地为河北南部、河南东北部及山东南部等地；⑦滩羊，是我国独有的用于生产裘皮的绵羊品种，主要分布于宁夏银川附近；⑧湖羊，主要用于生产羔羊皮，现分布于浙江、江苏等地。除此之外，我国还有中国美利奴羊、新疆细毛羊、东北细毛羊、凉山半细毛羊、同羊、兰州大尾羊、乌珠穆沁羊、和田羊、贵德黑裘皮羊、内蒙古细毛羊、甘肃高山细毛羊、青海半细毛羊、中国卡拉库尔羊等品质良好、生产性能高的培育品种。

我国现饲养山羊品种主要分为地方良种、培育品种与引进品种。其中，地方良种主要包括：①辽宁绒山羊，是我国现有产绒量高、绒毛品质好的绒用山羊品种，主要分布在我国的辽东半岛；②内蒙古绒山羊，是我国现有绒毛品质最好、产绒量高的优质绒山羊品种，主要分布于内蒙古西部，根据其毛长短可分为长毛型和短毛型两种；③中卫山羊，是我国独有且珍贵的裘皮山羊品种，主要分布于我国的宁夏、甘肃部分地区；④济宁青山羊，是我国独有的羔皮用山羊品种，主要分布于山东省的部分地区；⑤马头山羊，是我国南方山区独特的肉用山羊品种，主要分布于湖南、湖北、山西、河南、四川部分地区；⑥成都麻羊，主要分布于四川、湖南、湖北、广东、广西、福建、河南、河北、陕西、江西、贵州的部分地区；⑦长江三角洲白山羊，是我国生产笔料毛的优良山羊品种，现主要分布于江苏、上海、浙江的部分地区；⑧板角山羊，是我国肉用性能较好的优良山羊品种，主要分布于四川的部分地区；⑨宜昌白山羊，主要分布于湖北、湖南、四川的部分地区。除此之外，我国现有山羊培育品种包括关中奶山羊、崂山奶山羊、南江黄羊；引进品种包括萨能奶山羊、吐根堡奶山羊、安哥拉山羊、波尔山羊、努比亚奶山羊。

（四）羊饲养中的常见疾病与防治

1. 羊饲养中常见的疾病

羊只所患疾病多种多样，根据其性质区分，一般分为传染病、寄生虫病和普通病三大类。

传染病是由病原微生物（如细菌、病毒、支原体等）侵害羊体而引起的。病原微生物在羊体内生长繁殖、释放出大量毒素或致病因子，损害或破坏羊的机体，使羊发病。传染病一般发病较快，如不及时医治，重者可导致死亡。羊发病后，病原微生物从体内排出，通过直接接触或间接接触传染给其他羊只。有些严重传染病可短时间内导致羊只大面积死亡，造成严重的经济损失。

寄生虫病是由寄生于羊体内的寄生虫（如原虫、蠕虫、昆虫等）所引起的。当寄生虫寄生于羊体时，对羊的组织器官造成机械损伤，夺取营养或产生毒素，使羊消瘦、贫血、营养不良、生产性能下降，甚至死亡。寄生虫与传染病有类似之处，都可以使大批羊只受病。羊的寄生虫病种类很多，某些寄生虫病所造成的经济损失，并不亚于传染病，对羊养殖业造成严重危害。

普通病是指除传染病和寄生虫病以外的疾病，包括外科病、内科病、产科病等。这类病的发病原因往往是由于饲养管理不当，营养代谢失调，误食异物，或者其他外界因素如温度、气压、光线等原因所致。普通病与上述两种病的最大区别就是没有传染性，多为个别事件。

2. 羊饲养中常见病的防治

对于以上三种疾病的防治，必须坚持"预防为主"，具体应遵守以下几点要求。

（1）加强饲养管理

首先，对新入羊场的羊只要做好全面体检，避免因引入新羊而带来病原体。羊场或养殖户通常会选择健康的良种公羊和母羊自行繁殖，从而提高羊的抗病性及生产性。

其次，由于牧草是羊的主要饲料，放牧是羊群获取营养的重要方式，科学合理的放牧，更是与羊的生长发育与生产性能有着直接的关系。养殖户应根据各地草场与羊群实际情况，分别编群放牧。为了合理利用草场，减少羊群感染寄生虫病的概率，应推行划区轮牧制度。

最后，在冬季牧草枯黄、营养下降时，必须对羊群进行补饲，特别是针对正在发育的幼龄羊、怀孕期或哺乳期的母羊。若不进行补饲，营养不良也会使羊群易患疾病，从而造成羊群的生产性能降低。

（2）保证环境卫生

羊群生长环境的卫生状况好坏与疫病的发生有着密切的关系。羊舍、羊圈、场地及用具应保持清洁、干燥，每天应保证至少清理一遍圈舍、场地，及时清理粪便等污物。对于饲草的管理，应做到保持饲草清洁、干燥，不能用发霉、腐烂的饲草或粮食喂食羊群，饮水也要保证清洁，绝不能让羊群饮用污水或冰冻水。老鼠、蚊蝇等是病原体的携带者，可传播多种传染病和寄生虫病。因此，应定期对羊圈、场地进行杀鼠、灭蚊蝇工作，避免由老鼠或蚊蝇带来传染病或寄生虫病。

（3）严格执行检疫制度

检疫是指应用各种诊断方法（临床检查、实验室检查），对羊及其产品进行疫病检查，并采取应对措施防止疫病的发生和传播。检疫工作对应着一套严格的检疫手续，以确保在羊流通的各个环节中做到层层检疫，环环相扣，互相制约，杜绝疫病的传播蔓延。羊从生产到出售，要经历出入场检疫、收购检疫、运输检疫和屠宰检疫等过程；涉及外贸时，还要进行进出口检疫。

（4）进行免疫接种

免疫接种是激发羊体产生特异性抵抗力，使其对某种传染病从易感转化为不易感的一种手段。有计划、有组织地进行免疫接种，是预防和控制羊群传染病的重要措施之一。

（5）做好消毒工作

消毒是预防传染病或寄生虫病发生的重要手段之一。其用意是消灭传染源散播于外界环境中的病原微生物，切断传播途径，阻止疫病的蔓延。消毒工作一般涉及对羊舍的消毒、地面土壤的消毒、粪便消毒、污水消毒、皮毛消毒。

（6）组织定期驱虫

在寄生虫病发病季节到来之前，为了预防羊只患寄生虫病，应用药物对羊群进行预防性驱虫。预防性驱虫的时机应根据寄生虫病季节动态调查确定。一般来说，驱虫的方法分为药物驱虫与药浴驱虫。

（7）发生传染病时及时采取措施

羊群发生传染病时，应采取提前备案的紧急措施，以防止疫情扩大。应将病羊立刻隔离，避免其与其他羊只有任何接触。对于发病前与病羊有过密切接触的羊只，也必须单独圈养，经观察 20 天以上不发病的羊只，才能与健康羊合群。对于已经发病的病羊，要及时进行药物治疗以防止病情恶化。隔离场地禁止人、畜出入和接近，工作人员出入应严格遵守消毒制度，对隔离区域内的用具、粪便也应消毒。对于发病致死羊只，应焚烧或深埋，不可随意抛弃。

二、羊饲养及生产面临的主要风险

随着我国经济社会的快速发展、人民生活水平的不断提高，以及我国居民对肉蛋奶需求量的不断提高，均或多或少地对我国养殖业的发展起到了一定的促进作用。我国羊养殖业在此大背景下得到了快速的发展，但养羊专业户面临的经营风险日趋复杂化，养殖户要想取得较高的养殖效益，实现羊养殖的健康可持续发展，必须要加强羊养殖风险的科学预测和管理，其首要前提是要认清羊养殖所面临的风险。我们把羊养殖户在生产经营时所面临的风险分为生产风险与市场风险。

（一）生产风险

在羊养殖业中，养殖户所面临的生产风险主要包括两个方面：一是自然风险，二是疫病风险。当前养殖户所面临的生产风险已逐渐随着饲养条件、饲养技术等的发展得以改善。但是，与外国相比，我国羊死亡率仍高出 1 倍以上。因此，认清羊养殖过程中所面临的生产风险，是进行风险管理、提高羊养殖生产效率的前提。

1. 自然风险

自然风险是指在生产活动中，由于自然界因素不规则变化所产生的现象导致危害经济活动、物质生产或生命安全的风险。

羊养殖户遭遇的自然风险主要包括白灾、黑灾、暴雨、洪水（政府行蓄洪除外）、暴风、雷击、冰雹等。

由于我国国土面积广阔，养羊业在全国所有地区都有所涉及，因此养殖户均可能遭遇上述灾害。近年来，洪水、干旱时有发生，造成部分养羊大省（区）粮食减产，料草短缺。与疫病风险相比，自然风险发生的概率相对要小一些，但养殖户仍须提高警惕，及时获取相关信息，防患于未然。

2. 疫病风险

疫病风险是指在生产活动中，由于疾病所造成的经济损失。根据以往经验，一场大型的疫病给养殖业带来的打击几乎是致命的，羊养殖业也不例外。疫病风险对于各类养殖业造成的冲击程度要高于其他风险对养殖业造成的影响。

羊一般遭受的疫病主要包括巴氏杆菌病、炭疽病、口蹄疫、布鲁菌病、气肿疽、焦虫病、链球菌病、羊痘、羊快疫、羊坏死杆菌病、羊猝狙、羊黑疫、羊肠毒血症、传染性胸膜肺炎、小反刍兽疫。

（二）市场风险

市场风险是指由于市场价格波动给养殖户带来经济损失的一种风险。随着中国经济的腾飞，各行各业都得到了飞速的发展，但同时也面临着严峻的挑战，羊养殖业在快速发展的过程中也面临着市场风险的挑战。

羊养殖业的市场风险主要表现在羊相关产品价格（如羊肉、皮、毛等的价格）的非正常波动上，这直接关系着羊养殖户的经济效益。当市场价格偏低时，养殖户不得不亏本出售，甚至还会出现卖不出去的情况。因此，如何在市场价格偏低时，正确面对市场行情，审时度势地做出正确的选择是需要养殖户慎重考虑的。但无论如何，应当科学地看待问题，从各方面综合地分析价格降低出现的市场原因、政策原因、社会原因、疫情原因等，及时了解行业最新动态，从多种途径获取最新、最可靠的数据，从而做出正确的预判。对于养殖户来说，一个错误的决定可能会造成十分严重的经济损失。因此，如何科学地降低市场风险，就显得尤为重要。

以羊肉价格为例，近年来，除供需因素和养殖成本因素影响以外，进口羊肉的增加和假羊肉的出现，都在一定程度上冲击着我国的羊肉产业。目前，我国羊肉市场呈现国内积压与进口增加并存的局面，进口羊肉价格便宜，使得国内羊肉市场竞争力不足，销路不畅，严重影响了国内羊肉价格。

图 7-2 显示了我国 2006—2016 年羊肉价格的走势。2007 年，我国羊肉价格大幅

增长，涨幅接近一倍，在随后将近 6 年中，羊肉价格虽然有所波动，但整体趋势仍是以上涨为主。到 2013 年，我国羊肉价格达到顶峰，每 50 kg 羊肉价格为 1413.56 元。但是，2013—2016 年，我国羊肉价格受多方面因素的影响持续走低，每 50 kg 羊肉价格下降为 1100 元。

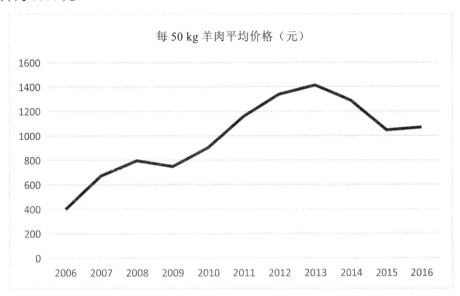

图 7-2　2006—2016 年我国羊肉平均价格

资料来源：中国畜牧兽医年鉴。

　　了解羊的养殖特点及羊养殖业所面临的主要风险，是后续学习羊养殖保险相关内容的重要基础。只有充分了解不同生长阶段羊养殖所呈现的主要特点及面临的主要风险，才能区分羊养殖与其他牲畜在生理及所面临风险方面的差异，才能更好地认识和理解羊养殖保险的相关内容。

第二节　羊养殖保险概述

　　与外国相比，虽然我国在羊养殖规模、发展速度上都有了明显的提升，但我国羊养殖保险发展却相对缓慢。根据资料显示，我国于 20 世纪 80 年代开始试点开展羊养殖保险，但由于对新产品缺乏理论基础及实践经验，最初由商业保险公司开办的羊养殖保险试点产品并未获得大范围推广，尤其在出现连续几年的亏损后，保险公司决定停办羊养殖保险，并在以后的几年内都未涉及该产品。直到 90 年代中期，在总结前期羊养殖保险失败的主要原因后，通过一系列困扰羊养殖保险发展问题的解决，保险公司重新试点开展羊养殖保险工作，并获得成功。

一、羊养殖保险的概况

羊养殖保险涉及政府、保险公司与羊养殖户三个主体。首先，作为一种为羊养殖户分散、规避养殖风险的有效工具，羊养殖保险现已被大量羊养殖户所接受。其次，作为缓解政府灾后救济压力的有效方式，羊养殖保险已被我国众多地方政府纳入财政补贴范围之内。最后，羊养殖保险作为一种由保险公司承担的保险产品，可以完善保险公司涉农产品，并为保险公司创收提供一条有效的途径。

（一）羊养殖保险的定义

羊养殖保险是承保绵羊、山羊灾害事故损失的养殖业保险。具体来说，是保险人在被保险人支付约定的保险费后，在保险标的（羊）遭受保险责任范围内的自然灾害、意外事故和疾病所造成的损失后，对被保险人进行经济补偿的一种保险业务。羊养殖保险是养殖户规避、分散风险的一种科学有效的经济手段。目前，羊养殖保险在我国小牲畜保险中所占份额虽然较小，但伴随着羊养殖规模的不断扩大，未来发展空间将会很大。

（二）羊养殖保险的意义

羊养殖保险的出现及发展极大地保障了养殖户的利益，同时也促进了我国羊养殖业的可持续发展，其意义具体包括以下几个方面。

1. 羊养殖保险是保障养殖经营者养殖收益的有效手段

在新形势、新背景下，羊养殖业从业者面临的各种风险逐渐加大，迫切需要保险补偿机制发挥作用，促进羊养殖业再生产能力的恢复，增强羊养殖业的抗风险能力。虽说羊抗病性强、死亡率低，但是长期以来羊养殖户备受疫病、自然灾害等因素的影响。老百姓常说，"家有万贯，带毛的不算"。一旦发生重大动物疫情或严重自然灾害，就会造成"多年盈利、一灾亏损，多年致富、一灾致贫"的现象，而参加羊养殖保险极大地降低了灾后损失程度，提高了养殖户自救能力。因此，大力推进羊养殖保险，对提高羊养殖业防灾减灾能力和产业发展水平、促进羊养殖业健康发展具有重要的意义。

2. 羊养殖保险是病死羊只无害化规范处理的助推器

羊养殖保险最大限度地避免了参保养殖户随意抛弃动物死尸和病死动物进入流通环节现象的发生。众所周知，由于羊生产周期长、饲养成本高、养殖风险大、生产缺乏有效的信息指导，畜（羊）产品生产始终面临自然风险和市场风险两大挑战。在没有保险的情况下，养殖户通常以自己的积蓄承担养殖损失，部分养殖户为了减少损失和利益，不按规定处理病死羊只。而通过开展羊养殖保险，相关部门能够有效监管畜产品生产和流通过程，将病死动物无害化处理与保险理赔实现无缝对接，彻底切断了贩卖、加工病死动物的产业链和动物疫病扩散的传播链，提高了畜产品的质量，让消费者真正吃上"放心肉"。例如，在某公司的养羊保险条款中就明确规定了投保人在申请保险理赔时，必须提供由当地相关部门出具的死亡动物无害化处理证明书。

3. 羊养殖保险是实施羊防疫监督工作的重要推手

羊养殖保险同样对羊防疫监督工作有着积极的促进作用。通过推动保险，能够促进免疫工作的开展，提高标识的佩戴率，及时、准确掌握疫病动态和羊只死亡率，彻底解决病死羊只无害化处理难题，提升基层动物防疫体系的服务能力。

【案例分析】

羊养殖保险在新疆

新疆为我国养羊大省，但由于气候条件较差、牧民风险管理知识匮乏等原因，在20世纪末，新疆羊养殖户连年遭受羊只死亡导致的损失。因此，1987年，某公司为帮助当地羊养殖户分散风险及增加本公司收入，在新疆开展了养羊保险试点工作，但此次试点工作并非一帆风顺，可谓一波三折。

1987年，某公司在南疆的两县试办养羊保险，当年承保了32万只羊，应收保险费69.6万元，保险赔款近100万元。由于保险费筹措不到位，经双方协商，保险公司最后做出退保处理。在以后的几年里，新疆羊养殖保险一蹶不振。当时保险公司流传着这样一段顺口溜："羊养殖保险大干大赔，小干小赔，不干不赔。"

在蛰伏数年后，该公司在新疆人大代表的呼吁下，于1993年重新将羊养殖保险列入公司新办险种的议事日程内。同时，该公司还总结了当年羊养殖保险失败的主要原因：保险标的风险及养殖户的道德风险。保险标的风险难以控制，羊养殖业分布千家万户，饲养规模各有不同，既有山上放牧，又有平原放牧，还有栅圈饲养，放牧流动性大。而且在新疆地区，暴风雨、洪水、暴风雪、雪崩、寒流、狼害、羊圈倒塌等灾害和意外事故频繁发生，风险难以控制。道德风险主要由于牧民流动性大，出险后保险公司人员有限，查勘定损难，赔案管理鞭长莫及。在某县曾经发生过牧民凭一张羊皮向保险公司索赔七次的骗赔案。1997年，此公司又正式地在新疆重新开办羊养殖保险试点险种。有了以往的教训，这次试办解决了困扰羊养殖保险5个方面的问题：①羊养殖保险属于财政补贴性保险范畴，但由商业性保险公司经营，必须单独立账，独立核算，不以营利为目的，实行收支平衡，略有节余，以备大灾，重在积累，建立风险基金。②由于羊养殖保险属于财政补贴性农业保险，应依靠当地相关政府部门的支持。在试点县，由领导成立牧业保险领导小组，保险公司和畜牧部门组成羊养殖保险联合办公室，各县也成立了相应的组织。③解决保险形式和保费的筹措。羊养殖保险实行以县为单位，统一向保险公司投保。保险费由各县从牧业税、救灾款中拿出一部分补贴牧民，牧民自己缴纳一部分。④严格确定保险期限和保险责任范围。羊养殖保险期限为当年的11月1日至次年的4月30日。保险责任为暴风、暴雪、雪崩、寒流、洪水、暴雨、狼害、羊圈倒塌、转场溺水等自然灾害和意外事故造成羊只死亡，由保险公司负责赔偿。在 1997 年的保险期间内，该公司在试点地区共承保羊 200 万只，承担风险金额共计 3500 多万元，并在当年赔付养殖户近 80 万元，受到了试点地区养殖户的一致好评。

资料来源：中国保险，1998。

二、羊养殖保险的类型及特点

目前，市场上流通的羊养殖保险产品主要包括针对自然风险及意外事故的死亡险，以及由实际气象指标指数决定的羊天气指数保险。前者属于传统的羊养殖保险产品，当前已在我国各大养羊主产区推出及销售。后者属于养殖业保险的创新险种，目前在国内开办范围相对较小，仍处于试运行阶段。例如，在内蒙古自治区锡林郭勒地区试点开展的羊天气指数保险。

（一）死亡险

死亡险是指保险标的（羊）在有效保险期间内因规定的保险责任造成死亡，保险人赔付被保险人保险金的一种保险。现阶段，我国大部分地区开展的羊养殖保险都属于羊养殖死亡险，并且以财政补贴性保险为主。

虽然死亡保险在一定程度上能够提高养殖户抵御风险的能力，但其本身存在的一些缺陷阻碍了它的进一步发展。道德风险和逆向选择是其中两个最重要的问题。道德风险和逆向选择属于经济学范畴问题，两者都是由于信息不对称造成的。在保险市场上，逆向选择往往与道德风险存在密切的联系。道德风险和逆向选择一直困扰着保险的两个主体——保险公司和参保养殖户，上述案例分析中提到的"一张皮骗保七次"就是典型的道德风险问题。

此外，保险公司查勘定损难、运营成本高也是制约羊养殖死亡保险发展的重要因素。

（二）羊天气指数保险

羊天气指数保险是天气指数保险的一种，是农业保险的创新险种，起源于国际天气衍生品市场，本质上属于金融风险转移衍生品工具。目前，我国内蒙古地区已经试点开展此类保险项目。不同于财政补贴性保险产品，该保险产品目前仍属于纯商业性保险。

羊天气指数保险运作的原理是将气象因素对肉羊饲养成本的影响指数化，通过对气象监测历史数据进行分析，得出气象因素的变化和保险标的饲养成本情况的关系。实践中，一旦发生保单中约定的天气变化，可利用一段时期内测量获得的数据来衡量特定天气参数是否会超过触发点，给牧民造成损失。例如，草原牧区羊群天气指数保险可以估测气象因素的异常变化对保险标的饲养成本的影响，从而得出灾害气象条件下农户遭受的损失大小，并依此计算保险赔款。

相比传统养殖业保险，羊天气指数保险的优点主要包括以下几个方面。

（1）气象指数保险产品是目前国际上较为流行的新兴农业保险产品，操作简便，大大降低了勘察定损成本。草原牧区羊群天气指数保险依靠气象部门实际测得的气象数据，同时通过勘查核实预测的损失价值来计算赔付金额。因此，一旦发生保险责任损失，只需要进行实地抽样调查损失价值以确定预测的准确性即可。保险赔偿并不需要复杂的核赔技术和程序，参保养殖户可以直接按照公布的指数领取赔偿金。

（2）天气指数保险可有效防止道德风险及逆向选择问题的发生。一方面，在同一农业保险风险区划内，所有的投保人按同样的费率购买保险，当灾害发生时获得相同的赔付，额外的损失责任由被保险人自行承担（而不是由保险公司来承担），这样有利于充分调动被保险人在饲养管理和减灾方面的积极性。另一方面，风险较高区域的被保险人自负额外的风险损失责任（而不是由保险人来承担），在一定程度上可以克服逆向选择问题。

（3）天气指数保险低成本及低费率更能吸引低收入养殖户的参与。与传统的养殖业保险相比，指数保险合同信息透明、条款简化，原先用来预防投保人逆向选择和道德风险的监管举措得以减少，使得保险经营的监管成本显著下降。而且由于采用标准化指标和简化程序，使得触发机制简单、承保手续简化，指数保险在承保、查勘、定损、理赔等过程中的交易成本也显著下降。指数保险经营相对较低的成本直接降低了费率水平。从长远角度看，低费率是提高农险覆盖率和推动农业保险发展重要的积极因素，尤其对于发展中国家政府和低收入农户而言，具有很大的吸引力。

但是，羊天气指数保险同样存在着一些缺点，主要包括以下几个方面。

（1）基差风险较大。当指数计算的赔付与实际损失之间出现不完全匹配时，就会导致基差风险。指数保险作为一种风险管理工具，其有效性取决于指数计算的损失与实际损失之间是否一致。如果理论损失值高于实际损失值，就会导致被保险人获得超过实际损失量的赔付。如果理论损失值低于实际损失值，就会导致被保险人不能获得足够的保险赔付以补偿其损失。

以当前内蒙古试行的牛羊天气指数保险为例，基差风险的表现形式有两种：例如，在某年冬季，某地的气象监测站监测到实际降雪量已经达到阈值（阈值是指在保险合同签订初期，保险公司及投保人共同认可的某一数值，规定当实际降雪量达到这一数值时就触发理赔，无须查勘投保人是否遭受实际损失），则保险公司立即实施理赔，但是在此期间，投保人并未遭受到实际损失。又如，在某年冬季，由于降雪量异常给养殖户带来了损失，但是由于被保地区气象监测站监测到的实际降雪量并未达到阈值，所以保险公司并未启动理赔，养殖户遭受损失但是并未得到补偿。

造成基差风险出现的原因是多方面的，但大体归纳为两个方面：一是针对某几类气象条件的天气指数保险，往往由于很难排除其他各种灾害而出现较大的监测差异；二是区域位置与气象站较远形成监测差异，导致基差风险存在。目前国内外专家对天气指数保险的基差风险管理的研究还不是很深入，但是我们必须承认的一点是，基差风险只可能被弱化而不可能被消灭。如何通过行之有效的手段降低基差风险，是影响天气指数保险大规模发展的重要因素。

（2）必须有可靠的气象监测站。理论上，实施天气指数保险的一个重要原则是要求在被保区域20公里范围内必须建立一个气象监测站。如果被保区域范围内没有气象监测站，仅凭保险公司难以组织兴建，此问题的解决离不开政府部门的参与与支持。

（3）有效需求不足。目前，据内蒙古地区试行的羊天气指数保险情况反馈，大多数牧户对指数保险这一新型农业保险产品并不熟悉，认知水平较低，这进一步制约了指数保险有效需求的形成。按照指数保险合约设计，个人能否获得赔偿，完全取决于预先约定指数是否达到触发水平，而非取决于个人实际损失。在功能上，指数扮演了代理变量的角色，试图有效地将个人实际损失与指数代表的损害程度紧密联系起来。在养殖户眼里，指数保险利用指数代替个人实际损失的产品设计并不直观，受经验和认知限制，他们很难在短期内完全认同指数保险产品。尤其在指数估测的损失与自己的实际损失差异较大时，农牧民更容易对指数保险产生排斥心理。因此，如何通过强化农牧民对指数保险的认同感以创造有效需求，成为推动指数保险的一项艰巨任务。

我国大部分地区开展的羊养殖保险属于传统型养殖业保险范畴，即只针对灾害造成的羊只死亡进行保障，近年来才发展出目前国际保险市场推崇的天气指数保险。但是，无论何种类型的养羊保险，其初衷都是为了分散羊养殖业风险，保障养殖户利益。我国羊养殖保险未来还有很长的路要走，如何降低道德风险和逆向选择、减少基差风险，是我国羊养殖保险相关研究者未来亟待解决的问题之一。

需要指出的是，由于目前国内开展的羊养殖保险大部分为死亡险，而羊天气指数保险只在部分地区试运行，本节对羊天气指数保险的介绍仅供读者简要了解，以下内容主要围绕羊养殖死亡险展开。

【拓展阅读】

创新羊养殖保险

2015 年，某公司在内蒙古自治区锡林浩特市乌拉盖管理区的两个牧场试点开办了草原牧区羊群天气指数保险，承保羊群共计 20 万只，每只羊的保费为 10 元，保费收入 200 万元。保险期内，共计赔付保险金额 240 万元，有效解决了因发生重度雪灾和重度旱灾，牧民被迫由传统散放养状态转为舍饲或半舍饲养殖所产生的因养殖成本增加而造成的损失。

2016 年，该公司与内蒙古自治区锡林浩特市巴嘎旗人民政府联合启动了"草原牧区羊群天气指数保险"，此次共计承保 7 个苏木，累计承保牧户 1021 户，累计承保 22 万余只羊，保费收入 228.46 万元。其中，每只羊的保费为 10 元，投保期为 1 年，其中雪灾的保费为 7.6 元，旱灾的保费为 2.4 元。单位保险金额按照保险标的遭遇雪灾、旱灾时消耗饲料成本的一定比例确定为羊 125 元/只，其中雪灾单位保险金额为 95 元/只、旱灾单位保险金额为 30 元/只。2016 年 11 月至 2017 年 1 月，锡林郭勒盟阿巴嘎旗大范围普降大雪，积雪覆盖周期持续时间较长。在接到受灾牧民报案后，该公司立即联合当地气象部门启动相关赔付工作。该公司共为受灾的 5 个苏木的 297 户，共计 47807 只羊赔款 109.95 万元。此次赔款从根本上解决了牧民在遭受雪灾后，被迫由散养状态转为舍饲或半舍饲养殖所产生的养殖成本增加造成的损失。

资料来源：内蒙古自治区锡林郭勒盟阿巴嘎旗政府网站，http://www.abg.gov.cn，2016。

第三节　羊养殖保险标的与保险责任

前文已对羊养殖保险相关内容及理论进行了简单的梳理，接下来正式进入经营实践内容的学习。在保险公司与投保养殖户订立保险合同初期，双方都应清楚保险条款中的有关内容，如保险标的、保险责任的范围、保险责任免除的内容、保险期限及保险金额等。本节首先介绍羊养殖保险的保险标的及保险责任。

一、羊养殖保险标的的概念

要想全面了解羊养殖保险标的的概念内涵，可从羊养殖保险标的的含义、羊养殖保险承保条件的确定与特点，以及羊养殖保险标的的识别三个方面来进行阐述。

（一）羊养殖保险标的的含义

首先，从一般保险学理论角度来给出保险标的的内涵。我们知道，在保险人与被保险人订立保险合同时，首先必须明确的一点是保险人要对哪些对象发生的保险事故承担责任，这里提到的对象就是保险标的，是保险事故发生所在的本体。在了解保险标的具体含义后，我们就能很容易地把一般保险标的的含义与羊养殖保险标的的含义联系到一起。通俗地说，羊养殖保险标的具体是指在保险人与被保险人签订保险合同时，按照被保险人要求及保险人对保险标的的要求，双方将被保险人所承担或饲养的部分羊只或全部羊只作为被保对象，这里被保的部分羊只或全部羊只就是羊养殖保险的标的。

现在市面上销售的羊养殖保险产品根据其保险名称就能很容易判断出保险标的。例如，某公司在河南开展的能繁母羊养殖保险、某公司在内蒙古开展的绵羊养殖保险或某公司在江苏开展的山羊养殖保险等。从这些例子中我们可以发现，不同的保险公司可根据其公司所在地实际养殖情况自行研发符合本地的保险产品。不论是绵羊、山羊、能繁母羊、种公羊保险，在本书中我们一律称之为羊养殖保险。

（二）承保条件的确定原则

承保条件是保险人对愿意购买保险的单位或个人（即投保人）所提出的投保申请进行审核，做出是否同意接受和如何接受的决定的过程。保险公司即保险人对承保条件的确定主要是出于规避自身经营风险的目的所提出的，若不提出适当的承保条件，保险公司必定会因高赔付率造成亏损乃至倒闭。

应用到羊养殖保险中，承保条件的概念可简述为：在潜在投保人即羊养殖户有购买意愿并对保险公司提出投保申请后，保险公司可根据投保人的资格审查、投保人的信誉审查及投保人所饲养羊只的环境与健康状况来决定是否接受其投保申请。具体来说，主要包括以下三方面内容。

1. 投保人的资格审查

（1）投保人必须是承保标的的主人或单位，且羊养殖保险的投保标的必须对投保人具有可保利益。

（2）投保人必须具备一定的羊养殖经历。

2. 投保人的信誉审查

在保险公司审查投保人资格的同时，也应对投保人的信誉进行审查。由于现代社会对个人的信誉程度逐渐引起重视，各种信誉记录也很容易被查验。信誉记录不良的投保人会给保险公司带来难以预测的风险，所以对投保人的信誉审查显得尤为重要。

3. 羊只饲养环境和健康状况的审查

（1）放牧草场环境状况

放牧草场选址应选择植被覆盖达标、没有狼群等野兽出没、平坡或半坡的草场。

（2）舍饲环境状况

舍饲场地选址和内部建筑物布局必须达到兽医部门的要求，不能建在蓄洪区附近，应建在本地的洪水水位线以上。舍饲内的温度、湿度、通风、光照、饲养密度等也必须满足条件（其中，蓄洪区是指当河道洪水流量超过河道设计安全泄量时，必须将部分洪水分蓄到规定的湖泊洼地，以削减洪峰。洪水位下降后再陆续排出，此蓄水区称为蓄洪区；行洪区是指主河槽与两岸主要堤防之间的洼地，历史上是洪水走廊，现有低标准堤防保护的区域。遇较大洪水时，必须按规定的地点和宽度开口门或按规定漫堤作为泄洪通道，此区域称为行洪区）。

（3）羊只健康及适应状况

在确立标的时，要确保所保标的无疾病伤残，投保人须出具由兽医部门签发的体检合格单，须确保被保羊只无营养不良症状、定期接受疫病疫苗接种。对于由外地购回羊只，投保人须出具检疫证明等。由国外或省外引进的新品种在投保时，必须在当地经过一段时间的适应期。特别需要申明的是，由国外引进的羊只必须在当地饲养超过 1 年以上才有资格进行投保。

　　有经验的保险人员还会根据以下情况来判断羊只的健康状态：①羊只的精神状态。一般来说，健康的羊只精神饱满，无垂头耷耳或闭目或趴卧等情形。②羊只的外貌。营养良好的羊只一般皮毛柔顺且肌肉丰满，营养较差的羊只则皮毛粗乱且瘦骨嶙峋。③羊只的步态。健康的羊只步伐轻快有力，而患病的羊只行动不稳或跛足慢行。④羊只的眼鼻状况。健康的羊只眼睛灵活清亮且眼睑无分泌物、眼结膜呈正常色，鼻腔黏膜稍湿润，呈淡红色。患病羊只的眼睛则有可能苍白（可能由于出血、贫血、寄生虫引起）、发黄（可能由于肝脏疾病或某些传染病引起）、发绀（可能由于心脏疾病或肺病引起），鼻腔黏膜潮红肿胀。⑤羊只的进食饮水情况。健康的羊只采食积极、吃食姿势自然，在进食半小时开始反刍，持续 1 小时。患病的羊只则进食明显减少，甚至不吃不喝。⑥羊只的体温、心跳、呼吸情况。一般来说，健康羊只的体温应该在 39.5～40℃，健康绵羊的心跳应是 60～120 次/分，山羊为 70～135 次/分，健康羊只安静时呼吸次数为 12～15 次/分，羊只的体温、心跳、呼吸低于或超出这些范围的都属于异常状态。

　　（4）羊只疫病状况

　　每种传染病都存在一定的潜伏期，所以为了防止患病羊只投保，一般设置 15～20 天的观察期，用于观察投保羊只是否患有传染病。

　　（5）羊只畜龄状况

　　一般来说，羊在断奶后才开始进入生产阶段，且羔羊期的死亡率较育成期和成年期高，所以保险公司要求被保羊只须在断奶后才可进行投保。此外，个别保险公司为了查验饲养水平，在养殖户投保时还要求被保羊只须达到一定体重。

　　（6）保险区域状况

　　对于国家所划定的疫点、疫区，保险公司可以拒保。

　　一般来说，在保险公司开展羊养殖保险时，会在保险条款中明确地列出承保条件。由于所处实际情况不同，承保条件也会有所不同，但单以羊养殖保险来说，差别不是很大。

【拓展阅读】

保险条款中对被保险人的承保要求

　　公司在内蒙古开展的羊养殖保险条款中，明确地罗列了该公司对投保养殖户的承保要求。具体内容如下。

　　同时符合下列条件的种羊（含种公羊、种母羊）、基础母羊（能繁母羊）、育肥羊可作为本保险合同的保险标的（以下统称"保险羊只"），投保人应将符合下述条件的羊全部投保，不得选择性投保：

　　（1）单个养殖场（户）羊存栏量 20 只（含）以上。

　　（2）饲养圈舍卫生、能够保证饲养质量；饲养场所在当地洪水水位线以上的非蓄洪、行洪区。

（3）投保品种在当地饲养1年（含）以上。

（4）投保羊只饲养管理正常，无伤残，无疾病，能按免疫程序接种且有记录，经畜牧兽部门和保险人验体合格，并配有保险人指定的可识别身份的耳标。

（5）投保时羊只在3月龄（含）以上，4周岁（不含）以下。

资料来源：人保财险公司官网，http://www.epicc.com.cn，2016。

（三）羊养殖保险标的的识别

对羊养殖保险标的的识别直接关系到后期查勘定损工作能否顺利进行。由于识别技术没有统一标准，各家保险公司都有各自惯用的识别技术，且将其视作知识产权，所以很难了解到各家保险公司标的识别的具体程序与内容。但是，统一来说，目前对羊养殖保险的标的识别主要依赖于耳标与照相。

随着科学技术的进步，通过对被保羊只钉打耳标和对被保羊只拍照来识别保险标的的技术也逐渐被具有更高科学技术含量的方式所取代。以钉打耳标为例，以往的耳标都是简单的普通耳标，耳标上仅印有保险公司用于备案的某只被保羊的标号。这类耳标存在着诸多的弊端，如极易脱落。许多养殖户反映，保险公司用于识别被保羊只的耳标会在羊放牧过程中无故脱落丢失，给后期保险公司查勘定损带来极大的不便。此类耳标还极易引起炎症，这主要是由于在钉打耳标过程中相关技术人员没有按规定操作导致的。在钉打耳标后被保羊只感染，导致养殖户的医疗支出或药费支出增加，且这类支出并不属于保险公司保险责任，进而给羊养殖户造成了不必要的经济损失。随着科技的不断进步，当前电子芯片承保技术已逐渐被保险公司运用于保险标的的识别之中。

例如，由某保险公司研发的电子芯片已被正式运用到实际的承保工作中。这款可读写的微型标签，体积小，易隐蔽。芯片具有唯一编码，通过注射枪植入动物体内，利用读写设备录入动物的详细信息，通过传输设备上传后台数据库。当动物出现病死情况时，工作人员只需进行芯片识读扫描操作，获取承保数据即可知道动物是否参保。这类电子芯片对于羊养殖保险乃至整个养殖业保险有着巨大的现实意义。例如，这类电子芯片承保技术的应用，将加快推进动物保险业务发展，有效解决动物保险标的的识别问题，有助于提高业务精细化管控水平。为了将这类技术更好地运用到日后的保险工作中，保险公司须与政府合作，做好宣传发动、信息收集、保前鉴定、芯片植入等承保工作，同时探索建立防疫、监督与保险信息共享机制，实现动物保险和防疫信息数据的高效共享。

（四）国内不同地区主要实践及区别

虽然本节内容主要围绕羊养殖保险展开，但是在实践中，各地区保险公司将保险标的进一步细化，并分别出台了针对相应保险标的的保险条款，如山东省的肉羊保险、江苏省的山羊保险与安徽省的能繁母羊保险。为了使读者能够清晰明确地了解国内不同地区关于羊养殖保险保险标的的要求与内容，特选取山东省、江苏省和安徽省的羊养殖保险作为典型代表，并总结了这三个省份的羊养殖保险条款中对保险标的的要求，具体内容如表 7-3 所示。

表 7-3　国内不同省份羊养殖保险标的要求

地区	保险标的要求
山东省 （肉羊保险）	①肉羊品种必须在当地饲养 1 年（含）以上；②投保时肉羊在 2 月龄（含）以上；③存栏量在 300 只（含）以上；④养殖场地及设施符合动物卫生防疫规范，位于当地洪水警戒水位线以上的非蓄洪区、非行洪区、非传染病疫区；⑤营养良好，健康无疾病，无伤残，饲养管理规范，按免疫程序预防接种并建立动物健康养殖记录档案，经保险人验体合格；⑥具有能识别身份的统一标识（或免疫标识），并备有养殖场（户）动物防疫本或乡镇动物免疫台账
江苏省 （山羊保险）	①投保的山羊品种必须在当地饲养 1 年（含）以上；②投保时山羊在 3 月龄（含）以上，4 周岁（不含）以下且体重在 8 kg（含）以上；③山羊存栏量 30 头（含）以上；④山羊经畜牧兽医部门验明无伤残，无本保险责任范围内的疾病，营养良好，饲养管理正常；⑤山羊按所在地县级畜牧防疫部门审定的免疫程序接种并有记录，且佩戴国家规定的畜禽标识
安徽省 （能繁母羊）	①投保的能繁母羊品种必须在当地饲养 1 年（含）以上；②投保时能繁母羊在 6 月龄（含）以上，7 周岁（不含）以下；③管理制度健全、饲养圈舍卫生、能够保证饲养质量；④羊只经畜牧兽医部门验明无伤残，无本保险责任范围内的疾病，营养良好，饲养管理正常，能按所在地县级畜牧防疫部门审定的免疫程序接种并有记录，且羊只必须具有能识别身份的统一标识

资料来源：根据各省份农业保险相关文件和网络公开资料整理。

二、羊养殖保险的保险责任范围

如前所述，承保条件的确立是保险合同的一个重要部分，而保险责任是保险合同的另一个重要方面，并被明确地写入保险合同当中。

（一）羊养殖保险的保险责任概念界定

在保险合同中，保险责任是最核心的部分。从保险学角度来解释，保险责任是指保险人对被保险人予以赔偿或给付的承诺。一般来说，保险公司在一开始就在保险合同中明确列明了保险责任范围，指出了哪些损失原因导致的哪类损失属于保险公司赔付的范围。

羊养殖保险的保险责任内涵可以被归纳为：保险公司在合同订立初期，就将可能出现的会对投保户造成损失的风险写入保险合同内，并明确注明若发生了保险责任内的任意事件并对投保户造成了实际损失，由保险公司进行理赔。

（二）羊养殖保险的保险责任的确定原则

如前所述，羊养殖业面临的主要风险分为生产风险和市场风险。由于市场风险是市场供求发生变化导致的价格对羊养殖户造成的风险，其产生原因复杂、风险可控程度很低，目前国内保险市场还并未开发出针对市场风险的羊养殖保险产品。现在已实施的羊养殖保险产品仅针对生产风险。

随着科学养殖逐渐运用于全国羊养殖业，规模化、集约化生产模式的应用及饲养环境的改善，在很大程度上遏制了气象因素对羊养殖业的影响。但是，这种生产模式由于饲养密度较大，给大规模羊疫病的发生创造了条件。在保险责任的选择上，一般来说，保险公司会把一些发生概率相对较小的自然风险列入保险责任内，具体包括以下几个方面。

（1）疫病：主要包括巴氏杆菌病、炭疽病、口蹄疫、布鲁菌病、气肿疽、焦虫病、链球菌病、羊痘、羊快疫、羊坏死杆菌病、羊猝狙、羊黑疫、羊肠毒血症、传染性胸膜肺炎、小反刍兽疫。

（2）自然灾害：主要包括白灾、黑灾、暴雨、洪水（政府行蓄洪除外）、暴风、雷击、冰雹、泥石流、山体滑坡、地震。

（3）意外事故：主要包括火灾、爆炸、建筑物倒塌、空中运行物体坠落。

（4）狼害。

（5）在保险期间内，由于发生上述列明的高传染性疫病，政府实施强制扑杀导致保险羊只死亡，保险人也负责赔偿，但赔偿金额以保险金额扣减政府扑杀专项补贴金额的差额为限。

（三）国内不同地区主要实践及区别

通过整理现阶段国内各地区羊养殖保险的保险责任，可以发现我国开展的羊养殖保险目前大多为死亡险产品，所以各地区羊养殖保险在保险责任方面大同小异，主要包括羊养殖常见病、疫病、自然灾害及意外事故，并无本质区别，在此不再赘述，有兴趣的读者可自行查阅相关资料。

三、羊养殖保险的责任免除

责任免除是对保险人即保险公司承担责任的一种限制，具体是指保险人不负赔付责任的范围。责任免除主要规定了哪些损失原因或哪些损失不属于保险责任范围。以一般财产保险为例，大多数保险公司明确指出战争、核辐射等原因为不可保的损失原因，货币、有价证券为不可保财产。与前两项内容一样，责任免除也被明确写入保险合同中。

羊养殖保险的责任免除具体是指，保险公司明确列出一系列可能造成投保养殖户损失的情况，保险公司不对这些责任范围的损失进行赔偿。保险公司明确列出责任免除，主要是为了督促被保险人加强饲养管理，防止由于道德风险的发生而造成经营风险。一般来说，羊养殖保险的责任免除主要包括以下几个方面。

（1）由于被保险人或饲养人员的不当养殖行为或过失行为造成的损失。不当的养殖行为主要包括：用不科学的饲养技术进行饲养或并未按照畜牧部门有关规定定期进行疫苗的接种所造成的死亡。对此类原因造成的羊只死亡，保险公司不应承担责任。

（2）由于被保险人或饲养人员管理不当所造成的损失。例如，由于中暑、饥饿所造成的损失。

（3）由于战争、军事行动或暴乱造成的损失。将这条列入责任免除，主要是由于战争、军事活动或暴乱所造成的破坏程度、损失范围难以估计，且属于完全不可控事件。

（4）由于自然淘汰造成的损失。由于羊只畜龄较大，考虑到已无实用价值，丧失了饲养价值，须被淘汰或宰杀。

（5）由于保险责任范围以外原因造成的损失。例如，羊只生病时被保险人需要承担的治疗费用或药费等。

【拓展阅读】
保险条款中对责任免除的规定
公司在河南开展的羊养殖保险条款中，明确规定了以下内容属于责任免除范围内。

（一）下列原因造成的损失、费用，保险人不负责赔偿

（1）投保人及其家庭成员、被保险人及其家庭成员、投保人或被保险人雇用人员的故意行为、管理不善。

（2）保险羊只在疾病观察期内患有保险责任范围内的疾病。

（3）除政府强制扑杀以外的行政行为或司法行为。

（4）中暑、淹溺、中毒、互斗、被盗、走失、饥饿、触电。

（5）战争、军事行动、敌对行为、武装冲突、罢工、骚乱和暴动。

（6）未按规定的免疫程序接种，未采取综合防疫措施，或患病后投保，被保险人隐瞒疫情不向动物防疫部门报告又未采取有效的减灾措施。

（二）下列损失、费用，保险人也不负责赔偿

（1）因患慢性病久治不愈、不增重或增重过慢被淘汰宰杀。

（2）按本保险单中载明的免赔率计算的免赔额。

（三）其他不属于本保险合同责任范围内的损失、费用，保险人也不负责赔偿。

资料来源：人保财险公司官网，2016。

在本节中，我们介绍了羊养殖保险的保险标的及保险责任。通过对上述两个问题

的介绍，我们明确了羊养殖保险保险标的的概念与保险标的识别的重要性。同时，我们还了解到保险公司为了控制其经营风险，在与投保户签订保险合同前期，必须对投保人进行承保条件的确认，以决定养殖户能否投保。

第四节　羊养殖保险的保险期限与保险金额

本节介绍了羊养殖保险合同中最后的两项内容，即保险期限与保险金额。一般情况下，养殖户在与保险公司签订保险合同时，对保险期限、保险金额与保费格外关注，这主要是因为保险期限及保险金额与投保户实际保险利益有着直接的关联，下面我们将具体阐述这两个方面的内容。

一、羊养殖保险的保险期限

（一）概念界定

首先，我们从传统保险学角度对保险期限进行概念界定。保险期限，又称为保险期间，是保险人即保险公司为被保险人提供保险保障的起始时间。实际上，保险期限的确立即保险的有效期，是保险公司承担保险风险和责任的时间限制。一般来说，保险期限可按时间点计算，即年、月、日，也可以按一个工程期或一个生长期来计算。

同理，将一般保险期限概念运用于羊养殖保险期限概念，我们可把羊养殖保险的保险期限定义为：在羊养殖保险合同中明确规定了一段时间，在此时间段内，保险公司须保障投保养殖户在保险责任内的风险，若投保人在此时间段外发生任何风险且造成损失，都不在保险公司的赔偿责任内，这一段时间称为保险期限。

（二）羊养殖保险的保险期限制订原则

羊养殖保险的保险期限可根据羊的种类、生长发育规律、生产性能、用途来分别确定。如前所述，现在各保险公司根据其不同所在地实际情况，分别研发出了针对各品种的不同类型的养羊保险，由于不同品种的羊只或在不同生长阶段所面临的风险不同，保险期间也有所差异。但是，根据目前搜集到的羊养殖保险条款，尽管不同羊养殖保险保险标的不同，但其保险期限大体一致，均为 1 年。

（三）国内不同地区实践及区别

梳理现阶段我国羊养殖保险条款中对保险期限的规定，我们可以知道，目前我国实行的羊养殖保险保险期限大致分为一年与半年，以保单载明的起始时间为准。同时，还明确注明了观察期，一般为 15 天。

二、羊养殖保险的保险金额与保费

羊养殖保险的保险金额直接关系到保险人在被保风险发生后的赔付金额与投保人在损失发生后所获得赔款金额的多少，从这个角度来说，保险金额对于保险人与投保人来说均显得尤为重要。如前所述，投保户购买羊养殖保险的主要目的之一就是为了规避由生产风险发生所造成的损失，当在保险责任范围内的风险发生并造成损失后，投保户必定迫切地希望获得保险赔款来弥补损失，从而开展再生产。羊养殖保险的保费与保险金额一样，对保险人与被保险人来说也是十分重要的，下文将进行详细说明。

（一）羊养殖保险的保险金额

1. 概念界定

在《保险法》中，明确规定了保险金额的概念，即保险金额是指保险人承担赔偿或者给付保险金责任的最高限额。这里需要注意的是，保险金额只是保险人负责赔偿或给付的最高限额，保险人实际赔偿或给付的保险金额绝对不能超过保险金额，只能小于或等于保险金额。

同理，把一般保险金额的定义运用于羊养殖保险，可以得出，羊养殖保险的保险金额具体是指，在羊养殖保险保险责任内的风险发生并产生损失后，保险公司须依法赔偿或者给付投保羊养殖户的赔款最高限额。如前所述，本节羊养殖保险的相关内容都是以死亡险作为标准，因此保险公司进行赔偿的依据只是在保险责任内风险发生并造成被保羊只死亡这一个唯一的标准。由此可见，羊养殖保险并不会出现由一般保险金额概念所衍生出的赔款可能低于保险金额的这类情况。

2. 羊养殖保险的保险金额的确定原则

羊养殖保险属于财产保险范畴，其保险金额的确定仍须遵从一般财产保险保险金额的确定原则，即保险金额要根据保险价值来确定。运用到羊养殖保险之中，就是指保险金额的确定必须依据羊的价值来确定，不能超过羊的价值，也不能过分低于羊的价值。一方面，如果羊养殖保险的保险金额高于羊的价值，极易引起道德风险的发生，增加了保险公司的经营风险；另一方面，如果保险金额过分低于羊的价值，一旦发生风险并造成羊只死亡，投保户得到的实际赔款与羊的价值存在明显差异，且得到的赔款并不能弥补损失。可想而知，投保户在第二年可能不会再购买羊养殖保险，这对于羊养殖保险的可持续性发展极为不利。因此，综合这两个方面，羊养殖保险保险金额的确立应该综合考虑以下几个方面的内容。

（1）羊的实际价值。市场价值可用来评定实际价值，其中养殖成本又是一个主要的参考因素。

（2）各地区差异。依据各地区的实际情况不同，各地区的养殖成本也会有所差异。

在确定保险金额时，首先要根据本地区的实际养殖成本情况，还应考虑社会的平均成本。总的来说，保险金额的确定不能高于社会平均成本。

（3）饲养管理水平。如前所述，羊养殖户要受生产风险和市场风险的影响，在这两类风险的影响下，羊养殖业稳定性较差。

就目前保险市场销售的羊养殖保险来看，其主要是以保障羊养殖经营者简单再生产为目标，保险金额的确定也只能按照养殖成本的一定比例来确定。一般来说，保险金额=每只保险金额×保险数量。

【拓展阅读】

内蒙古自治区阿拉善盟地方财政"满达·阿杜"肉羊养殖保险条款中有关保险金额的规定

按照投保标的（基础母羊）的生理价值，同时参照市场价格以及饲养成本合理确定保险金额，但最高不得超过该品种肉羊市场价格的70%。保险羊只的每只保险金额按照下列标准，由保险人与被保险人协商确定，并在保险单中载明。每只基础母羊的保险金额分为1000元（成年母羊）、700元（育成母羊）两个档次。具体标准由"满达·阿杜"肉羊养殖户和保险经办机构协商确定，并在保险单中载明。

保险金额=每只保险金额×保险数量，其中，保险数量以保险单载明的为准。

资料来源：安华农业保险公司官网，http://www.ahic.com.cn/yzyx/51291.jhtml，2017-06-28。

3. 国内不同地区主要实践及区别

如前所述，因为对羊养殖保险标的的进一步细化，针对不同保险标的的保险金额必然不尽相同，国内不同地区情况如表7-4所示。

表7-4 国内不同地区羊养殖保险金额要求

地区	保险金额要求
山东省 （肉羊保险）	单只被保肉羊的保险金额参照饲养成本和仔羊市场价格，由投保人与保险人协商确定，最高不超过饲养成本与仔羊市场价格之和，具体在保险单中载明。保险金额=单只肉羊保险金额×保险数量，保险数量以保险单载明为准
江苏省 （山羊保险）	单只被保山羊的保险金额参照饲养成本及当地市场价格的六成，确定为每只450元，并在保险单中载明。保险金额=每头保险金额（元/只）×保险数量（只），保险数量以保险单载明为准
安徽省 （能繁母羊保险）	单只被保母羊的保险金额为500元，并且不超过当地饲养一只20 kg母羊总成本的七成

资料来源：根据各省份农业保险相关文件和网络公开资料整理。

（二）羊养殖保险的保费

在介绍羊养殖保险的保费之前，需要明确保费与保险费率之间的关系。一般来说，保险产品的价格是通过保险费率的高低来体现的。但是，对于一些不了解保险学概念的人来说，往往将保险费与保险费率混为一谈。总保费等于单位保险费率乘以购买保险的总量，所以我们可以得出保险费与保险费率之间的关系，即保险费率等于保险费除以保险金额。在弄清这些概念后，下面我们对羊养殖保险的保费内容进行介绍。

1. 概念界定

一般来说，羊养殖保险的保费是指投保养殖户支付的作为保险人承担保险责任的代价，而缴纳保险费是投保养殖户的义务。保费的缴纳方式、缴纳时间及缴纳数额都被明确地写入保险合同内，便于投保人了解。

与其他保险一样，羊养殖保险的保费同样受保险金额、保险费率及保险期限的影响。在其他条件不变的情况下，羊养殖保险的保费与保险金额、保险费率、保险期限成正比。

需要注意的是，现在全国大部分地区实施的羊养殖保险均为财政补贴性保险，即各级政府对保费进行补贴，羊养殖户只须缴纳保费的一小部分即可参加羊养殖保险。

2. 羊养殖保险费率厘定的方法

保费的多少往往与保险费率、保险金额及保险期限有关。保费按保险人规定的保险费率计收，保费＝保险金额×保险费率。由此公式可以看出，保费的多少直接与保险费率相关。保险费率是指保险人在一定时期按一定的保险金额收取保费的比例，一般用百分比来表示。保险费率的厘定是一个相当复杂的问题，且没有一个统一的标准，所以对于此项内容的介绍并不在本章内容之内。本书关于羊养殖保险费率厘定的内容只局限于保险公司在厘定羊养殖保险费率时须注意的问题，具体包括以下几个方面的内容。

（1）对测算范围的合理划分

如前所述，由于现在各保险公司都有一套独有的费率厘定模式，所以这里提到的内容只是建议性、共性的内容，仅为读者提供一定的思路。在羊养殖保险费率厘定问题上，可以借鉴种植业保险费率厘定的思路。在测算范围这个问题上，与种植业保险相同，羊养殖保险的费率厘定也不应该以全国或省作为测算单位，应以市、县为宜。以市或县为测算范围厘定出的费率较为准确，投保养殖户与保险公司比较容易接受。若在全国或省实行统一费率，由于覆盖范围太大，各地实际情况差别也会很大，会造成投保养殖户的逆向选择行为发生。

（2）对数据年限的合理选择

假设某地羊养殖保险现在仍处于真空期，某保险公司看准商机，准备在此地开展羊养殖保险。此时，此家保险公司首先要做的就是搜集相关数据，为厘定费率做准备。数据搜集的重点应该放到本地区羊养殖业生产水平、饲养规模、灾害损失情况上，并进行逐年分析。一般来说，应搜集 25 年以上的数据来支持其分析，且数据资料必须是连续的，不能随意选择。

通过本节的介绍，我们不仅知道了羊养殖保险保险期限的定义，了解了我国目前所实行的羊养殖保险的保险期限均为 1 年，还了解了具体制订羊养殖保险保险期限的各项原则。由于费率厘定是一个相当复杂的过程，所以本节对于羊养殖保险保险金额及保费问题的介绍，仅停留在制订的原则上。完成本节的学习后，读者应该对羊养殖保险的保险期限及保险金额、保费有了一定的认识，如果个别读者对费率厘定问题有兴趣，可具体翻阅保险费率厘定相关书籍。

第五节　羊养殖保险的查勘定损与理赔

本节所介绍的内容是技术性非常强的查勘定损及理赔。保险公司的查勘定损技术是否科学、灾害发生后理赔程序是否规范或及时，直接关系到保险公司是否可以实现可持续性经营。虽然目前国内羊养殖保险市场查勘定损及理赔技术仍是以保险公司员工实地查探及定损后赔付为主，但是随着高科技技术逐渐运用于保险市场之中，未来羊养殖保险的查勘定损及理赔必定会更加精确。

一、查勘定损

查勘定损是羊养殖保险承保、理赔工作中至关重要的一个环节，也是基层养殖户最为关心的问题之一，在整体业务中发挥着承上启下的重要作用。查勘定损工作处理是否妥当直接影响着羊养殖保险的未来发展前景，由此可见查勘定损在羊养殖保险整体流程中的地位。

（一）概念界定

查勘定损是羊养殖保险的一个重要环节。具体来说，羊养殖保险的查勘定损具体是指，当灾害发生后，保险公司工作人员通过实地勘查羊场状况及标的情况，明确投保人的实际经济损失，以确定具体的赔偿金额。

查勘定损不仅是保险公司确定灾害损失的必要工作，也是投保人迅速处理羊养殖保险理赔有关事项的关键依据。

（二）查勘定损具体流程及内容

（1）保险公司接到报案后的处理

当保险公司接到报案后，首先应该根据报案被保险人所提供的保单号查找底单，判断灾害发生日期是否在保险单的有效期内。

（2）核实保单后的处理

在确认了灾害发生日期仍处于保险单的有效期后，保险公司应立刻派出相关人员前往受灾地进行查勘，按标准书写查勘记录。现场查勘的主要流程应注意以下几个方面：

a. 应面对面地与投保人或饲养员进行交谈。交谈的具体内容主要包括灾害发生的时间、灾害的类型。若灾害是由于疫病引起的，此时保险公司工作人员应将注意力集中到受灾羊场的防疫情况及是否引进新牲畜，应要求饲养员出示医药花费凭证与诊断书，可以主动要求饲养员描述患病羊只从患病初期到死亡的症状。在交谈过程中，如果保险公司工作人员对被保险人所述的任何部分内容有疑虑，应及时询问，保证投保人所提供的信息真实可靠。

b. 应对羊场或圈舍进行实地检查。在与投保人进行交谈后，保险公司工作人员应主动对羊场或圈舍进行检查。在灾害是由疫病引起的情况下，保险公司工作人员应查看疫病感染羊只或死亡羊只的遗留物，如粪便、毛发等。若灾害属于意外事故，现场可能留有痕迹。

c. 应对死亡羊只尸体进行检查。在与饲养员交谈及对羊场或圈舍进行检查后，保险公司工作人员应对此次灾害有了初步的判断，随后在畜牧兽医人员的配合与帮助下，对死亡羊只的尸体进行全面检查。根据死亡羊只所表现出的症状，结合羊疫病防治的知识，判断死亡羊只是由何种疫病所致及此种疫病是否在保险责任范围内。而对于难以鉴别的疫病，可进一步对死亡羊只进行解剖，采取样本以具体检验。

（3）确认保险责任

在完成上述一系列工作后，保险公司工作人员应根据收集到的信息判断保险责任与责任免除。对确实是由于保险责任范围内所列风险所造成的损失，保险公司应该尽快对被保险人进行赔付。但是，如果在查勘定损过程中发现羊只并非由于保险责任范围内所列明风险而造成的死亡，如由于饲养员管理羊只不科学，羊圈通风、温度、干燥度不达标等，保险公司也应向被保险人说明具体检查结果。

【案例分析】

羊养殖保险的查勘定损

某公司于 2016 年在内蒙古自治区开展了羊养殖保险，在保险期限有效期内的某日，某保险公司接到一投保养殖户报案，此投保户称自己饲养并已投保的 10 多只羊由于未知疫病造成了死亡，要求保险公司立刻派人进行查勘及理赔。保险公司在接到报案后，立即组织了养殖业部有关人员前往查看实际情况。在到达养殖场后，保险公司工作人员首先联系了报案的投保户，了解到此次死亡的 10 多只羊只在死亡前并未表现出任何患病症状，并且目前为止尚未发现有其他羊只有感染疫病的症状。在了解了这些情况后，保险公司工作人员与投保人一同前往圈舍做进一步的检查。到达圈舍后保险公司工作人员首先对死亡羊只进行了检查，发现其体貌症状并不像感染疾病所致死亡。在现场没有得出确切结论后，保险公司工作人员与投保人协议将死亡羊只带回进行全面详细的检验，如果造成这10多只羊死亡的原因在保险责任范围内，保险公司将立即启动理赔程序。同时，保险公司工作人员嘱咐投保人要密切留意其余羊只的情况，投保人同意这一方案并配合保险公司工作人员将这10多只死亡羊只运送到当地畜牧部门进行尸检。

当地畜牧部门对死亡羊只进行了尸检，找到了造成了10多只羊集体死亡的原因，并向保险公司出具了报告单。报告单显示，造成这10多只羊死亡的真实原因并不是疫病，而是由一种高强度的农药造成的。随后，保险公司联系投保人，告知其报告单内所述内容，并申明了此次事故并不在保险公司的责任范围内。但是，投保人听后情绪异常激动，对保险公司所述内容不予接受，即使随后保险公司工作人员将由畜牧部门出具的报告单送到投保人手中，投保人仍有异议。在与保险公司协商无果后，该投保人绕过保险公司直接找到了当地政府，要求政府对保险公司施压对其进行赔偿。当地政府部门在了解情况后，将保险公司负责人及投保户安排到一起进行协调，在协调过程中，保险公司工作人员向政府部门有关人员出示了保险合同及羊只死亡报告单，并称此次事件原因并非在保险公司的保险责任范围内。但投保户仍不依不饶，要求保险公司对其进行赔偿。此时，政府部门工作人员认识到，投保户对结果不能接受的一个重要原因是由于对保险合同内容的不理解。在安抚投保户的情绪后，政府工作人员要求保险公司工作人员耐心地对投保人讲解了保险合同主要内容的具体含义，并向投保户保证虽然保险公司在此次事件中不应进行赔偿，但保险公司会配合政府找出造成这10多只羊集体死亡的真实原因。投保户眼看索赔无望，也只有接受政府的这一提议。

这个案例很好地说明了查勘定损在整个保险流程中的作用。在此案例中，如果保险公司人员工作没有实地地与投保户进行接触，了解具体情况及前往圈舍对死亡羊只进行详细检查，那么定会对此次事件进行赔偿，从而给保险公司造成不必要的损失。

资料来源：笔者根据2017年调研锡林郭勒盟人保工作人员的资料整理，2017。

二、理赔

在完成查勘定损环节，确认事故原因确实属于保险责任范围内后，保险公司即可对被保险人进行理赔。理赔是整个保险流程中至关重要的一环，从实际角度来讲，灾后是否可以顺利得到赔付是被保险人最为关注的。理赔过程是否流畅、金额是否合理，不仅关系着保险公司未来的经营命运，也关系着投保养殖户能否利用理赔款项顺利地开展再生产。

理赔是羊养殖保险发挥经济补偿功能的重要体现。实际操作中，羊养殖保险的理赔及理赔金额的确定，需要注意以下问题。

（1）保险事故发生时，被保险人对保险羊只不具有保险利益的，不得向保险人请求赔偿保险金。

（2）保险羊发生保险责任范围内的损失，保险人按以下方式计算赔偿。

a. 发生列明的在保险责任范围内的保险事故：

$$赔偿金额=每只保险金额×死亡数量×（1-绝对免赔率）$$

b. 发生列明的在保险责任范围内疫病传染所造成的扑杀事故：

$$赔偿金额=死亡数量×（每只保险金额-每只羊政府扑杀专项补贴金额）×（1-绝对免赔率）$$

（3）发生保险事故时，保险单载明的保险数量小于其可保数量时，若无法区分保险羊只与非保险羊只的，保险人按保险单载明的保险数量与可保数量的比例计算赔偿。保险单载明的保险数量大于其可保数量时，保险人以可保数量为赔偿计算标准。其中，可保数量指符合本保险合同约定的保险羊只的实际养殖数量。

（4）发生保险事故时，若单只被保羊只的保险金额低于或等于出险时的实际价值，则以每只保险金额为赔偿计算标准；若单只被保羊只的保险金额高于出险时的实际价值，则以出险时的实际价值为赔偿计算标准。

（5）保险事故发生时，如果存在重复保险，保险人按照本保险合同的相应保险金额与其他保险合同及本保险合同相应保险金额总和的比例承担赔偿责任。其他保险人应承担的赔偿金额，本保险人不负责垫付。若因被保险人未如实告知导致保险人多支付赔偿金的，保险人有权向被保险人追回多支付的部分。

（6）保险羊只发生部分损失，保险人履行赔偿义务后，本保险合同的保险金额、保险数量自损失发生之日起相应减少，保险人不退还保险金额减少部分的保险费。

（7）若未发生保险事故，而被保险人谎称发生了保险事故，向保险人提出赔偿请求的，保险人有权解除保险合同，并不退还保险费。投保人、被保险人故意制造保险事故的，保险人有权解除保险合同，不承担赔偿责任，不退还保险费。保险事故发生后，投保人、被保险人以伪造、变造的有关证明、资料或者其他证据，编造虚假的事故原因或夸大损失程度的，保险人对其虚报的部分不承担赔偿责任。

（8）发生保险责任范围内的损失，应由有关责任方负责赔偿的，保险人自向被保险人赔偿保险金之日起，在赔偿金额范围内代位行使被保险人对有关责任方请求赔偿的权利，被保险人应当向保险人提供必要的文件和所知道的有关情况。被保险人已经从有关责任方获得赔偿的，保险人赔偿保险金时，可以相应扣减被保险人已从有关责任方获得的赔偿金额。保险事故发生后，保险人赔偿保险金之前，被保险人放弃对有关责任方请求赔偿权利的，保险人不承担赔偿责任；保险人向被保险人赔偿保险金后，被保险人未经保险人同意放弃对有关责任方请求赔偿权利的，该行为无效；由于被保险人故意或者因重大过失致使保险人不能行使代位请求赔偿的权利的，保险人可以扣减或者要求返还相应的保险金。

（9）被保险人向保险人请求赔偿的诉讼时效期间为两年，自其知道或者应当知道保险事故发生之日起计算。

本章小结

羊养殖保险的出现及发展极大地保障了羊养殖经营者的经济利益，同时也促进了我国羊养殖业的可持续发展。并且，随着羊养殖业在我国整个养殖业中的比重不断增加，我国羊养殖保险未来的发展趋势也会更加明朗。

本章围绕羊养殖保险共分为五节进行阐述。第一节介绍了羊养殖的基本特点及面临的主要风险；第二节界定了羊养殖保险的概念、分类及特点；第三节至第五节分别对羊养殖保险的保险标的、保险责任、责任免除、保险期限、保险金额与保费、查勘定损、理赔等内容的确定方法及特点进行了详细介绍，并对国内部分地区羊养殖保险经营实践情况进行了比较分析。

案例

羊养殖保险的大力推广

2014 年，新疆维吾尔自治区某市正式发布在本地率先开展"羊养殖财政补贴性保险试点"的通知。自 2013 年 6 月以来，该市某区政府鼓励养殖农牧民、养殖合作社为养殖畜龄为 1 周岁以上（含 1 周岁），5 周岁以下（不含 5 周岁），且在当地饲养 1 年以上，或引进养殖隔离期满的羊购买"羊保险"。同时，还规定了保险保期为 1 年，1 年后可重新续保。保险赔付额为每只 1200 元，保费为每年每只 60 元。为便于查勘理赔，承办本地区羊养殖保险的保险公司还将统一为购买保险的牲畜佩戴植入性电子芯片或电子耳标。而后试点将逐步推广到肉牛、奶牛养殖中，试点成功后将在该市全面推广。

为了提高农民的参保积极性，有效降低养殖风险，新疆维吾尔自治区财政、市财政、区县财政和养殖户分别按照 50%、30%、10%、10% 的比例承担保费。农牧民只要缴纳 6 元即可为自家的一只羊购买一份保险。该政策实施后，试点某牧场养殖专业合作负责人表示，"从 2013 年 6 月就开始为合作社的天山雪羊购买了保险，现在 9.8 万只羊中有 60% 都上了保险。2014 年 9 月份，我们 12 万头羊的养殖小区建好后，可为全部羊上好保险，这样能有效低农牧民和合作社的养殖风险"。

从上述案例可以看出，在我国，羊养殖保险作为一项财政补贴性农业保险，不论从宏观政策层面还是从微观养殖户层面，都受到了足够的重视及好评。

资料来源：中国行业研究网，http://www.chinairn.com，2014。

思考：

羊养殖保险在我国的大力、全面推行是否具有必要性和可行性？

关键词

羊养殖保险；羊养殖保险标的；羊养殖保险期限；羊养殖保险查勘定损

思考题

1. 简述羊在不同年龄段主要的饲养要求。

2. 羊养殖主要面临的风险是什么？分别就每种风险举不少于三个例子。

3. 我国现阶段羊养殖保险有哪几类？其特点是什么？

4. 简述羊养殖保险保险标的的概念及承保条件的原则。

5. 在对羊养殖保险进行费率厘定时，应遵守何种原则？请谈谈你的观点。

6. 简述查勘定损及理赔在整个羊养殖保险中的地位及影响。

本章主要参考文献

[1] 丁少群. 农业保险学[M]. 北京：中国金融出版社，2015.

[2] 刁其玉. 肉羊饲养实用技术[M]. 北京：中国农业科学技术出版社，2015.

[3] 冯文丽. 农业保险理论与实践研究[M]. 北京：中国农业出版社，2008.

[4] 贺奋义. 动物疫病防治技术[M]. 兰州：甘肃科学技术出版社，2013.

[5] 庹国柱，李军. 农业保险[M]. 北京：中国人民大学出版社，2005.

[6] 周延礼. 我国农业保险的成绩、问题及未来发展[J]. 保险研究，2012（5）：3-9.

第八章　家禽养殖保险

【本章学习目标】
1. 了解家禽养殖的基本特点及面临的主要风险。
2. 掌握家禽养殖保险的特点、意义作用和发展现状。
3. 熟悉家禽养殖保险经营实务及相关注意事项。
4. 了解国内不同地区家禽养殖保险经营实践及区别。

第一节　家禽养殖概述

我国家禽养殖具有悠久的历史，但长期以来主要以家庭散养为主，整体养殖规模偏小、发展相对缓慢。20 世纪 80 年代以后，随着改革开放和养殖技术的进步与普及，我国家禽养殖业取得了快速发展，家禽的品种、繁育特征和饲养模式等都呈现出了新的特点，家禽养殖日益向现代家禽养殖模式转变，尤其随着现代科学和管理技术在家禽养殖业中的应用，我国家禽养殖业更是呈现出快速发展的趋势。

一、家禽养殖的基本特点

家禽的主要种类有鸡、鸭、鹅、火鸡、鹌鹑和鸽子。由于饲养目的的不同，家禽可分为肉用型、蛋（卵）用型和兼用型。肉用型禽类又分为肉用种禽和肉用仔禽。蛋（卵）用型禽类又分为商品用蛋禽和种用蛋禽。

（一）生理特点

家禽属鸟纲动物，其生理特点与哺乳类动物相比存在诸多差异。首先，家禽具有高而恒定的体温（一般为 37~44.6℃）。其次，鸟类不具有口腔咀嚼和消化功能。最后，哺乳动物是胎生、哺乳，鸟类是卵生。鉴于我国家禽养殖品种主要以蛋鸡、肉鸡为主。因此，下文主要围绕蛋鸡、肉鸡展开介绍。

1. 品种特点

按照家禽品种的形成过程及特点，可进一步细分为地方品种、标准品种和现代禽种三类。

地方品种亦称为地区性品种，是在当地自然条件下，经过长期自然或人为选择后形成的品种。我国目前已知的家禽地方品种约有200余种，从其特征来看，地方性品种具有适应性强、肉质鲜美的优势；但也普遍存在着生产性能相对较低、市场竞争力差和不宜于高密度饲养的劣势。

在20世纪50年代前，按国际上公认的标准品种分类法，可将家禽分为类（按原产地区）、型（根据用途）、品种（根据育种特点）和品变种、品系。其中，类分为亚洲类、地中海类和欧洲大陆类等；型主要分为蛋用型、肉用型、兼用型和观赏型。标准品种的主要特点是具有较好的外貌特征和生产性能，其遗传性能较为稳定，生产性能与地方品种相比较高，但其需要良好的饲养管理和经常性的选育来维持其特性。

现代禽种，指为适应现代家禽养殖业的发展而形成的禽种，根据其经济用途主要分为肉用品系和蛋用品系。国内又根据其早期生长速度将其分为快大型和优质型。蛋用品系包括白壳蛋系、褐壳蛋系、绿壳蛋系和粉壳蛋系。

2. 繁育特点

与其他哺乳类动物不同，家禽繁育以卵生为主，胚胎在体外发育。一方面，从生理过程上看，雌性家禽的卵子由卵巢陆续排出至输卵管内，逐渐形成内含营养物质的带壳蛋，受精蛋可通过孵化发育为新的个体。另一方面，从外界环境中看，光照、温度等对家禽的繁育具有显著影响，由于光照和温度随季节发生变化，繁育也因而具有季节性，如春、秋两季繁育量较高。但随着现代化科学技术的发展，在现代养鸡业中，季节性特征逐渐弱化。例如，可以通过人工对光照与温度的调控，实现全年性的均衡繁育量。

3. 采食特点

家禽养殖中主要以鸡为主，下文主要围绕鸡的采食特点进行重点叙述。由于养殖方式不同（如散养或集中养殖），鸡在采食量方面也会产生明显的差别：①在散养方式下，由于鸡本身能自由地接触土壤、地面和周围的植被环境，散养鸡会从地面和植被中自主觅食，如各种昆虫、植被柔嫩的茎叶或籽实等，以补充自身所需的矿物质元素和其他一些营养物质。但现实中，养殖者为了获得更好的养殖效益，一般还会对散养鸡进行必要的补饲。②在集中养殖方式下，养殖鸡具有群体生活的习惯，养殖过程中一旦有一只鸡学会采食，马上就有许多鸡学着争抢食物，达到采食的目的。因此，集中养殖鸡的采食过程中，表现出明显的群体性的竞争特点，而非散养过程中随意获取食物的特点。

【拓展阅读】

高温对家禽的影响

家禽属恒温动物，体温一般在40～44℃，其适宜的温度为13～25℃（不包括雏禽），在适宜温度下，家禽的调节机能健全，体温基本保持不变。当环境温度高于正常时，因家禽皮肤无汗腺且被羽毛覆盖，其调节机能会出现紊乱。

家禽是温血动物，环境温度对于其维持正常的体温能量有明显影响。家禽在温度较高时，即便采食同样的饲料，采食量也会出现很大的变化。当环境温度升高时，家禽不需要产热维持体温，但因为其体温与环境温度之间差距缩小，热量散发减少。家禽为避免过热，会加快呼吸率来增加散热，从而增加代谢反应。体内营养物质的代谢高于适温时，呼吸加快等生理活动会抑制下丘脑的采食中枢的兴奋性降低，导致采食量减少，这一供需矛盾会导致家禽生产性能下降。若温度继续升高，家禽因体温升高会有死亡的可能。

家禽的采食量随温度的上升而下降，以 18～25℃ 作为参考温度，温度每上升 1℃，生长鸡或产蛋鸡的采食量就会减少 1.6%～1.8%。

温度升高时，家禽采食量减少，同时为了尽快将体内热量散出，家禽外周血管扩张，血流量增加，导致内脏供血不足，使得胃肠道蠕动减弱，消化液分泌减少。由于胃肠道蠕动减慢，延长了食物在消化道中的停滞，所以轻度热应激会暂时提高饲料的消化率，严重时则使消化率下降。因此，在低采食量的基础上，为保证家禽有足够的能量供给，必须增加日粮能量含量，在饲料中添加油脂是目前一致认可增加日粮能量的方法，因为油脂容积小、净能值高且热增耗少。

高温季节，家禽的生产性能受温度的影响出现下降是必然的。但如何进行规避，应在饲养管理、营养调控等方面采取措施，综合应对。

资料来源：中国畜牧论坛，2017-08-08。

此外，鸡的采食特点受到诸多因素的影响，若管控不到位，会在一定程度上增加鸡养殖的风险，降低鸡养殖的效益。例如，温度、湿度、光照和声音可能影响鸡的采食行为。高温会使鸡的采食量减少，而低温会导致其采食量增加，应合理控制温度，增加鸡的采食量，从而提高其商品价值。此外，鸡的趋光性可以帮助鸡加快学会寻找到食物，但是如果光照强度不均匀，就会造成鸡向光源一方拥挤，使得鸡觅食不足，无法达到商品性的要求，从而影响出售。

（二）饲养特点

家禽因特殊的生理结构导致其饲养方式也与其他牲畜有所差异。家禽缺少牙齿，并且消化道较短，而肌胃是家禽特有的消化器官，依靠肌肉收缩和肌胃内存留的沙粒起到机械性的消化作用，因而家禽对粗饲料的消化利用率很低。此外，家禽的养殖环境及场所特点、饲养管理特点也与其他牲畜有所差异，具体阐述如下。

1. 养殖环境及场所特点

家禽养殖的环境对于家禽有着深远的影响，家禽养殖需要保暖、采光好、通风且干燥的环境。适宜的场所有利于家禽的生长生活。养殖场所的选择是否科学合理，对家禽的生产性能及健康水平、生产成本及效益、场内环境卫生及禽场周围的环境卫生都会产生深远的影响。

（1）家禽养殖环境

家禽养殖环境是指作用于家禽机体的一切外界因素的总和，包括物理因素、化学因素、生物因素、人为因素及不同因素间存在的相互制约。

（2）家禽养殖场所特点

一方面，家禽养殖场所的选择受环境、地形等因素的影响最大。以鸡养殖场所为例，鸡场场址一般选择在水源充足、水质良好、地势较高、平坦干燥、向阳背风、排水良好的地方，这样有利于鸡群的生产、鸡舍的保暖、采光、通风、干燥。在地形特征不同的区域，家禽养殖场所的选择也有所不同。例如，在平原地区，一般选择场地比较平坦开阔、较周围地段稍高的地方，以便于排水；在靠近河流、湖泊的区域，应在比当地最高水位高 1～2 m 的地区建场；在山区，应选在稍平坦的场地，坡面向阳，鸡场的总坡度不超过 25°，地势力求平整，场地开阔，尽量减少线路与管道，尽可能不占或少占耕地。

另一方面，家禽养殖场所受土壤情况的影响也较大。以鸡场为例，按照土壤的分类及各种土壤的特点，鸡场的土壤以过去未曾被传染病或寄生虫病病原体所污染的沙壤土或壤土为宜。这种土壤的排水良好，导热性差，微生物不易繁殖。同时，为方便饲料和禽蛋产品的运输，厂址要与物质集散地距离近一些，与公路、铁路或水路相通，但要避开交通要道，有利于防疫卫生和保持周围环境的安静。

此外，畜禽养殖场的场址选择须遵循社会公共卫生准则，保证畜禽养殖场不成为周围环境的污染源，同时也要注意不能受到周围环境的污染。

【拓展阅读】

蛋壳为何会突然变软

河南省某鸡养殖场的蛋鸡突然发生产蛋量下降，而且所产蛋多为软壳蛋，随着时间的推移，鸡群中的鸡变得惊恐不安。

鸡场的养殖者对养殖场进行了环境、疾病等多项检查无果后，将软壳蛋拿给专业人员查看，仍不能明确原因。后经过多次沟通，联系家禽专家进行了实地考察，专家表示鸡群的不安等多种现象均由于养殖环境发生改变。

当鸡处于应激状态，如噪音、寒冷刺激、突然较强的光照等因素都会影响其肠道对营养物质的吸收利用，缩短蛋在子宫中的滞留时间或造成内分泌紊乱，妨碍蛋壳的正常形成，出现畸形蛋、薄壳蛋、软壳蛋或无壳蛋等。因此，在饲养中要尽可能地减少应激反应。无论是以蛋壳厚度所表示的蛋壳质量，还是以单位面积蛋壳重量所表示的蛋壳质量，均与光照周期相关联。这时，养殖者想到场内近期更换了卷帘布的颜色，家禽对红、黄、绿等光照的颜色较为敏感。之后，恢复卷帘布的颜色，在饮水中添加多维，饲料中多维加倍，连续一周后，鸡群恢复正常。

资料来源：中国畜牧论坛，2009-11-12。

2. 饲养管理特点

不同家禽品种的生理特点不同，因而其饲养方式及管理特点也不同。下面以蛋鸡和肉鸡为例，阐述其不同阶段的饲养管理特点。

（1）蛋鸡的饲养管理特点

一般把出壳后到生产前处于生长发育阶段的鸡都称为雏鸡。生产中，根据雏鸡的生理特点、生长发育阶段所需环境条件和营养需要的不同，将商品蛋用型雏鸡的生长阶段划分为育雏、育成鸡和产蛋鸡三个阶段。

①育雏是指雏鸡出生前至长成育成鸡的生长阶段。育雏是蛋鸡生产中的基础阶段，育雏工作的好坏不仅会直接影响鸡未来的正常生长发育，也会影响到鸡在产蛋期的生产性能的发挥，因此育雏管理极为重要。育雏管理的饲养须注意：饲养密度适宜，应少喂勤添，且不能同时饲养其他批次鸡；育雏要有专门的育雏舍，要具备保温性能好、通风换气便利、光亮适度、环境安静等特点。

②育成鸡一般指 7～18 周龄的鸡。育成鸡的目标是鸡的体重形态符合本品种的要求。育成鸡的羽毛已经丰满，具备了体温调节和适应环境的能力，所以只要鸡舍保温条件好，可不必采取保暖措施。同时，育成鸡对粗饲料的消化能力增强，饲料中可适当添加粗饲料。

③产蛋鸡一般指 21～72 周龄的鸡，此时期是关系到蛋鸡养殖经济效益的重要时期。产蛋阶段的饲养应最大限度地减少或消除各种不利因素，为其提供一个有益于蛋鸡健康和产蛋的环境，使鸡群充分发挥生产性能，从而达到最佳的经济效益。产蛋鸡对饲料、环境的变化都十分敏感，饲料配方或质量的突然改变，温度、光照、通风量的改变，工作人员和日常管理程序的变化都可能会影响产蛋性能的下降。

（2）肉鸡的饲养管理特点

肉鸡指生长迅速、体型大、肌肉丰满、饲料利用率高、为人类提供肉制品的鸡种。肉鸡具有生长快、饲料转换率高、生长周期短、体型大的特点，可分为白羽鸡和有色羽肉鸡。例如，白羽鸡包括艾拔益加肉鸡（简称 AA 肉鸡）、罗曼肉鸡等；有色羽肉鸡包括新浦东鸡、北京黄羽肉鸡等。

肉鸡的生长速度快，需要供给高能量、高蛋白的饲料，且各种养分要充足、齐全、比例平衡。由于肉鸡早期器官组织发育需要大量蛋白质，生长后期脂肪沉淀能力增强。因此，在饲料配给的时间安排上，生长前期宜蛋白质高，能量稍低；后期宜蛋白质稍低，能量较高。

3. 疫病防控特点

家禽疫病频发是健康养殖的主要问题。据业内专家分析，我国家禽的平均死亡率为 20%左右，每年死亡的家禽多达 28 亿只，经济损失达 180 亿～200 亿元。其中，传染病致死占 80%，普通病占 20%，其中 85%的传染病为病毒所致，15%为细菌与寄生虫所致。因此，家禽疾病的防治工作是维持家禽生产的基本保证。

家禽养殖场是家禽疫病防治的初始场所，也是对疫病控制的重要场所。家禽养殖场所必须高度重视、认真做好禽病防治和卫生防疫工作，因地制宜地制订一整套综合性卫生防疫制度，做好环境、免疫、消毒等方面的工作，消除传染源，减少因发生传染病而造成的损失。同时，家禽养殖场要做到与外界环境高度隔离，使场内家禽处于相对封闭的状态。

二、我国家禽养殖发展现状

我国家禽养殖业起步比较晚，但发展十分迅速。观察近20年的数据可以看出，我国家禽养殖业整体处于波动中不断发展的状态。1997—2006年间，涨幅波动较为剧烈；2007—2016年，我国家禽养殖基本实现了稳步的发展，10年间家禽养殖数量的平均增长率在3%左右。图8-1反映的是家禽养殖数量的整体情况，包括鸡、鸭、鹅、火鸡、鹌鹑和鸽子等。

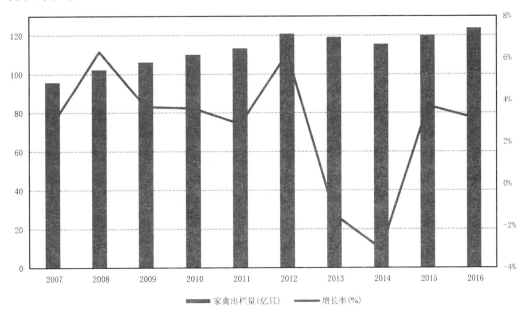

图8-1　2007—2016年我国家禽出栏量情况

资料来源：中国统计年鉴。

在肉用鸡养殖方面，我国肉用鸡的养殖发展速度较快。尤其是进入20世纪90年代后，增长十分明显，1991年、1992年、1993年增长速度分别为22.2%、15%、26.7%。至1998年，我国禽肉产量达1310万吨，首次超过美国（1272万吨）。但是，受H7N9禽流感影响，2013年我国禽肉产量同比下降1.3%，是2003年以来的首次下降。目前，我国已成为仅次于美国的世界第二大肉鸡生产国，但在肉鸡产品出口方面，我国在国际市场中所占的份额仍较低，目前我国肉鸡主要出口日本、中国香港、东南亚、中东和欧盟等国家或地区。

　　由我国家禽养殖分布数据可知，华东地区是目前我国家禽养殖规模最大的区域，包括山东、江苏、安徽、浙江、福建和上海；其次是华中地区（湖南、湖北、河南和江西）；排在第三位的是华南地区（广东、广西和海南）；接下来是东北地区（辽宁、吉林和黑龙江）、西南地区（四川、云南、贵州、西藏和重庆）、华北地区（北京、天津、河北、山西和内蒙古自治区）和西北地区（宁夏、新疆、青海、陕西和甘肃）。2016年我国家禽养殖区域分布情况如图8-2所示。

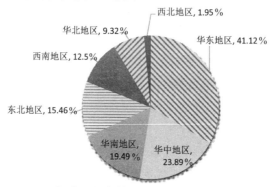

图8-2　2016年我国家禽养殖区域分布情况（单位：亿只）

资料来源：2017年我国及各省份家禽养殖情况统计。

　　由我国家禽养殖分布数据可知，位于华东地区的山东省是目前我国家禽养殖规模最大的省份，其次是广东、河南、辽宁和广西，上述五省（区）家禽养殖数量占全国总量的45%。而从我国肉鸡供应情况来看，目前我国活肉鸡主要供应地区为广东、广西和海南，三省（区）占全国肉鸡活禽供应总数的99.8%，禽肉、鸡杂碎主要供应省份为广东、山东、辽宁、河南、吉林，占禽肉及杂碎供应总量的96.9%。2016年我国前十名家禽养殖地区养殖数量分布情况如图8-3所示。

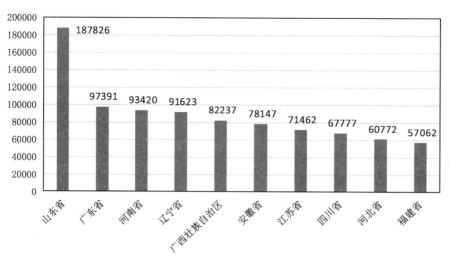

图8-3　2016年我国前十名家禽养殖地区养殖数量分布情况（单位：亿只）

资料来源：2017年我国及各地区家禽养殖情况统计。

三、家禽养殖面临的主要风险

与其他养殖品种类似，家禽养殖也会面临不同风险的威胁。与其他哺乳动物相比，家禽胆小，更易受到惊吓，对环境的变化十分敏感，外界环境稍有改变就会产生较大反应。

（一）生产风险

家禽在饲养的过程中，会受到自然灾害、意外事故和疾病等风险的威胁。其中，自然灾害和意外事故风险涵盖的内容基本与前述章节类似，在此不再赘述，本节着重对家禽养殖过程中的疾病风险及疾病种类加以介绍。

我国十分重视对动物疫病的防治，于 1997 年颁布了《中华人民共和国动物防疫法》，1999 年农业部又公布了一、二、三类动物疫病病种名录。其中涉及家禽疫病的分类如下。

（1）关于家禽类的一类疫病：禽流行性感冒、鸡新城疫。

禽流行性感冒（高致病性禽流感），是由 A 型禽流感病毒引起的一种禽类感染综合征。本病在世界上许多国家均有发生。以发热、咳嗽等不同程度的呼吸道炎症为主，也会出现生殖、神经、消化系统等多系统损伤，临床上有急性败血性死亡到无症状带毒（隐形感染）等多种表现。

鸡新城疫（ND），是由新城疫病毒引起的一种急性、热性高度接触性传染病，常呈败血症症状，俗称"鸡瘟"，主要特征为呼吸困难、下筛分痢、神经功能紊乱、成年鸡产蛋量减少。产检可见消化道、呼吸道黏膜及脑组织出血。人也可感染，表现为结膜炎或类似流感症状。本病可发生于任何季节，但以春、秋两季较多，常呈毁灭性流行。

（2）关于家禽类的二类疫病：鸡传染性喉气管炎、鸡传染性支气管炎、鸡传染性法氏囊病、鸡马立克病、鸡产蛋下降综合征、禽白血病、禽痘、鸭瘟、鸭病毒性肝炎、小鹅瘟、禽霍乱、鸡白痢、鸡败血支原体感染、鸡球虫病。

禽霍乱，又称为禽巴氏杆菌病，或禽出血性败血症，是由多杀性巴氏杆菌引起的一种急性败血性传染病，发病率和死亡率都很高，对养禽业有很大的威胁。本病的发生一般无明显的季节性特征，但以冷热交替、气候剧变、闷热、潮湿、多雨的时期发生较多。本病一般为散发性，家禽特别是鸭群发病时，多呈流行性。

（3）关于家禽类的三类疫病：鸡病毒性关节炎、禽传染性脑脊髓炎、传染性鼻炎、禽结核病、禽伤寒。

传染性鼻炎是由鸡副嗜血杆菌所引起的鸡的急性或亚急性呼吸系统疾病。主要危害育成鸡和产蛋鸡，可造成生长停滞、淘汰鸡数量增加、产蛋量减少。本病多发生秋、冬两季，因鸡群拥挤、通风不良、鸡舍内闷热所致，可能与气候和饲养管理条件有关。

此外，因家禽在养殖中还会出现一些普通的疾病，主要包括啄癖、脐炎、消化不良（鸡嗉囊积食）、胸囊肿、胃肠炎、喙角溃疡、食道炎、食道破裂、骨折、蛋白质过多症、蛋鸡笼养疲劳症、鸡腹水综合征、肉禽腿病、饲料中毒、农药中毒等。

（二）市场风险

市场风险主要是指市场供求关系变化导致的价格变化给家禽养殖户造成的风险损失，其产生原因复杂，风险可控程度很低。由上文分析可知，目前我国家禽养殖主要以蛋鸡为主，而鸡蛋价格波动带来的不确定性风险是蛋鸡养殖者面临的最大市场风险。因此，本节主要通过鸡蛋价格的波动变化来反映家禽养殖的市场风险。

鸡蛋价格波动呈现较明显的季节周期性。鸡蛋价格一般在第一、二季度呈下降趋势，在第三、四季度呈现上升趋势。一般来讲，影响鸡蛋价格的因素主要分为成本因素、供给因素、需求因素等，主要包括蛋鸡各类成本；鸡蛋替代产品的价格、消费者的收入水平及消费习惯；饲养规模、蛋鸡产蛋量等。此外，重大动物疫情、自然灾害、经济政策等不确定性因素，作为随机因素也会对鸡蛋价格产生重要影响。如图 8-4 所示，2013 年我国鸡蛋价格受禽流感疫情影响，出现了较大幅度的波动。

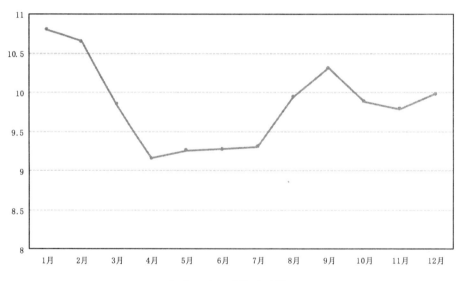

图 8-4　2013 年我国鸡蛋价格波动情况（单位：元）

资料来源：中国农产品价格调查年鉴。

第二节　家禽养殖保险概述

家禽养殖保险属于养殖业保险的一种，是指保险人根据保险合同，对被保险人在家禽养殖中遭受约定的经济损失，承担保险金赔偿责任的保险活动。不可否认，家禽养殖保险已成为减少家禽养殖过程中的生产风险的重要方式，是家禽养殖风险管理的重要手段。

一、家禽养殖保险的特点和作用

（一）家禽养殖保险的特点

家禽养殖保险的特点是由家禽及家禽生产的特点所决定的。通常具有以下特点。

1. 保险周期的长短不一性

家禽生产周期的不确定性决定了家禽保险的保险周期具有长短不一的特点。现实中，不同品种家禽的饲养周期具有不确定性，如肉食鸡的生产周期仅为 50 天左右，而蛋鸡和种鸡的生产周期为 1 年左右。相比其他养殖保险类型，家禽养殖保险周期的不确定性，导致家禽养殖因灾害发生损失后，家禽保险的定损、理赔操作比较复杂。

2. 养殖区域性差异

家禽保险的区域性是由家禽分布的区域性所决定的。近年来，我国家禽养殖快速发展，养殖由密集区向非密集区发展，家禽养殖所涉及的面积比较广阔，各地的经济水平又有所差异，使得保费很难有统一的标准。因此，在开展家禽保险时要采取因地制宜、灵活多样的方式。

3. 保险标的多样性

家禽保险的保险标的是禽类，不仅包括鸡、鸭、鹅等动物种类，在同种动物（禽）中也存在着不同的品种，如肉鸡养殖保险、蛋鸡养殖保险、养鹅保险和养鸭保险等。因此，家禽保险具有保险标的多样性的特点。

4. 死亡原因认定的复杂性

保险标的的多样性和标的本身风险的多样性决定了家禽保险死亡原因认定的复杂性。一方面，造成标的死亡的原因除自然淘汰死亡外，还有自然灾害、意外事故、疾病等。据不完全统计，仅鸡类的常见病就有 30 多种，这给确认标的死亡原因造成了困难。另一方面，家禽保险标的种类繁多，加之饲养记录、免疫记录、产蛋记录等的不完整性，进一步增大了保险核定的难度。

5. 容易产生道德风险、逆向选择

道德风险是指在信息不对称的情形下，保险人为自身利益而导致其他人的利益受到损害的现象。逆向选择则是制度安排不合理所造成的市场资源配置效率扭曲的现象。从根本上来说，投保人比保险人更加具有信息优势，当投保人根据自身信息所计算出的风险概率小于或者等于保险人评估出的总体市场风险概率，就会使得更多投保人为追逐利益而选择性投保，导致保险公司的风险概率增大。在家禽养殖保险中极易出现由于信息不对等导致的逆向选择。而家禽养殖保险中，道德风险的产生本质上也是由于保险人与投保人之间的信息不对等所导致的。保险人无法确定投保人的实际行为及真实意图，同时对于保险标的和保险事故本身，也不如投保人了解得清楚，这种信息的不对称极易导致家禽养殖保险中道德风险的产生。

（二）家禽养殖保险的作用

当前，我国家禽养殖保险的发展仍处于起步阶段，有关应对市场风险的保险尚不完善。因此，本节介绍的家禽养殖保险的作用仅围绕生产风险展开，不包括对市场风险的防范作用，具体分析如下。

一方面，家禽养殖保险可以转移风险，保证家禽生产持续稳定发展。在市场经济条件下，家禽养殖保险是一种专业化、市场化的风险管理手段，可以对养殖企业和农户进行有效的风险管理和经济补偿。目前，我国家禽养殖的风险防范机制尚不健全，家禽养殖的现状没有多大改变，部分养殖者的生产方式仍比较粗放，基础设施建设薄弱，饲养管理技术水平低，抵御风险能力比较脆弱。家禽养殖企业或农户通过参加家禽养殖保险，可以以较低的代价把生产或经营过程中遇到的风险转移出去。当风险发生时，能从保险组织得到损失补偿，保障家禽养殖的持续稳定发展，保持家禽产品市场供给，为满足广大人民群众对家禽产品（蛋、肉）的需求提供保障。

另一方面，家禽保险可以减轻国家灾害救济负担，促进信贷资金流转。目前，我国应对家禽养殖风险的方式主要有三种：一是政府对于巨灾实施灾后救济；二是家禽生产者自己承担风险所造成的一切损失；三是参加家禽养殖保险将风险转移。家禽养殖保险的出现，可以有效减轻国家灾害救济负担，完善国家灾害救助体系。

二、家禽养殖保险的类型

根据家禽的种类、生产用途（目的）及其生物学特性的不同，家禽养殖保险一般分为蛋鸡养殖保险、肉鸡养殖保险、鸭养殖保险、鹅养殖保险等。按保险责任范围的不同，家禽养殖保险可分为针对蛋用家禽的养殖保险、针对肉用家禽的养殖保险、针对市场风险的鸡蛋价格保险等。下文简要介绍肉鸡养殖保险和蛋鸡养殖保险的类型及特点。

（一）肉鸡养殖保险

肉鸡养殖保险是目前家禽保险中开展的最大险种。保险对象是大型养殖场或养殖户饲养的肉用鸡种。保险责任主要是根据饲养者的实际需要及保险双方的经济承受能力确定的主要风险，如火灾、运输途中的交通事故、传染性疾病（即一次疾病死亡率在50%以上）等导致的肉鸡死亡。需要说明的是，现阶段开展的肉鸡养殖保险大部分是定额保险，即保险金额和保险费都是固定的，而且两者在具体承保（计算保险费）时没有关系。保险金额按饲养成本确定，并且不同日龄的肉鸡的保险金额不同。保险期限根据饲养周期确定，一般是从出壳开始至出售时止，最长不能超过 60 日龄。

（二）蛋鸡养殖保险

蛋鸡养殖保险的保险对象是由大型养殖场或养殖专业户饲养的商品蛋鸡，分为育成期和产蛋期两个承保阶段。保险责任主要是根据饲养者的实际需要及保险双方的经济承受能力确定的主要风险，一般多为传染性疾病。保险金额按饲养成本确定。而现实中，蛋鸡的饲养成本随着产蛋量的增加逐渐得以回收。因此，保险金额一般随着产蛋量增减变化而发生变化，即饲养前期相对较低，至产蛋高峰期保险金额最高，而后再逐渐降低。育成期保险期限一般是从满 6 周龄开始至 18～20 周龄，产蛋期保险期限为 1 年。在保险期限内发生保险责任事故的，保险人按清点死亡鸡只尸体数量与当日龄的成本价格计算并扣除免赔部分后赔偿。

第三节　家禽养殖保险标的与保险责任

一、家禽养殖保险标的及特征

（一）家禽养殖保险承保条件的确定

在家禽养殖保险中，家禽养殖者有购买意愿并向保险公司提出投保申请后，保险公司可根据投保人的资格审查和投保人的信誉及家禽的养殖环境来决定是否接受投保人的投保申请。通常情况下，在设计保险条款和承保家禽时应从以下几个方面考虑投保人是否具备条件。

（1）饲养场必须具有一定的规模。一般以舍饲养禽只数量为标准。通常鸡的数量至少在 2000 只以上，鸭和鹅的数量相对较少。

（2）是否具有饲养该禽种的技术力量（包括高级管理人员和技术人员）。

（3）场址选择、场舍建筑布局是否合理。

（4）饲养管理设施、制度是否齐全，饲养密度是否合理。

（5）卫生、防疫、消毒等制度是否健全。

（6）投保的禽类是否有伤残、疾病，是否定期防疫、场舍定期消毒，禽舍内光照、温度、相对湿度是否适宜，禽舍内噪音是否低于 85 分贝，是否通风良好，有无防暑降温措施。

（7）禽类的均匀度是否合理。禽类的均匀度是衡量禽群整齐与否的标准，它反映了家禽的健康状况和饲养人员水平。一般禽场要求均匀度达到 65% 以上。

（8）符合或达到上述条件后，保险人在承保前还应注意：已发生传染病被划分为疫区区域的家禽不予承保；所要承保的家禽品种必须在当地饲养一定的年限；针对不同的禽种要采取不同条款和承保措施；种禽一定要有年龄限制，因为高龄种禽受精率、产蛋率低、死亡率高。此外，在承保过程中，一般要求将符合承保条件的家禽全部投保，不能选择性投保。

（二）家禽养殖保险标的的识别

家禽养殖保险的保险标的是有生命的家禽，与其他大牲畜的保险标的有所不同。家禽养殖保险的保险标的为鸡、鸭、鹅、鸽子、鹌鹑、鸵鸟等各类家禽。家禽保险标的的识别关系到承保、查勘定损等工作能否顺利进行，对家禽养殖保险工作的开展具有十分重要的意义。一般情况下，具有以下特征：

（1）标的识别的数量特征。因家禽个体较小且差异不大，因此家禽养殖保险是整场承保并有一定数量限制的，达到一定数量后方可报案进行查勘定损及赔偿。

（2）标的识别的技术特征。对于家禽养殖保险的识别技术，目前我国尚无统一标准，各家保险公司应用的识别技术也存在较大的差异。

（三）国内不同地区主要实践及区别

目前，我国不同地区实行的家禽养殖保险主要分为两大类：第一类以政策性家禽养殖保险为主，如四川省和贵州省；第二类以商业性家禽养殖保险为主，如浙江省。不同地区的家禽养殖保险在承保数量、免疫和环境要求等方面略有不同，但在家禽养殖保险标的上，均要求饲养管理正常、投保标的身体健康、免疫无问题、无伤残，并且要求全部投保，不可选择性投保。具体如表 8-1 所示。

表 8-1　国内不同省市家禽养殖保险承保条件与保险标的要求

地　区	家禽养殖保险承保条件与保险标的要求
四川省	①种鸡、种鸭须持有相关部门颁发的《种畜禽生产经营许可证》；②肉鸡、肉鸭每批次存栏 1000 只（含）以上或年出栏量 10000 只（含）以上；③蛋鸡年存栏量 2000 只/年（含）以上，蛋鸭年存栏量 1000 只/年（含）以上；④投保标的无伤残，无疾病，营养良好，饲养密度符合相关标准；⑤标的符合所在地县级畜牧防疫部门审定的免疫程序，有详细记录，并建立规范的养殖档案；⑥投保人应将符合上述条件的标的全部投保，不得选择性投保；⑦以合作组织等集体形式投保的不受规模限制；⑧符合本市产业发展规划和布局
贵州省	①从事肉（蛋）鸡养殖的养殖企业和农民专业合作社每批次养殖规模达 2000 只以上。一般养殖户和建档立卡贫困养殖户每批次养殖数量达 200 只以上可参加保险；②参保对象应将其饲养的肉（蛋）鸡全部投保；③投保标的无伤残，无疾病，营养良好，饲养密度符合相关标准

地 区	家禽养殖保险承保条件与保险标的要求
浙江省	①保险对象为单个养殖场（户）存栏种鸡或蛋鸡 2000 只以上；②投保鸡只在 10 日龄以上，经畜牧兽医部门验明无伤残、疾病、营养良好，饲养管理正常，能按所在县（市区）畜牧防疫部门审定的免疫程序接种且有记录；③饲养场所不在沿河、沿湖、沿海或海滩且须在当地洪水水位线以上的非蓄洪、行洪区；④饲养场经营管理制度健全，场内建筑物布局符合畜牧兽医部门的要求，取得动物防疫合格证；⑤舍内光照、温度、相对湿度适宜，通风良好，有防暑降温措施，场舍定期消毒；⑥投保人应将被保险人符合投保条件的鸡只全部投保，不得选择性投保
广东省	①上一年度肉鸡出栏量 1 万只以上，并且单批次存栏量 2000 只以上的养殖企业（养殖户）；②参保养殖企业（养殖户）必须全场投保，不得选择性投保
上海市	①饲养场的设立经过政府行政部门批准，投保人持有的《动物防疫合格证》真实有效；②投保鸡、鸭的品种必须在当地饲养 1 年（含）以上；③管理制度健全、鸡场环境卫生、确保养殖质量和安全；④无伤残、临床无异常、营养良好、饲养管理正常，能按当地兽医主管部门规定的免疫程序接种疫苗并有记录；⑤下列鸡和珍稀家禽不属于本保险合同的保险标的：一是已经离开养殖场的鸡，二是正处在危险期状态的鸡

资料来源：根据各省市农业保险相关文件和网络公开资料整理。

二、家禽养殖保险责任范围

如前所述，在家禽养殖过程中会遇到各类生产风险，主要有自然风险和意外事故。自然灾害包括雷击、龙卷风、暴风、暴雨、雹灾、雪灾、泥石流、崖崩等；意外事故包括火灾、爆炸、触电、建筑物或其他物体倒塌和疾病等。家禽养殖保险的保险责任主要是针对上述风险，在保险合同订立初期就已经明确规定的风险灾害种类。实践中，由于家禽在饲养过程中一般采取高密度的规模养殖方式，因此承保责任以疾病、自然灾害和意外事故等综合责任为主。

（一）家禽养殖保险责任范围的确定

家禽养殖保险的保险责任是保险人承担赔偿责任的风险类型，保险责任范围越宽泛，保险费率越高。因此，在确定保险责任时，不仅要了解风险事故的发生规律、保险标的本身的生长发育规律，同时还要了解保险双方的经济状况（即承受能力）及家禽饲养者对风险的需求等。一般来说，保生产风险的家禽养殖保险，其保险责任主要包括以下几个方面。

（1）因火灾、爆炸、雷击、台风、暴风、龙卷风、暴雨、涝灾、雪灾、空中运行物体坠落事故，造成保险鸡在 72 小时内死亡的。

（2）蛋鸡和种鸡热应激反应，即遭遇连续 5 日日最高温度在 35℃（含）以上，且在 72 小时内发生死亡的。

（3）90 日龄以上的蛋鸡和种鸡，发生新城疫或马立克病的。

（4）禽流感死亡，包括处于禽流感 "疫区" 和 "疫点" 的投保鸡只，被县区级及以上政府依法扑杀的。

（5）正常免疫副反应（紧急免疫除外）。

（二）国内不同地区主要实践及区别

国内不同地区在家禽养殖保险责任范围确定方面，都有较为严格的要求与规定，我国部分省市家禽保险责任范围的相关要求如表 8-2 所示。

表 8-2　国内不同省市家禽养殖保险的责任范围

地　区	家禽养殖保险责任范围
贵州省	①由于自然灾害、意外事故、疾病和疫苗等非人为因素在连续 48 小时内，造成肉（蛋）鸡死亡数量在一次灾害中超过单批次养殖总量的 5%（含），启动保险赔付程序；②因人为因素故意造成肉（蛋）鸡死亡损失不在赔付范围内；③死亡肉（蛋）鸡须经过无害化处理，未经无害化处理的，保险公司不予以赔偿；④当肉（蛋）鸡价格采价体系与发布机制建立健全后，可开展肉（蛋）鸡价格保险
广东省	①因自然灾害、意外事故和疫病造成肉鸡死亡的损失赔偿；②当由于非人为因素造成的肉鸡死亡数量在一周内超过单批次养殖总量的 3%（含），则启动保险赔付程序
上海市	①因火灾、爆炸、雷击、台风、暴风、龙卷风、暴雨、涝灾、雪灾、空中运行物体坠落事故，且造成保险鸡在 72 小时内死亡的；②蛋鸡和种鸡热应激反应，即遭遇连续 5 日日最高温度在 35℃（含）以上高温且在 72 小时内发生死亡的；③90 日龄以上的蛋鸡和种鸡，发生新城疫或马立克病的；④禽流感死亡，包括处于市流感"疫区"和"疫点"的投保鸡只，被县区级及以上政府依法扑杀的；⑤正常免疫副反应（紧急免疫除外）

资料来源：根据各省市农业保险相关文件和网络公开资料整理。

目前，国内大部分地区家禽养殖保险的保险责任范围主要为疾病和疫病、意外事故、自然灾害。但各地区由于家禽养殖实际情况的不同，在疾病、自然灾害、意外事故范围的确定上略有差异。例如，广东省和贵州省的家禽养殖保险的保险责任范围为典型的上述三类；而上海市家禽养殖保险的责任范围较为细致，在防范疾病和疫病、意外事故、自然灾害风险的基础上，又将因禽流感死亡的家禽被县区级及以上政府依法扑杀的保险鸡列入保险公司的理赔范围。

三、家禽养殖保险的责任免除

（一）家禽养殖保险责任免除的确定

家禽养殖保险的责任免除主要规定了何种损失原因或灾害不属于家禽保险责任范围。与生猪、奶牛等养殖保险类似，家禽养殖保险的责任免除主要是针对政治风险、行为风险中的道德风险和管理风险引致的损失进行规定,并明确地写入保险合同当中。通常包括以下几个方面。

(1)在观察期内家禽因疾病死亡。设置观察期的目的是为了防止投保人将患病的是处于疾病潜伏期的家禽向保险人投保,以减少投保人骗取赔款的行为。

(2)被保险人及其家庭成员或饲养人员的故意行为造成家禽死亡。被保险人及其家庭成员或饲养人员的故意行为是家禽保险业务必须剔除的责任。这里需要指出的是"造成家禽死亡",若不以家禽死亡为损失标准的则应加以明确。

(3)家禽因饲养管理人员管理不善死亡,如管理人员违反卫生防疫制度,不按免疫程序进行管理,或家禽因互啄、走失、鼠咬、冻饿致死、夏季高温致死等完全可以人为控制的因素而死亡。

(4)未经无害化处理的死家禽不予赔偿。

(5)由于家禽饲养集中、数量多,自然死亡率较高。因此,通常情况下,每栋禽舍都规定一定的免赔数作为除外责任。

(6)因不符合种禽要求而被正常淘汰的家禽。

(二)国内不同地区主要实践及区别

在家禽养殖保险责任免除方面,不同地区均有较为严格的要求与规定。目前,我国大部分地区的家禽养殖保险条款,在保险责任免除方面基本包含上述典型的几项,但不同地区由于各自家禽养殖实际的不同略有差异,如广东省规定"政府要求扑杀处理,政府补偿标准不及保险赔付标准的,不足部分由保险公司赔付,超过保险赔付标准的,不再赔付";上海市增加"隐瞒疫情不向动物防疫部门报告,且未采取有效减灾措施致使损失扩大的部分"的规定。同时,伴随着各地区对保险家禽无害化处理的重视,越来越多的地区在责任免除设置上明确强调"保险家禽因病死亡不能确认无害化处理的,保险人不负责赔偿",如广东省、贵州省等。具体如表 8-3 所示。

表 8-3 国内不同省市家禽养殖保险责任免除的要求

地 区	家禽养殖保险责任免除的要求
广东省	①人为因素故意造成的损失;②未经无害化处理的死鸡;③政府要求扑杀处理,政府补偿标准不及保险赔付标准的,不足部分由保险公司赔付,超过保险赔付标准的,不再赔付;④当省价格主管部门公布的全省肉鸡月度平均批发市场价,比前三年全省肉鸡平均批发市场价下跌少于 20% 时,不再进行赔付
贵州省	①因人为因素故意造成的肉(蛋)鸡死亡损失不在赔付范围内;②死亡肉(蛋)鸡须经过无害化处理,未经无害化处理的,保险公司不予赔偿
上海市	①育雏阶段(肉鸡在 11 日龄前、蛋鸡和种鸡在 46 日龄前)发生死亡;②不采取免疫措施、无所在地县级畜牧防疫部门审定的免疫程序造成死亡的;③隐瞒疫情不向动物防疫部门报告,且未采取有效减灾措施致使损失扩大的部分;④其他疫病或疾病造成死亡的;动物侵袭、撕咬造成死亡的;⑤无害化深埋、焚烧和消毒费用,按本保险合同中载明的免赔率计算免赔额;⑥其他不属于本保险责任范围的损失、费用,保险人不负责赔偿

资料来源:根据各省市农业保险相关文件和网络公开资料整理。

第四节　家禽养殖保险的保险期限与保险金额

一、家禽养殖保险期限

家禽养殖保险的保险期限是指保险合同的有效期限，即保险人对承保家禽承担保险责任的起止时限。

（一）家禽养殖保险期限的确定

通常情况下，家禽养殖保险期限的长短是根据家禽的种类、生理特点、生产性能及生产目的确定的。也就是说，家禽养殖保险期限是根据家禽的饲养周期来确定的。由于家禽养殖保险的保险标的不同、饲养期限不同、生长速度不同，因此各种家禽保险期限也存在较大差异。例如，饲养周期1年以内的保险标的，按饲养周期确定；饲养周期超过1年的保险标的，一般按年限（通常1年）确定。主要有以下3种情况。

（1）肉用禽的保险期限：从10日龄开始至家禽售前为止，一般为7~8周。

（2）蛋禽保险期限：一般从开始产蛋起至产蛋期结束，一般为1年。

（3）种禽保险期限：一般为1年。幼雏（0~6周龄）不予承保。因为在幼雏阶段，种禽具有消化功能不健全、体温调节功能不完善、敏感性强、抗寒能力低、抗病能力差、死亡率高等特点。

（二）国内不同地区主要实践及区别

不同地区在家禽养殖保险期限设置方面，都有较为严格的要求与规定。在具体保险期限设置上，目前国内大部分地区多以1年作为保险期限，但因家禽特有的生理特点，不同地区在家禽保险期限设置上略有差异，如贵州省"按保险肉（蛋）鸡可预计的饲养天数进行计算"。与此同时，各地区在保险期限内均设置了观察期，并且明确规定"在观察期内若发生保险事故，保险人不负责赔偿"。在家禽保险观察期天数的设置方面，国内不同地区略有不同。例如，广东省和四川省家禽养殖保险的观察期为保险起期顺延7天；上海市设置保险期限开始日起的15日为疫病观察期；贵州省和四川省并未设置保险观察期。具体如表8-4所示。

表 8-4　国内不同省市家禽养殖保险期限设置要求

地　区	家禽养殖保险期限设置要求
广东省	保险期限为 1 年，以保险单载明的保险起讫时间为准
	保险期限内设立观察期，观察期为保险单载明的保险起期顺延 7 天，在观察期内发生保险事故，保险人不负责赔偿，但可退还相应保险费
贵州省	按照保险肉（蛋）鸡可预计的饲养天数计算，具体保险期间以保单载明的起讫时间为准
四川省	保险期限为 1 年，以保险单载明的保险起讫时间为准
	保险期限内设立观察期，观察期为保险单载明的保险起期顺延 7 天，在观察期内发生保险事故，保险人不负责赔偿，但可退还相应保险费
上海市	家禽养殖保险中规定保险期限为 1 年，其具体的保险期限则在保单中明确列明。保险期限开始日起的 15 日为疫病观察期。在疫病观察期内因保险责任范围内的疫病导致损失的，保险人不负责赔偿。保险期间届满续保的，免除疫病观察期

资料来源：根据各省市农业保险相关文件和网络公开资料整理。

二、家禽养殖保险金额与保费

家禽养殖保险的保险金额直接关系到保险人在被保风险发生后的赔付金额与投保人所获得的赔款金额。因此，家禽养殖保险金额的相关规定，对于保险人与投保人双方来说，都显得尤为重要。

（一）家禽养殖保险金额的确定

确定家禽养殖保险的保险金额应考虑家禽饲养的特殊性及保险双方的承受能力等诸多因素，一般依据家禽的价值来确定，既不能超过家禽的价值，也不能过分低于家禽的价值。一方面，如果保险金额高于价值，极易引起道德风险的发生，增加保险公司的经营风险；另一方面，如果保险金额低于价值，那么一旦发生风险并造成死亡，投保户得到的实际赔款并不能弥补损失。因此，家禽养殖保险的保险金额的确立应该综合考虑以下几个方面的内容。

（1）家禽的实际价值。市场价值可用来评定实际价值。其中，养殖成本是主要的参考因素。

（2）各地区差异。不同地区有各自不同的实际情况，这种不同的情况造就了各地区不同的养殖成本。

（3）饲养管理水平和环境。因家禽集中规模饲养，如发生传染性疾病，会导致大规模感染，所以饲养管理水平和环境十分重要，而饲养管理水平越高，则养殖成本越高。

此外，由于家禽饲养周期短、成熟快，确定保险金额时一般须根据家禽种类、生长阶段及市场的供求变化来确定。常用的家禽保险金额确定方法有如下两种：

一是变动保额法。现实中，家禽养殖成本是逐渐投入的，而灾害随时都有可能发生，因此，不同时期的家禽发生风险所造成的损失也是不同的。在变动保额法下，家禽养殖保险大多在确定最高赔付限额后，再确定各阶段赔付金额百分比，即不同的养殖阶段对应不同的保额。例如，对于蛋用禽，在开产前随着日龄增长，生产成本投入增加，保额相对较高；产蛋后，投入的生产成本逐日回收，价值逐渐下降，保额相对较低。

二是定额承保法。此种方法主要是按投保时家禽市场价格的一定成数承保。保险金额可为市场价的 4 至 6 成。应用定额承保法确定家禽保险的保险金额时，还要注意以下几个方面：首先，家禽养殖保险的保险金额通常在制订条款时就已明确规定。其次，确定家禽保额时，还应当注意风险共担的原则，保险金额不易过高，以防止道德风险的发生和保费负担超出饲养者的承受能力。最后，在确定固定保额时，同一地域的保额应尽量相同。

（二）家禽养殖保险保费的确定与费率厘定

家禽养殖保险的保险费又称为保费，是投保人为取得家禽养殖保险的保障，按照家禽养殖保险合同约定向保险人支付的费用。通常情况下，保险费由纯保费和附加保费构成。纯保费是保险人赔付给被保险人或受益人的保险金，它是保险费的最低限度；附加保费是由保险人所支配的费用，由营业费用、相关税费和营业利润构成。影响家禽养殖保险的保险费的因素包括：①保险金额。保险金额与保险费成正比，在保险费率和保险期限一定的条件下，保险金额越高，则保险费越高；反之，则越低。②保险费率。保险费率与保险费成正比，在保险金额和保险期限一定的条件下，保险费率越高，则保险费越高；反之，则越低。③保险期限：保险期限与保险费成正比，在保险费率和保险金额一定的条件下，保险期限越长，则保险费越高；反之，则越低。

家禽养殖保险（这里主要指针对死亡风险的保险）费率厘定的方法与牛、羊等牲畜养殖保险费率厘定的方法基本相同，主要依据承保家禽受自然灾害侵袭的频率、发生意外事故的概率、受损害的程度和保险期限的长短来考虑。

（三）国内不同地区的主要条款及其区别

在家禽养殖保险金额、保费和费率方面，不同地区均有较为严格的要求与规定。但因家禽特有的生理特点，国内不同地区由于各自具体情况的不同，在保险金额和费率的设计上也存在着明显的差异。

贵州省按投保家禽的不同饲养方式和品种，将家禽养殖保险的保险金额设置为肉鸡 25 元/只和 40 元/只两种，保险费率分别为 2% 和 2.5%；蛋鸡保险金额为 40 元/只，保险费率为 2.5%。浙江省和重庆市未将肉鸡、蛋鸡区分开来，但浙江省家禽养殖保险的保险金额按"投保人与保险人依据饲养成本当地市场价格的 40% 协商确定"，设定在

20～40 元/只；重庆市家禽养殖保险的保险金额为 15 元/只，保险费率为 6%。广东省和四川省目前仅针对肉鸡进行保险，广东省肉鸡养殖保险金额为 12 元/只，保险费率为 2%；四川省肉鸡养殖保险的保险金额为 18 元/只，费率为 4%。具体如表 8-5 所示。

表 8-5　国内不同省市家禽养殖保险的保费

地　区	品种、养殖方式	保险金额（元/只）	费率（%）	保费（元/只）
贵州省	集约化大规模饲养肉鸡	25	2	0.5
	小规模分散养殖生态鸡	40	2.5	1
	蛋鸡	40	2.5	1
浙江省	种鸡、蛋鸡	20～40（投保人与保险人依据饲养成本当地市场价格的40%协商确定）	—	—
广东省	肉鸡	12	2	0.24
重庆市	种鸡、蛋鸡	15	6	0.9
四川省	肉鸡	18	4	0.72

资料来源：根据各省市农业保险相关文件和网络公开资料整理。

【拓展阅读】

上海力推家禽补充保险业务

上海市畜牧兽医办公室与上海某农业保险公司联合组织召开了"上海市 2010 年家禽保险工作会议"，就如何推进家禽补充保险工作达成了共识。

家禽补充保险有如下特点：一是保费不增，责任扩展。在以往家禽保险的保障基础上，保险公司以不增加保险费为前提，扩展蛋鸡、种鸡因连续高温死亡和正常免疫副反应两项保险责任；二是防灾指导，培训先行。在进一步简化保险和理赔程序的同时，保险公司将为家禽养殖户提供风险管理的专业培训，提高养殖户的风险管理意识，特别是加强禽流感等病毒预防知识的培训工作，提高风险预警、防灾防损的能力和水平；三是全面支持，增值服务。保险公司还将支持养殖户的品牌建设，提升养殖户的知名度。

未开展家禽补充保险之前，当家禽发生保险事故时，养殖户只能得到基本保险金额的赔偿，政府给予的贴补仅能为家禽养殖户提供基本的保险保障。若发生较大的突发疫情时，动物防疫部门不得不扑杀所有疫区家禽，往往给养殖户造成巨大损失。例如，2009 年 1 月，上海市某家禽养殖户的 3 万余只蛋鸡死亡，造成直接经济损失近 70 万元，其所投保的家禽基本保险属于政府给予财政补贴的险种范围之内。根据保险责任，该养殖户获得了 13 余万元的保险赔款。然而与其近 70 万元的经济损失相比，基本保险的保障收效甚微。有了家禽补充保险后，如果该养殖企业参加了补充保险，则同样的保险责任内，该养殖户可获得近 55 万元的赔款，极大提高了养殖户灾后恢复再生产的能力。

资料来源：曹克农. 上海力推家禽补充保险业务[J]. 中国家禽，2009（21）：64。

第五节 家禽养殖保险的查勘定损与理赔

本节阐述了家禽养殖保险查勘定损环节中的一些方法，总结了保险机构在查勘定损实务中的探索实践和理论成果，也提出了相应方法的局限性，希望能为家禽养殖保险查勘定损工作提供一些有益的参考建议。

一、查勘定损

查勘定损是家禽养殖保险承保、理赔工作中至关重要的一个环节，也是养殖户最为关心的问题之一，在整体的业务中发挥着承上启下的重要作用。查勘定损工作作为理赔的重要环节，对家禽养殖保险的发展和未来有着重要的影响。

（一）家禽养殖保险查勘技术及特点

在现场查勘定损工作中，保险经办机构或其他查勘承办机构通常会收集下列单证：出险通知书、报损清单、现场查勘记录、现场照片、初步定损清单、最终定损清单等。

家禽养殖保险与其他养殖业保险类似，其查勘定损过程是一个系统工程，涉及核保、风险管理、勘验等诸多方面。与农作物和大牲畜保险不同，家禽养殖保险具有保险标的数量不易核定、保险操作复杂等特点。目前，家禽养殖保险常用的查勘定损的程序和方法如下。

1. 确认出险原因

确定保险标的死亡原因是否属于保险责任范围，是家禽保险查勘环节的关键。实践中，因疾病造成保险标的死亡或扑杀的，保险人必须请畜牧兽医部门进行技术鉴定。但考虑到家禽的体型较小且具有群聚特点，可采集具有代表性的样本送技术部门进行鉴定，不用一一进行鉴定识别。

2. 询问调查

查勘人员赶赴现场后，首先应根据保险责任，主动询问投保人或饲养人员以下内容：①最近是否引进新的畜禽；②畜禽在发病初期、中期、后期的症状及其变化特征；③畜禽的治疗情况、病程记录、医药单证、诊断结论；④发生意外事故的时间、地点、经过等方面的具体情况，做好记录并请畜主签字。

3. 栏舍检查

栏舍检查的目的主要是确认主诉情况和兽医诊断证明与实际是否相符。巡视畜舍时主要看遗留物（如粪便、气味等）。栏舍内如果还有患病的动物，可作为正确鉴定的活样本。如果属意外事故或自然灾害伤亡，则应有明显的现场痕迹。

4. 尸体检查

①营养状况。根据畜禽肌肉的丰满程度和皮下脂肪的积蓄量来判断。一般分为上、中、下三等，从而可以了解饲养管理是否正常或病程经过。②可视黏膜。注意检查眼结膜、鼻腔、口腔、肛门和生殖道黏膜等，有无贫血、淤血、出血、黄疸、溃疡和外伤等病变。天然孔闭开状态，有无分泌物、排泄物及其他情况。③皮肤和外表。检查皮肤和体表有无新旧外伤、结节、溃疡、出血瘀点、骨折，皮下有无气肿、水肿或脓肿及淋巴结的状态等。

5. 内脏器官的检查

内脏器官的解剖检查是对一些疑难病症或争议问题进行进一步的鉴定和验证。检查中要认真、细致、客观地描述各种症状变化，典型部位的典型症状往往是确诊的主要依据。对于内脏器官检查中的特殊病状或疑难症状，有时需要采样，送有关部门做进一步的病理检验。

6. 确定损失数量

在现场查勘时，一定要注意认真清点，尤其是在生长末期更要注意，以防止骗赔现象的发生。家禽养殖保险一般情况下都是采取查验、清点动物尸体的方式来确定损失数量。对于难以清点尸体数量的案件，可以根据养殖场规模、有关账册、投放数量、饲养场地大小、季节、饲养规律等方式来确定损失数量和实际养殖数量。

（二）国内不同地区主要实践及区别

家禽养殖保险中，查勘定损相关规定更多的是对保险人一方所做的要求。目前，我国大部分地区实施的家禽养殖保险，在查勘定损方面都明确强调"肉（蛋）鸡死亡数量占养殖数量比例 50%以上的重大事故，经办机构认为有必要多方共同核损的，由经办机构与县畜牧兽医局、乡镇（街道）农业服务中心（畜牧兽医站）等协保机构组成查勘理赔小组，进行现场查勘、定损，确定受损数量和损失程度，做好记录，并取得参保养殖企业（户）的签字认可"。除此之外，部分省市（如上海市、浙江省）还强调尽快赴现场查勘定损等。

在家禽养殖保险查勘定损操作方面，不同地区均有较为严格的要求与规定，我国部分省市家禽养殖保险查勘定损相关要求如表 8-6 所示。

表 8-6 国内不同省市家禽养殖保险查勘定损要求

地 区	查勘定损要求
贵州省	①一般性事故由经办机构与被保险人达成定损协议；②肉（蛋）鸡死亡数量占养殖数量比例 50%以上的重大事故，经办机构认为有必要多方共同核损的，由经办机构与县畜牧兽医局、乡镇（街道）农业服务中心（畜牧兽医站）等协保机构组成查勘理赔小组，进行现场查勘、定损，确定受损数量和损失程度，做好记录，并取得参保养殖企业（户）的签字认可

续表

地 区	查勘定损要求
广东省	养殖保险定损程序：一般性事故由保险经办机构与被保险人达成定损协议；重大事故（肉鸡死亡数量占养殖数量比例 50%以上，保险机构认为有必要多方共同核损）由保险经办机构与县（市、区）农业（畜牧）部门、家禽养殖协会、协保机构组成查勘理赔小组，进行现场查勘、定损，确定受损数量和损失程度，做好记录，并取得参保养殖企业（养殖户）的签字认可
浙江省	①一般性事故由经办机构与被保险人达成定损协议；②重大事故（肉鸡死亡数量占养殖数量比例 50%以上，保险机构认为有必要多方共同核损）由保险经办机构与县（市、区）农业（畜牧）部门、家禽养殖协会、协保机构组成查勘理赔小组，进行现场查勘、定损，确定受损数量和损失程度，做好记录，并取得参保养殖企业（养殖户）的签字认可；③在保险人接到发生保险事故的通知后，应当及时进行现场查勘，会同被保险人核定保险家禽的受损情况

资料来源：根据各省市农业保险相关文件和网络公开资料整理。

二、理赔

理赔是保险公司执行保险合同，履行保险义务，承担保险责任的具体体现。家禽养殖保险的理赔是保险业务中最重要的环节，实务中应重视查勘定损及理赔的方式方法，做到及时分散投保养殖户的生产风险，减少大灾返贫的现象。

在理赔中要遵从"主动、迅速、准确、合理"的原则。"主动、迅速"是指理赔的时效性，在规定的承诺期内及时深入现场查勘，及时审查损失金额，对属于保险责任的损失要迅速估算损失金额、及时赔付。"准确、合理"是指在理赔过程中准确核定损失标的的范围和程度，合理估算应赔偿的金额。同时还要求，"重合同、守信用"，即保险人在处理赔案时，要严格遵守保险合同条款，尊重投保人的合法权益。在理赔过程中要遵从实事求是的原则，一切从事实和证据出发，判断保险事故的原因和性质，不得主观臆断。经调查与审核，一旦确认发生了保险责任范围内的事故，就应依照合同及时理赔。

（一）家禽养殖保险的理赔及特点

1. 家禽养殖保险的理赔

保险理赔是保险公司履行保险合同、进行经济补偿的具体体现。当不确定的保险事故发生时，被保人或受益人应该享有获得经济补偿的权利。而这种权利的获得，是保险人通过理赔工作实现的。

对于家禽养殖保险中的理赔，一般应组成以保险经办机构为主，农业、畜牧、财政等部门参与，乡镇配合的联合查勘小组。保户对鉴定意见有异议的，可通过村民委员会、农村经济合作组织或者直接向保险公司申请进行二次查勘。一方面，理赔工作做得好，被保险人的损失才可能得到应有的补偿，保险的职能作用才可能得以发挥，社会再生产的顺利运行和人民生活的正常安定才可能得到保障，保险公司的信誉才可能提高。另一方面，通过保险理赔，可以检验承保业务的质量，暴露防灾防损工作中的薄弱环节，便于公司进一步掌握灾害事故发生的规律，总结和吸取经验教训，进一步改进和提高公司的经营管理工作。

2. 家禽养殖保险理赔的基本程序

（1）出险通知。保险家禽发生保险事故后，被保险人要立即通知保险公司，理赔人员在接到出险通知后，应及时对通知事项予以登记。

（2）损失查验。保险公司接到损失通知后，应立即派人员进行现场查勘，对其进行查验，以便准确获得损失的原因、受损情况和受损程度等材料，从而判断是否属于家禽养殖保险责任范围。①出险日期是确定保标的赔偿金额的重要依据，农业保险一般都有阶段保险金额，家禽养殖保险也不例外。例如，在肉鸡保险中，赔偿金额是按鸡雏日累计成本表确定的，即不同日龄鸡雏的赔偿金额不同。为此，只有明确出险日期，才能准确地确定赔款金额。家禽发生疾病时，都有一定的过程（病程），在确定出险时间时有一定的难度。一般以死亡时间为准。这是因为家禽发病死亡后正常投入的饲养成本已经停止。②验证标的出险地点是否在保险单、明细表或批单上载明的地点。

（3）准确确定损失数量。由于家禽规模化饲养程度较强，密度大，集中性强，在现场查勘时，一定要注意认真清点，尤其是在生长期末更要注意，以防止借机骗赔现象的发生。一般情况下，家禽保险都采取查验、清点动物尸体的方式来确定损失数量。对于难以清点尸体数量的案件，可以根据养殖场规模、有关账册、投放数量、饲养场地大小、季节、饲养规律及饲养周期、饲养日（月）龄、淘汰率（死淘率）、现场情况、抽样调查等各方面因素确定损失数量和实际养殖数量。此种方式主要应用于高密度饲养、集约化经营养殖。

（4）正确计算赔款。赔款的计算公式为：

$$赔款金额 = 当日保额 \times 损失数量$$

这只是一个简单的赔款计算公式。计算赔款时应根据具体条款的具体规定扣除免赔额等。

（5）理赔的注意事项。在理赔时应考虑以下几种情况：

a. 因自然灾害或意外事故造成保险家禽死亡时，扣除免赔数按承保数与实有数的比例计赔。

b. 因传染病造成家禽死亡时，一方面要考虑饲养户是否违反饲养管理的有关规定（如卫生防疫制度等），若属除外责任或保险人未履行其应尽的义务，应予拒赔。另一方面，在赔偿计算上要考虑损失（赔付）数量问题。

c. 调查有无其他保险公司承保相同的保险标的和责任。如果有，应记录保险公司名称、保险金额和保险责任，以便于赔款分摊。

（二）国内不同地区主要实践及区别

目前，我国的家禽养殖保险在保险理赔业务执行方面，对于属于保险责任的情况，一些地区要求经办机构将查勘定损结果、理赔结果在投保农户所在村级或乡镇进行公示。如无异议，由经办机构通过养殖企业和农民专业合作社账户，以及一般养殖户和建档立卡贫困户的一卡通账户支付理赔款，确保理赔公开、赔款到户，并明确指出"保险人应当按照约定期限履行赔偿保险金的义务"。例如，贵州省、广东省等均做出了类似规定；而浙江省在进行保险理赔时，设置了死亡鸡只数量要求，即"每次事故保险鸡只死亡数高于实际存栏数的 3%或 250 只时，保险人负责赔偿，并实行 100 只的绝对免赔额"，具体如表 8-7 所示。

表 8-7 国内不同省市家禽养殖保险理赔要求

地 区	保险理赔业务的执行
贵州省	关于养鸡保险的赔付处理是按照保险合同约定起讫期计算不同饲养天数的赔偿金额。经办机构应将查勘定损结果、理赔结果在投保农户所在村级或乡镇进行不少于 5 天的公示。如无异议，由经办机构委托相关金融机构，通过养殖企业和农民专业合作社账户，以及一般养殖户和建档立卡贫困户的一卡通账户支付理赔款，确保理赔公开、赔款到户。公示期间如有异议，须查明原因，妥善处理
广东省	保险经办机构要将理赔明细在投保人所在村（居）委会、乡镇政府张榜公布，公示 1 周后，如无异议，由保险经办机构委托相关金融机构，通过养殖企业（养殖户）提供的账户拨付理赔款，确保理赔公开、赔款到户。公示期间如有异议，须查明原因，妥善处理。
浙江省	每次事故保险鸡只死亡数高于实际存栏数的 3%或 250 只时，保险人负责赔偿，并实行 100 只的绝对免赔额。保险期间届满续保的鸡只，免除观察期。保险鸡只每只赔偿金额根据饲养天数计算。保险鸡只被洪水冲走的，赔偿金额为每只赔偿金额×（申报的损失数量×40%免赔额）

资料来源：根据各省市农业保险相关文件和网络公开资料整理。

在保险理赔金额确定方面，我国各地区的相关实践与处理方式比较类似。通常根据家禽的饲养方式和饲养天数来确定保险理赔的金额。例如，贵州省因集约化大规模养殖和小规模饲养的肉鸡的饲养方式和保额的不同，其理赔金额也不同，如表 8-8 所示。

表 8-8　国内不同省市家禽养殖保险的理赔金额

地区	品种、养殖方式	不同饲养天数的赔付金额						
贵州省	饲养天数（天）	8~15	16~30	31~45	46~60	61~75	76~90	90以上
	集约化大规模饲养肉鸡（元）	5	8	12	15	18	20	25
	小规模饲养生态鸡（元）	10	15	20	25	30	35	40
广东省	饲养天数（天）	8~14	15~21	22~28	29~35	36~42	43~49	50以上
	肉鸡（元）	3	4.5	6	7.5	9	10.5	12

资料来源：根据各省市农业保险相关文件和网络公开资料整理。

本章小结

家禽养殖是养殖业的重要组成部分，在提升国民营养与健康水平、促进农民增收等方面发挥着重要作用，而家禽养殖风险的广泛性、传播性、季节性及损失的严重性等特征，决定了国家应对家禽养殖发展必须采取特殊的扶持政策。家禽养殖保险作为养殖业保险的一种，是家禽养殖风险管理的重要手段。家禽养殖保险的出现有利于养殖者灾后迅速恢复再生产，保障家禽养殖业的健康稳定发展。

本章围绕家禽养殖保险共分为五节进行阐述。第一节介绍了家禽养殖的基本特点及面临的主要风险；第二节界定了家禽养殖保险的特征、类型及特点；第三节至第五节分别对家禽养殖保险的保险标的、保险责任、责任免除、保险期限、保险金额与保费、查勘定损、理赔等内容及特点进行了详细介绍，同时对国内不同地区家禽养殖保险经营实践情况进行了比较分析。

案例

2013年3月底，上海等省市相继发生人感染H7N9禽流感疫情，随着一系列防控措施的实施，活禽类交易量急剧下降，导致家禽产业遭受重创。据中国畜牧业协会禽业分会估算，此次疫情已造成中国家禽行业损失近百亿元，波及企业和农户4400余万户，仅鸡苗损失每天可达两三千万元，活鸡损失每天超亿元。

保监会下发《保监会关于做好家禽保险禽流感责任理赔工作的通知》，要求高度重视禽流感事件可能对养殖业造成的影响，采取切实措施，做好农业保险的理赔服务工作，确保受灾养殖户生产生活的稳定。

据了解，目前全国很多地方均已开展家禽养殖保险，而且在大部分地区，像H7N9这样的高致病性禽流感，一般都属于保险赔付责任。以某公司的养鸡保险条款为例，其保险责任就包括鸡新城疫、禽流行性感冒（高致病性禽流感）；经畜牧兽医行政管理部门确诊患本条中特定疫病内的传染病，并且经当地县级（含）以上政府命令需要扑杀、掩埋、焚烧的。

但是，在已开展家禽养殖保险的地区，养殖企业和农户的投保积极性并不高，相比其他政策性农业保险险种，家禽养殖保险的覆盖率相当低。因此，很多由于此次禽流感疫情而导致重大经济损失的家禽养殖企业和农户，无法获得保险赔付。

从近年来其他政策性农业保险险种快速发展的经验来看，如果能够把家禽养殖保险纳入中央财政补贴范围，对于其覆盖率的提升，必然会产生极大的推动作用。湖北省汉口精武农业集团董事长涂国华就曾呼吁，国家应当针对家禽养殖业出台政策保险，并建立家禽风险基金，发生疫情时，农户能拿到补偿，不至于倾家荡产，小企业也不至于在一两次风波后倒下。

当然，将家禽养殖保险纳入中央财政补贴范围固然能够起到推动作用，但在实际操作中如何创新其运作模式，使得保险公司既能积极与政府合作，又能认真开展业务，在满足养殖企业和农户需求的同时，还能有效防范风险，仍然需要不断探索。

同时，要想扩大家禽养殖保险的覆盖面，相应保险产品的开发也很关键。只有在已有产品的基础上，通过不断完善条款费率，提高保障程度，开发出对广大养殖企业和农户有吸引力的产品，并辅之以更好的服务，家禽养殖保险的覆盖率才会越来越高，作用也会越来越大。

资料来源：家禽养殖保险也应纳入中央财政补贴[EB/OL]. 中国经济网，2013-04-13。

思考：

为什么要推动开展中央财政补贴的家禽养殖保险？

关键词

家禽养殖；家禽养殖保险；家禽养殖保险标的识别；家禽养殖保险理赔

思考题

1. 家禽养殖的饲养特点是什么？
2. 家禽养殖面临的主要风险是什么？
3. 家禽养殖保险的类型有哪些？分别有什么特点？
4. 家禽养殖保险的承保条件有哪些？
5. 家禽养殖保险的保险期限是多久？
6. 家禽养殖保险是如何进行查勘定损的？

本章主要参考文献

[1] 庹国柱，王国军. 中国农业保险与农村社会保障制度研究[M]. 北京：首都经贸大学出版社，2002.

[2] 庹国柱. 略论农业保险的财政补贴[J]. 经济与管理研究，2011（04）：80-85.

[3] 丁少群，王信. 政策性农业保险经营技术障碍与巨灾风险分散机制研究[J]. 保险研究，2011（06）：56-62.

[4] 丁少群. 农业保险学[M]. 北京：中国金融出版社，2015.

[5] 林光华，汪斯洁. 家禽保险对养殖户疫病防控要素投入的影响研究[J]. 农业技术经济，2013（12）：94-102.

[6] 吴静. 家禽保险对养殖户疫病防治要素投入的影响研究[J]. 农家参谋，2018（21）：107.

[7] 杨慧芳. 养禽与禽病防治[M]. 北京：中国农业出版社，2006.

[8] 何凤琴. 家禽养殖与防疫实用技术[M]. 北京：中国农业科学技术出版社，2014.

[9] 郑翠芝，李义. 畜禽场设计及畜禽舍环境控制[M]. 北京：中国农业出版社，2012.

[10] 史延平，赵月平. 家禽生产技术[M]. 北京：化学工业出版社，2009.

[11] 杨丽霞，刘院利，赵何军. 家禽养殖与经营[M]. 北京：中国农业科学技术出版社，2016.

[12] 王小梅. 浅析家禽养殖中疾病的预防[J]. 甘肃畜牧兽医，2018（10）：57-58.

[13] 刘延泽. 保险为家禽养殖户御寒[N]. 中国畜牧兽医报，2015-03-22（012）.

第九章　水产养殖保险

【本章学习目标】

【本章学习目标】
1. 了解水产品种类及水产品养殖要求。
2. 掌握水产养殖保险的概念及水产养殖保险的特点。
3. 熟悉水产养殖保险经营实务及相关注意事项。
4. 了解国内不同地区水产养殖保险经营实践。

第一节　水产养殖概述

水产养殖是养殖业的一个重要分支，主要是指利用近海水域、内陆江河湖泊、人工池塘、人工水库等作为养殖场所，在人工饲养和管理下，鱼、虾、蟹、贝、藻从苗种到生长成熟的过程，其目的是获取水产品。

本节主要对水产养殖分类、水产品特点、水产养殖环境及场所要求和水产养殖面临的主要风险进行详细叙述。

一、水产养殖分类

水产养殖依据不同的方式、方法可进行不同的划分，一般可按照养殖水体、养殖模式、投入产出、养殖场所及养殖对象进行分类。

水产养殖按养殖水体分为淡水养殖和海水养殖；按养殖模式可分为单养模式和混养模式；按投入产出可分为集约化养殖和粗放型养殖；按养殖场所可分为池塘养殖、江河养殖、稻田养殖和网箱养殖等；按养殖对象可分为鱼类养殖、虾类养殖、贝类养殖和蟹类养殖等。

二、水产品特点

（一）品种繁多

水产品种类繁多，大致可分为鱼类、虾类、蟹类、贝类和藻类等。

鱼类：全世界约有 32000 余种鱼类，我国鱼的种类也在 3000 种以上。其中，淡水鱼约有 1000 余种，海水鱼约有 2000 余种。具体来说，我国淡水鱼主要包括青鱼、草鱼、鲢鱼、鳙鱼、鲤鱼、鲫鱼和团头鲂等；海水鱼包括鲅鱼、鲳鱼、黑鱼、黄花鱼、多宝鱼、三文鱼和马哈鱼等。

虾类：全世界约有 2000 余种虾类，我国虾的种类约有 700 余种。其中，海水虾包括红虾、褐虾、对虾、明虾、基围虾、琵琶虾和龙虾等；淡水虾包括青虾、河虾和草虾等。

蟹类：全世界蟹的种类约有 4700 种，我国蟹的种类约有 800 种。大多数蟹生活在近海。我国常见的蟹有河蟹、石蟹、青蟹、花蟹、梭子蟹和面包蟹等。

贝类：全世界贝的种类约有 10000 余种，贝类主要集中于近海滩涂，常见的水产养殖贝类主要有牡蛎、贻贝、扇贝、蛏子和文蛤等。

藻类：藻类种类繁多，目前已经有 30000 种左右。淡水常见藻类大致分为蓝藻门、裸藻门、金藻门、甲藻门、隐藻门、硅藻门、绿藻门、黄藻门等。

（二）养殖难度大

1. 种类繁多

水产品种类繁多，导致水产品的养殖难度增加。水产品养殖过程不可"一刀切"，每种水产品的养殖方法和养殖技术各有差异。水产养殖者在从事新品种养殖前，须认真学习新品种养殖技术和养殖方法。

2. 患病率高

水产品相比其他畜禽品种，患病率和死亡率相对较高，并且水产品患病后，治愈成功率较低。现实中，水产养殖者往往因水产品患病率或死亡率较高而导致经营亏损。

3. 养殖者素养要求高

水产品较高的患病或死亡率，进一步对水产养殖者的素养提出了较高要求，水产养殖者必须具有相关品种养殖经验，而水产养殖企业往往也需要雇用专业人员进行养殖。

（三）商品价值高

水产品的价值主要体现在营养价值和药用价值上。大多数水产品蛋白质含量高，脂肪含量少，含有人体所需的多种微量元素。水产品相比牛羊肉来说，食用后更容易被人体吸收；有些水产品还具有药用价值，对人体有很好的滋补疗效，可提高人体免疫力、增强体质。下面分别从鱼类、虾类、蟹类和贝类水产品中，选取有代表性的鲤鱼、南美白对虾、河蟹和贻贝进行阐述。

（1）鲤鱼。鲤鱼是我国产量最高的鱼类之一，是人们日常饮食中最常见的鱼类。鲤鱼肉的蛋白质含量高，质量佳，且含有丰富的氨基酸、矿物质、维生素（表9-1）。经常食用鲤鱼可降低胆固醇，利脾健胃，防治动脉硬化。此外，食用鲤鱼还具有消胀消肿、清热解毒等功效。

表9-1　每百克鲤鱼肉中所含营养成分表

营养成分	含量（克）	营养成分	含量（克）
蛋白质	17.600	钾	0.334
脂肪	4.100	镁	0.033
碳水化合物	0.500	钠	0.054
胆固醇	0.084	钙	0.050
磷	0.204	锌	0.002

资料来源：食物营养成分网，http://yingyang.00cha.com/OTQx.html。

（2）南美白对虾。南美白对虾肉质细嫩鲜美，营养丰富，对于身体虚弱以及病后恢复人群有着极佳的调养作用。虾肉中含有丰富的人体所需微量元素，食用后吸收率高。食用南美白对虾对心脏活动具有重要的调节作用，能保护心脏，防治心脑血管疾病。长期食用对人体极有益处。

（3）河蟹。河蟹肉为肉中精品，各种营养物质含量极高，为滋补佳品。民间有"一只蟹，顶盘菜"的说法。此外，蟹肉具有散血破结，益气养精，去热清火的食疗功效。

（4）贻贝。贻贝一般为海水养殖生物，贻贝含有人体所需的锰、锌和硒等多种微量元素。贻贝富有多种氨基酸，其含量大大高于鸡、鸭、鹅和其他肉类中氨基酸的含量。贻贝是高蛋白水产品，被誉为"水中之蛋"。贻贝还有很高的药用价值。据《本草纲目》记载，贻贝肉对"虚劳伤惫，精血衰少，吐血久痢，肠鸣腰痛"有很好的疗效。现代医学证明，贻贝性温，对五脏均有益处，可舒筋活血，稳定血压、缓解腰痛、明目清肝。

三、水产养殖要求

水产养殖对养殖环境及场所、养殖水质和饲料管理都有严格的要求，每一环节都对水产养殖生产经营具有至关重要的影响。因此，养殖者应重视每一个环节，保证水产养殖生产顺利进行，最终确保如期收获成熟的水产品。

（一）水产养殖对环境及场所的要求

水产养殖按养殖水域不同，可分为淡水养殖和海水养殖。其中，淡水养殖是指利用池塘、水库、湖泊、江河及其他内陆水域（含微咸水），饲养和繁殖水产经济动物（鱼、虾、蟹、贝等）及水生经济植物的生产，是内陆水产业的重要组成部分。淡水养殖按环境及场所不同，可分为池塘养殖、水库养殖、湖泊养殖、河流养殖、稻田养殖及网箱养殖等。海水养殖是我国常见的养殖方式，它是利用浅海、滩涂、港湾、围塘等海域饲养和繁殖海产经济动植物的生产方式，是人类定向利用海洋生物资源、发展海洋水产业的重要途径之一。海水养殖按环境及场所不同，可分为近海养殖、滩涂养殖及网箱养殖等。

1. 淡水养殖对环境及场所的要求

池塘是淡水养殖最常见的养殖场所，下面以池塘养殖为例，对淡水养殖的环境及要求做简要的介绍。池塘养殖通常要求养鱼池塘具有较大的面积，尤其是人造养殖池塘，需要达到一定的规模。一般情况下，成鱼池的池塘面积为 4～10 亩，水深为 2～3m；鱼种池的池塘面积为 3～5 亩，水深为 1～2m；鱼苗池为 1～2 亩，水深为 1m 左右。如果条件允许，可以在池塘底部放入天然淤泥，这样有利于增加水的含肥量。池内四周须略有坡度，池底应平坦。池塘养殖形状以矩形为宜，最好选择东西走向，这样可以延长阳光照射时间。

2. 海水养殖对环境及场所的要求

海水养殖主要是人类定向利用海洋生物资源开展的一种水产养殖方式，因而相比淡水养殖，具有一定开放性。在养殖的环境及场所方面，需要避开污染区域、台风经常侵袭的区域、可能产生赤潮的区域及鲨鱼经常出没的区域。并且，养殖区域要求交通便利，以便于水产品运输。此外，需要与旅游区、港口保持一定距离，但特殊海水养殖区除外，如观光海水养殖旅游区。

【拓展阅读】

网箱养殖简介

一、网箱养殖概念

网箱养殖是指将利用合成纤维或金属材料制成的箱体，投入湖泊、河流及近海等水域，从事水产养殖生产的一种方式。

二、网箱放置环境及场所的选择

放置网箱的水域，应水质肥沃，避风向阳，底部平坦，深浅适中（常年保持 4～7 m），无污染，水温适宜，不受洪水侵袭。

三、网箱的结构和安置

1. 网箱的结构

网箱通常用 6 片网片加工缝制成封闭或敞口的箱体，形状为长方形或正方形，四周固定在用金属或方形木条绑扎成的框架上。养鱼种的网箱，网目为 1cm，大小为 20～30m²。养成鱼的网箱，网目为 2～3cm，大小一般 60m² 左右。

2. 网箱的安置

网箱有封闭浮动式、敞口浮动式和敞口固定式等几种形式。敞口浮动式网箱必须在四周加防逃鱼的拦网。敞口固定式网箱必须高出水面 0.8m 左右，所有的网箱均须牢固安置。

资料来源：鲤鱼网箱养殖技术，水产养殖圈，2018-05-01。

（二）水产养殖对水质的要求

水产养殖对水质的要求是指水体须达到水产养殖质量标准（表9-2），在该质量标准下，水产养殖生物可生存成长。

1. 淡水养殖对水质的要求

水质要求无异色、无异味，水面不得漂浮明显的油膜和浮沫。一般情况下，pH 值为 7～8.5。在养殖期间，要时刻保证水质的"肥、爽、活"。其中，"肥"主要是指养殖水体中含有丰富的营养物质，能够保证水产养殖生物正常生存，健康成长，人为增加的悬浮物质不得超过 10mg/L。"爽"主要是指养殖水体水质清爽，清澈不浑浊，无杂质，透明度高。"活"主要是指养殖水体的颜色有规律变化，不是"死水一潭"，常常表现为"早清晚绿"。满足上述条件后，还须及时注换水或调节水质，若池塘（水库、湖）水源水质较好，可定期（7～10 天）注换 1 次，注换水深达 20～30cm 即可，有利于提高水质和肥力。

表 9-2　养殖水质中化学物质最高含量

序号	元素	最高含量（mg/L）	序号	元素	最高含量（mg/L）
1	汞	0.0005	7	镍	0.1
2	镉	0.0005	8	砷	0.1
3	铅	0.1	9	氰化物	0.02
4	铬	1.0	10	硫化物	0.2
5	铜	0.01	11	黄磷	0.002
6	锌	0.1	12	苯胺	0.4

资料来源：中华人民共和国国家标准渔业水质标准（GB11607-89）。

2. 海水养殖对水质的要求

海水的 pH 值应为 7.9～8.5，未受到化工污染即可。

（三）饲料管理要求

（1）严格把控饲料关，要购买正规厂家饲料，保证饲料新鲜无害，严禁劣质饲料入库。

（2）饲料应符合相关检测标准，饲料要干净新鲜，色泽一致，无异味，无残渣。

（3）饲料、原料分门别类，做到易于统计管理，易于识别搬运。

（4）做好防火、防潮、防水工作，不可将饲料放于潮湿处或太阳暴晒处，防止饲料受损。

（5）对饲料用料进度进行预估，保证饲料供给，饲料最好一个月购买一次，当月饲料当月投喂，过期、腐坏饲料坚决不用。

（6）库管员在工作期间必须穿着工作服，对入库、出库饲料做详细记录，饲料一旦出现异常情况，马上上报相关管理人员。

四、我国水产养殖发展现状

我国水产养殖历史悠久。最早可追溯到公元前 5 世纪左右，范蠡的《养鱼经》在当时有很大的影响力，在相当长的一段时间内，对我国的养鱼、养鳖等水产养殖具有重要指导意义。几千年来，大多数人养鱼只为自给自足，并未大量投向市场，进行商业化运作。中华人民共和国成立后，通过大力改造利用一切可供养殖的水域和潜在水域，扩大养殖面积和提高单位面积（水体）产量；开拓水产养殖的新领域、新途径，发展工厂化、机械化、高密度温流水、网箱（包括多层网箱）、人工鱼礁、立体、间套混等养殖，向集约化经营方向发展，挖掘水产生产潜力；保护水产资源和生态环境，使得我国水产养殖业获得较快发展。

近年来，过量的捕捞导致我国近海水产品种类、数量急剧下降，捕捞渔业水产品供应量已经无法满足当前居民消费需求，这就更加需要积极发展水产养殖业来弥补捕捞渔业供给数量的不足。当前，随着我国水产养殖技术不断革新，养殖管理不断规范，养殖设施不断改善，水产品养殖量的市场供给已超越捕捞渔业的水产品市场供给量，我国水产养殖业的发展取得了前所未有的成就，使得人民日渐增长的水产品消费需求逐步得到了满足。截至 2016 年，我国已名副其实地成为世界头号水产养殖大国，水产品养殖产量已经达到世界水产养殖总产量的 2/3。

2016 年，我国水产品养殖产量已达 5132.39 万吨。其中，鱼类产量 2950.30 万吨，虾蟹类产量 440.88 万吨，贝类产量 1447.36 万吨，其他水产品产量 293.85 万吨。鱼类水产品和贝类水产品在我国产量较高，两者占到水产品产量的 85% 以上（见图 9-1）。海水养殖产量达 1963.13 万吨，占海水产品总产量的 56.25%。其中，鱼类产量 134.76 万吨，虾蟹类产量 156.46 万吨，贝类产量 1420.75 万吨，其他海水养殖水产品产量 251.16 万吨。海水养殖水产品中，贝类产量最高，占总产量的 72% 左右（见图 9-2）。淡水养殖产量达 3169.26 万吨，占淡水产品总产量的 93.20%。其中，鱼类产量 2815.54 万吨，虾蟹类产量 284.42 万吨，贝类产量 26.61 万吨，其他类水产品产量 42.69 万吨。淡水养殖水产品中，鱼类产量最高，占到总产量的 89% 左右（见图 9-3）。

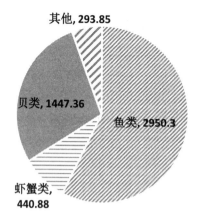

图 9-1　2016 年我国各类水产品产量分布（单位：万吨）

资料来源：国家统计局相关统计数据。

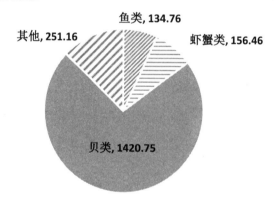

图 9-2　2016 年我国各类海水养殖水产品产量分布（单位：万吨）

·资料来源：国家统计局相关统计数据。

图 9-3　2016 年我国各类淡水养殖水产品产量分布（单位：万吨）

资料来源：国家统计局相关统计数据。

　　我国幅员辽阔，河流、湖泊等湿地众多，海岸线漫长，对于水产养殖，我国沿海地区和南方地区拥有十分优越的养殖条件。如图 9-4 所示，我国水产养殖产量排名前十的省份依次是广东、山东、福建、湖北、江苏、辽宁、广西、湖南、江西、浙江。其中，7 个省份濒临海洋，8 个省份位于南方。上述省份的水产养殖产量占我国水产养殖总产量的 75% 以上，是我国水产品主要的生产区、消费区、供应输出区。

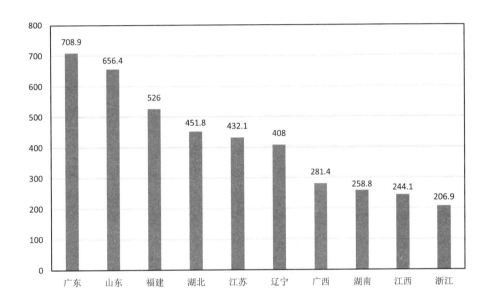

图 9-4　2016 年我国前十名水产养殖省份水产品产量分布情况（单位：万吨）

资料来源：国家统计局相关统计数据。

五、水产养殖的重要意义

　　水产养殖业的蓬勃发展具有众多积极意义，具体表现在以下几个方面。

　　（1）为人类提供优质肉类食物。水产品营养价值高，富含多种营养物质，是备受人们青睐的肉类食物。

　　（2）为工业提供生产原料。水产品是医药工业、化学工业、饲料工业等的重要原料来源。

　　（3）减轻海洋捕捞压力。海洋捕捞不仅破坏生态环境，而且无法满足人们对海产品的需求，水产养殖弥补了海洋捕捞的缺陷。

　　（4）带动水产养殖相关产业发展。水产养殖业带动了饲料生产、水产品运输、水产品销售、水产品加工与深加工等产业发展，形成了一条产业链。

六、水产养殖面临的主要风险

水产养殖面临的主要风险有生产风险和市场风险，这两类风险是养殖者生产经营不可规避的风险。

（一）生产风险

生产风险是指对水产养殖者养殖过程中造成威胁，导致水产养殖者经营受损的风险。生产风险包括自然风险和疫病风险。

1. 自然风险

自然风险是指由于自然界不可抗力的不规则变化给养殖者的水产养殖行为带来损失的风险。我国自然灾害频发，被列为全球自然灾害多发国家之一。同时，我国有超过一半的国土面积属季风区，属于季风性气候，更容易发生季节性自然灾害。此外，水产养殖场所很多为无封闭的露天场所，没有大棚等保护设施，出现极端或恶劣天气情况下，水产养殖生物极易受到损害。可以说，自然风险是我国水产养殖面临的主要风险之一。

（1）暴雨。暴雨对水产养殖危害颇大，暴雨过后，池塘、水库、湖泊、江河、稻田等养殖场所水质下降。雨水中含有许多化学成分，对水产品的生存和发育十分不利，特别是一些受酸雨侵蚀的地区。暴雨过后，雨水溢出池塘、水库、湖泊、江河及稻田等养殖场所，导致水产品流失。

（2）高温。水温在25℃～32℃为水产养殖最理想的温度，水温不可高于35℃。当水温超过35℃或者更高时，鱼类养殖会受到不同程度的危害。在我国的重点水产养殖区域，特别是长江沿岸的水产养殖区，会出现长时间的高温天气，阳光长期照射水产养殖水域，使得水产养殖水域温度过高，超出鱼类正常生存的温度范围。在高温下，鱼会表现出游行缓慢、漂浮不定等行为，情况严重时，会出现呼吸困难甚至死亡的情况。

（3）寒潮。寒潮袭击会造成气温急剧下降，当下降幅度达到10℃，对贝类、虾类水产品会产生重大不利影响，水产养殖生物会因冻致死。

（4）台风、海啸。台风、海啸对海水养殖危害极大，台风往往催生海浪，侵袭近海滩涂养殖区、近海围塘，甚至摧毁网箱，致使养殖水产品流失或者死亡。虽然海啸发生的概率很小，但是一旦发生，对海水养殖区域具有毁灭性冲击。

2. 疫病风险

水产品相比其他畜禽品种来讲，更容易受到疾病"侵袭"，患病率和死亡率更高，水产养殖者往往因水产品患病而出现经营亏损现象。下面以鱼类为例，介绍几种常见疾病。

（1）鱼类的常见疾病。

a. 淡水鱼细菌性败血症：又称为暴发性出血病，由嗜水气单胞菌等细菌感染引起。发病的主要原因是水质情况欠佳，致使病原菌、寄生虫大量繁殖。特别是夏季高温天气，鱼池的氨氮、亚硝酸盐含量很高，可诱发该病。突然大量换水或暴雨造成大量外源水进入也可诱发该病。主要危害银鲫、白鲫、团头鲂、鳊鱼、鲢鱼、鳙鱼和鲤鱼等多种淡水养殖鱼类。此病在我国淡水养鱼地区广泛流行，流行时间长，发病率高。在池塘、湖泊、水库、网箱等水域均可发生。

b. 鱼类肝胆综合征：鱼类肝胆综合征是目前对水产养殖危害最大的一种综合征，特别是在高密度精养塘和集约化养殖池发病率极高。一旦发病，无法通过药物完全治愈，造成惨重损失。

c. 烂鳃病：主要危害草鱼和青鱼等，鱼种和成鱼均可受害，水温15℃以上时开始发病，20℃以上开始流行，各草鱼、青鱼主养区均有很高的患病率。

d. 细菌性肠炎病：该病是草鱼、青鱼的高发病，鲤鱼、鳙鱼等也有发生，鱼种和成鱼都可受害。水温18℃以上开始流行，25℃～30℃是流行高峰期。常与细菌性烂鳃病、赤皮病等并发，各草鱼、青鱼养殖区须重点防控。

e. 赤皮病：又称为出血性腐败病等。该病主要危害草鱼、青鱼、鲤鱼、团头鲂等多种淡水鱼类，此病多发生于2～3龄大鱼，当年鱼也可发生，常与肠炎病、烂鳃病同时发生，形成并发症。在我国各养鱼地区，一年四季都可流行，但是以水温25℃～30℃时为流行盛期。

f. 车轮虫病：主要危害海水和淡水鱼苗、鱼种，适宜水温为20℃～28℃，天津、江苏、福建、湖北、广东、广西、重庆等地为该病多发地区。

g. 链球菌病：主要发生对象为罗非鱼，发病水温为25℃～35℃。常于夏、秋两季发病，广东、广西、海南等地为该病多发地区。

h. 锚头鳋病：该病是由多种锚头鳋寄生而引起的疾病。全国各地都可发病，但以南方养殖区较为严重。该病在鱼种和成鱼阶段均可感染，在水温12℃～33℃时更易发病，并可在短时间内引起鱼种的暴发性死亡。

i. 指环虫病：主要危害草鱼、鲢鱼、鳙鱼、鲤鱼、鳗鱼等鱼类，尤以鱼种最易感染，多数种类的指环虫繁殖适宜水温为20℃～25℃。天津、黑龙江、广东、陕西、宁夏等地为该病多发地区。

（2）水产养殖疾病防治。

水产品疾病无法完全避免，但通过实施一些防治措施，加强预防，可以有效减少疾病的发生。应坚持"预防为主，无病先防，有病早治，防重于治"的原则。

在水产养殖要求中，对养殖水质和养殖饲料管理已做出了明确要求。一方面，应保证水的质量，不管养殖何种水产品，水都是养殖生物赖以生存的栖息地，水质若符合相关标准，可以防止细菌、病毒的滋生与蔓延。另一方面，严格执行饲料管理要求，投放高质量饲料，这是水产养殖生物健康生存、生长的必要条件。除此之外，还应做好以下几点：

第一，坚持用生石灰或其他消毒物质定期消毒，预防为主，消除细菌、病毒侵蚀水产养殖生物的隐患。要对水池、水体、投喂工具、水草进行消毒。

第二，选择充满活力、外表饱满、大小均匀且健壮的鱼苗、鱼种养殖。投放健壮的苗种是减少疾病发生的保证。此外，应做好鱼苗消毒工作。有研究表明，即使健壮的鱼苗和鱼种身上也会携带各种病毒、细菌。这就需要在投放养殖前，对鱼苗进行消毒，杀死鱼苗体表的寄生虫和细菌，以最大限度地减轻病原体进入池塘，避免细菌、病毒互相感染。

第三，应在专业人员指导下投放防病药物，不可私自投放、不按时间和剂量要求投放。

（二）市场风险

市场风险是指由于市场价格波动给水产养殖者带来经济损失的一种风险。由于鱼苗、鱼种、饲料、人工费用及养殖设施等生产资料价格上涨，水产品价格下降，或者水产品销售价格与生产资料价格不能同步增长，增加了养殖者或养殖企业的经营风险。水产养殖面临的市场风险主要表现在以下两个方面。

1. 生产资料价格上涨风险

近年来，鱼苗、鱼种、饲料、人工费用及养殖设施等生产资料价格连年增长，增加了水产养殖者的生产成本。换言之，增加了水产养殖者的生产经营风险。

2. 水产品销售风险

水产品种类繁多，价格不一，且市场行情变化较大。不同地区对水产品需求量、需求品种不同。相对北方内陆地区而言，东南沿海地区需求量大、需求品种多、质量要求高。此外，不同季节水产品的需求量也不同。一般而言，夏天需求多，冬天需求少；在中国传统春节、中秋节来临时，需求量会急速增加，而后又急速下降。水产品养殖者或养殖企业若对市场行情信息了解不全面、不准确，不能审时度势，强行供应已饱和的市场，极容易引起水产品滞销、腐坏，从而导致水产养殖前期大量投入人力、物力、财力却未能达到预期的收入效益，造成经营损失。

除上述自然风险、疫病风险和市场风险的影响外，在水产养殖过程中，意外突发事件、人为恶意破坏、养殖水域遭受污染及国家政策变化带来的制度风险等，都可能导致水产养殖者或养殖企业经营受损。

第二节　水产养殖保险概述

如前所述，水产养殖是指利用近海水域、内陆江河湖泊、人工池塘、人工水库等作为养殖场所，在人工饲养和管理下，鱼、虾、蟹、贝、藻从苗种到成熟的过程，其目的是获取水产品。水产养殖保险就是对上述养殖鱼、虾、蟹、贝、藻提供保险，在遭遇自然灾害、意外事故或市场风险产生经济损失时，减轻养殖者的受损程度。本节主要分为三部分内容，主要包括水产养殖保险的概念、水产养殖保险的特点和水产养殖保险的种类。

一、水产养殖保险的概念

水产养殖保险是由保险机构或保险公司为水产养殖个体或企业，在遭遇自然灾害、意外事故或市场风险产生经济损失时，对被保险人提供经济保障或补偿的一种养殖保险。保险对象包括鱼类、虾类、蟹类、贝类、藻类等常见水生物种。

水产养殖保险按养殖水体分为两大类，即淡水养殖保险和海水养殖保险。如果进一步按养殖场所（场址）分类，淡水养殖保险还可以分为池塘养殖保险、水库养殖保险、湖泊养殖保险、河流养殖保险、网箱养殖保险、稻田养殖保险；海水养殖保险按养殖场所或方式又可分为近海水域养殖保险、滩涂养殖保险、深水网箱养殖保险、海上贻贝吊养保险、笼式养殖保险。

二、水产养殖保险的特点

水产养殖保险在我国仍然属于初步发展阶段，有许多需要完善和改进的地方，以下是现阶段水产养殖保险的一些主要特点。

（一）承保对象繁多

如前所述，水产养殖生物大体可分为鱼类、虾类、蟹类、贝类和藻类五大类，每一类又包括成千上万种水产品。在实际承保过程中，保险标的的种类也有近百种。

（二）保险业务复杂

不同的水产品具有不同的生物学特性、养殖管理方式、抵御风险能力、养殖季节和养殖周期等特点。淡水养殖与海水养殖物种不同，发生事故的概率也不同。由于以上差异，有时甚至需要单独为某种水产品设计保险条款。

（三）高风险、高赔付

水产养殖保险在所有养殖业保险中属高风险业务。1984 年，我国首次试办水产养殖保险业务，至今赔付率一直居高不下，致使承办保险公司时有亏损情况发生。

（四）查勘定损难

水产品因自然灾害和意外事故发生死亡或流失的情况下，无法直接确定损失数量。到目前为止，仍缺乏操作简单、直观准确的测损技术，一般依靠传统的清池法、捕捞法、经验测损法等方法定损。

（五）道德风险发生率高

水产养殖保险实际经营中，道德风险发生的概率相对较高，投保户道德水平较差、素质不高或使用一些不当手段骗取保险公司赔款的事例常有发生。例如，一些养殖者在承包后，私自更换养殖水域内水产品，将死亡水产品投入承保养殖池中，谎报保险事故发生，向保险公司索要赔偿。

三、水产养殖保险的种类

目前，水产养殖保险发展势头良好，险种也在不断更新升级。水产养殖保险包括针对生产风险的水产养殖保险和针对市场风险的水产养殖保险。目前在我国，水产养殖死亡险已不再是唯一的险种，在死亡险的基础上，沿海各省纷纷试点开办了天气指数保险、价格保险、养殖设施险。

（一）针对生产风险的水产养殖保险

1. 死亡险

死亡险是指水产养殖过程中，水产品遭受自然灾害、意外事故或人为破坏发生死亡时，保险公司依据保险合同对养殖者进行赔付或补偿的一种保险。水产养殖死亡险是全国最广泛、最普遍、开展地区最多并且被大部分保险公司所采纳的险种。无论是普通水产品，还是名优水产品都可以参保死亡险。相比其他类型险种，水产养殖死亡险开展较早，实践经验丰富，发展较为成熟，在国内多数省区均有开展。

本章后续有关水产养殖保险标的、保险责任范围、保险金额、查勘定损及理赔等内容的介绍也主要是围绕水产养殖死亡保险展开的。

2. 天气指数保险

天气指数保险是指把一个或几个气候条件（如气温、降水、风速等）对水产品损害程度指数化，保险合同约定以这种指数为基础，当指数达到一定水平并对水产品造成影响时，被保险人就可以向保险人索要相应的赔偿。该保险最大的特点是主要依靠权威部门提供的出险当天的天气数据材料，一旦达到保险合同理赔要求，就给予经济赔偿。

3. 养殖设施险

养殖设施险是在有效保险期内，在水产养殖生产过程中，由于发生自然灾害和意外事故，致使养殖设施损坏，从而影响水产养殖日常生产运行，对养殖户生产经营造成损失，由保险公司进行相应赔偿的一种保险。

水产养殖设施险在国内开展较少，近几年少数地区开办试点，此险种的意义在于为水产养殖安全生产保驾护航。例如，当水产品与养殖设施同时受损时，保险公司可以一并赔偿，极大提高了养殖者灾后恢复再生产的能力。

（二）针对市场风险的水产养殖保险

价格保险是针对市场风险的水产养殖保险。价格保险是因市场价格产生波动，导致水产品出售价格低于目标价格，造成养殖者经济利益受损，由保险公司给予经济赔偿的一种新型保险产品。

目前，水产养殖价格保险并没有在全国大范围展开，仅在东南沿海地区零星试点。价格保险的出现基本消除了水产养殖者由市场价格波动而造成损失的忧虑，充分保障了水产养殖者的收益。可对于保险公司来说，价格一旦发生波动，保险公司就要进行相应赔偿，较高的赔付率对于保险公司是不小的挑战。这也是许多保险公司望而却步，迟迟没有开展价格保险的原因。

但是，价格保险的出现将市场风险纳入水产养殖保险保障范畴，拓宽了水产养殖保险服务领域，保障了养殖者的基本利益，与当前水产养殖生产自然风险保障、意外事故保障互为补充，为水产养殖者提供了双重保险。此外，通过探索推广水产养殖价格保险，水产养殖者实现了从"赔得少"到"不亏损"再到"稳获益"的跨越。

【拓展阅读】
国外水产养殖保险开展情况

世界范围内已有很多国家开展了水产养殖保险，大多为水产养殖业发展较好的国家，主要包括欧洲的英国、挪威及西班牙，亚洲的日本、印度。下面做简要阐述。

一、欧洲水产养殖保险开展情况

欧洲水产养殖业发展由来已久，在有的国家甚至已有近百年的历史，在多年的水产养殖保险实践中，积累了丰富的经验，保险产品种类多，涵盖了多种养殖品种，保险机构规模大，从业人员素养高，基本形成了完善的水产养殖保险体系。

英国的水产养殖保险发展相比其他国家来说，起步较早、专业化程度高。英国水产养殖保险的良好发展得益于英国政府对保险行业的大力支持与对保险机构的正确引导。英国拥有著名的桑德兰海洋互保公司、英国皇家太阳联合保险集团和SBJ尼尔森史蒂文森保险公司，大量顶尖人才针对水产养殖保险研究开发出了多种专业化的保险产品。英国作为老牌资本主义发达国家，保险业发展历史悠久，保险产业市场化体系十分完备。英国的保险产业不仅仅局限于本国之内，其保险产业已经辐射到世界各地，在全球多个国家和地区均占有一席之地。

西班牙水产养殖保险的突出特点就是政府大力支持。西班牙政府主导成立了西班牙农业保险组织，其主要的职责就是负责农业领域的保险事务，该组织最早是由西班牙政府主导出资，40家保险企业联合成立的，是西班牙国家再保险人的担当者。西班牙农、林、牧、渔的保险都需要经过该组织的严格把关和审核。因为西班牙国力强大、财力充裕且有政府的主导与支持，水产养殖保险发展起点高，稳中进步，始终走在世界前列。

二、亚洲国家水产养殖保险开展情况

日本水产养殖保险相比亚洲的其他国家来说，发展比较成熟和完善。日本是一个岛国，水产品是其日常生活的主要食物来源。日本的水产养殖业保险主要采取互助保险形式，养殖者和渔业合作社合作，再加上政府的补贴，为水产养殖提供保障。政府在其中的作用主要就是进行政策上的支持和财力上的补贴。具体操作如下：首先是政府提供保费补贴，政府对于参加保险的水产养殖者给予资金帮助，减轻了他们参加保险的经济压力；其次是再保险安排，政府用这种方法来分散养殖者的养殖风险。日本采取的是三级保障机制。第一级是日本的渔业互保协会，其在各个地区都建立了分协会，这些分协会是当地水产养殖者或渔民投保的直接保险人；第二级是各地区的分协会，它们向渔业互保协会全国总会进行再投保，这是分散风险的一种有效形式；第三级是国家和渔业互保协会进行合作，为互保协会提供资金支持。如果渔业互保协会赔付金额超出预算，由政府提供相应的资金帮助。

印度的水产养殖业发展规模比较大，其水产养殖业保险的发展也处于不断探索中。印度保险公司对于养殖者的投保要求比较高，保险公司特别愿意与水产养殖企业合作，为大型养殖企业提供风险保障。首先，养殖面积要达到一定规模；其次，养殖者要具有一定的水产养殖专业知识；最后，水产养殖基础设施相对完善。此外，其对养殖品种有所要求，不是所有水产品都可以投保。因此，印度的水产养殖保险并不能满足大多数养殖者的要求，许多养殖者有投保意愿，但不满足保险公司提出的参保要求。尤其是那些中小规模的养殖者，只能望而却步。除此之外，印度的保险公司对于水产养殖保险的赔付率并不高，一旦发生自然灾害和意外事故，保险公司对养殖者的赔偿金额较少，一定程度上削减了养殖者的投保积极性。

资料来源：卢丹萍. 浙江省水产养殖互助保险项目可行性研究[D]. 杭州：浙江工业大学，2014。

第三节　水产养殖保险标的与保险责任

水产养殖保险的标的及其保险责任是保险业务经营中保险人必须与被保险人确认清楚的部分，若被保险人对保险条款中的标的和保险责任理解有偏差，极有可能在理赔过程中产生纠纷。因此，清晰、明确地了解水产养殖保险标的及保险责任的内容显得尤为重要。

一、水产养殖保险标的

（一）概念

水产养殖保险标的是指保险人和被保险人在合同约定中的保障对象，保障对象可以是鱼类、虾类、蟹类和贝类中的任意一种水产品。

水产养殖生物种类繁多，个体较小，有些水产养殖水域采取混养模式，如鱼虾混养，水产品的个体辨别工作可谓难上加难。通常情况下，保险公司以一片养殖水域为单位进行承保。这时，保险标的就为该片养殖水域中的所有水产养殖生物。当该片水域的水产养殖生物死亡数或死亡率达到合同双方所约定的数值时，即认定为保险案情发生，保险人应履行保险合同约定的责任。

（二）参保条件的确定

不是所有的人工养殖水产品都可以参与保险，不同的养殖种类和不同的养殖地域的风险均存在差异。除此之外，养殖风险还与养殖选址布局、养殖技术水平及养殖管理模式等有着密不可分的关系。保险公司在承担水产养殖保险时，要认真履行保险条款，积极核实保险对象。

1. 淡水养殖的参保条件

（1）养殖水面15亩（养殖总面积，可以是分块组合达到15亩）以上的水产养殖池塘（水库、湖泊、稻田）。养殖规模太小一般不予承包，育苗池不予承包。

（2）养殖池塘（水库、湖泊、稻田）选址符合水产养殖要求，排灌设施完善，须设置防损抗灾设施（如抽水机、增氧机等），并能正常工作。低洼地段及经常水淹的养殖池不能承保。堤基须牢固完好，水库堤基有裂缝或到达使用年限的不予承保。

（3）水源充足，水质良好并达到水产养殖要求，附近没有化工厂、农药厂及印刷厂等对水质污染严重的工厂。

（4）投保水产品必须在当地养殖两年以上，养殖硬件设施完善，养殖管理水平和养殖技术水平成熟；养殖者参保前，需要设置 15 天的观察期。

（5）参保水产养殖生物必须为健壮有活力的鱼、虾、蟹、贝。

（6）归属于同一养殖者的成片水域必须全部投保，杜绝选择性参保。

2. 海水养殖的参保条件

（1）养殖区海水酸碱度符合水产养殖标准，pH 值为 7.9～8.5。

（2）养殖区海水水质未遭到污染，附近无化工厂。

（3）养殖区近 3 年无赤潮现象发生。

二、水产养殖的保险责任范围

不同条件下的水产养殖面临的风险差异较大。一般来说，淡水养殖与海水养殖、南方和北方的水产养殖、沿海地区与内陆地区水产养殖面临的风险都存在着较大的不同。此外，鱼、虾、蟹、贝等不同种类水产品的养殖风险也存在着差异。

本书关注的水产养殖保险（这里主要指水产养殖死亡保险）的保险责任范围通常为自然灾害、意外事故和政府强制扑杀导致的投保水产品死亡。但是，在实务中，保险公司会面对不同的风险差异，可以根据历年承保实践经验，以省（区）或者市为单位，制订适合各地的水产养殖保险责任范围条款。同时，保险公司可以根据业务经营水平、业务发展水平，不断更新水产养殖保险责任范围条款。

（一）淡水养殖的保险责任

淡水养殖的保险责任主要包括自然灾害责任、意外事故责任。

（1）自然灾害责任。自然灾害是保险公司承担的主要责任，也是养殖户十分关注的风险灾害。对于淡水养殖来说，比较常见的自然灾害风险有暴雨、洪水、风灾、冰雹、雷电、地震、高温、寒潮、泥石流、山体滑坡及台风侵袭等。由以上自然灾害导致保险标的受到损失，保险公司应根据实际情况做出相应赔偿。

（2）意外事故责任。水产养殖过程中，不确定因素很多，意外事故时有发生。一般将天气骤变引起水产品缺氧死亡、他人恶意投毒、盗窃、触电、爆炸、药害、建筑物体倒塌及空中运行物体坠落等作为意外事故责任，保险公司应根据实际情况做出相应赔偿。

在保险期间内，由于发生高传染性疫病，政府实施强制扑杀导致保险鱼类死亡的，保险人也负责赔偿，但赔偿金额以保险金额扣减政府扑杀专项补贴金额的差额为限。

（二）海水养殖的保险责任

海水养殖保险责任主要有自然灾害责任、意外事故责任。

（1）自然灾害责任：热带风暴、台风、海啸、海涌、海震、火山爆发及泥石流等。

（2）意外事故责任：异常赤潮、意外污染、盗窃、碰撞及网箱意外破损导致水产养殖生物的流失和死亡。

在保险期间内，由于发生高传染性疫病，政府实施强制扑杀导致保险鱼类死亡的，保险人也负责赔偿，但赔偿金额以保险金额扣减政府扑杀专项补贴金额的差额为限。

【拓展阅读】

水产养殖保险中重大疾病种类

重大疾病，包括鲤春病毒血症、白斑综合征，草鱼出血病、传染性脾肾坏死病，锦鲤疱疹病毒病、刺激隐核虫病，淡水鱼细菌性败血症、病毒性神经坏死病、流行性造血器官坏死病、斑点叉尾鮰病毒病、传染性造血器官坏死病、病毒性出血性败血症、流行性溃疡综合征、桃拉综合征、黄头病、罗氏沼虾白尾病、对虾杆状病毒病、传染性皮下和造血器官坏死病、传染性肌肉坏死病、鮰类肠败血症、迟缓爱德华菌病、小瓜虫病、黏孢子虫病、三代虫病、指环虫病、链球菌病、河蟹颤抖病、包纳米虫病、折光马尔太虫病、奥尔森派琴虫病、鳖腮腺炎病、蛙脑膜炎败血金黄杆菌病、细菌性烂鳃病、细菌性肠炎病等疾病及其他暴发性流行性疾病。

资料来源：中航安盟财产保险有限公司内江市水产养殖保险条款（2013）。

（三）国内不同地区主要实践及区别

当前，我国各地水产养殖保险条款中，都明确地将自然灾害和意外事故纳入保险责任范围，如北京市、上海市。其中，自然灾害包括暴雨、洪涝、高温、寒潮、雪灾、地震、冰雹、雷击等；意外事故包括火灾、爆炸、建筑物倒塌、空中运行物体坠落等。部分地区将"保险期间内，由于发生高传染性疫病，政府实施强制扑杀导致保险鱼类死亡"列入保险责任范围，如成都市。需要指出的是，与其他养殖业保险不同，各地区实施的水产养殖保险一般会对水产品的死亡损失程度予以明确规定，即只有达到一定比例的死亡损失程度才能触发保险赔付，如北京市某保险公司条款中规定，养殖鱼类因条款中列明的自然灾害导致死亡率或流失率达到20%，即认为为保险事故发生，保险公司承担相应责任，对投保人进行理赔。类似的，成都某保险公司对事故成灾标准进行了划分，根据养殖水域不同，事故成灾划分标准不同。此外，成都保险公司特别明确了养殖鱼类的各项重大疾病也纳入保险责任，而其他两地（北京市、上海市）保险公司不承担鱼类疾病保险责任。具体如表9-3所示。

表9-3　国内不同地区水产养殖保险的保险责任范围

地区	保险责任范围
北京市	在保险期内，在保险单明确地址的水产养殖场所内，有下列原因之一造成整体鱼塘死亡率（流失率）达到20%（不含）以上，或者造成单池鱼塘死亡率（流失率）达到20%（不含）以上，保险人依据保险合同的约定，负责赔偿：①因暴雨、洪涝、高温、寒潮、雪灾、地震、冰雹、雷击、泥石流、山体滑坡等造成的保险水产品死亡；②遭受上述灾害发生溃塘、漫塘，导致水产品流失或逃逸

地区	保险责任范围
上海市	①遭受暴风、台风、龙卷风、暴雨、雷击、高温、寒潮或者空中运行物体坠落，造成增氧机和水泵设备故障而无法开启发生"泛塘"的；②遭受上述灾害事故，发生溃塘、漫塘的
成都市	①在保险期间内，由于发生高传染性疫病，政府实施强制扑杀导致保险鱼类死亡，保险人也负责赔偿，但赔偿金额以保险金额扣减政府扑杀专项补贴金额的差额为限；②自然灾害，包括暴雨、洪水、风灾、冰雹、雷击、地震、旱灾、冻灾、泥石流、山体滑坡；③意外事故，包括火灾、爆炸、建筑物倒塌、空中运行物体坠落；④水域污染，养殖水产品"浮头"

资料来源：根据各省市农业保险相关文件和网络公开资料整理。

【拓展阅读】

水产养殖保险成灾标准划分

以下所指成灾额以单一事故和单一连塘的保险标的重量（数量）计算。

一、地震、干旱成灾的标准

每次地震、干旱事故造成保险标的损失率达40%时即为成灾，该损失率即为成灾率。

二、浮头事故成灾的标准

连塘亩数在5亩以内，每次浮头事故造成保险标的损失率达25%时即为成灾，该损失率即为成灾率。

连塘亩数在5~10亩，每次浮头事故造成保险标的损失率达20%时即为成灾，该损失率即为成灾率。

连塘亩数在10亩以上，每次浮头事故造成保险标的损失率达15%时即为成灾，该损失率即为成灾率。

三、其他事故成灾标准

连塘亩数在5亩以内，每次事故造成保险标的损失率达25%时即为成灾，该损失率即为成灾率。

连塘亩数在5~10亩，每次事故造成保险标的损失率达20%时即为成灾，该损失率即为成灾率。

连塘亩数在10亩以上，每次事故造成保险标的损失率达15%时即为成灾，该损失率即为成灾率。

条款名词解释

一、单一事故。指水产养殖生物单次受到的自然灾害和意外事故损失（不包括因人为抢救或采取其他措施造成水产养殖生物二次受到损害）。

二、连塘亩数。指同一水面水产养殖池塘或湖泊的亩数。

资料来源：中航安盟保险有限公司内江市水产养殖保险条款（2013）。

三、水产养殖保险的责任免除

（一）水产养殖保险责任免除的确定

保险公司承办水产养殖保险过程中，依据合同约定，不需要承担保险金额赔偿的风险范围或种类称为责任免除。水产养殖过程中，不确定风险因素数不胜数，保险公司难以对每一种风险事故都做出相应赔偿。因此，应先规定保险责任理赔范围，大多数风险事故属于保险责任，只有少数其他事件不属于保险责任，应把不属于保险责任的那部分事件规定为责任免除。

一般而言，水产养殖保险的责任免除主要针对政治风险、行为风险中的道德风险和管理风险引致的损失，通常包括以下方面：

（1）被保险人或其雇佣人员的故意行为或重大过失、管理不善及他人的恶意破坏行为造成的损失。

（2）行政行为或司法行为。

（3）在观察期内发生保险责任范围内事故的。

（4）其他不属于保险责任范围内的损失。

（二）国内不同地区主要实践及区别

目前，国内不同地区实施的水产养殖保险，其保险责任免除范围基本涵盖上述典型四类，但在具体的一些规定上，不同地区也略有差异。例如，上海市特别强调了"动物猎食造成损失的"也属于责任免除范围；成都市相关保险条款规定"因正常季节性枯水期和干旱（参照当地气象站数据）而引起的鱼死亡损失""未保留死亡鱼体的损失"，保险公司不负责赔付。本部分主要选取北京市、上海市和成都市三个地区的水产养殖保险责任免除范围作为示例，以供读者参阅。

1. 北京市某农业保险公司责任免除条款

（1）被保险人及其饲养管理人员管理不善或故意行为造成死亡的。

（2）他人的盗抢、投毒等破坏行为。

（3）被保险人未主动征询或拒不接受当地水产技术部门的意见和指导盲目购苗，或采用不成熟的新技术进行养殖实验。

（4）投苗密度异常，管理措施失当，未做到适时换水或对水质进行有效的监控。

（5）工业和建设污水、污物的排放污染和田间农药的流入。

（6）不符合国家农产品质量安全的强制性标准，生产的水产品被禁止上市销售的。

（7）属于政府行洪、土地开发等行为，导致被保水产品无法及时转移或售卖的损失，以及其他行政行为或司法行为导致的损失。

（8）被保险人的弃养行为或已改养其他非本保单约定的水产品种类。

（9）发生溃塘、漫塘致使被保水产品逃至同一被保险人所有、承包或管理的池塘。

（10）供电部门的停电致使增氧机、水泵无法开启而导致被保水产品死亡。

（11）在观察期内发生保险责任范围内事故的。

（12）其他不属于保险责任范围内的损失。

2. 上海市某农业保险公司责任免除条款

（1）投保人及其家庭成员、被保险人及其家庭成员、投保人或被保险人雇佣人员的故意或重大过失行为、管理不善，他人的恶意破坏行为。

（2）行政行为或司法行为。

（3）水源水体发生侵入性污染。

（4）动物猎食造成损失的。

（5）按本保险合同中载明的免赔率计算的免赔额，保险人不负责赔偿。

（6）其他不属于本保险责任范围的损失、费用，保险人也不负责赔偿。

3. 成都市某农业保险公司责任免除条款

（1）鱼卵的损失。

（2）小于3cm的鱼的损失。

（3）因战争引起的损失，因海关、卫生检疫条例被查封的，被权力机关、管理机关或监管机构销毁、没收或征用所造成的损失。

（4）因任何第三人故意谋害、破坏行为（如投毒、电击等）所造成的所有损失。

（5）偷盗所造成的损失。

（6）因缺乏或未使用日常保护措施而致使出现捕食性动物所造成的损失。

（7）因投保人、被保险人的故意毁损或者欺诈行为所造成的损失。

（8）因未能遵守常规性的养鱼相关管理制度或操作细则造成的损失。对本条的认定有异议时，由保险人确定的第三方专业机构进行评定。

（9）因未能遵守本保险合同附件所确定的鱼塘养鱼密度标准所造成的损失。对本条的认定有异议时，由保险人确定的第三方专业机构进行评定。

（10）因维护缺失导致的供、排水区域堵塞引起的缺水或积水溢流造成鱼类死亡。

（11）因下列因素导致的水质恶化而未采取适当防治措施：水体富营养引起的水体寄居附有生物数量的变化、温度的变化、排放减少、植物增殖、微生物和酸性盐变化。

（12）因自污造成的损失：指因养殖操作不当引起的物理和（或）化学和（或）生物方面的变化（例如，维护缺失、处理不当、往池水倾倒有害物质等）。

（13）因已知的预防、卫生措施未能有效执行或因卫生、治疗措施未能在出现病害初期症状时有效实施而导致结果恶化造成鱼病害死亡。

（14）因政府或相关单位断水、断电造成的损失，因政府或相关单位下令的放水或蓄水行为和其他行政命令造成鱼类死亡。

（15）因供水、供氧机器自身故障或损坏造成的损失。

（16）因正常季节性枯水期和干旱（参照当地气象站数据）造成鱼类死亡。非正常季节性干旱应由气象站开出证明。

（17）未保留死亡鱼体的损失（因洪水、地震、泥石流和山体滑坡而无法保留死亡鱼体的损失除外）。

（18）因洪水、地震、泥石流和山体滑坡而无法保留死亡鱼体的，当每亩鱼塘赔付金额超过每亩鱼塘鱼险保费的 2.5 倍时，保险人对该亩鱼塘因此造成的损失不再承担任何责任。

（19）保险鱼类自保险合同生效之日起在 30 日（含）的观察期内因患有保险责任范围内的疾病而死亡，如保险鱼类未在保险合同生效之日入保险单载明的连塘，则其观察期从入连塘之日起计算 30 日（含）。

（20）运输过程中的自然灾害、意外事故导致保险鱼类的死亡。

（21）实际损失金额小于本保险合同约定的成灾额的。

（22）按本保险合同中约定的免赔率计算的免赔额。

第四节　水产养殖保险的保险期限与保险金额

水产养殖者在与保险公司签订保险合同时，对保险期限、保险金额与保费十分重视，因为保险期限、保险金额与水产养殖者的实际保险利益有着直接的关联。本节对水产养殖保险期限及保险金额相关内容展开介绍。

一、水产养殖保险期限

水产养殖保险期限是指水产养殖者投保后，保险公司依据保险合同，按规定对养殖者履行保险责任的起始日期到终止日期的时间段。水产养殖保险期限又称为水产养殖有效保障期。水产养殖中，保险期限一般定为一个养殖周期。

我国水产养殖生物品种繁多，鱼、虾、蟹、贝生长周期各有差异，即使同一种水产品在不同的养殖区域，受气候、水质的影响，生长周期也会长短不一。水产养殖保险期限的确定原则为保险期限应与水产品生长周期相匹配。

在实践中，保险期限的确定需要注意以下几点。

（1）养殖周期为 1 年以下的，依据历年养殖周期规律确定水产养殖保险期限，如对虾的生长完整周期约为 5 个月，保险期限一般定为 150 天。

（2）当水产品养殖周期超过 1 年时，以 1 年为保险期限，如甲鱼、鲈鱼、鳜鱼、鳗鱼的保险期限为 1 年。保险期限到期时，依据投保人意愿可选择不投保或继续投保。

（3）保险人承保观察期不属于保险期限。无论承保何种水产养殖生物，无论保险期限多长，保险人都会在保险合同条款中列明承保观察期，承保观察期一般约定为 15

天，在承保观察期间的水产养殖生物，若有自然灾害和意外事故发生，保险公司将不承担任何赔款补偿责任。

二、水产养殖保险金额与保费

保险金额是水产品在保险期间内受到损失，保险人赔付给被保险人的最高限额，这关系到被保险人的切身利益和受灾后恢复生产的能力。保费是指养殖者为获得保险公司提供的水产品养殖风险保障服务所需缴纳的费用，这是保险公司获得利润的一种途径。保费与保险金额的关系是：

保费＝保险金额×保险费率

（一）水产养殖保险的保险金额

保险金额涉及保险人与被保险人之间的权利和义务关系。保险金额对于保险公司来说，是对养殖者或养殖企业收取保费的计算依据，也是发生保险责任事故后，进行赔偿或补偿的依据。一般情况下，一片养殖水域的水产品市场价值会高于保险金额，然而在赔款中，保险公司最多的赔款仅为保险金额限度，即使整个水域的水产品因自然灾害全部死亡，保险公司的赔偿或补偿也不会超过保险金额限度。

对于水产养殖者来说，保险金额是缴纳保费的依据，也是发生保险事故后，向保险公司索要赔偿的最高限额。一些保险机构会设置不同的投保档次，投保人选择缴纳的保费越多，保险金额就相应越高。

（二）水产养殖保险金额的确定

在针对生产风险的水产养殖保险中，通常会依据水产养殖生产成本确定保险金额，这种水产养殖保险金额确定方法被大部分保险公司所采用。在现实中，投保养殖者或养殖企业在受灾后，并不是期望能够赚多少钱，可以获取多少利润，更多地是想将前期投资收回（包括鱼苗鱼种费、池塘承包费用、饲料费用、水产养殖设施费用、养殖管理费及水电费等），尽快恢复生产。在保险金额确定上，保险人可以通过统计被保险人前期的各项投资费用，计算出被保险人大概的成本投入，最后再选取一定比例（一般为七成）的成本作为保险金额。这就是人们常说的"保成本"，确保水产养殖者可以恢复再生产，降低因恶劣自然灾害或特大意外事故给养殖者带来的损失危害。

（三）水产养殖保费

水产养殖保费又称为水产养殖保险费，是指养殖者为获得保险公司提供的水产品养殖风险保障服务，依据保险合同约定，所需缴纳的费用。

保险机构在设置水产养殖保险产品时，一般设置成三个档次或四个档次，这些档次的主要区别是所缴纳的保费不同。理论上，养殖者所缴纳的保费越多，保险金额会越高，发生灾情后，可以获得的赔偿就越多。

（四）水产养殖保险费率厘定

水产养殖保险费率厘定的方法与牛、羊等牲畜养殖保险费率厘定的方法基本相同，主要依据承保水产品受自然灾害侵袭的频率、发生意外事故概率的大小、最大受损害的程度和保险期限的长短来考虑。

近年来，越来越多的水产养殖者或养殖企业青睐于养殖新品种，这在一定程度上增加了保险标的的风险发生概率。尤其是对于初次承保的保险人，水产养殖保险费率难以确定为最佳费率值，容易出现养殖者投保意愿低或保险公司赔付率过高等问题。同时，由上述水产养殖特征可知，即使是同一种水产品，在不同地区也不能保持同一个费率水平，水产养殖保险费率的厘定要依据当地实情，科学厘定费率，合理体现地区差异性。

第五节　水产养殖保险的查勘定损及理赔

水产养殖保险查勘定损及理赔，是整个保险业务流程中较为关键的环节。目前，水产品受损后，查勘员经常采用的定损方法是清池法、捕捞法、抽样定损法及经验测损法等。然而，随着科学技术的进步，已经有越来越多的先进技术应用于水产养殖保险查勘定损领域，改善了传统方法定损难、定损不够精细的不足。

一、水产养殖保险查勘定损

水产品查勘定损是指保险标的受损后，保险公司为核定自然灾害或意外事故的真实性、准确性及受损程度，组织专业技术人员现场核定损失。当参保水产品受损后，养殖者初步确定属于保险合同约定中的自然灾害、意外事故后，须尽快向参保保险公司报案。

保险公司接到报案后，应尽快受理案件，尽可能用最短的时间派出专业人员进行现场查勘，确定保险责任和损失程度。现场查勘是确定理赔的前提条件和关键步骤，高质量的查勘工作对及时、准确地处理保险事故十分重要。

【拓展阅读】

查勘定损，应当坚持做好"五查"

据某农业保险公司淡水养殖保险理赔指南规定，对淡水养殖保险的查勘定损，应当坚持做好"五查"。

（1）查出险时间。要了解发生保险事故的确切时间，认定事故发生是否在保险有效期内，特别是保险期间即将自然终止时。

（2）查出险地点。要了解出险地点与保单等相关保险凭证上载明的保险地址是否相符，不相符时是否存在误写误录、漏保未保等情况。

（3）查出险原因。要了解出险事实，对照条款规定，确认是否属于保险责任。对由第三者责任引起的事故应取得文字证据，以便日后进行保险追偿。在案情尚未查清原因之前，理赔人员切忌主观武断，轻易表态，草率地肯定或否定，以免使理赔工作处于被动局面。

（4）查受损数量。核定损失数量之前首先应当查清标的保险数量。检查保险数量要丈量实际养殖面积、保险清单记载的数量以及平面图所列示的范围。

对于受损数量双方无法达成一致时，当事双方可协商采用"放水干塘"的方式确认鱼虾损失数量。采用"放水干塘"方式，有可能给保户造成较重的经济损失，应当慎用。对于保险范围内的疫病，必要时应请技术部门进行技术鉴定。保险标的发生损失时，对于保险数量大于实际数量的，以实际数量计算赔偿；对于保险数量小于实际数量的，在无法查清投保状况的情况下，要按比例计算赔偿。

（5）查应收保费。顺便还要查询核定是否还有尚未交清的情况。

查勘定损是保险公司承担保险责任，进行相应理赔过程中最重要的一个环节，也是投保人最为关心的一个环节。对于被保险人来说，定损意味着赔款。但是，定损难迟迟得不到解决，让保险公司感到十分棘手，这也是长期制约水产养殖保险发展的重要原因之一。水产品相对于牲畜来讲，定损难度非常大，这对保险机构查勘人员的专业素质是一个很大的考验，要求查勘定损人员要不断提高个人专业素质。以下是几种常用的水产养殖保险查勘定损方法，供读者参阅。

1. 清池法

清池法是将养殖池内的水全部抽干，查勘员对池内的水产品进行一一清点，对死亡水产品进行核定损失的一种方法。若池内水产品存活率不足 5%，则视为全部受损，保险公司按保额上限赔偿。出现这种情况，意味着保险责任终止，保险合同从此失效。此方法的优点是核查比较准确，适用于管理水平高、水产养殖基础设施完善、排放水设施良好的水产养殖池塘。但是，清池法的缺点是操作难度大、浪费时间、耗费人力，并且清池法在抽水过程中，水量的减少也会导致水中含氧量减少，在实施查勘定损过程中，一些水产品会因缺水死亡，进而增加水产品的死亡数量，使得水产品受到二次损害。

2. 捕捞法

一般情况下，鱼死亡会自然浮在水面上，将"浮头"鱼捕捞上岸一次性清点称为捕捞法。采用此方法时，保险人与被保险人必须在保险合同中约定，保险人只负责因自然灾害和意外事故受损的"浮头"鱼，沉入水底的鱼将不负责赔偿与补偿。湖泊水产养殖、水库水产养殖受损后，多采用此法核定损失。这种方法操作相对简单，成本投入较少，更容易实施，对"幸存"的鱼不会造成负面影响。在鱼死亡保险核定损失时，这种方法被广泛采用。捕捞法的缺点是定损不够准确，对一些不浮头的"特殊鱼"，无法"顾及"，因此，被保险人的利益或多或少会受到损害。此外，此法适用的水产品太过局限，仅为鱼类，其他水产品不适合用捕捞法定损，因为贝、虾、蟹等水产品死亡后一般会自动沉底。

3. 抽样定损法

抽样定损法在现实中也被广泛采用，特别是大规模的湖泊养殖、水库养殖、稻田养殖、滩涂养殖受损后，多用此方法定损。海水网箱养殖和淡水网箱养殖也多采用此方法。因为当经历了暴雨、寒潮或高温后，灾害对每一处侵害基本相同，此种情况下，保险定损员可随机选取几个面积相等的区域，多次反复捕捞，确定这几个小范围区域（样本）水产品的死亡率（死亡数）；通过计算，得出整个水域的水产品死亡率。该方法的优点是可以降低定损成本，减轻查勘定损人员工作量，可以对大面积水产养殖水域进行定损。缺陷是定损存在一定的误差，定损精确度无法保证。

4. 经验测损法

经验测损法是水产品受损后，投保人与保险人根据以往的经验来估计水产品受损的情况。采取此法时，保险人与被保险人采取一案一议制。即双方依据各自养殖经验和查勘定损经验估计损失情况，当双方估计的保险标的受损程度不同时，双方交换意见，对此案协商洽谈，可多次协商沟通，直至对水产品受损程度达成一致意见，并签订合同作为保险公司赔偿或补偿的数额。此方法准确率低下，使用频数相对较低，但在特殊情况下，上述三种方法行不通时，可以采用此方法。同时需要指出的是，此方法定损准确性差，人为可操作空间大，道德风险相对较高。

二、水产养殖保险理赔

水产养殖保险理赔是指保险标的因自然灾害和意外事故受损后，投保人向保险人提出索赔请求，保险人对保险合同责任范围内应承担的经济损失履行经济补偿义务，对投保人提出的索赔请求进行处理的行为。水产养殖保险理赔是直接体现保险职能和履行保险责任的工作，优质的理赔服务可以帮助保险公司树立良好形象，进而促进水产养殖保险的健康发展。

（一）水产养殖保险理赔程序

（1）出险通知。投保水产品发生保险事故后，被保险人通知保险公司，保险公司理赔人员在接到出险通知后，对相关事项予以记录。

（2）损失检验。保险公司接到损失通知后，应立即派人员进行现场查勘，对受损水产品进行检验，以便准确取得损失的原因、受损情况和受损程度等材料。

（3）审核各项单证。包括：①审查保险单的有效性。损失是否发生在保险单有效期内，这是受理赔案的基本前提。②除须首先审核保险单有关单据以外，对其他有关单证也必须予以审核，如查勘报告、损失证明、所有权证明等，以核查被保险人是否具有索赔权，以及根据损失原因来确定损失是否属于保险范围。

（4）核实损失原因。在损失检验和审核各项单证的基础上，对审核中发现的问题，根据案情可考虑进一步核实原因。

（5）核定损失程度和数额，赔付结案。当投保水产品损失的原因属于保险责任范围时，则要进一步核定损失程度，计算应赔数额，予以赔偿。

【拓展阅读】

理赔九单证

据某农业保险公司淡水养殖保险理赔指南规定,淡水养殖保险理赔应包括九单证：出险通知书、损失清单、保险单抄件、现场查勘报告、权益转让书、赔款分户清单、赔款计算书、赔款批单、赔款收据。

（二）水产养殖保险理赔金额的确定

水产养殖保险的理赔金额，通常按公式法和重量法进行确定。

1. 公式法

计算公式：

$$赔款金额 = （种苗保额 + \frac{饲料费用保额}{保险期限天数} \times 保险天数） \times 损失数量 - 免赔款$$

其中，对于种苗保额，投保人须与保险人在合同中约定种苗全额赔付；保险期限天数指依据保险合同规定的保险起始日到保险终止日的天数；保险天数指保险起始日到保险事故发生时相隔的天数。

此方法适用于按尾定保额的计赔。

2. 重量法

重量法是指对损失水产品进行称重，按单价赔偿。投保人可以参照该水产品市场平均单价向保险公司索要赔偿，但保险公司的赔偿一般会低于市场单价，需要双方协商处理，最终达成协议。

（三）国内不同地区主要实践及区别

由于水产品种类繁多，水产品养殖受季节影响较大，如某些喜温水产品只适宜在夏季养殖，因而许多水产品按生长周期投保，理赔方式灵活多样。目前我国不同地区在水产养殖保险理赔方面差异较大。下面以北京市、上海市和成都市三个地区的水产养殖保险理赔条款相关内容为例，供读者参阅。

　　因收集的条款为不同地区、不同公司的水产养殖保险条款，可比性不强，故不进行区别描述。

　　1. 北京某公司的理赔条款

　　（1）发生保险责任范围内的损失，保险人按以下方式计算赔偿。

赔偿金额=（保险水产品损失数量÷保险水产品投保的总数量）×保险金额×（保险期间内已养殖的天数÷保险责任期间的总天数）×（1-15%）

　　（2）发生本保险合同约定的溃塘或漫塘损失，保险人按以下方式计算赔偿。

赔偿金额=保险水产品损失程度×溃塘或漫塘池塘内保险水产品的保险金额×（保险期间内已养殖的天数÷保险责任期间的总天数）×（1-15%）

　　（3）发生保险责任范围内的事故时，被保险人实际养殖的保险标的数量多于投保数量时，保险人按投保数量与实际养殖数量的比例计算赔偿金额。

　　（4）由于保险责任范围内的事故导致部分保险水产品死亡，经保险人赔偿后，保险合同继续有效，但保险标的数量、有效保险金额（有效保险金额=保险金额-已付赔款）逐次递减，累计赔偿金额不得超过保险单列明的保险金额。

　　（5）因第三者责任导致保险事故发生的，保险人自向被保险人支付赔款之日起，在赔偿金额范围内代位行使被保险人对第三者请求赔偿的权利。如被保险人已经从第三者取得赔偿的，保险人可以相应扣减被保险人从第三者已取得的赔偿金额。

　　（6）保险事故发生后，保险人未支付赔款之前，被保险人放弃对第三者请求赔偿的权利的，保险人不承担赔偿责任。

　　（7）被保险人故意或者因重大过失致使保险人不能行使代位请求赔偿的权利的，保险人可以扣减或者要求返还相应的赔偿。

　　（8）未发生保险事故，被保险人谎称发生了保险事故，向保险人提出赔偿请求的，保险人有权解除合同，并不退还保险费。

　　（9）投保人、被保险人故意制造保险事故的，保险人有权解除合同，不承担赔偿责任，并不退还保险费。

　　（10）保险事故发生后，投保人、被保险人以伪造、变造的有关证明、资料或者其他证据，编造虚假的事故原因或者夸大损失程度的，保险人对其虚报的部分不承担赔偿责任。

　　（11）投保人、被保险人有上述行为之一，致使保险人支付赔款的，应当予以退回或者赔偿，其行为将被纳入个人信用不良记录，并影响其享受相关惠农政策；情节严重者，保险人有权依法追究其法律责任。

　　2. 上海某公司的理赔条款：赔偿处理（鱼虾）

　　（1）保险事故发生时，被保险人对保险鱼虾不具有保险利益的，不得向保险人请求赔偿保险金。

　　（2）保险鱼虾遭受损失后，如有残余价值，应由双方协商处理。如折归被保险人的，由双方协商确定其价值，并在保险赔款中扣除。

（3）保险鱼虾发生保险责任范围内的损失，保险人按以下方式计算赔偿金。

①泛塘。

赔款＝每亩保险金额×赔偿比例×损失程度×损失亩数×（1-绝对免赔率）-已捕获金额

赔款比例设置要求如表9-4所示。

表9-4　赔偿比例设置要求

出险的保险月份	第一个保险月份	第二个保险月份	第三个保险月份	第四个保险月份	第五个保险月份
赔偿比例（%）	40	50	60	80	100

资料来源：某农业保险公司水产养殖保险条款。

注：迟于5月1日投保的保单，自保单生效首日起，每经过30日推定为一个保险月份。

②溃塘、漫塘。

赔款＝每亩保险金额×赔偿比例×日流失率×事故延续天数×损失亩数×（1-绝对免赔率）-已捕获金额

同时，本项下的责任赔偿，合同双方同时还应遵循以下约定：毁堤长度，应占出险塘堤周长的0.5%以上；事故延续天数，低于3日的按实际计算，高于3日的以3日计算；日流失率，在10%以内由合同双方协商确定；在同一被保险人塘逃窜的保险鱼虾，不构成保险赔偿；保险鱼虾同时发生溃塘、漫塘损失，不重复计付赔偿金，但可以其中较高的金额赔偿给被保险人。

（4）发生保险事故时，保险单载明的保险数量小于其可保数量时，可以区分保险数量与非保险数量的，保险人以保险单载明的保险数量为计算赔偿数量为限；无法区分保险数量与非保险数量的，保险人按保险单载明的保险数量与养殖数量的比例计算赔偿。保险单载明的保险数量大于其可保数量时，保险人以可保数量为赔偿计算标准。

（5）发生保险事故时，保险鱼虾的每亩保险金额低于或等于出险时的实际价值，则以每亩保险金额为赔偿计算标准；若每亩保险金额高于出险时的实际价值，则以出险时的实际价值为赔偿计算标准。

（6）发生保险事故时，如果存在重复保险，保险人按照本保险合同的相应保险金额与其他保险合同及本合同相应保险金额总和的比例承担赔偿责任。其他保险人应承担的赔偿金额，本保险人不负责垫付。若被保险人未如实告知导致保险人多支付保险金的，保险人有权向被保险人追回多支出的部分。

（7）保险鱼虾发生部分损失，保险人履行赔偿义务后，本保险合同的保险数量自损失发生之日起相应减少，保险人不退还保险金额减少部分的保险费。

（8）未发生保险事故，被保险人谎称发生了保险事故，向保险人提出赔偿请求的，保险人有权解除合同，并不退还保险费。投保人、被保险人故意制造保险事故的，保险人有权解除合同，不承担赔偿责任，不退还保险费。保险事故发生后，投保人、被保险人以伪造、变造的有关证明、资料或者其他证据，编造虚假的事故原因或夸大损失程度的，保险人对其虚报的部分不承担赔偿责任。

（9）发生保险责任范围内的损失，应由有关责任方负责赔偿的，保险人自向被保险人赔偿保险金之日起，在赔偿金额范围内代位行使被保险人对有关责任方请求赔偿的权利，被保险人应当向保险人提供必要文件和所知道的有关情况。

被保险人已经从有关责任方取得赔偿的，保险人赔偿保险金时，可以相应扣减被保险人已从有关责任方取得的赔偿金额。

保险事故发生后，保险人未赔偿保险金之前，被保险人放弃对有关责任方请求赔偿权利的，保险人不承担赔偿责任；保险人向被保险人赔偿保险金后，被保险人未经保险人同意放弃对有关责任方请求赔偿权利的，该行为无效；由于被保险人故意或者因重大过失致使保险人不能行使代位请求赔偿的权利，保险人可以扣减或者要求返还相应的保险金。

（10）被保险人向保险人请求赔偿的诉讼时效期间为两年，自其知道或应当知道保险事故发生之日起计算。

3. 上海某公司的理赔条款：赔偿处理（白对虾）

（1）保险事故发生时，被保险人对保险白对虾不具有保险利益的，不得向保险人请求赔偿保险金。

（2）保险白对虾遭受损失后，如有残余价值，应由双方协商处理。如折归被保险人的，由双方协商确定其价值，并在保险赔款中扣除。

（3）保险白对虾发生保险责任范围内的损失，保险人按以下方式计算赔偿金。

①泛塘、桃拉病、白斑病。

赔款＝每亩有效保险金额×赔偿比例×损失率×损失面积×（1-绝对免赔率）

不同期间的赔偿比例要求如表9-5所示。

表9-5　不同期间的赔偿比例设置要求

事故发生期间	第一月 整月	第二月 上旬	中旬	下旬	第三月 上旬	中旬	下旬	第四月 整月
赔偿比例（%）	20	35	40	45	50	55	60	50
规格参数	3～4厘米/尾	5～6厘米/尾			7～8厘米/尾			大于8厘米/尾

资料来源：某农业保险公司水产养殖保险条款。

注：自5月1日后至6月10日止，上月投保的保单，自保单生效首日起，每经过10日可以推定为一旬，每经过3旬则推定为一个保险月份。

②溃塘、漫塘。

赔款＝每亩有效保险金额×赔偿比例×日流失率×事故延续天数×损失面积×（1-绝对免赔率）

（4）发生保险事故时，保险单载明的保险数量小于其可保数量时，可以区分保险数量与非保险数量的，保险人以保险单载明的保险数量为计算赔偿数量为限；无法区分保险数量与非保险数量的，保险人按保险单载明的保险数量与养殖数量的比例计算赔偿。保险单载明的保险数量大于其可保数量时，保险人以可保数量为赔偿计算标准。

（5）发生保险事故时，若保险白对虾的每亩保险金额低于或等于出险时的实际价值，则以每亩保险金额为赔偿计算标准；若每亩保险金额高于出险时的实际价值，则以出险时的实际价值为赔偿计算标准。

（6）发生保险事故时，如果存在重复保险，保险人按照本保险合同的相应保险金额与其他保险合同及本合同相应保险金额总和的比例承担赔偿责任。

其他保险人应承担的赔偿金额，本保险人不负责垫付。若被保险人未如实告知导致保险人多支付保险金的，保险人有权向被保险人追回多支出的部分。

（7）保险白对虾发生部分损失，保险人履行赔偿义务后，本保险合同的保险数量自损失发生之日起相应减少，保险人不退还保险金额减少部分的保险费。

（8）未发生保险事故，被保险人谎称发生了保险事故，向保险人提出赔偿请求的，保险人有权解除合同，并不退还保险费。投保人、被保险人故意制造保险事故的，保险人有权解除合同，不承担赔偿责任，并不退还保险费。保险事故发生后，投保人、被保险人以伪造、变造的有关证明、资料或者其他证据，编造虚假的事故原因或夸大损失程度的，保险人对其虚报的部分不承担赔偿责任。

（9）发生保险责任范围内的损失，应由有关责任方负责赔偿的，保险人自向被保险人赔偿保险金之日起，在赔偿金额范围内代位行使被保险人对有关责任方请求赔偿的权利，被保险人应当向保险人提供必要文件和所知道的有关情况。

被保险人已经从有关责任方取得赔偿的，保险人赔偿保险金时，可以相应扣减被保险人已从有关责任方取得的赔偿金额。

保险事故发生后，保险人未赔偿保险金之前，被保险人放弃对有关责任方请求赔偿权利的，保险人不承担赔偿责任；保险人向被保险人赔偿保险金后，被保险人未经保险人同意放弃对有关责任方请求赔偿权利的，该行为无效；由于被保险人故意或者因重大过失致使保险人不能行使代位请求赔偿的权利的，保险人可以扣减或者要求返还相应的保险金。

（10）被保险人向保险人请求赔偿的诉讼时效期间为两年，自其知道或应当知道保险事故发生之日计算。

4. 成都某保险公司的理赔条款

（1）保险事故发生时，被保险人对保险标的不具有保险利益的，不得向保险人请求赔偿保险金。

（2）保险鱼类遭受损失后，如果有残余价值，应由双方协商处理。如折归被保险人的，由双方协商确定其价值，并在保险赔款中扣除。

本保险合同赔付以单一事故计算。

（3）单一事故是指5天内因同一事故原因造成的鱼死亡。保险鱼类发生保险事故的损失，保险人按照以下方式计算赔偿：

①实际损失金额小于本合同约定的成灾额的，保险人不承担赔偿责任。

②实际损失金额大于或等于成灾额的，计算赔偿金额的方式如下：

赔偿金额＝实际损失公斤数×每公斤成本价×（1－免赔率）

③因洪水、地震、泥石流和山体滑坡而无法保留死亡鱼体的，每亩赔付金额的上限为每亩鱼险保费的 2.5 倍，保险人根据具体损失情况进行赔付。

④赔付分两次进行，保险事故发生后，先向被保险人支付核定损失的 50%的预付赔款；在保险年度末统计全年成都市总赔款后，再进行个案清算。

（4）发生保险事故时，保险单载明的保险重量小于其可保重量时，保险人以保险单载明的保险重量为赔偿计算标准。保险单载明的保险重量大于其可保重量时，保险人以可保重量为赔偿计算标准。

（5）发生保险事故时，若保险鱼类每公斤保险金额低于或等于出险时的实际价值，则以每公斤保险金额为赔偿计算标准。

（6）保险事故发生时，如果存在重复保险，保险人按照本保险合同的相应保险金额与其他保险合同及本保险合同相应保险金额总和的比例承担赔偿责任。其他保险人应承担的赔偿金额，本保险人不负责垫付。若被保险人未如实告知导致保险人多支付赔偿金的，保险人有权向被保险人追回多支付的部分。

（7）保险鱼类发生部分损失，保险人履行赔偿义务后，本保险合同的保险金额、保险重量自损失发生之日起按损失比例相应减少，保险人不退还保险金额减少部分的保险费。未发生保险事故，被保险人谎称发生了保险事故，向保险人提出赔偿请求的，保险人有权解除保险合同，并不退还保险费。投保人、被保险人故意制造保险事故的，保险人有权解除保险合同，不承担赔偿责任，不退还保险费。保险事故发生后，投保人、被保险人以伪造、变造的有关证明、资料或者其他证据，编造虚假的事故原因或夸大损失程度的，保险人对其虚报的部分不承担赔偿责任。

（8）发生保险责任范围内的损失，应由有关责任方负责赔偿的，保险人自向被保险人赔偿保险金之日起，在赔偿金额范围内代位行使被保险人对有关责任方请求赔偿的权利，被保险人应当向保险人提供必要的文件和所知道的有关情况。被保险人已经从有关责任方取得赔偿的，保险人赔偿保险金时，可以相应扣减被保险人已从有关责任方取得的赔偿金额。

保险事故发生后，保险人未赔偿保险金之前，被保险人放弃对有关责任方请求赔偿权利的，保险人不承担赔偿责任；保险人向被保险人赔偿保险金后，被保险人未经保险人同意放弃对有关责任方请求赔偿权利的，该行为无效；由于被保险人故意或者因重大过失致使保险人不能行使代位请求赔偿的权利，保险人可以扣减或者要求返还相应的保险金。

（9）被保险人向保险人请求赔偿的诉讼时效期间为两年，自其知道或者应当知道保险事故发生之日起计算。

本章小结

水产养殖保险是养殖业保险的一个重要的分支。随着水产养殖业的兴起、发展、壮大，水产养殖保险也在逐步向前推进，为水产养殖业的健康发展撑起了"保护伞"。

本章围绕水产养殖保险展开叙述，一共分为五节。第一节为水产养殖概述，介绍了水产养殖的特点、养殖要求及水产养殖面临的主要风险。第二节为水产养殖保险概述，主要介绍了水产养殖保险的概念、特点及水产养殖保险险种类型。第三节至第五节为水产养殖保险经营实践部分，主要阐述了水产养殖保险标的、保险责任、保险期限、保险金额以及水产养殖保险的查勘定损及理赔等内容。

案例

上海某农业保险股份有限公司的"淡水养殖险"规定，每亩保险费为360元，保险公司的最高赔付率可达70%，费率为10%，投保的水产养殖者或水产养殖企业基本可以达到灾年不减收。

清浦区兴农特色水产合作社刘某的100亩虾塘，主要养殖南美白对虾。2013年3月，他把100亩虾塘全部投保于该农业保险公司的"淡水养殖险"，每亩保费为360元。

资料来源：庹国柱，冯文丽. 一本书明白农业保险[M]. 郑州：中原农民出版社，2016。

思考：

1. 刘某应向保险公司缴纳多少保费？
2. 若100亩虾塘全部受灾，刘某最高可获多少赔款？

关键词

水产养殖；水产养殖保险；保险标的；保险责任；查勘定损

思考题

1. 水产养殖的概念是什么？
2. 水产品有哪些特点？
3. 水产养殖面临的主要风险是什么？
4. 简述水产养殖要求。

5. 水产品的常见疾病有哪些？

6. 水产养殖保险的概念是什么？

7. 水产养殖保险标的识别的常用技术与方法有哪些？分别有何优缺点？

8. 水产养殖保险查勘定损的方法有哪些？

9. 简述水产养殖保险理赔流程。

本章主要参考文献

[1] 庹国柱，李军. 农业保险[M]. 北京：中国人民大学出版社，2005.

[2] 庹国柱，冯文丽. 一本书明白农业保险[M]. 郑州：中原农民出版社，2016.

[3] 丁少群. 农业保险学[M]. 北京：中国金融出版社，2015.

[4] 冯文丽. 农业保险理论与实践研究[M]. 北京：中国农业出版社，2008.

[5] 杨宇峰，赵细康，王朝晖，等. 海水养殖绿色生产与管理[M]. 北京：海洋出版社，2007.

[6] 于瑞海. 名优经济贝类养殖技术手册[M]. 北京：化学工业出版社，2011.

[7] 卢丹萍. 浙江省水产养殖互助保险项目可行性研究[D]. 杭州：浙江工业大学，2014.

[8] 雷霁霖. 中国海水养殖大产业架构的战略思考[J]. 中国水产科学，2010（1）：599-609.

[9] 王莉，骆乐. 我国水产养殖保险初探[J]. 渔业现代化，2006（1）：3-6.

[10] 郭树华，蒋寇，王旭. 中国农业保险经营模式的选择研究[M]. 北京：人民出版社，2011.